//RNIA

INICIAÇÃO À HISTÓRIA DA FILOSOFIA

Danilo Marcondes

INICIAÇÃO À HISTÓRIA DA FILOSOFIA
Dos pré-socráticos a Wittgenstein

22ª reimpressão

A Maria Inês e Danilo, com amor.

Copyright © 1997, 2007 by Danilo Marcondes

Grafia atualizada segundo o Acordo Ortográfico da Língua Portuguesa de 1990, que entrou em vigor no Brasil em 2009.

Capa
Miriam Lerner

CIP-Brasil. Catalogação na fonte
Sindicato Nacional dos Editores de Livros, RJ

	Marcondes, Danilo, 1953-
M269i	Iniciação à história da filosofia: dos pré-socráticos a Wittgenstein / Danilo Marcondes. – 2ª ed. – Rio de Janeiro: Zahar, 2007.
	Inclui bibliografia e índice
	ISBN 978-85-7110-405-1
	1. Filosofia – História. I. Título.

CDD: 109
10-0843
CDU: 1(09)

[2022]
Todos os direitos desta edição reservados à
EDITORA SCHWARCZ S.A.
Praça Floriano, 19, sala 3001 – Cinelândia
20031-050 – Rio de Janeiro – RJ
Telefone: (21) 3993-7510
www.companhiadasletras.com.br
www.blogdacompanhia.com.br
facebook.com/editorazahar
instagram.com/editorazahar
twitter.com/editorazahar

SUMÁRIO

Lista de abreviações 11
Prefácios 13

. . . . **PARTE I: FILOSOFIA ANTIGA** . . . .

AS ORIGENS 19

1. O surgimento da filosofia na Grécia antiga 19

A. A passagem do pensamento mítico para o filosófico-científico 19
B. Noções fundamentais do pensamento filosófico-científico 22
    a. A *physis* 24
    b. A causalidade 24
    c. A *arqué* (elemento primordial) 25
    d. O cosmo 26
    e. O *logos* 26
    f. O caráter crítico 27

Quadro sinótico 28
Leituras adicionais 28
Questões e temas para discussão 29

2. Os filósofos pré-socráticos 30

A. Apresentação geral da filosofia dos pré-socráticos 30
B. A escola jônica 32
C. As escolas italianas 32
    a. Pitágoras e o pitagorismo 32
    b. A escola eleática 33
D. Segunda fase do pensamento pré-socrático 33
    a. A escola atomista 34
    b. Monismo x mobilismo: Heráclito x Parmênides 35

Quadro sinótico	38
Leituras adicionais	39
Questões e temas para discussão	39

3. Sócrates e os sofistas 40

A. Introdução 40
B. Os sofistas 42
C. Sócrates 44

Quadro sinótico 48
Leituras adicionais 49
Questões e temas para discussão 49

O PERÍODO CLÁSSICO 50

4. Platão 50

A. O contexto de surgimento da filosofia de Platão 50
B. Platão e a teoria das ideias 54
C. Análise de textos da *República* 60

Quadro sinótico 67
Leituras adicionais 68
Questões e temas para discussão 68

5. Aristóteles e o sistema aristotélico 69

A. Introdução 69
B. A crítica a Platão 70
C. A metafísica de Aristóteles como concepção de realidade 71
D. O sistema aristotélico 74
E. Análise de texto da *Metafísica* 78

Quadro sinótico 82
Leituras adicionais 82
Questões e temas para discussão 83

6. O helenismo e suas principais correntes: estoicismo, epicurismo, ceticismo 84

A. Introdução histórica e características gerais 84
B. A Academia e o platonismo 87
C. A escola peripatética e o aristotelismo 88
D. O neopitagorismo 89
E. O neoplatonismo e a filosofia de Plotino 90
F. O estoicismo 91
G. O epicurismo 92
H. O ceticismo e a tradição cética 93

Quadro sinótico e cronológico 99
Leituras adicionais 100
Questões e temas para discussão 101

PARTE II: FILOSOFIA MEDIEVAL

A FORMAÇÃO DO MUNDO OCIDENTAL 105

1. Uma caracterização da filosofia medieval 105

2. O surgimento da filosofia cristã no contexto do helenismo 107
A. As origens da filosofia cristã 107
B. Santo Agostinho e o platonismo cristão 111

3. O desenvolvimento da escolástica 116
A. O contexto de surgimento da escolástica 116
B. Santo Anselmo e o desenvolvimento da escolástica 119

4. A filosofia árabe: um encontro entre Ocidente e Oriente 122

5. São Tomás de Aquino e o aristotelismo cristão 126
A. O contexto de são Tomás: a alta escolástica 126
B. A filosofia de são Tomás de Aquino 128
C. As "cinco vias" da prova da existência de Deus 129

6. Guilherme de Ockham e a crise da escolástica 133
A. O nominalismo de Guilherme de Ockham 133
B. A crise da escolástica 135
Quadro sinótico 135
Leituras adicionais 136
Questões e temas para discussão 136

PARTE III: FILOSOFIA MODERNA

FASE INICIAL 141

1. As origens do pensamento moderno e a ideia de modernidade . . . 141
A. A ideia de modernidade 141
B. O humanismo renascentista 143
C. A descoberta do Novo Mundo 148

D. A Reforma protestante 151
E. A revolução científica 154
F. A retomada do ceticismo antigo 159

Quadro sinótico 162
Leituras adicionais 162
Questões e temas para discussão 163

2. Descartes e a filosofia do cogito 164

A. O filósofo e seu tempo: a modernidade de Descartes 164
B. O projeto filosófico de Descartes 167
C. O argumento do cogito 169
D. Uma análise do argumento do cogito 172
E. Do idealismo ao realismo 174
F. A filosofia de Descartes supera o ceticismo? 177

Quadro sinótico 178
Leituras adicionais 179
Questões e temas para discussão 179

3. A tradição empirista: a experiência como guia . . . 181

A. O empirismo 181
B. Bacon e o método experimental 182
C. A teoria das ideias de Locke e a crítica ao inatismo 184
D. O ceticismo de Hume 186

Quadro sinótico 190
Leituras adicionais 190
Questões e temas para discussão 191

4. A tradição racionalista pós-cartesiana 192

A. A tradição racionalista no séc. XVII 192
B. Pascal 193
C. Spinoza 194
D. Leibniz 197
E. Conclusão 199

Quadro sinótico 200
Leituras adicionais 200
Questões e temas para discussão 200

5. A filosofia política do liberalismo e a tradição iluminista . . . 201

A. O liberalismo político 201
B. Hobbes 202
C. Locke 204

D. Rousseau 205
E. O Iluminismo 206
F. *A Enciclopédia* 209

Quadro sinótico 210
Leituras adicionais 210
Questões e temas para discussão 211

A CRISE DA MODERNIDADE 212

6. Kant e a filosofia crítica 212

A. A concepção kantiana de filosofia 212
B. A *Crítica da razão pura* 213
C. A filosofia moral de Kant 217

Quadro sinótico 219
Leituras adicionais 220
Questões e temas para discussão 220

7. Hegel e a importância da história 221

A. A crítica de Hegel a Kant 222
B. Consciência e história 223
C. A dialética do senhor e do escravo 227
D. Os hegelianos 228

Quadro sinótico 229
Leituras adicionais 230
Questões e temas para discussão 230

8. Marx e a crítica da ideologia 231

A. Marx filósofo: a radicalização da crítica 232
B. A crítica da ideologia 234
C. O marxismo 237
    a. O marxismo-leninismo 237
    b. Georg Lukács (1885-1971) 238
    c. As origens da Escola de Frankfurt 238
    d. Louis Althusser (1918-90) 239

Quadro sinótico 240
Leituras adicionais 240
Questões e temas para discussão 241

9. A ruptura com a tradição racionalista 242

A. Introdução 242
B. O idealismo alemão pós-kantiano 242

C. O romantismo 244
D. Schopenhauer 245
E. Kierkegaard 247
F. Nietzsche 248

Quadro sinótico 251
Leituras adicionais 251
Questões e temas para discussão 252

· · · · · · · · · · · · · **PARTE IV: FILOSOFIA CONTEMPORÂNEA** · · · · · · · · · · · · · ·

1. A problemática filosófica no século XX 255

2. Os herdeiros da modernidade 261
A. A fenomenologia 261
B. O existencialismo 263
C. A filosofia analítica e o positivismo lógico 265
D. A Escola de Frankfurt 268

3. A ruptura com a tradição 270
A. A filosofia de Heidegger 270
B. A filosofia de Wittgenstein 272
     a. O "primeiro" Wittgenstein 272
     b. O "segundo" Wittgenstein 274
C. O pensamento pós-moderno 275

Quadro sinótico 279
Leituras adicionais 279
Questões e temas para discussão 280

· ·

Considerações finais 283
Notas 284
Bibliografia complementar 296
Índice de nomes 297

LISTA DE ABREVIAÇÕES

art.	artigo		id.	idem
c.	cerca de		i.e.	isto é
cap.	capítulo		op.cit.	obra citada
cf.	confrontar com		p.	página
esc.	escólio		p.ex.	por exemplo
fig.	figura		prop.	proposição
fl.	floresce		seç.	seção
fr.	fragmento		séc.	século
ib.	ibidem			

PREFÁCIO À DÉCIMA REIMPRESSÃO

Lançado há dez anos, vejo com grande satisfação este livro chegar agora à sua décima reimpressão, em versão revista e ampliada. Meu objetivo foi oferecer um guia de leitura através da história da filosofia, selecionando os períodos, pensadores e temas mais representativos dessa tradição, de seu desenvolvimento e de suas crises. Ao chegar à esta reimpressão, creio que se pode dizer que vem cumprindo esse papel. Pretendi chamar a atenção do leitor iniciante para a importância dessas leituras, assim como fornecer ao professor um instrumento que pudesse ser útil para seus cursos.

Algumas correções e acréscimos foram feitos e, principalmente, a seção "Leituras adicionais", ao final de cada capítulo, foi atualizada. Pude constatar, ao fazê-lo, a qualidade dos títulos novos em língua portuguesa e de autores brasileiros surgidos nesses dez anos, o que revela o interesse e a importância que o pensamento filosófico vem tendo entre nós. Quero crer que uma tradição brasileira de se fazer filosofia começa aos poucos a se constituir, e uma das características dessa tradição é o pluralismo, a multiplicidade de interesses e influências das mais diversas correntes filosóficas.

Um livro de filosofia de caráter introdutório traz muitos desafios. Deve ser simples o suficiente para motivar o leitor que talvez esteja tendo seu primeiro contato com a filosofia, mas deve preservar o rigor da linguagem conceitual que caracteriza o pensamento filosófico. Deve destacar a relevância da contribuição dos filósofos mais importantes, mas ao mesmo tempo inevitavelmente faz escolhas e privilegia determinados pensadores e áreas da filosofia, deixando outros de fora. Fico contente, hoje, de ter enfrentado esses desafios da forma que me pareceu a melhor possível e de ter conseguido bons leitores, que têm garantido a permanência desse livro, permitindo seu aperfeiçoamento e justificando esta versão revista e atualizada.

É difícil analisar e avaliar a filosofia contemporânea. Podemos até nos perguntar se ela deve ser incluída na história da filosofia. Mas agora, já na primeira década do século XXI, começa a ser necessário não só procurar um melhor entendimento do pensamento do século XX, mas pensar os rumos da filosofia no novo século. Este é nosso próximo desafio.

PREFÁCIO À PRIMEIRA EDIÇÃO

Como diz o título, esta obra pretende ser uma iniciação à história da filosofia, visando primordialmente o leitor não especializado, o aluno que toma o seu primeiro contato com a filosofia, o interessado sem nenhum conhecimento filosófico prévio. A preocupação fundamental deste livro é, portanto, didática, adotando-se um estilo tão claro e simples quanto possível em um texto filosófico.

Nem mesmo as mais extensas histórias da filosofia conseguem esgotar seu tema, tampouco dar conta de seus pontos principais em profundidade e detalhe. Toda história da filosofia supõe necessariamente uma escolha. Aqui, pretendi apenas selecionar os aspectos da tradição filosófica que me pareceram mais representativos dessa tradição ao longo da história, desde o seu surgimento até o período contemporâneo. Sem dúvida, há o privilégio de uma linha de tratamento da questão do conhecimento e de sua fundamentação desde Platão e Aristóteles, passando pelo ceticismo no período do helenismo e pela retomada do ceticismo no início do pensamento moderno, até Descartes, os empiristas, Kant, Hegel, Marx e a crítica da ideologia, chegando à questão da linguagem na filosofia contemporânea. Certamente outros aspectos e autores poderiam ter sido selecionados, talvez igualmente ilustrativos e relevantes. Minha escolha foi justificada apenas com base em minha experiência de discussão das questões e leituras desses textos, realizadas durante mais de 15 anos lecionando história da filosofia, tanto para alunos dos cursos de filosofia quanto de outros cursos.

Há em todo o texto uma forte ênfase no contexto histórico e uma preocupação permanente em situar os filósofos na época a que pertenceram. Evidentemente, pode-se argumentar que vários desses filósofos, por sua originalidade e criatividade, destacaram-se como indivíduos excepcionais em sua época, questionando e rompendo com a tradição e com o saber estabelecido. Porém, até mesmo para entendermos em que medida o fizeram, é necessário levarmos em conta o contexto histórico em que se situam.

A primeira grande mediação que examinamos na formação de nossa tradição cultural é o surgimento da filosofia cristã no período da patrística, quando se aproximam cristianismo e pensamento grego. A segunda grande mediação dá-se na Idade Média, através do pensamento árabe, que introduz na Europa ocidental um saber filosófico e científico de inspiração grega, até então pouco conhecido. Chegamos ao período moderno, o contexto mais próximo do nosso e do qual se origina nosso próprio pensamento, seja como desenvolvimento, seja como crise ou ruptura.

Vemos assim que o percurso de formação da tradição filosófica é menos linear do que inicialmente poderíamos supor. A filosofia surge nas colônias gregas do mar Egeu, elabora-se em Atenas, passa pelo cristianismo surgido na Palestina, desenvolve-se no mundo helênico, é apropriada pelo mundo latino e cristão, renova-se com o pensamento árabe, rompe com a tradição no início do período moderno. Cabe portanto relativizar de certo modo a *unidade* dessa tradição. Trata-se muito mais de um mosaico do que de uma galeria de retratos. Visto a distância e considerado como um todo, forma um painel integrado, porém quando o examinamos de perto e em detalhe percebemos que é composto de inúmeros fragmentos distintos de contornos diferentes e coloração própria.

Não pretendi examinar ou propor hipóteses interpretativas originais quanto aos textos e filósofos aqui analisados, nem assumir uma posição própria ou polêmica, mas apenas apresentar e entender algumas das características mais centrais dessa tradição, embora, inevitavelmente, toda e qualquer apresentação envolva sempre, em alguma medida, uma tomada de posição. Não o faço, entretanto, no sentido de advogar uma tese ou interpretação própria, nem original. Esta não foi minha preocupação primordial.

É deliberada a escolha de uma linguagem tão simples quanto possível, sem abusar de termos técnicos, porém respeitando a terminologia própria do discurso filosófico. Sempre que possível procurei fazer os filósofos falarem, utilizando suas próprias palavras, através de citações ilustrativas e da seleção de textos e passagens representativos das teorias examinadas.

Este livro resulta do desenvolvimento de material elaborado ao longo de mais de 15 anos em que lecionei cursos de introdução à filosofia e história da filosofia na PUC-Rio, na Universidade Federal Fluminense (UFF) e no Coppead-UFRJ, além de em grupos de estudo, bem como palestras, conferências e seminários que apresentei nas mais diversas instituições sobre alguns dos tópicos aqui tratados. Foi essa experiência de ensino que me motivou a transformar as aulas em textos que pudessem ser úteis para esses cursos. Sem as questões, dúvidas, perguntas e comentários de meus alunos, que sempre me serviram de estímulo, este desenvolvimento não teria sido possível.

Os autores e temas aqui tratados foram os que selecionei para esses cursos e refletem um interesse e um conhecimento pessoais, bem como uma preocupação em destacar em cada período e em cada filósofo a questão que me pareceu mais ilustrativa e mais importante. Preferi os riscos desta escolha à simplificação excessiva de um mero resumo das ideias do filósofo, obra ou corrente aqui examinados.

Ao final de cada capítulo encontra-se um quadro sinótico, contendo um resumo dos principais pontos tratados, uma recomendação de leituras adicionais que convidam o leitor a desenvolver e aprofundar seu interesse através de outros textos mais especializados, além de um questionário com perguntas e temas para discussão, visando desde o simples exercício até uma retomada do que foi lido e estudado.

Espero sobretudo que este livro possa ser útil e adotado por colegas e alunos em seu trabalho de filosofia, e que sirva de ponto de partida, um primeiro passo, no longo, mas fascinante, caminho da reflexão filosófica.

PARTE I

FILOSOFIA ANTIGA

AS ORIGENS

1

O SURGIMENTO DA FILOSOFIA NA GRÉCIA ANTIGA

A. A PASSAGEM DO PENSAMENTO MÍTICO PARA O FILOSÓFICO-CIENTÍFICO

Um dos modos mais simples e menos polêmicos de se caracterizar a filosofia é através de sua história: forma de pensamento que nasce na Grécia antiga, por volta do séc. VI a.C. De fato, podemos considerar tal caracterização praticamente como uma unanimidade, o que costuma ser raro entre os historiadores da filosofia e os especialistas na área. Aristóteles, no livro I da *Metafísica*, talvez tenha sido o ponto de partida dessa concepção, chegando mesmo a definir Tales de Mileto como o primeiro filósofo. Veremos em seguida em que sentido podemos dizer isso, e o que nos leva a afirmar que a filosofia nasce em um momento e um lugar tão definidos, ou até mesmo o que nos permite considerar determinado pensador como o "primeiro filósofo". Não teria havido pensamento antes de Tales e desse período de surgimento da filosofia? É claro que sim. Neste caso, o que tornaria o tipo de pensamento que afirmamos ter surgido com Tales e seus discípulos tão especial a ponto de ser considerado como inaugurando algo de novo, a "filosofia"? Procuraremos, portanto, explicitar as razões pelas quais tradicionalmente se tem feito esta caracterização do surgimento do pensamento filosófico.

Os diferentes povos da Antiguidade – assírios e babilônios, chineses e indianos, egípcios, persas e hebreus –, todos tiveram visões próprias da natureza e maneiras diversas de explicar os fenômenos e processos naturais. Só os gregos, entretanto, fizeram *ciência*, e é na cultura grega que podemos identificar o princípio deste tipo de pensamento que podemos denominar, nesta sua fase inicial, de ***filosófico-científico***.

Se afirmamos que o conhecimento científico, de cuja tradição somos herdeiros, surge na Grécia por volta do séc. VI a.C., nosso primeiro passo deverá ser procurar entender por que se considera que esse novo tipo de pensamento aparece aí pela primeira vez e o que significa essa "ciência" cujo surgimento coincide com a emergência do pensamento filosófico.

Quando dizemos que o pensamento filosófico-científico surge na Grécia no séc. VI a.C., caracterizando-o como uma forma específica de o homem tentar entender o mundo que o cerca, isto não quer dizer que anteriormente não houvesse também outras formas de se entender essa realidade. É precisamente a especificidade do pensamento filosófico-científico que tentaremos explicitar aqui, contrastando-o com o pensamento mítico que lhe antecede na cultura grega. Procuraremos destacar as características básicas de uma e de outra forma de explicação do real.

O pensamento mítico consiste em uma forma pela qual um povo explica aspectos essenciais da realidade em que vive: a origem do mundo,[1] o funcionamento da natureza e dos processos naturais e as origens deste povo, bem como seus valores básicos.[2] O mito caracteriza-se sobretudo pelo modo como estas explicações são dadas, ou seja, pelo tipo de discurso que constitui. O próprio termo grego *mythos* (μυθοσ) significa um tipo bastante especial de discurso, o discurso ficcional ou imaginário, sendo por vezes até mesmo sinônimo de "mentira".

As lendas e narrativas míticas não são produto de um autor ou autores, mas parte da tradição cultural e folclórica de um povo. Sua origem cronológica é indeterminada, e sua forma de transmissão é basicamente oral. O mito é, portanto, essencialmente fruto de uma tradição cultural e não da elaboração de um determinado indivíduo. Mesmo poetas como Homero, com a *Ilíada* e a *Odisseia* (séc. IX a.C.), e Hesíodo (séc. VIII a.C.), com a *Teogonia,* que são as principais fontes de nosso conhecimento dos mitos gregos, na verdade não são autores desses mitos, mas indivíduos – no caso de Homero cuja existência é talvez lendária – que registraram poeticamente lendas recolhidas das tradições dos diversos povos que sucessivamente ocuparam a Grécia desde o período arcaico (*c.* 1500 a.C.).

Por ser parte de uma tradição cultural, o mito configura assim a própria visão de mundo dos indivíduos, a sua maneira mesmo de vivenciar esta realidade. Nesse sentido, o pensamento mítico pressupõe a **adesão**, a **aceitação** dos indivíduos, na medida em que constitui as formas de sua experiência do real. O mito não se justifica, não se fundamenta, portanto, nem se presta ao questionamento, à crítica ou à correção. Não há discussão do mito porque ele constitui a própria visão de mundo dos indivíduos pertencentes a uma determinada sociedade, tendo portanto um caráter global que exclui outras perspectivas a partir das quais ele poderia ser discutido. Ou o indivíduo é parte dessa cultura e aceita o mito como visão de mundo, ou não pertence a ela e, nesse caso, o mito não faz sentido para ele, não lhe diz nada. A possibilidade de discussão do mito, de distanciamento em relação à visão de mundo que apresenta, supõe já uma transformação da própria sociedade e, portanto, do mito como forma reconhecida de se ver o mundo nessa sociedade. Voltaremos a este ponto mais adiante.

Um dos elementos centrais do pensamento mítico e de sua forma de explicar a realidade é o apelo ao **sobrenatural**, ao **mistério**, ao sagrado, à magia. As causas dos fenômenos naturais, aquilo que acontece aos homens, tudo é governado por uma realidade exterior ao mundo humano e natural, superior, misteriosa, divina, a qual só os sacerdotes, os magos, os iniciados, são capazes de interpretar, ainda que apenas parcialmente. São os deuses, os espíritos, o destino que governam a natureza, o homem, a própria sociedade. Os sacerdotes, os rituais religiosos, os oráculos servem como intermediários, pontes entre o mundo humano e o mundo divino. Os cultos e sacrifícios religiosos encontrados nessas sociedades são, assim, formas de se tentar alcançar os favores divinos, de se agradecer esses favores ou de se aplacar a ira dos deuses. Na Grécia pode-se dar como exemplo a religião do orfismo e os mistérios de Elêusis, cujas influências se estendem à escola de Pitágoras e ao pitagorismo.

É Aristóteles, como dissemos acima, que afirma ser Tales de Mileto, no séc. VI a.C., o iniciador do pensamento filosófico-científico. Podemos considerar que este pensamento nasce basicamente de uma insatisfação com o tipo de explicação do real que encontramos no pensamento mítico. De fato, desse ponto de vista, o pensamento mítico tem uma característica até certo ponto paradoxal. Se, por um lado, pretende fornecer uma explicação da realidade, por outro lado, recorre nessa explicação ao mistério e ao sobrenatural, ou seja, exatamente àquilo que não se pode explicar, que não se pode compreender por estar fora do plano da compreensão humana. A explicação dada pelo pensamento mítico esbarra assim no inexplicável, na impossibilidade do conhecimento.

É nesse sentido que a tentativa dos primeiros filósofos da escola jônica será buscar uma explicação do mundo natural (a *physis*, φυσις, daí o nosso termo "física") baseada essencialmente em causas naturais, o que consistirá no assim chamado **naturalismo** da escola. A chave da explicação do mundo de nossa experiência estaria então, para esses pensadores, no próprio mundo, e não fora dele, em alguma realidade misteriosa e inacessível. O mundo se abre, assim, ao conhecimento, à possibilidade total de explicação – ao menos em princípio –, à **ciência** portanto.

O pensamento filosófico-científico representa assim uma ruptura bastante radical com o pensamento mítico, enquanto forma de explicar a realidade.[3]

Entretanto, se o pensamento filosófico-científico surge por volta do séc.VI a.C., essa ruptura com o pensamento mítico não se dá de forma completa e imediata. Ou seja, o surgimento desse novo tipo de explicação não significa o desaparecimento por completo do mito, do qual aliás sobrevivem muitos elementos mesmo em nossa sociedade contemporânea, em nossas crenças, superstições, fantasias etc., isto é, em nosso imaginário. O mito sobrevive ainda que vá progressivamente mudando de função, passando a ser antes parte da tradição cultural do povo grego do que a forma básica de explicação da realidade. Contudo, sua influência permanece, mesmo em escolas de pensamento filosófico como o pitagorismo e na obra de Platão. É nesse sentido que devemos entender a permanência da referência aos deuses nos filósofos gregos daquele período.[4]

É claro que essa mudança de papel do pensamento mítico, bem como a perda de seu poder explicativo, resultam de um longo período de transição e de transformação da própria sociedade grega, que tornam possível o surgimento do pensamento filosófico-científico no séc. VI a.C. Basicamente, isso corresponde ao período de decadência da civilização micênico-cretense na Grécia, por volta do séc. XII a.C, e de sua estrutura baseada em uma monarquia divina em que a classe sacerdotal tinha grande influência e o poder político era hereditário, e em uma aristocracia militar e em uma economia agrária. A partir da invasão da Grécia pelas tribos dóricas vindas provavelmente da Ásia central em torno de 900 a 750 a.C., começam a surgir as cidades-Estado, nas quais haverá uma participação política mais ativa dos cidadãos, e uma progressiva secularização da sociedade. A religião vai tendo seu papel reduzido, paralelamente ao surgimento de uma nova ordem econômica baseada agora em atividades comerciais e mercantis. O pensamento mítico, com seu apelo ao sobrenatural e aos mistérios, vai assim deixando de satisfazer às necessidades da nova organização social, mais preocupada com a realidade concreta, com a atividade política mais intensa e com as trocas comerciais. É nesse contexto que o pensamento filosófico-científico encontrará as condições favoráveis para o seu nascimento.

É significativo, portanto, que Tales de Mileto seja considerado o primeiro filósofo e que o pensamento filosófico tenha surgido não nas cidades do continente grego como Atenas – que terá seu período áureo posteriormente –, Esparta, Tebas ou Micenas, mas nas colônias gregas do Mediterrâneo oriental, no mar Egeu, no que é hoje a península da Anatólia na Turquia (fig.1).[5] Essas colônias, dentre as quais se destacaram Mileto e Éfeso, foram importantes portos e entrepostos comerciais, ponto de encontro das caravanas provenientes do Oriente – Mesopotâmia, Pérsia, talvez mesmo Índia e China –, que para lá levavam suas mercadorias que eram embarcadas e transportadas para outros pontos do Mediterrâneo que os gregos cruzavam com suas embarcações. Ora, por esse motivo mesmo, nessas cidades conviviam diferentes culturas, e de forma harmoniosa, pois o interesse comercial fazia com que os povos que aí se encontravam, sobretudo os gregos fundadores das cidades, fossem bastante tolerantes. As colônias gregas do mar Jônico eram então cidades cosmopolitas onde reinava um certo pluralismo cultural, com a presença de diversas línguas, tradições, cultos e mitos. É possível, assim, que a influência de diferentes tradições míticas tenha levado à relativização dos mitos. O caráter global, absoluto, da explicação mítica teria se enfraquecido no confronto entre os diferentes mitos e tradições, revelando-se assim sua origem cultural: o fato de que cada povo tem sua forma de ver o mundo, suas tradições e seus valores. Ao mesmo tempo, em uma sociedade dedicada às práticas comerciais e aos interesses pragmáticos, as tradições míticas e religiosas vão perdendo progressivamente sua importância. Esta é uma hipótese que parece razoável, de um ponto de vista histórico e sociológico, e mesmo geográfico e econômico, para a explicação do surgimento do tipo de pensamento inaugurado por Tales e pela chamada Escola de Mileto, naquele momento e naquele contexto.

Passemos agora a examinar algumas das características centrais desse tipo de pensamento, encontradas não só na Escola de Mileto, mas praticamente, embora com diferenças, em quase todos os pensadores daquele período (sécs. VI-V a.C.), os assim chamados *filósofos pré-socráticos*, por terem vivido antes de Sócrates.

B. Noções fundamentais do pensamento filosófico-científico

A principal contribuição desses primeiros pensadores ao desenvolvimento do pensamento filosófico, e podemos dizer também científico, encontra-se em um conjunto de noções que tentam explicar a realidade e que constituirão em grande parte, como veremos, alguns dos conceitos básicos das teorias sobre a natureza que

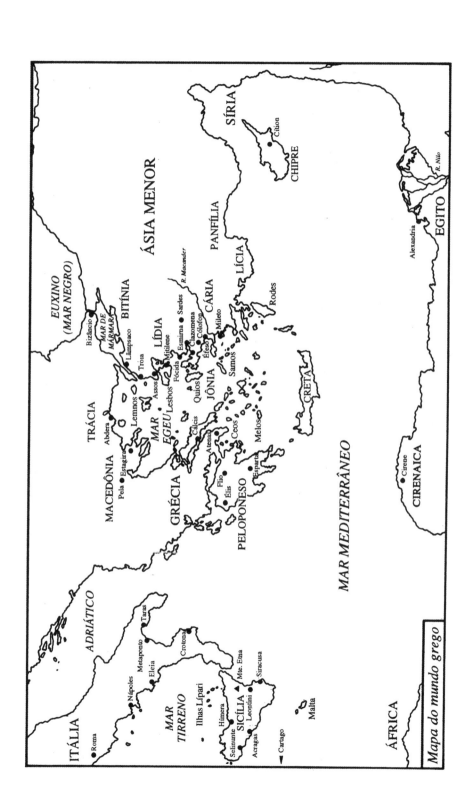

se desenvolverão a partir de então. Embora essas noções sejam ainda um tanto imprecisas, já que se trata do momento mesmo de seu surgimento, podemos dizer que a filosofia e a ciência têm aí o seu início em nossa tradição cultural. Veremos como, de certa forma, essas noções constituem o ponto de partida de uma visão de mundo que, apesar das profundas transformações ocorridas, permanece parte de nossa maneira de compreender a realidade ainda hoje. Isso quer dizer que podemos reconhecer nesses pensadores as raízes de conceitos constitutivos de nossa tradição filosófico-científica.

a. A *physis*

Aristóteles (*Metafísica* I, 2) chama os primeiros filósofos de *physiólogos,* ou seja, estudiosos ou teóricos da natureza (*physis*). Assim, o objeto de investigação dos primeiros filósofos-cientistas é o mundo natural; sendo que suas teorias buscam dar uma explicação causal dos processos e dos fenômenos naturais a partir de causas puramente naturais, isto é, encontráveis na natureza, no mundo natural, concreto, e não fora deste, em um mundo sobrenatural, divino, como nas explicações míticas. Segundo esse tipo de visão, portanto, a chave da compreensão da realidade natural encontra-se nesta própria realidade e não fora dela.

b. A causalidade

A característica central da explicação da natureza pelos primeiros filósofos é portanto o apelo à noção de **causalidade,** interpretada em termos puramente naturais. O estabelecimento de uma conexão causal entre determinados fenômenos naturais constitui assim a forma básica da explicação científica e é, em grande parte, por esse motivo que consideramos as primeiras tentativas de elaboração de teorias sobre o real como o início do pensamento científico. Explicar é relacionar um efeito a uma causa que o antecede e o determina. Explicar é, portanto, reconstruir o nexo causal existente entre os fenômenos da natureza, é tomar um fenômeno como efeito de uma causa. É a existência desse nexo que torna a realidade inteligível e nos permite considerá-la como tal.

É importante, entretanto, que o nexo causal se dê entre *fenômenos naturais*. Isto porque podemos considerar que o pensamento mítico também estabelece explicações causais. Assim, na narrativa da guerra de Troia na *Ilíada* de Homero vemos os deuses tomar o partido dos gregos e dos troianos e influenciar os acontecimentos em favor destes ou daqueles. Portanto, fenômenos humanos e naturais têm nesse caso causas sobrenaturais. Trata-se de uma explicação causal, porém dada através da referência a causas sobrenaturais. É por isso que o que distingue a explicação filosófico-científica da mítica é a referência apenas a causas naturais.

A explicação causal possui, entretanto, um caráter **regressivo**. Ou seja, explicamos sempre uma coisa por outra e há assim a possibilidade de se ir buscando uma causa anterior, mais básica, até o infinito. Cada fenômeno poderia ser tomado como efeito de uma nova causa, que por sua vez seria efeito de uma causa anterior, e assim sucessivamente, em um processo sem fim. Isso, contudo, invalidaria o próprio sentido da explicação, pois, mais uma vez a explicação levaria ao inexplicável, a um mistério, portanto, tal como no pensamento mítico.

$$\text{fenômeno 1} \rightarrow \text{fenômeno 2}$$
$$\text{causa} \rightarrow \text{efeito}$$
$$\text{(causa)} \rightarrow \text{(efeito)}$$
$$...\text{(causa)} \rightarrow \text{(efeito)}$$

Para evitar que isso aconteça, surge a necessidade de se estabelecer uma causa primeira, um primeiro princípio, ou conjunto de princípios, que sirva de ponto de partida para todo o processo racional. É aí que encontramos a noção de *arqué* (αρχη).

c. A *arqué* (elemento primordial)

A fim de evitar a regressão ao infinito da explicação causal, o que a tornaria insatisfatória, esses filósofos vão postular a existência de um elemento primordial que serviria de ponto de partida para todo o processo. O primeiro a formular essa noção é exatamente Tales de Mileto, que afirma ser a **água** (*hydor*) o elemento primordial. Não sabemos por que Tales teria escolhido a água: talvez por ser o único elemento que se encontra na natureza nos três estados, sólido, líquido e gasoso; talvez influenciado por antigos mitos do Egito e da Mesopotâmia, civilizações de regiões áridas e que se desenvolveram em deltas de rios e onde por isso mesmo a água aparece como fonte da vida. Porém, o importante na contribuição de Tales não é tanto a escolha da água, mas a própria ideia de elemento primordial, que dá unidade à natureza.

É claro que a água tomada como primeiro princípio é muito diferente da água de nossa experiência comum, que bebemos ou que encontramos em rios, mares, e lagos. Trata-se realmente de um princípio, tomado aqui como simbolizando o elemento líquido ou fluido no real como o mais básico, mais primordial; ou ainda a água como o elemento presente em todas as coisas em maior ou menor grau. Diferentes pensadores buscaram eventualmente diferentes princípios explicativos; assim, por exemplo, os sucessores de Tales na Escola de Mileto, Anaxímenes e Anaximandro, adotaram respectivamente o **ar** e o **apeiron** (um princípio abstrato significando algo de ilimitado, indefinido, subjacente à própria natureza); Heráclito dizia ser o **fogo** o princípio explicativo, Demócrito o **átomo** e assim sucessivamente. Empédocles, com sua *doutrina* dos quatro elementos como que sintetiza as diferentes posições, afirmando a existência de quatro elementos primordiais – terra, água, ar e fogo –, tese retomada por Platão no *Timeu* e bastante difundida em toda a Antiguidade, chegando mesmo ao período moderno, presente nas especulações da alquimia no

Renascimento até o surgimento da moderna química. Pode-se considerar inclusive que, de certa forma, a química ainda hoje supõe que certos elementos básicos, como o hidrogênio, estejam presentes em todo o universo.

A importância da noção de *arqué* está exatamente na tentativa por parte desses filósofos de apresentar uma explicação da realidade em um sentido mais profundo, estabelecendo um princípio básico que permeie toda a realidade, que de certa forma a unifique, e que ao mesmo tempo seja um elemento natural. Tal princípio daria precisamente o caráter **geral** a esse tipo de explicação, permitindo considerá-la como inaugurando a **ciência**.

d. O cosmo

O significado do termo *kosmos* (κοσμος) para os gregos desse período liga-se diretamente às ideias de ordem, harmonia e mesmo beleza (já que a beleza resulta da harmonia das formas; daí, aliás, o nosso termo "cosmético"). O cosmo é assim o mundo natural, bem como o espaço celeste, enquanto realidade ordenada de acordo com certos princípios racionais.[6] A ideia básica de cosmo é, portanto, a de uma ordenação racional, uma ordem hierárquica, em que certos elementos são mais básicos, e que se constitui de forma determinada, tendo a causalidade como lei principal. O cosmo, entendido assim como ordem, opõe-se ao **caos** (καος), que seria precisamente a falta de ordem, o estado da matéria anterior à sua organização. É importante notar que a ordem do cosmo é uma ordem racional, "razão" significando aí exatamente a existência de princípios e leis que regem, organizam essa realidade. É a racionalidade deste mundo que o torna compreensível, por sua vez, ao entendimento humano. É porque há na concepção grega o pressuposto de uma correspondência entre a razão humana e a racionalidade do real – o cosmo – que este real pode ser compreendido, pode-se fazer ciência, isto é, pode-se tentar explicá-lo teoricamente. Daí se origina o termo "cosmologia", como explicação dos processos e fenômenos naturais e como teoria geral sobre a natureza e o funcionamento do universo.

e. O *logos*

O termo grego *logos* (λογος) significa literalmente discurso, e é com tal acepção que o encontramos por exemplo em Heráclito de Éfeso. O *logos* enquanto discurso, entretanto, difere fundamentalmente do *mythos,* a narrativa de caráter poético que recorre aos deuses e ao mistério na descrição do real. O *logos* é fundamentalmente uma explicação, em que razões são dadas. É nesse sentido que o discurso dos primeiros filósofos, que explica o real por meio de causas naturais, é um *logos.* Essas razões são fruto não de uma inspiração ou de uma revelação, mas simplesmente do pensamento humano aplicado ao entendimento da natureza. O *logos* é, portanto, o discurso racional, argumentativo, em que as explicações são justificadas e estão sujeitas à crítica e à discussão (ver tópico seguinte). Daí deriva, p.ex., o nosso termo "lógica". Porém, o próprio Heráclito caracteriza a realidade como tendo um *logos,* ou seja uma racionalidade (ver o conceito de cosmo acima) que seria captada pela razão humana. Portanto, um dos pressupostos básicos da visão dos primeiros filósofos é a correspondência entre a razão humana e a racionalidade do real, o que tornaria possível um discurso racional sobre o real.

f. O caráter crítico

Um dos aspectos mais fundamentais do saber que se constitui nessas primeiras escolas de pensamento, sobretudo na escola jônica, é seu caráter crítico. Isto é, as teorias aí formuladas não o eram de forma dogmática, não eram apresentadas como verdades absolutas e definitivas, mas como passíveis de serem discutidas, de suscitarem divergências e discordâncias, de permitirem formulações e propostas alternativas. Como se trata de construções do pensamento humano, de ideias de um filósofo – e não de verdades reveladas, de caráter divino ou sobrenatural –, estão sempre abertas à discussão, à reformulação, a correções. O que pode ser ilustrado pelo fato de que, na escola de Mileto, os dois principais seguidores de Tales, Anaxímenes e Anaximandro, não aceitaram a ideia do mestre de que a água seria o elemento primordial, postulando outros elementos, respectivamente o ar e o *apeiron,* como tendo esta função. Isso pode ser tomado como sinal de que nessa escola filosófica o debate, a divergência e a formulação de novas hipóteses eram estimulados. A única exigência era que as propostas divergentes pudessem ser justificadas, explicadas e fundamentadas por seus autores, e que pudessem, por sua vez, ser submetidas à crítica.

Segundo o importante filósofo da ciência contemporâneo Karl Popper:

> O que é novo na filosofia grega, o que é acrescentado de novo a tudo isso, parece-me consistir não tanto na substituição dos mitos por algo de mais "científico", mas sim em uma nova atitude em relação aos mitos. Parece-me ser meramente uma consequência dessa nova atitude o fato de que seu caráter começa então a mudar.
>
> A nova atitude que tenho em mente é a atitude crítica. Em lugar de uma transmissão dogmática da doutrina (na qual todo o interesse consiste em preservar a tradição autêntica) encontramos uma tradição crítica da doutrina. Algumas pessoas começam a fazer perguntas a respeito da doutrina, duvidam de sua veracidade, de sua verdade.
>
> A dúvida e a crítica existiram certamente antes disso. O que é novo, porém, é que a dúvida e a crítica tornam-se agora, por sua vez, parte da tradição da escola. Uma tradição de caráter superior substitui a preservação tradicional do dogma. Em lugar da teoria tradicional, do mito, encontramos a tradição das teorias que criticam, que, em si mesmas, de início, pouco mais são do que mitos. É apenas no decorrer dessa discussão crítica que a observação é adotada como uma testemunha.
>
> Não pode ser por mero acidente que Anaximandro, discípulo de Tales, desenvolveu uma teoria que diverge explícita e conscientemente da de seu mestre, e que Anaxímenes,

discípulo de Anaximandro, tenha divergido de modo igualmente consciente da doutrina de seu mestre. A única explicação parece ser a de que o próprio fundador da escola tenha desafiado seus discípulos a criticarem sua teoria e que eles tenham transformado esta nova atitude crítica de seu mestre em uma nova tradição.[7]

QUADRO SINÓTICO

- Passagem do pensamento mítico-religioso ao pensamento filosófico-científico, representando o surgimento da filosofia na Grécia antiga (séc.VI a.C.).
- Ruptura entre essas duas formas de pensamento como resultante de transformações na sociedade grega da época, que se seculariza, tornando-se importante a atividade comercial.
- O surgimento do pensamento filosófico-científico nas colônias gregas da Jônia é significativo, uma vez que ali se dava um maior contato com outras culturas, levando a uma relativização do mito e das práticas religiosas.
- O mito, como explicação do real através do elemento sobrenatural e misterioso, é considerado insatisfatório; os primeiros filósofos procuram explicar a realidade natural a partir dela própria: naturalismo da escola jônica.
- O novo pensamento filosófico possui características centrais que rompem com a narrativa mítica:
  1. A noção de *physis* (natureza).
  2. A *causalidade* interpretada em termos estritamente naturais.
  3. O conceito de *arqué* ou elemento primordial.
  4. A concepção de *cosmo* (o universo racionalmente ordenado).
  5. O *logos* como racionalidade deste cosmo e como explicação racional.
  6. O *caráter crítico* dessas novas teorias que eram sujeitas à discussão evitando o dogmatismo e fazendo com que se desenvolvessem, transformando-se e reformulando-se.

LEITURAS ADICIONAIS

DETIENNE, Marcel. *Os mestres da verdade na Grécia arcaica*. Rio de Janeiro, Zahar, 1988.

ELIADE, Mircea. *Mito e realidade*. São Paulo, Perspectiva, col. "Debates", n.52, 1994, 4ª ed.

GOLDSCHMIDT, V. *A religião de Platão*. São Paulo, Difel, 1969.

ROCHA, Everardo. *O que é mito?* São Paulo, Brasiliense, col. "Primeiros Passos", 1985.

RONAN, Colin A. *História ilustrada da ciência*, v.l: *Das origens à Grécia*. Rio de Janeiro, Zahar, 1987.

VERNANT, Jean-Pierre. *As origens do pensamento grego*. São Paulo, Difel, 1984, 4ª ed.

Veyne, Paul. *Acreditavam os gregos em seus mitos?* Lisboa, Edições 70, 1987.
Vlastos, G. *O universo de Platão,* Brasília, Ed. UnB, 1975.

QUESTÕES E TEMAS PARA DISCUSSÃO

Responda as questões abaixo com base no texto e nas leituras adicionais recomendadas:
1. Aponte as principais características do pensamento mítico.
2. Contraste essas características com algumas das principais características do pensamento filosófico-científico.
3. Em que sentido e por que razões pode-se dizer que o pensamento filosófico-científico rompe com o pensamento mítico no contexto da Grécia antiga por volta do séc. VI a.C.?
4. Por que o pensamento mítico passa a ser considerado insatisfatório?
5. Qual a principal característica da escola jônica, considerada decisiva para o desenvolvimento do pensamento filosófico-científico?

2

OS FILÓSOFOS PRÉ-SOCRÁTICOS

A. Apresentação geral da filosofia dos pré-socráticos

A denominação "filósofos pré-socráticos"[1] é basicamente cronológica e designa os primeiros filósofos, mencionados no capítulo anterior, que viveram antes de Sócrates (470-399 a.c.), chegando alguns dos últimos a serem seus contemporâneos.[2] Sócrates é tomado como um marco não só devido à sua influência e importância, mas também por introduzir uma nova problemática na discussão filosófica, as questões ético-políticas, ou seja, a problemática humana e social que praticamente ainda não havia sido discutida.

A leitura, interpretação e discussão da filosofia dos pré-socráticos envolve, para nós, uma grande dificuldade. Suas obras se perderam na Antiguidade, e só as conhecemos por meios indiretos. Em alguns casos é possível até que não tenha havido obra escrita, já que a tradição filosófica grega em seus primórdios valorizava mais a linguagem falada do que a escrita. A filosofia era vista essencialmente como discussão, debate, e não como texto escrito. Platão, por exemplo, faz Sócrates se manifestar nesse sentido no *Fédon*.

Em muitos casos, certamente houve uma obra escrita, que conhecemos em parte, como p.ex. o *Poema* de Parmênides, e o tratado *Da natureza* de Heráclito (os quais examinaremos adiante). Como dissemos, entretanto, essas obras não sobreviveram integralmente; trata-se apenas de fragmentos permitindo no máximo uma *reconstrução* do pensamento desses filósofos. São duas as principais fontes de que dispomos para o conhecimento dos filósofos pré-socráticos: a *doxografia* e os *fragmentos*. A doxografia consiste em sínteses do pensamento desses filósofos e comentários a eles, geralmente breves, por autores de períodos posteriores, indo basicamente de Aristóteles (384-323 a.C.) a Simplício (séc. VI).[3] Os fragmentos são citações de passagens dos próprios filósofos pré-socráticos encontradas também em obras posteriores.[4] A diferença principal entre ambos é a seguinte: enquanto o fragmento nos dá as próprias palavras do pensador, a doxografia apresenta seu pensamento nas palavras de outro. Assim, temos um fragmento quando, p.ex., Aristóteles diz (*Metafísica*, 1, 4):

"Parmênides afirma: 'antes de todos os deuses, criou o Amor'", uma referência direta às palavras de Parmênides. E temos uma referência doxográfica quando o mesmo Aristóteles (id., I, 3) diz: "Assim parece ter se exprimido Tales acerca da causa primeira [a água]", relatando o pensamento de Tales. Ambas as fontes, entretanto, são precárias, imprecisas e incompletas. Pois mesmo os fragmentos, embora contendo as palavras do filósofo, apresentam apenas uma pequena passagem da obra originária, e portanto já refletem uma seleção de quem faz a citação. Porém, trata-se de uma situação inevitável do ponto de vista histórico, a menos que alguma descoberta arqueológica revele manuscritos e textos da época, o que é altamente improvável.

Uma tradição que remonta a Aristóteles (*Metafísica* I, 4) – e que se encontra igualmente em Diógenes Laércio (I, 14-5), cuja obra *Vidas e doutrinas dos filósofos ilustres* é uma das principais fontes para conhecer o pensamento dos pré-socráticos – costuma dividi-lo em duas grandes correntes, a escola jônica e a escola italiana. Veremos que esta divisão, embora a rigor imprecisa, pode ser útil por caracterizar uma diferença básica de concepção filosófica entre as duas tendências.

Apresentaremos, em seguida, um quadro geral dos filósofos pré-socráticos e de suas ideias centrais, destacando sua contribuição ao desenvolvimento da filosofia antiga, embora nos limitando apenas aos mais conhecidos e de maior influência. Vamos concentrar nossa análise nas doutrinas de Heráclito e Parmênides que, de certo modo, representam bem as duas tendências básicas desse pensamento, com o confronto entre as duas doutrinas podendo ser considerado o primeiro grande conflito teórico da filosofia. Este confronto influencia o pensamento posterior, sendo que o próprio Platão se preocupará em superá-lo.

Escola jônica: Caracteriza-se sobretudo pelo interesse pela *physis,* pelas teorias sobre a natureza.
* Tales de Mileto (*fl.c.*585 a.C.) e seus discípulos, Anaximandro (*c.*610-547 a.C.) e Anaxímenes (*c.*585-528 a.C.), que formam a assim chamada escola de Mileto
* Xenófanes de Colofon (*c.*580-480 a.C.)
* Heráclito de Éfeso (*fl.c.*500 a.C.)

Escola italiana: Caracteriza-se por uma visão de mundo mais abstrata, menos voltada para uma explicação naturalista da realidade, prenunciando em certo sentido o surgimento da lógica e da metafísica, sobretudo no que diz respeito aos eleatas.
* Pitágoras de Samos (*fl.c.*530 a.C.), Alcmeon de Crotona (*fl.*início séc. V a.C.), Filolau de Crotona (*fl.*final séc. V a.C.) e a escola pitagórica
* Parmênides de Eleia (*fl.c.*500 a.C.), e a escola eleática: Zenão de Eleia (*fl.c.*464 a.C.) e Melisso de Samos (*fl.c.*444 a.C.)

Temos uma ***segunda fase*** do pensamento pré-socrático, denominada por vezes de pluralista, que inclui os seguintes filósofos:
* Anaxágoras de Clazômena (*c.*500-428 a.C.)
* Escola atomista: Leucipo de Abdera e Demócrito de Abdera (*c.*460-370 a.C.)
* Empédocles de Agrigento (*c.*450 a.C.)

B. A escola jônica

Tales de Mileto é considerado o primeiro filósofo (*ver* cap. anterior) e, embora conheçamos muito pouco sobre ele e não subsista nenhum fragmento seu, foi desde a Antiguidade visto como o iniciador da visão de mundo e do estilo de pensamento que passamos a entender como *filosofia*. Duas características são fundamentais nesse sentido; em primeiro lugar, seu modo de explicar a realidade natural a partir dela mesma, sem nenhuma referência ao sobrenatural ou ao misterioso, formulando a doutrina da *água* como elemento primordial, princípio explicativo de todo o processo natural; e, em segundo lugar, o caráter crítico de sua doutrina, admitindo e talvez mesmo estimulando que seus discípulos desenvolvessem outros pontos de vista e adotassem outros princípios explicativos.

Anaximandro foi o principal discípulo e sucessor de Tales. Propôs, no entanto, o *apeiron* (o ilimitado ou o indeterminado) como primeiro princípio, tendo sido talvez o primeiro a usar a noção de *arqué* nesse sentido. Destacou-se por introduzir uma noção nova, que não se confunde com nenhum dos elementos tradicionais, e que pode ser considerada um esforço na direção de uma explicação mais abstrata ou genérica do real, uma primeira versão da noção de matéria.

Anaxímenes, provavelmente discípulo de Anaximandro, adotou por sua vez o *ar* (*pneuma*) como *arqué*, uma vez que o ar é incorpóreo e se encontra em toda parte. Podemos ver nisso uma tentativa de encontrar, em um elemento de caráter invisível e incorpóreo, uma explicação abstrata da realidade física.

Xenófanes, embora originário da Jônia, viajou pela Grécia e esteve no sul da Itália, sendo considerado um precursor do pensamento dos eleatas, e talvez mestre de Parmênides. Escreveu em estilo poético, atacando o antropomorfismo típico da tradição religiosa grega, e defendeu a ideia de um deus único que, segundo alguns, se identifica com a própria natureza. Adota como elemento primordial a *terra,* de onde se originariam todas as coisas (fr.27).

O pensamento de **Heráclito** será examinado em detalhe mais adiante em relação ao de Parmênides e à escola eleática.

C. As escolas italianas

a. Pitágoras e o pitagorismo

Pitágoras, embora originário de Samos, na Jônia, emigrou para a Itália, segundo alguns devido a problemas políticos, segundo outros após a invasão persa, fundando em Crotona sua escola de caráter semirreligioso e iniciático. Representa nesse sentido uma transição do pensamento jônico para o da escola italiana, mas também representa a permanência de elementos míticos e religiosos no pensamento filosófico. Trata-se de uma figura misteriosa e quase lendária, cercada de mistério devido talvez às próprias características de sua escola. Especula-se sobre uma possível influência egípcia no pensamento pitagórico, já que Pitágoras defende uma concepção de imortalidade e de transmigração (*metempsicose*) da alma, embora essas crenças se encontrassem na tradição cultural da Trácia, no norte da Grécia.

A escola pitagórica constitui uma longa tradição na Antiguidade, subsistindo durante praticamente dez séculos, encontrando-se ainda no período do helenismo pensadores vinculados a essa tradição, os *neopitagóricos*. Teve, no entanto, inúmeras ramificações, posteriormente confundindo-se inclusive com o platonismo e o neo-platonismo, devido à influência do pitagorismo em Platão.

Uma das principais contribuições dos pitagóricos à filosofia e ao desenvolvimento da ciência encontra-se na doutrina segundo a qual o **número** é o elemento básico explicativo da realidade, podendo-se constatar uma proporção em todo o cosmo, o que explicaria a harmonia do real garantindo o seu equilíbrio. Os pitagóricos tiveram grande importância, portanto, no desenvolvimento da matemática grega, sobretudo na geometria. A teoria da harmonia musical reflete também a concepção pitagórica de que há uma proporção ideal em todo o universo que se reflete na concepção da escala musical. Isso resultaria dos sons emitidos pelos diversos segmentos das cordas da lira quando estendidas, sendo que a combinação desses sons entre si pode ser tratada de forma harmoniosa. Daí a música ter sido tratada, em toda a Antiguidade, como disciplina matemática. Essa mesma concepção, que busca um princípio geométrico de proporção como representante da harmonia cósmica, encontra-se na arquitetura grega, de linhas fortemente geométricas, na escultura do período clássico em que o corpo humano é representado de acordo com princípios que estabelecem uma proporção ideal entre a cabeça, o tronco e os membros, e até mesmo na ginástica e no culto ao físico, em que o atleta deve moldar o seu corpo para torná-lo harmonioso como uma escultura.

Essa concepção do número como elemento primordial reflete-se na *tetractys*, ou "grupo dos quatro", que consiste nos quatro primeiros algarismos (1, 2, 3, 4), que somam dez (10) e que podem ser dispostos em forma triangular, simbolizando uma relação perfeita:[5]

b. A escola eleática

O pensamento de **Parmênides** e da escola eleática será visto mais adiante em relação ao de Heráclito e dos mobilistas.

D. Segunda fase do pensamento pré-socrático

Esta segunda fase caracteriza-se sobretudo por pensadores que, tendo sofrido a influência de seus predecessores, muitas vezes de mais de uma tendência, desenvolveram suas teorias a partir de tais influências, combinando frequentemente aspectos de diferentes escolas e valorizando uma concepção do mundo natural como múltiplo e dinâmico.

Anaxágoras de Clazômena viveu em Atenas na época de Péricles, que teria sido seu discípulo. Sofreu a influência dos milesianos como Anaxímenes e possivelmente também dos pitagóricos. Concebeu a realidade como composta de uma multiplicidade infinita de elementos a que denomina de *homeomerias*. Uma passagem de Aristóteles (*Metafísica*, I, 3) sintetiza bem o que conhecemos do pensamento de Anaxágoras:

> Anaxágoras de Clazômena, mais jovem do que Empédocles, mas posterior a ele em suas atividades, diz que os primeiros princípios são ilimitados em número. E explica que todas as substâncias de partes iguais (*homeomerias*), como a água e o fogo, são geradas e destruídas por combinação e separação; em outro sentido, nem são geradas, nem destruídas, mas persistem eternamente.

Anaxágoras usa o termo *nous* (espírito) no sentido de causa da existência do cosmo, ou de primeiro motor, de uma maneira que antecipa a concepção aristotélica formulada na *Física*.

Empédocles de Agrigento é conhecido principalmente por sua ***doutrina dos 4 elementos*** (fogo, água, terra e ar) (fr.17), que de certa forma procura sintetizar as doutrinas de pensadores anteriores sobre os elementos primordiais, bem como superar a oposição entre a concepção monista eleata de unidade do real e as concepções pluralistas e mobilistas. Essa doutrina teve grande influência em toda a Antiguidade, chegando mesmo ao Renascimento e ao início do período moderno. Esses elementos são vistos como raízes (*rizómata*) (fr.6) de todas as coisas, e de sua combinação resulta a pluralidade do mundo natural.

a. A escola atomista

Leucipo é considerado o fundador dessa escola, embora muito pouco se saiba a seu respeito; aparentemente teria sido discípulo de Zenão e sofrido a influência da escola de Eleia. Seu pensamento é conhecido sobretudo a partir de seu discípulo Demócrito, que desenvolveu o *atomismo*, uma das doutrinas pré-socráticas de maior influência em toda a Antiguidade, sendo retomada no helenismo pelos epicuristas e no início do pensamento moderno por Pierre Gassendi (1592-1655).

Demócrito, originário de Abdera, no norte da Grécia, teria viajado pelo Egito, Mesopotâmia e Pérsia, fixando-se depois em Atenas. Sua doutrina do atomismo tornou-se conhecida sobretudo pela formulação feita por Epicuro, de grande influência na Antiguidade. Apesar de Demócrito ter escrito muitas obras, subsistiram poucos fragmentos de seus textos referentes a essa doutrina.

A doutrina atomista sustenta que a realidade consiste em átomos e no vazio, os átomos se atraindo e se repelindo, e gerando com isso os fenômenos naturais e o movimento. A atração e repulsão dos átomos devem-se às suas formas geométricas, sendo que átomos de formas semelhantes se atraem e os de forma diferente se repelem. Os átomos são imperceptíveis e existem em número infinito. Podemos destacar aí o avanço em relação às teorias anteriores na formulação do átomo como elemento primordial, sobretudo quanto à noção de partículas imperceptíveis que compõem os objetos materiais e dão origem aos fenômenos e ao movimento. Isso sem dúvida antecipa de maneira surpreendente a física atômica contemporânea, que deriva sua noção de átomo dessa tradição, apesar, é claro, das profundas diferenças existentes entre ambas.

b. Monismo x mobilismo: Heráclito x Parmênides

Examinaremos agora as doutrinas de Heráclito e de Parmênides e seus seguidores em termos da controvérsia entre monismo e mobilismo – marcante no séc. V a.C. e que pode ser tomada como uma espécie de divisor de águas quanto ao sentido e à influência do pensamento dos pré-socráticos na filosofia que se segue, sobretudo no pensamento de Platão. Embora haja dúvidas sobre quem, ou que escola, constitui exatamente o alvo das críticas de Parmênides e dos eleatas, em geral supõe-se que se referem a Heráclito, ou talvez aos mobilistas e pluralistas em um sentido amplo. Começaremos por apresentar o pensamento de Heráclito de modo a permitir um confronto posterior com o pensamento eleático.

Heráclito de Éfeso, embora um dos pré-socráticos de quem mais chegaram fragmentos até nós,[6] era conhecido já na Antiguidade como "o Obscuro", devido à dificuldade de interpretação de seu pensamento. Pode ser considerado, juntamente com os atomistas, como o principal representante do mobilismo, isto é, da concepção segundo a qual a realidade natural se caracteriza pelo movimento,[7] todas as coisas estando em fluxo. Este seria o sentido básico da famosa frase atribuída a Heráclito: "*Panta rei*" (Tudo passa). Sua filosofia, tal como podemos reconstruí-la, é, entretanto, bem mais complexa do que isso. A noção de *logos*[8] desempenha papel central em seu pensamento, como princípio unificador do real e elemento básico da racionalidade do cosmos. Segundo o famoso fragmento 50, "Dando ouvidos não a mim, mas ao *logos*, é sábio concordar que todas as coisas são uma única coisa." Assim, tudo é movimento, tudo está em fluxo, mas a realidade possui uma unidade básica, uma unidade na pluralidade. Esta "unidade na pluralidade" pode ser entendida também como a unidade dos opostos. Heráclito vê a realidade marcada pelo conflito (*pólemos*) entre os opostos (fr.53, 126, 80), conflito que todavia não possui um caráter negativo, sendo a garantia do equilíbrio, através da equivalência e reunião dos opostos (fr.10). Assim, dia e noite, calor e frio, vida e morte são opostos que se complementam (fr.67, 126). A existência do movimento e da pluralidade do real é parte de nossa experiência das coisas, e Heráclito parece ser um filósofo que valoriza a experiência sensível (fr.55). O fogo (*pyr*) é tomado como elemento primordial (fr.30, 31, 66, 90) ou, pelo menos enquanto chama, energia que queima e se autoconsome, simbolizando o caráter dinâmico da realidade.

O fragmento talvez mais famoso de Heráclito é o do rio (fr.91): "Não podemos banhar-nos duas vezes no mesmo rio, porque o rio não é mais o mesmo."[9] A tradição posterior teria acrescentado, "e nós também não somos mais os mesmos". Este fragmento sintetiza exatamente a ideia da realidade em fluxo, simbolizada pelo rio que representa o movimento encontrado em todas as coisas, inclusive, no caso do acréscimo, em nós. Alguns intérpretes chegam a ver nessa metáfora implicações para a questão do conhecimento, a impossibilidade de banhar-se duas vezes no mesmo rio indicando a impossibilidade de um acesso mais permanente ao real, já que este encontra-se em constante mudança. Tal concepção levou alguns a interpretá-lo como relativista.

A tradição da história da filosofia inaugurada por Hegel viu em Heráclito o primeiro filósofo a desenvolver um pensamento dialético, por valorizar a unidade dos opostos que se integram e não se anulam, e por ver no conflito a causa do movimento no real. Isso caracterizaria uma espécie de dialética da natureza, embora Heráclito, ele próprio, não empregue nos fragmentos que conhecemos o termo "dialética", aparentemente encontrado pela primeira vez apenas em Platão[10].

Parmênides e os eleatas são adversários dos mobilistas, defendendo uma posição que podemos caracterizar como monista, ou seja, a doutrina da existência de uma realidade única. Parmênides parece de fato o introdutor de uma das distinções mais básicas no pensamento filosófico, a distinção entre *realidade* e *aparência*. Assim, o primeiro argumento contra o mobilismo consiste em caracterizar o movimento apenas como aparente, como um aspecto superficial das coisas. Se, no entanto, formos além de nossa experiência sensível, de nossa visão imediata das coisas, descobriremos, através do pensamento, que a verdadeira realidade é única,[11] imóvel, eterna, imutável, sem princípio, nem fim, contínua e indivisível (fr.8). Por isso Parmênides afirma que o ser é esférico, a esfera representando o caráter pleno e perfeito do real. Através do pensamento devemos buscar então aquilo que permanece na mudança: só posso entender a mudança se há algo de estável que permanece e me permite identificar o objeto como o mesmo. Portanto, podemos dizer que o segundo argumento contra o mobilismo é um argumento de caráter lógico, sustentando que a noção de movimento pressupõe a noção de permanência como mais básica. Nesse sentido, o movimento não pode ser tomado como mais básico, como primitivo, definidor do real.

Em seu *Poema*, o mais extenso dos textos dos pré-socráticos que chegaram até nós, Parmênides afirma que "aquilo que é não pode não ser", formulando assim uma versão inicial da lei da identidade, um princípio lógico-metafísico que consiste em caracterizar a realidade em seu sentido mais profundo como algo de imutável; exclui assim o movimento e a mudança como aquilo que não é, porque deixou de ser o que era, e não veio a ser ainda o que será, e portanto não é nada; por isso apenas o permanente e imutável pode ser caracterizado como o Ser. Parmênides afirma também que "é o mesmo o ser e o pensar" (fr.2, 6), o que significa que a racionalidade do real e a razão humana são da mesma natureza, o que permite ao homem pensar o ser. Mas para poder pensar o ser, conhecê-lo, o homem deve seguir o caminho da Verdade (fr.2, 8), isto é, do pensamento, da razão, e afastar-se do caminho da Opinião, formada por seus hábitos, percepções, impressões sensíveis, que são ilusórias, imprecisas, mutáveis.

Esses dois fragmentos de seu *Poema* nos permitem entender em que sentido Parmênides é considerado o pensador do Ser (o real em seu sentido mais abstrato, mais básico), aquele que é de certa forma um precursor da metafísica, exatamente este tipo de pensamento sobre o ser, opondo-se à experiência concreta, sensível e imediata que temos comumente das coisas. Veremos mais adiante a influência que a filosofia de Parmênides e sua crítica aos mobilistas terá sobre o pensamento de Platão, que o colocará inclusive como personagem central de um de seus principais diálogos, o *Parmênides*.

Melisso de Samos foi um dos principais discípulos de Parmênides, tornando-se conhecido pelos argumentos que desenvolveu em defesa da filosofia monista eleática. Esses argumentos são formulados contra as noções de movimento e de pluralidade, e têm a seguinte forma (fr.2): "que é não pode ter começo, pois se tivesse começo deveria provir do que é ou do que não é; mas não pode ter vindo do que é, porque o que é já é, também não pode ter vindo do que não é, porque o que não é não é, e não pode vir a ser"; portanto, o Ser é eterno, imutável, atemporal e incriado.

Zenão de Eleia é um dos mais famosos filósofos pré-socráticos, sobretudo devido aos *paradoxos* que formulou também em defesa da filosofia monista e contra a noção de movimento. Os paradoxos de Zenão foram amplamente discutidos e analisados em toda a Antiguidade, suscitando interesse até hoje e, apesar de todos os desenvolvimentos recentes na lógica e na física, não admitem uma solução simples e são objeto de inúmeras controvérsias.[12] Sua importância deve-se não apenas ao questionamento da concepção mobilista e à discussão acerca do tempo e do movimento, mas também à forma de argumentar por meio de paradoxos que Zenão aparentemente inaugura e que tem a estrutura da chamada *reductio ad absurdum* (redução ao absurdo) da posição que ataca. Parte assim da posição do adversário, procurando mostrar que tal posição leva ao absurdo; com isso, ela é refutada. Aristóteles chega a considerar os argumentos de Zenão como a origem da dialética enquanto técnica argumentativa.[13]

Vamos examinar dois dos mais conhecidos paradoxos de Zenão para ilustrar essa forma de argumentação. O primeiro é o de Aquiles e a tartaruga. Aquiles, o mais veloz dos corredores, dá a dianteira à tartaruga em uma corrida. Mesmo assim, Aquiles jamais será capaz de alcançar a tartaruga, pois seria necessário percorrer a distância da dianteira dada à tartaruga; sendo tal distância divisível ao infinito, ela jamais poderá ser percorrida: a diferença irá diminuindo, mas jamais será nula.

O paradoxo da flecha imóvel diz que uma flecha disparada em direção a um alvo colocado a uma certa distância jamais atingirá este alvo, na verdade permanecendo imóvel, pois a cada ponto em que se encontra deve percorrer uma distância igual a seu comprimento; no entanto, se o espaço é composto de elementos indivisíveis, a flecha deve permanecer imóvel, já que nesse caso não pode haver movimento.

Os críticos de Zenão acusaram-no de ir contra o senso comum, já que é óbvio, a partir da experiência de qualquer um de nós, que Aquiles rapidamente ultrapassa a tartaruga e que a flecha alcança o alvo. Porém, os argumentos de Zenão são de natureza teórica e conceitual, ou seja, a dificuldade está em explicar o que nossa experiência comum constata; ao tentar fazê-lo recorrendo às noções de movimento, tempo e espaço que encontramos nos mobilistas, essas noções levarão aos paradoxos. Zenão parece ser um dos primeiros a introduzir, no contexto da escola eleata, uma cisão entre o senso comum, nossa experiência usual da realidade que nos cerca, e a explicação teórica desta realidade, que recorre a conceitos específicos, pertencendo a um outro plano, utilizando outro tipo de linguagem e, por isso mesmo, necessitando de um outro tipo de análise. A filosofia, seus conceitos teóricos e sua forma de argumentar deixam portanto de ser uma extensão do senso comum, envolvendo, ao contrário, uma ruptura com nossa experiência habitual das coisas.

É difícil avaliar a controvérsia entre mobilistas e monistas. Com efeito, do ponto de vista de Heráclito, que pensa os opostos como complementares e vê no conflito e no movimento os princípios básicos do real, a concepção de Parmênides é insustentável, já para o monismo dos eleatas, a posição dos mobilistas é absurda. Trata-se praticamente do primeiro grande conflito de paradigmas na tradição filosófica, o que dá origem a duas grandes correntes, que, de uma forma ou de outra, sempre encontraremos no desenvolvimento dessa tradição. A primeira valoriza a pluralidade do real, a contribuição de nossa experiência concreta para o conhecimento dessa realidade, e a oposição e o conflito entre os elementos dessa realidade que constatamos a partir dessa experiência, os quais, longe de ser algo problemático, caracterizam a própria natureza dessa realidade. A segunda busca aquilo que é único, permanente, estável, eterno, perfeito; o que não se dá de imediato a nossos sentidos, só se revelando a nosso pensamento após uma longa experiência de reflexão. Trata-se, no entanto, de um conflito insolúvel, pois não temos um critério externo às teorias, independente delas, que nos permita dizer quem tem razão. De certa forma isso se tornará um traço característico da filosofia: tudo pode ser posto em questão; a discussão filosófica está permanentemente em aberto.

QUADRO SINÓTICO

Escola jônica (naturalismo):
- Milesianos (escola de Mileto): Tales de Mileto, Anaximandro, Anaxímenes
- Heráclito de Éfeso (mobilismo)
- Xenófanes de Colofon (influencia os pitagóricos)

Escolas italianas:

- Pitagóricos: Pitágoras e seus seguidores (importância da matemática)
- Eleatas: Parmênides, Zenão, Melisso (questões de caráter lógico e metafísico)

Segunda fase (séc. V a.C.): (pluralistas e ecléticos)

- Empédocles de Agrigento (doutrina dos quatro elementos)
- Escola atomista: Leucipo e Demócrito
- Anaxágoras de Clazômena

LEITURAS ADICIONAIS

Coletâneas de fragmentos e doxografia:

BARNES, Jonathan. *Filósofos pré-socráticos*. São Paulo, Martins Fontes, 1997.

BORNHEIM, Gerd A. *Os filósofos pré-socráticos*. São Paulo, Cultrix, 1994.

KIRK, G.S. e J.E. Raven. *Os filósofos pré-socráticos*. Lisboa, Fundação Gulbenkian, 4ª ed. 1994.

LAÉRCIO, Diógenes. *Vidas e doutrinas dos filósofos ilustres*. Brasília, Ed. UnB, 1988.

Os pensadores originários: Anaximandro, Parmênides, Heráclito. Petrópolis, Vozes, 1993.

Os pré-socráticos. São Paulo, Abril Cultural, col. "Os Pensadores", 1975.

Sobre os pré-socráticos:

BURNET, John. *A aurora da filosofia grega*. São Paulo/ Rio de Janeiro, Loyola/ PUC-Rio, 2007.

GORMAN, Peter. *Pitágoras: uma vida*. São Paulo, Cultrix/Pensamento, 1979.

IGLÉSIAS, Maura. "Os pré-socráticos", in A. Rezende (org.), *Curso de filosofia*. Rio de Janeiro, Zahar, 1996, 6ª ed.

LEGRAND, Gérard. *Os pré-socráticos*. Rio de Janeiro, Zahar, 1991.

LUCE, J.V. *Curso de filosofia grega*. Rio de Janeiro, Zahar, 1994, cap. 1-6.

SOUSA, Eudoro de. *Horizonte e complementariedade*. São Paulo, Duas Cidades, 1975.

QUESTÕES E TEMAS PARA DISCUSSÃO

1. Qual o sentido e a importância da contribuição dos filósofos pré-socráticos para a formação e o desenvolvimento da tradição filosófica?
2. Como se caracteriza a distinção entre a escola jônica e as escolas italianas?
3. Em que sentido se destaca o pensamento dos pitagóricos e qual a sua especificidade no contexto dos pré-socráticos?
4. Quais os principais argumentos de Parmênides e dos monistas contra Heráclito e os mobilistas? Como você avalia esses argumentos?
5. Como se pode interpretar o sentido e a relevância dos paradoxos de Zenão?

3

SÓCRATES E OS SOFISTAS

A. Introdução

O pensamento de Sócrates é um marco na constituição de nossa tradição filosófica, e pode-se dizer que inaugura a filosofia clássica rompendo com a preocupação quase que exclusivamente centrada na formulação de doutrinas sobre a realidade natural que encontramos nos filósofos pré-socráticos. A própria denominação "pré-socráticos" já reflete a importância da filosofia de Sócrates como um divisor de águas. É nesse momento que a problemática ético-política passa ao primeiro plano da discussão filosófica como questão urgente da sociedade grega, superando a questão da natureza como temática central.[1] Os sofistas são contemporâneos de Sócrates, seu principal adversário, assim como o foram posteriormente Platão e Aristóteles. Apesar disso, Sócrates e os sofistas compartilham, embora com visões diferentes e até mesmo diametralmente opostas, o interesse fundamental pela problemática ético-política, pela questão do homem enquanto cidadão da *polis,* que passa a se organizar politicamente no sistema que conhecemos como ***democracia.*** O pensamento de Sócrates e dos sofistas deve ser entendido, portanto, tendo como pano de fundo o contexto histórico e sociopolítico de sua época, pois tem um compromisso bastante direto e explícito com essa realidade. Isso mostra uma proximidade maior entre Sócrates e os sofistas do que entre Sócrates e os pré-socráticos.

Uma vez que o pensamento de Sócrates se desenvolve sobretudo em oposição ao dos sofistas e como crítica à situação política de sua época – o que finalmente levará à sua condenação –, vamos começar pelo exame da sofística, de seu sentido e de seu papel, em especial na Atenas do séc. V a.C.

Como já vimos anteriormente no cap. 1, é na Grécia dos sécs. VI-IV a.C. que a filosofia começa a se definir como gênero cultural autônomo, com estilo próprio e objetivos e princípios específicos. É necessário, portanto, procurar entender o surgimento da filosofia como um fato cultural, como produto de um determinado contexto histórico e social. Esse surgimento corresponde ao começo da estabilização da sociedade grega, com o desenvolvimento da atividade comercial, com a consolidação das várias cidades-Estado e com a organização da sociedade ateniense, que finalmente assumirá a hegemonia através da liderança da liga de Delos (477 a.C.). Há um progressivo enriquecimento proveniente do comércio e da expansão marítima, dando origem a uma classe mercantil politicamente muito influente. Começa a se fazer necessária a criação de uma base institucional sólida para essa sociedade, o que se reflete nas reformas políticas iniciadas por Sólon (c.594 a.C.), levadas adiante por Clístenes (507 a.C.), que praticamente introduz as primeiras regras democráticas, chegando até o primeiro governo de Péricles e de Efialtes (462 a.C.). Isso representa concretamente a quebra dos privilégios da oligarquia até então dominante e a progressiva secularização da sociedade.[2] Uma sociedade que começa a se preocupar com seus próprios negócios sente a necessidade de harmonizar, conciliar as diferentes tendências, os diferentes interesses existentes em seu meio.

A democracia representa exatamente a possibilidade de se resolverem, através do entendimento mútuo, e de leis iguais para todos, as diferenças e divergências existentes nessa sociedade em nome de um interesse comum. As deliberações serão tomadas, assim, em reuniões de cidadãos, as *assembleias*. Isso significa que as decisões são tomadas por consenso, o que acarreta persuadir, convencer, justificar, explicar. Não se dispõe mais da força, dos privilégios, da autoridade de origem divina. Anteriormente, havia a imposição, a violência, a obediência, o privilégio, a tradição, o medo como formas do exercício do poder. A linguagem, o diálogo, a discussão rompem com a violência, o uso da força e do medo, na medida em que, em princípio, todos os falantes têm no diálogo os mesmos direitos (*isegoria*): interrogar, questionar, contra-argumentar. A razão se sobrepõe à força, é uma forma de controlar o exercício do poder. A linguagem precisa ser racional, as discussões pressupõem a apresentação de justificativas, de argumentos, sendo abertas à interpelação, ao questionamento.

O surgimento da filosofia corresponde portanto à busca de bases para essa discussão legítima, tais como: o que é a verdade? Quais os princípios da razão? Com base em que critérios se pode justificar aquilo que se diz? É neste sentido que podemos entender o contexto histórico e político de surgimento do discurso filosófico, da filosofia, que encontra seu apogeu nos sécs. V-IV a.C.

Essas mudanças sociais e culturais não se caracterizam apenas pela filosofia, mas seus reflexos podem ser constatados igualmente em outras áreas da cultura e do pensamento para as quais os gregos contribuíram de maneira tão marcante, constituindo um padrão de grande influência no desenvolvimento de nossa cultura. O teatro, por exemplo, com a tragédia, deixa de ser uma cerimônia, ou um ritual de caráter quase religioso, tornando-se uma cerimônia cívica, em que certas virtudes morais e políticas são exaltadas. Como exemplos temos Ésquilo, cujas tragédias datam de 490-456 a.C., e principalmente Sófocles, cuja obra é de 469-405 a.C., destacando-se quanto a essa temática sobretudo *Édipo rei* e *Antígona*.

Além do teatro, podemos mencionar os relatos históricos e geográficos como os de Heródoto (*História das guerras contra os persas, c.*460-425 a.C.), Tucídides (*História da Guerra do Peloponeso,* 424 a.C.), e Xenofonte (*Anábasis* e *Hellenica,* 375 a.C.), que representam a passagem das narrativas míticas e lendárias da tradição arcaica para os relatos de viagens e o testemunho dos participantes dos eventos históricos.

Surge também, como vimos anteriormente, a ciência, em especial a física e a astronomia, além da medicina, com Hipócrates (470-360 a.C.), representando até certo ponto a transição das práticas mágicas para uma visão mais secular da realidade natural, procurando assim estabelecer relações entre os fenômenos entendidas em um sentido estritamente natural.

Surgem ainda as artes do discurso, a retórica e a oratória; na medida em que a palavra passa a ser livre, ela se torna o instrumento através do qual os indivíduos, enquanto cidadãos, podem defender seus interesses, seus direitos e suas propostas. Voltaremos a este ponto mais adiante, quando abordarmos os sofistas que foram os grandes mestres dessas artes.

Enfim, como vimos anteriormente (cap. 1), surge a própria filosofia, a partir da transição das narrativas míticas e religiosas – características das *teogonias,* que apresentam uma visão mítico-poética do real, apelando para os mistérios e para a tradição – para um discurso em que tudo que se afirma deve ser submetido à discussão, à argumentação, à justificação, preocupando-se assim com os critérios de verdade e de justificabilidade.

Tudo isso, é claro, deve ser relativizado. Essas mudanças não ocorrem de um momento para outro, mas representam uma fase progressiva de transição em que certamente muitos elementos da tradição anterior, aristocrática, mitológica, religiosa, permanecem no discurso filosófico, na literatura e até mesmo em formulações científicas, como veremos, p.ex., no caso de Platão.

B. Os sofistas

Os sofistas surgem exatamente nesse momento de passagem da tirania e da oligarquia para a democracia. São os mestres de retórica e oratória, muitas vezes mestres itinerantes, que percorrem as cidades-Estado fornecendo seus ensinamentos, sua técnica, suas habilidades aos governantes e aos políticos em geral. Embora sem formar uma escola ou grupo homogêneo, o que os caracteriza é muito mais uma prática ou uma atitude comuns do que uma doutrina única. Há portanto uma *paideia*, um ensinamento, uma formação pela qual os sofistas foram responsáveis, consistindo basicamente numa determinada forma de preparação do cidadão para a participação na vida política. Sua função nesse contexto foi importantíssima e sua influência muito grande, o que se reflete na forte oposição que sofreram por parte de Sócrates, Platão e Aristóteles. Os sofistas foram portanto filósofos e educadores, além de mestres de retórica e de oratória, embora este papel lhes seja negado, p.ex. por Platão. É difícil por isso mesmo termos uma avaliação mais concreta de sua função e mesmo de sua concepção filosófica e pedagógica. Além de termos uma situação semelhante à dos pré-socráticos quanto aos textos dos sofistas, isto é, tudo o que nos resta são fragmentos, citações, testemunhos, esta dificuldade se agrava pelo fato de que, em grande parte, a maioria destas citações e testemunhos nos chegaram através de seus principais adversários, Platão e Aristóteles, que pintaram um retrato bastante negativo desse pensadores. Os próprios termos "sofista" e "sofisma"[3] acabaram por adquirir uma conotação fortemente depreciativa, embora "sofista" inicialmente significasse tão somente "sábio". Apenas recentemente os intérpretes e historiadores têm procurado revalorizar a contribuição dos sofistas, através de uma visão mais isenta e objetiva de suas doutrinas. bem como de seu papel, influência e contribuição à filosofia e aos estudos da linguagem.[4]

Os principais e mais conhecidos sofistas foram Protágoras de Abdera (*c.*490-421 a.C.), Górgias de Leontinos (*c.*487-380 a.C.), Hípias de Élis, Licofron, Pródicos, que teria sido inclusive mestre de Sócrates,[5] e Trasímaco, embora tenham existido muitos outros dos quais conhecemos pouco mais do que os nomes.

Nossa análise irá se concentrar em Protágoras e em Górgias, que foram talvez os mais importantes e influentes sofistas, e dos quais Platão nos legou um retrato bastante elaborado nos diálogos *Protágoras* e *Górgias,* respectivamente.

O principal e mais conhecido fragmento de Protágoras é o início de sua obra sobre a verdade, quando afirma: "O homem é a medida de todas as coisas, das que são como são e das que não são como não são."[6] Esse fragmento de certa forma sintetiza duas das ideias centrais associadas aos sofistas, o **humanismo** e o *relativismo*. Protágoras parece assim valorizar um tipo de explicação do real a partir de seus aspectos fenomenais apenas, sem apelo a nenhum elemento externo ou transcendente. Isto é, as coisas são como nos parecem ser, como se mostram à nossa percepção sensorial, e não temos nenhum outro critério para decidir essa questão. Portanto, nosso conhecimento depende sempre das circunstâncias em que nos encontramos e pode, por isso mesmo, variar de acordo com a situação. Protágoras aproxima-se assim bastante dos mobilistas, de quem pode ter sofrido influência, e afasta-se da visão eleática de uma verdade única.

Essa concepção da natureza humana e do conhecimento parece estar subjacente à visão política de Protágoras e a seu recurso à retórica e à dialética enquanto arte ou técnica do discurso argumentativo. Portanto, pode-se dizer que sofistas como Protágoras não eram meros manipuladores da opinião, mestres sem escrúpulos que vendiam suas habilidades retóricas a quem pagasse mais, mas, ao contrário, acreditavam não haver nenhuma outra instância além da opinião a que se pudesse recorrer para as decisões na vida prática, as quais deveriam ser tomadas com base na persuasão a fim de produzir um consenso em relação às questões políticas. Tipicamente, em uma discussão na Assembleia ninguém detinha a verdade em um sentido completo e absoluto, simplesmente porque isso não seria possível; mas todos tinham suas razões, seus interesses, seus objetivos, procurando defendê-los da melhor forma possível. O processo decisório envolvia, entretanto, a necessidade de superação das diferenças e a convergência de interesses e objetivos, para que se pudesse produzir um consenso, e era para esse fim que a retórica e a dialética deveriam contribuir.

A técnica argumentativa de Protágoras se encontra sobretudo em seu tratado *Antilogia,* em que desenvolve a **antilógica** como tentativa de argumentação **pró** e **contra** determinada posição, sendo ambas igualmente verdadeiras e defensáveis. Isso pode constituir uma técnica de desenvolvimento de argumentos opostos, pode ter um sentido de preparação para a discussão e o debate – em que aquele que argumenta deve procurar antecipar todas as possíveis objeções à sua posição –, mas também pode partir da concepção de que há sempre contradições latentes nas crenças comuns dos indivíduos, que podem ser explicitadas por meio dessa técnica argumentativa. Embora essa obra de Protágoras tenha se perdido, há um tratado de autor desconhecido, possivelmente do séc. IV a.C., intitulado *Dissoi logoi* ("Os argumentos duplos"), que ilustra bem esse tipo de argumentação.

Górgias foi considerado um dos maiores oradores e principais mestres de retórica de sua época. Oriundo da Sicília, viajou extensamente por toda a Grécia ministrando suas lições, sempre regiamente pagas. É importante sua contribuição ao desenvolvimento dos diferentes estilos da oratória grega, sobretudo o *encomium*, o elogio, notabilizando-se o seu *Elogio a Helena*, em que parodia Homero, a *Oração fúnebre*, em que celebra o herói ou cidadão ilustre em seu funeral, e a *apologia*, ou defesa, destacando-se a *Apologia de Palamedes*. Em seu famoso tratado *Da natureza* ou *Do não-Ser*, Górgias defende a impossibilidade do conhecimento em um sentido estável e definitivo, afirmando no fragmento I que "Nada existe que possa ser conhecido; se pudesse ser conhecido não poderia ser comunicado, se pudesse ser comunicado não poderia ser compreendido". Górgias dá grande importância ao *logos* enquanto discurso argumentativo, e em seu *Elogio a Helena* faz a famosa afirmação: "O *logos* é um grande senhor." Entretanto, de certa maneira o *logos* é sempre visto como enganoso, já que não podemos ter acesso à natureza das coisas, mas tudo de que dispomos é o discurso, como fica claro no fragmento citado acima. O *logos*, contudo, pode ser persuasivo, e Górgias chega mesmo a sustentar que mais importante do que o verdadeiro é o que pode ser provado ou defendido.

Os sofistas deram uma grande contribuição ao desenvolvimento dos estudos da linguagem na tradição cultural grega. Seu interesse pela elaboração e proferimento do discurso correto e eficaz levou-os a investigar a língua grega e a iniciar seu estudo sistemático, através da divisão das partes do discurso, do estabelecimento da análise etimológica, examinando o significado e a origem das palavras (a famosa questão da "correção dos nomes" que Platão retoma no diálogo *Crátilo*), bem como a tradição literária anterior, sobretudo a poesia épica de Homero e Hesíodo, que lhes fornecia boa parte dos recursos estilísticos – imagens, metáforas, figuras de linguagem – para seus discursos. Pode-se dizer, assim, que o interesse pela retórica e pela oratória motivou o desenvolvimento dos estudos de poética e gramática.

C. SÓCRATES

É o pensamento de **Sócrates**, entretanto, que marca o nascimento da filosofia clássica, desenvolvida por Platão e Aristóteles, de certo modo seus herdeiros mais importantes. O julgamento e a morte de Sócrates marcaram profundamente seus contemporâneos e muitos de seus discípulos e companheiros escreveram relatos e testemunhos desse episódio,[7] em que o filósofo confronta o Estado, em que suas ideias se insurgem contra as práticas políticas da época, em que a necessidade de independência do pensamento é explicitada e discutida pela primeira vez em nossa tradição.

Em 399 a.C. Sócrates é acusado de graves crimes por alguns cidadãos atenienses. Estes pedem sua condenação à morte por desrespeito às tradições religiosas da cidade e por corrupção da juventude. A motivação da acusação é claramente política: contra as críticas feitas por Sócrates ao que ele considerava um desvirtuamento da democracia ateniense, e contra sua discussão e questionamento dos valores e atitudes da sociedade da época. Em seu julgamento, segundo as práticas da época, diante de um júri de 501 cidadãos, Sócrates apresenta um longo discurso, sua *apologia* ou defesa, em que, no entanto, longe de se defender objetivamente das acusações, ironiza seus acusadores, assume as acusações dizendo-se coerente com o que ensinava, e recusa declarar-se inocente ou pedir uma pena. Com isso, de acordo com a prática da época que obrigava o júri a optar pela acusação ou pela defesa, só resta como alternativa a condenação de Sócrates. Condenado à morte, é levado para uma prisão, onde deverá, também segundo a prática da época, beber uma taça de veneno, a cicuta. Seus companheiros propõem que Sócrates fuja para o exílio, mas ele se recusa em seu memorável último discurso,[8] preferindo morrer como cidadão ateniense e sempre coerente com suas ideias do que viver numa terra estranha: fugir equivaleria a renegar suas ideias e princípios.

Nossa interpretação do pensamento de Sócrates enfrenta por um lado uma dificuldade ainda maior que a que temos em relação aos pré-socráticos e aos sofistas, já que Sócrates efetivamente nada escreveu, valorizando sobretudo o debate e o ensinamento oral. Por outro lado, conhecemos extensamente suas ideias através de Platão, seu principal discípulo, que, sob o impacto de sua condenação e morte, resolveu registrar seus ensinamentos, tal como os conhecera, para evitar que se perdessem. Entretanto, trata-se, é claro, da visão de Platão sobre a filosofia de Sócrates e não do pensamento original do próprio filósofo. As duas outras fontes que nos chegaram sobre a vida e as ideias de Sócrates são bem menos elaboradas do que as de Platão. Temos em primeiro lugar alguns diálogos de Xenofonte, se não propriamente um discípulo, ao menos contemporâneo e companheiro de Sócrates, escritos entre 380 e 355 a.C.: a *Apologia de Sócrates,* as *Memorabilia* (memórias),[9] o *Symposium* (Banquete) e o *Oeconomicus,* sendo, contudo, de caráter mais biográfico do que filosófico. Em segundo lugar, *As nuvens,* comédia de Aristófanes escrita em 424 a.C., quando Sócrates ainda vivia. Nela, entretanto, o filósofo é satirizado, apresentado como um sofista, amoral, interesseiro e andrajoso. Aparentemente Aristófanes representou Sócrates apenas como o intelectual que visava ridicularizar nessa comédia, já que seu retrato difere inteiramente dos de Platão, Xenofonte e de outros relatos fragmentários da época. Portanto, efetivamente, nossa principal fonte de conhecimento do pensamento filosófico de Sócrates é Platão, nos diálogos chamados "socráticos", em que aparentemente sua preocupação básica foi registrar e transmitir a filosofia de seu mestre (Ver adiante [cap. 4] quadro cronológico dos diálogos de Platão, onde se identificam os diálogos da "fase socrática".).

Supõe-se que esses diálogos refletiriam a prática filosófica de Sócrates de discussão nas praças de Atenas com seus discípulos e concidadãos, bem como com seus adversários teóricos e políticos, os sofistas. É neles que vamos encontrar a visão socrática do que é filosofar.

A concepção filosófica de Sócrates pode ser caracterizada como um **método de análise conceitual**. Isso pode ser ilustrado pela célebre questão socrática "o que é...?" – encontrada em todos esses diálogos –, através da qual se busca a **definição** de uma determinada coisa, geralmente uma virtude ou qualidade moral.

Para entender melhor, tomemos o diálogo *Laques,* cujo tema central é a **coragem** e no qual Sócrates discute com Laques, um soldado ateniense famoso pela coragem nas guerras em que serviu aos exércitos de sua cidade. Nesse diálogo temos exatamente um momento em que Laques é apresentado a Sócrates como o indivíduo mais qualificado para definir a coragem, por ser reconhecidamente corajoso (190-195). Laques oferece então diversos exemplos de situações em que indivíduos demonstraram coragem nas batalhas: o soldado que luta sozinho contra o inimigo numericamente superior, o soldado que mesmo ferido continua a combater, o soldado que não se retira da batalha, o indivíduo que não teme enfrentar perigos etc. Entretanto, Sócrates recusa esse tipo de resposta, dizendo que não é o que busca, mas sim uma definição do próprio **conceito** de coragem, que nos permite exatamente entender os exemplos dados como casos de coragem e não de outra coisa qualquer, p.ex., imprudência ou loucura.

No diálogo *Ménon* – cujo tema é o ensinamento da virtude,[10] embora seja discutível se este é ou não um "diálogo socrático" – encontramos uma célebre passagem a esse respeito (70a-72b):

> MÉNON: Você pode me dizer, Sócrates, se a virtude é algo que pode ser ensinado ou que só adquirimos pela prática? Ou não é nem o ensinamento nem a prática que tornam o homem virtuoso, mas algum tipo de aptidão natural ou algo assim?
>
> SÓCRATES: [...] Você deve considerar-me especialmente privilegiado para saber se a virtude pode ser ensinada ou como pode ser adquirida. O fato é que estou longe de saber se ela pode ser ensinada, pois sequer tenho ideia do que seja a virtude [...] E como poderia saber se uma coisa tem uma determinada propriedade se sequer sei o que ela é.

Em seguida, Sócrates pede a Ménon: "Diga-me você próprio o que é a virtude", ao que Ménon responde:

> Mas não há nenhuma dificuldade nisso. Em primeiro lugar, se é sobre a virtude masculina que você deseja saber, então é fácil ver que a virtude de um homem consiste em ser capaz de conduzir bem seus afazeres de cidadão, de tal forma que poderá ajudar seus amigos e causar dano a seus inimigos, ao mesmo tempo tomando cuidado para não prejudicar a si próprio. Ou se você quer saber sobre a virtude da mulher, esta também pode ser facilmente descrita. Ela deve ser uma boa dona de casa, cuidadosa com seus pertences e obediente a seu marido. Há ainda uma virtude para as crianças do sexo masculino ou feminino, uma outra para os velhos, homens livres ou escravos, como você quiser. E há muitos outros tipos de virtude, de tal forma que ninguém terá dificuldade de dizer o que é. Para cada ato e para cada momento, em relação a cada função separada, há uma virtude para cada um de nós, e de modo semelhante, eu diria, um vício.

A resposta de Sócrates, bastante irônica, ilustra exatamente o que dissemos:

Acho que tenho sorte. Queria uma virtude e você tem todo um enxame de virtudes para me oferecer! Mas falando sério, vamos levar adiante esta metáfora do enxame. Suponha que eu lhe perguntasse o que é uma abelha, qual é a sua natureza essencial, e você me respondesse que há muitos tipos de abelhas, o que você diria se eu lhe perguntasse então: mas é por ser abelhas que elas são muitas e de diferentes tipos, distintas umas das outras? Ou você concordaria que não é quanto a isso que diferem, mas quanto a outra coisa, outra qualidade como tamanho ou beleza?

Ménon: Eu diria que enquanto abelhas elas não são diferentes umas das outras.

Sócrates: Suponha então que eu lhe peça: é exatamente isto que quero que você me diga. Qual é a característica em relação à qual elas não diferem, mas são todas iguais? Você tem algo a me dizer, não?

Ménon: Sim.

Sócrates volta então à questão inicial, que não considera ainda respondida: "Então faça o mesmo com as virtudes. Mesmo que sejam muitas e de vários tipos, terão pelo menos algo em comum que faz de todas elas virtudes. É isso que deve ser levado em conta por quem quiser responder à questão: 'O que é a virtude?'"

Temos nesta breve passagem algumas das principais características da concepção socrática de filosofia como método de análise conceitual. A discussão parte da necessidade de se entender algo melhor, através de uma tentativa de se encontrar uma definição. A definição inicial, oferecida por Ménon, reflete a visão corrente, o entendimento comum que temos sobre o tema em questão, nossa opinião ou *doxa*, o que é considerado insatisfatório por Sócrates. Vimos que Ménon oferece várias definições de virtude, recusadas entretanto por Sócrates. O método socrático envolve um questionamento do senso comum, das crenças e opiniões que temos, consideradas vagas, imprecisas, derivadas de nossa experiência, e portanto parciais, incompletas, o que se reflete nos exemplos dados. É exatamente neste sentido que a reflexão filosófica vai mostrar que, com frequência, não sabemos aquilo que pensamos saber. Temos talvez um entendimento prático, intuitivo, imediato, que contudo se revela inadequado no momento em que deve ser tornado explícito. O método socrático revela a fragilidade desse entendimento e aponta para a necessidade e a possibilidade de aperfeiçoá-lo através da reflexão. Ou seja, partindo de um entendimento já existente, ir além dele em busca de algo mais perfeito, mais completo.

É importante notar que, na concepção socrática, essa melhor compreensão só pode ser resultado de um processo de reflexão do próprio indivíduo, que descobrirá, a partir de sua experiência, o sentido daquilo que busca. Isso se dá através de sucessivos graus de abstração e do exame do que essa própria experiência envolve, explicitando o que no fundo já está contido nela. Trata-se de um exercício intelectual em que a razão humana deve descobrir por si própria aquilo que busca. Sócrates jamais responde as questões que formula, apenas indica quando as respostas de seu interlocutor são insatisfatórias e por que o são. Procura apenas indicar o caminho, a ser percorrido pelo próprio indivíduo: é este o sentido originário de *método* ("através de um caminho"). Não há substituto para esse processo de reflexão individual. A definição correta nunca é dada pelo próprio Sócrates, mas é através do diálogo, e da discussão, que Sócrates fará com que seu interlocutor – ao cair em contradição, ao hesitar quando parecia seguro – passe por todo um processo de revisão de suas crenças, opiniões, transformando sua maneira de ver as coisas e chegando, por si mesmo, ao verdadeiro e autêntico conhecimento. É por esse motivo que os diálogos socráticos são conhecidos como aporéticos (de *aporia,* impasse) ou inconclusivos.

As palavras de Sócrates na conclusão do diálogo *Teeteto* (210c) podem ser citadas a esse respeito: "Mas, Teeteto, se você voltar a conceber, estará mais preparado após esta investigação, ou ao menos terá uma atitude mais sóbria, humilde e tolerante em relação aos outros homens, e será suficientemente modesto para não supor que sabe aquilo que não sabe."

Sócrates caracterizou seu método como *maiêutica,* que significa literalmente a arte de fazer o parto, uma analogia com o ofício de sua mãe, que era parteira. Ele também se considerava um parteiro, mas de ideias. O papel do filósofo, portanto, não é transmitir um saber pronto e acabado, mas fazer com que outro indivíduo, seu interlocutor, através da dialética, da discussão no diálogo, dê à luz suas próprias ideias (*Teeteto,* 149a-150c). A dialética socrática opera inicialmente através de um questionamento das crenças habituais de um interlocutor, interrogando-o, provocando-o a dar respostas e a explicitar o conteúdo e o sentido dessas crenças. Em seguida, frequentemente utilizando-se de ironia, problematiza essas crenças, fazendo com que o interlocutor caia em contradição, perceba a insuficiência delas, sinta-se perplexo e reconheça sua ignorância, como vimos acima na passagem do *Ménon.* É este o sentido da célebre fórmula socrática "Só sei que nada sei", a ideia de que o reconhecimento da ignorância é o princípio da sabedoria. A partir daí, o indivíduo tem o caminho aberto para encontrar o verdadeiro conhecimento (*episteme*), afastando-se do domínio da opinião (*doxa*).

A crítica de Sócrates aos sofistas consiste em mostrar que o ensinamento sofístico limita-se a uma mera técnica ou habilidade argumentativa que visa a convencer o oponente daquilo que diz, mas não leva ao verdadeiro conhecimento. A consequência disso era que, devido à influência dos sofistas, as decisões políticas na Assembleia estavam sendo tomadas não com base em um saber, ou na posição dos mais sábios, mas na dos mais hábeis em retórica, que poderiam não ser os mais sábios ou virtuosos. Os sofistas não ensinavam portanto o caminho para o conhecimento, para a verdade única que resultaria desse conhecimento, mas para a obtenção de uma "verdade consensual", resultado da persuasão. É essa oposição que marca, segundo Sócrates, a diferença entre a filosofia e a sofística, e que permite que Platão e Aristóteles considerem os sofistas como não filósofos.

QUADRO SINÓTICO

- Séc. V a.C., consolidação da **democracia grega,** principalmente em Atenas.
- Importância da **arte do discurso e da argumentação** para o processo decisório político na democracia.

- Os sofistas surgem como mestres de **retórica** e de **oratória**.
- Os sofistas possuem uma concepção filosófica segundo a qual o conhecimento é relativo à experiência humana concreta do real, a verdade resultando apenas de nossas opiniões sobre as coisas e do consenso que se forma em torno disso. A verdade é, portanto, múltipla, relativa e mutável → **relativismo**.
- Os sofistas mais importantes e influentes foram **Protágoras** e **Górgias**.
- Sócrates opõe-se aos sofistas ao defender a necessidade do conhecimento de uma **verdade única** sobre a natureza das coisas, afastando-se das opiniões e buscando a definição das coisas.
- Segundo Sócrates, pode-se chegar a essa verdade pelo **método maiêutico**.

LEITURAS ADICIONAIS

BLACKBURN, Simon. *A República de Platão: uma biografia*. Rio de Janeiro, Zahar, 2008.

CASSIN, Barbara. *Ensaios sofísticos*. São Paulo, Siciliano, 1990.

GOTTLIEB, Anthony. *Sócrates*. São Paulo, Unesp, 1997.

GUTHRIE, W.C. *Os sofistas*. São Paulo, Paulus, 1995.

LUCE, J.V. *Curso de filosofia grega*. Rio de Janeiro, Zahar, 1994. (cap. 7, "Sócrates e os sofistas").

MONDOLFO, Rodolfo. *Sócrates*. São Paulo, Mestre Jou, 1972.

MOSSÉ, Claude. *O processo de Sócrates*. Rio de Janeiro, Zahar, 1990.

STONE, I.F. *O julgamento de Sócrates*. São Paulo, Companhia das Letras, 1988.

WOLFF, Francis. *Sócrates*. São Paulo, Brasiliense, col. "Encanto Radical", 1982, 2ª ed.

QUESTÕES E TEMAS PARA DISCUSSÃO

1. Caracterize o contexto do surgimento da sofística.
2. Qual a importância da discussão e da argumentação nesse contexto?
3. Como se pode entender a retórica e a oratória como artes do discurso?
4. Quais os elementos centrais da concepção filosófica de Protágoras?
5. Você considera sofistas como Protágoras e Górgias realmente filósofos ou meros mestres de retórica e manipuladores de opiniões?
6. Qual a contribuição dada pelos sofistas ao desenvolvimento do pensamento e da cultura gregos?
7. Como podemos situar Sócrates nesse mesmo contexto do séc. V a.C. em oposição aos sofistas?
8. Qual o sentido do método de análise conceitual socrático?
9. O que significa a **maiêutica** socrática?
10. Qual a concepção de **verdade** que encontramos em Sócrates?

O PERÍODO CLÁSSICO

4

PLATÃO

A. O CONTEXTO DE SURGIMENTO DA FILOSOFIA DE PLATÃO

É nesse momento histórico da Grécia antiga, discutido anteriormente (I.3), que devemos situar o pensamento de Platão.[1] Vamos procurar, assim, definir em linhas gerais e em seus traços mais importantes os aspectos centrais desta filosofia que adquire propriamente com Platão sua primeira formulação clássica, desenvolvendo-se durante os 25 séculos seguintes até os dias de hoje.[2]

Uma das possibilidades de se caracterizar a filosofia, nesse sentido, é através da problemática do *conhecimento*, e é este o enfoque que pretendo adotar aqui. Podemos desdobrar a problemática mais ampla e mais geral do conhecimento nas seguintes questões que examinaremos em seguida:

1. A questão da *possibilidade do conhecimento*: é possível conhecer a realidade, o mundo, tal qual ele é?
2. A questão do *método*: como é possível esse conhecimento? Ou seja, como se justifica uma determinada pretensão ao conhecimento como legítima, verdadeira?
3. A questão dos *instrumentos* do conhecimento: os sentidos e a razão.
4. A questão do *objeto* do conhecimento: o mundo material ou a realidade superior, de natureza inteligível, a realidade mutável e perecível ou a essência eterna e imutável?

Essa interpretação privilegia a ***epistemologia***, isto é, a temática do conhecimento e o papel crítico da filosofia. Sem dúvida, há outras possíveis, privilegiando, p.ex., a questão do ser, ou a questão ético-política. Creio que o desenvolvimento dessa análise deixará mais clara a razão de tal escolha.

Pode-se apresentar uma justificativa para a primazia dada ao problema epistemológico na leitura de Platão. A principal tarefa da filosofia seria estabelecer como podemos avaliar determinadas pretensões ao conhecimento; o sucesso nessa tarefa permite que a filosofia se estabeleça como uma espécie de árbitro, de legislador de uma cultura, de uma sociedade, consistindo basicamente nisso sua função *crítica*.

A filosofia adquire então uma função de análise crítica dos fundamentos, do discurso legitimador, uma vez que a cultura é precisamente o conjunto dessas pretensões ao conhecimento. Entendemos, é claro, aqui *cultura* em um sentido amplo, incluindo as relações sociais que permitem sua produção.

O conhecimento pode ser caracterizado como a posse de uma representação correta do real. Uma análise de nossas pretensões ao conhecimento é possível na medida em que examinemos como se formam essas representações. Tal análise tem um caráter fundacional, no sentido de que permite que avaliemos criticamente as bases de nossas pretensões ao conhecimento da realidade sem apelar para este conhecimento como pressuposição de nossa investigação, não havendo assim circularidade.

Isso equivale, portanto, a colocar a epistemologia, isto é, a discussão teórica da questão do conhecimento, como ponto de partida do projeto filosófico, da reflexão filosófica.

É nesse sentido que a obra de Platão pode ser entendida como *uma longa reflexão sobre a decadência da democracia ateniense*,[3] de seus valores e ideais, de seu modelo, o contexto político que afinal condenou seu mestre Sócrates, "o mais sábio dos homens", à morte. Platão pretende analisar, avaliar, julgar as manifestações culturais gregas e o processo decisório em Atenas e suas consequências, tentando descobrir a sua significação, bem como a que motivações profundas do homem – legítimas ou não – elas correspondem.

Daí a importância não só de Platão tematizar questões como:
— O que significa a democracia?
— Qual o estatuto civil da religião?
— O que significa ensinar?
— Qual o valor da arte?
— Como se definem as virtudes?
Mas também da maneira pela qual tal reflexão se realiza: o *diálogo*.

A obra de Platão se caracteriza como a síntese de uma preocupação com a *ciência* (o conhecimento verdadeiro e legítimo), com a *moral* e a *política*. Envolve assim um reconhecimento da função pedagógica e política da questão do conhecimento. Sua conclusão é que o *conhecimento* em seu sentido mais elevado identifica-se com a visão do Bem.

Esquematicamente podemos identificar na concepção platônica as seguintes oposições:

Opinião	X	Verdade
Desejo	X	Razão
Interesse Particular	X	Interesse Universal
Senso Comum	X	Filosofia

A filosofia corresponderia a um método para se atingir o ideal em todas as áreas pela superação do senso comum, estabelecendo o que deve ser aceito por todos, independente de origem, classe ou função. É isso que significa a universalidade da razão. A prática filosófica envolve assim, em certo sentido, o abandono do mundo sensível e a busca do mundo das ideias. Veremos adiante, a esse propósito, os célebres textos da *Linha dividida* e da *Caverna* (*República*, livros VI e VII, respectivamente).

Embora represente um rompimento com o senso comum, uma superação da opinião, a dialética platônica tem como ponto de partida o senso comum, a opinião, submetidos a um reexame crítico. O filósofo não invoca uma revelação externa, uma inspiração, uma autoridade divina superior, mas conduz seu interlocutor a descobrir ele próprio a verdade.

Os diálogos de Platão representam também, p.ex. o *Górgias*, um momento de *luta política*, uma oposição aos *sofistas*, que se caracterizariam por uma degradação da prática do diálogo. Os sofistas ensinam a arte de convencer não através da busca da razão, mas da manipulação de crenças e interesses, de metáforas, ambiguidades, ilusões (ver I.3 sobre a interpretação platônica dos sofistas).

Podemos estabelecer a característica essencial da filosofia, segundo Platão, distinguindo-a dos outros modos de discurso, p.ex., a filosofia "pré-filosófica" dos présocráticos, a tragédia, o mito, a retórica etc. O discurso filosófico preocupa-se com sua própria legitimação, sua justificação, daí ser considerado crítico e reflexivo. A filosofia não deve apenas dizer e afirmar, mas preocupar-se em chegar à verdade, à certeza, à clareza, através da razão. Constitui um discurso que se funda na legitimidade, que deve ser aceito por todos (tendo portanto um caráter universal), que se impõe pela argumentação racional, que produz um consenso legítimo, que se opõe à violência do poder e à ilusão e mistificação ideológicas que caracterizariam o discurso dos sofistas. A filosofia, segundo o modelo platônico, vai ser esse discurso legítimo que se instaura como juiz, como critério de validade de todos os discursos.

O diálogo é a forma pela qual tal consenso pode se estabelecer. O método dialético – em suas primeiras versões nos diálogos socráticos de Platão – visa expor e denunciar a fragilidade, a ausência de fundamento, o caráter de aparência das opiniões e preconceitos dos homens habitualmente em seu senso comum. Visa, portanto, superar esses obstáculos, fazer com que o interlocutor tenha consciência disso.

Para Platão, na verdade, a filosofia é necessária como resposta a uma situação histórica injusta e ilegítima. Daí a afirmação de que sua obra pode ser considerada uma longa reflexão sobre o fracasso e a decadência da democracia ateniense, buscando uma solução para este problema em sua totalidade, isto é, em seus aspectos epistemológico, ético e político, que formam um todo integrado.

A filosofia é assim um *projeto político* (veja-se a este respeito o *Górgias* e a *Carta VII*) que tem como objetivo promover a transformação da realidade. É, portanto, antagônico à democracia que, na visão de Platão, admite as paixões, a opinião, e os interesses e não o conhecimento. Além disso, é contrário à tirania e à oligarquia, que não se fundam no conhecimento da verdade, no saber. Não se trata de uma simples volta ao passado, mas da defesa de uma *aristocracia do saber*. É preciso ir contra a opinião que não se reconhece como opinião, mas que se apresenta como certeza, que se baseia em fatos, na realidade particular, concreta, na experiência, tomando como totalidade do real, como fundamento da certeza, aquilo que é parcial, contingente, mutável, passageiro. É preciso, portanto, revelar, denunciar, que a opinião tem uma "falsa consciência" de si mesma. É a isso que Platão opõe a *verdade* e o *conhecimento*.

A opinião não se dá conta do caráter convencional da linguagem, e portanto dos valores, crenças, interesses e preconceitos nela embutidos, ocultando as inconsistências da experiência sob uma falsa unidade. Não percebe que a linguagem só é válida quando expressa um conhecimento verdadeiro. As relações políticas existentes na democracia decadente refletem um estado de coisas que deve ser abandonado, superado, transformado.

O diálogo socrático visa o desmascaramento dessa realidade, buscando um consenso (*homologia*) fundado no conhecimento verdadeiro, no entendimento racional, na possibilidade de justificação. O ponto de resolução desse conflito entre opiniões e interesses é o próprio discurso, o diálogo. O discurso é sempre expressão de um sujeito, de um interesse, de um conjunto de crenças e valores, isto é, em última análise, de convenções. Por outro lado, o discurso que se presta à manipulação e à mentira deve sempre necessariamente se submeter às regras da inteligibilidade e da sinceridade, sob pena de não realizar sua função comunicativa. É a existência de regras, de princípios discursivos, que permite resgatar o discurso verdadeiro e desmascarar a manipulação, e a opinião. A defesa, mais tarde, por Aristóteles (*Metafísica*, IV) do princípio de não contradição como devendo ser aceito por todos os participantes do discurso, sob pena de se pôr em risco a própria comunicação, representa nessa mesma linha de pensamento a possibilidade de se interpelar o interlocutor e de se exigir explicações, justificações, explicitações de seu discurso.

Antes mesmo da distinção, da oposição pura e simples entre o verdadeiro e o falso, é necessário buscar definições, clareza sobre o sentido das coisas, estabelecer o significado do que se diz. A *dialética* é assim também inicialmente um processo de abstração, que permite que se chegue à definição de conceitos. Deve admitir provisoriamente contradições para que elas sejam superadas. Não há respostas prontas, trata-se sempre de um processo que visa levar o interlocutor a reconhecer a fragilidade de suas próprias crenças e ver que aquilo que diz não é o que parece ser. Através do diálogo a opinião, que se crê certa de si mesma, ao se expor se revela contraditória, inconsequente. O método dialético não substitui de início a certeza da opinião por uma outra certeza, mas é um método negativo, exigindo uma atitude crítica, mostrando a necessidade de uma interrogação, e um questionamento dessa própria opinião, de sua origem, de seus fundamentos.

É a partir da radicalização da discussão que se vai descobrir a essência, a natureza daquilo que se discute. P.ex., no diálogo *Laques*, a coragem, no *Fedro*, a alma, e assim por diante. O diálogo é a *relação verdadeira*, opondo-se à violência, à força física, mas também à retórica manipuladora dos sofistas. Procura estabelecer: o que se diz; por que se diz; o que significa aquilo que é dito.

Ao aceitar as regras do diálogo, os interlocutores abandonam progressivamente a opinião. Instaura-se entre eles uma nova relação, não mais baseada em interesses, desejos e inclinações particulares que dão origem a antagonismos. Trata-se agora da busca da universalidade, e o discurso que tem a pretensão de ser universal, capaz de superar as divergências de opinião e ter um caráter legislador, legitimador, é a *filosofia*.

A possibilidade e a garantia dessa universalidade, seu critério de legitimidade e fundamento último, só pode ser a *verdade*, o conhecimento verdadeiro, o conhecimento de uma outra realidade que não apenas a sensível, material, mutável. Aqui se revela a influência do pensamento de Parmênides sobre Platão e se introduz a necessidade e a importância da metafísica. A *Teoria das formas ou ideias* de Platão vem precisamente cumprir este papel.[4]

B. Platão e a teoria das ideias

Vamos concentrar, portanto, nossa análise do pensamento de Platão na teoria das formas ou ideias, sendo importante notar que, na verdade, não há uma, mas várias versões dessa teoria em diferentes momentos e diálogos de Platão. Nesse sentido, convém situar-nos em relação a um determinado texto de um determinado período.[5] Para este fim, apresentamos, em seguida, um quadro cronológico das obras de Platão:[6]

Diálogos considerados autênticos
Diálogos socráticos (399 a.C., morte de Sócrates):
- *Apologia de Sócrates*
- *Ion, ou sobre a* Ilíada
- *Hípias menor*, ou sobre a falsidade
- *Laques*, ou sobre a coragem
- *Carmides*, ou sobre a moderação
- *Críton*, ou sobre o dever
- *República* (*Politeia*), livro I
- *Hípias maior*, ou sobre a beleza
- *Eutífron*, ou sobre a piedade
- *Lisis*, ou sobre a amizade

Diálogos da fase intermediária
(primeira viagem à Sicília, 389-388 a.C.)
(Teoria das formas, elaboração do platonismo. Fundação da Academia em 387 a.C.)
- *Protágoras*, ou sobre os sofistas
- *Górgias*, ou sobre a retórica
- *Menexeno*, ou Oração fúnebre
- *Eutidemo*
- *O banquete* (*Symposium*), ou sobre o Bem
- *Fédon*, ou sobre o amor
- *Ménon*, ou sobre a virtude
- *A República* (*Politeia*), ou sobre a justiça
- *Fedro*, ou sobre a alma

Diálogos da maturidade
(crítica à teoria das formas)

- *Crátilo*, ou sobre a correção dos nomes
- *Teeteto*, ou sobre o conhecimento
- *Parmênides*, ou sobre as formas
- *O sofista*, ou sobre o ser
- *O político*, ou sobre a monarquia
- *Filebo*, ou sobre o prazer

Diálogos da fase final

- *Timeu*, ou sobre a natureza
- *Crítias*, ou sobre a Atlântida
- *As leis* (*Nomoi*)
- *Epinomis*

Diálogos de autenticidade discutível

- *Alcibíades*, I e II
- *Hiparco*
- *Anterestai*
- *Teages*
- *Clítofon*
- *Mino*
- *O filósofo*

Treze cartas, das quais são consideradas autênticas a III, a VII (a mais famosa e importante) e a VIII.

Platão nasceu em Atenas em 428 a.C., pertencendo a uma família da aristocracia ateniense. Foi inicialmente discípulo de Crátilo, um seguidor de Heráclito e, depois, de Sócrates durante aproximadamente os últimos dez anos de vida do filósofo. Após a morte de Sócrates, deixou Atenas e empreendeu algumas viagens. Na Sicília entrou em contato com o pitagórico Arquitas de Tarento e com a escola eleática, teve também contato com Dion, cunhado de Dionísio I, tirano de Siracusa. De volta a Atenas, fundou (387 a.C.) sua escola filosófica, a Academia, no ginásio de Academos, nos arredores de Atenas. Por influência pitagórica mandou colocar a seguinte frase no pórtico da Academia: "Não passe destes portões quem não tiver estudado geometria." Desenvolveu nesse período grande parte de sua obra. Em 367 a.C., Dion o convidou a voltar a Siracusa, para ser tutor de seu sobrinho Dionísio II, o novo governante. A experiência foi malsucedida devido às intrigas da corte, e Platão foi forçado a retornar a Atenas. Em 361 a.C. retornou mais uma vez a Siracusa a convite de Dion, e mais uma vez teve problemas, sendo forçado novamente a fugir depois de enfrentar perigos. Na *Carta VII* Platão reflete longamente, em um tom um tanto amargo, sobre essas suas experiências e sobre o papel político e pedagógico do filósofo. Faleceu em Atenas em 347 a.C.

Platão foi por dez anos discípulo de Sócrates, e foi provavelmente sob o impacto de sua morte, de seus ensinamentos e da situação política em Atenas que começou a escrever seus diálogos. Geralmente se considera que os "diálogos socráticos" contêm algo muito próximo de uma exposição da visão socrática de filosofia e do estilo socrático de argumentação. Na fase intermediária, após ter tido contato com os pitagóricos e eleatas, Platão afasta-se progressivamente do pensamento de Sócrates e começa a desenvolver a sua própria doutrina, formulando a teoria das formas ou ideias. Na fase da maturidade, ele reformula sua doutrina, talvez levando em conta as discussões com seus discípulos na Academia, sendo que os diálogos em alguns casos perdem o tom dramático e polêmico da fase socrática, e, em diálogos como o *Sofista* e o *Parmênides*, Sócrates deixa mesmo de ser o personagem principal. Podemos dizer assim que a filosofia de Platão contém uma crítica e um desenvolvimento da concepção socrática. Vejamos em que sentido.

A crítica de Platão a Sócrates diz respeito sobretudo à concepção de filosofia como método de análise, que, embora Platão considerasse um elemento importante da reflexão filosófica, seria no entanto insuficiente para caracterizá-la. Seu principal argumento era que um método necessita, para a sua aplicação correta e eficaz, de um fundamento teórico que estabeleça exatamente os **critérios** segundo os quais o método é aplicado de forma correta e eficaz. Ou seja, se não possuirmos critérios para determinar quais as definições que podem ser efetivamente consideradas válidas, não temos como saber se o método de análise realmente produziu o esclarecimento a que se propõe. É necessário desenvolver uma **teoria** sobre a natureza dos conceitos e das definições a serem obtidas. É esse o papel da famosa teoria platônica das **ideias** ou das **formas**, que pode ser considerada o início da **metafísica**[7] clássica.

O que significa para Platão essa preocupação teórica? Podemos partir, para compreender melhor a questão, da passagem do diálogo *Ménon* examinada no capítulo anterior (3). Nessa passagem, Sócrates diz a Ménon que o que ele pretende definir é a **natureza essencial** de algo, que só essa resposta será satisfatória à questão sobre o que é uma determinada coisa, e que é isso o que nos permite compreender os próprios exemplos dados por Ménon; ora, é precisamente a natureza essencial das coisas que Platão chama de **forma** ou **ideia**, partindo da questão socrática, mas, ao mesmo tempo, reformulando-a. O que Platão pretende é estabelecer, num nível bastante abstrato – a **metafísica** –, uma teoria da natureza essencial das coisas, que nos permita assim realizar, quando nos perguntamos "o que é x?", a análise pretendida. Saberemos quando a resposta foi obtida se ela satisfizer os critérios estabelecidos por esta teoria para a aplicação bem-sucedida do método, que se dá quando este nos leva ao **conhecimento** desta natureza essencial da coisa.

Há, portanto, uma diferença essencial entre a concepção platônica e a de seu mestre Sócrates, diferença que consiste em um traço fundamental da visão platônica de filosofia, uma de suas principais contribuições ao desenvolvimento da tradição filosófica.

Assim, enquanto Sócrates considerava a filosofia como um método de reflexão que levaria o indivíduo a uma melhor compreensão de si mesmo, de sua experiência e da realidade que o cerca, passando por um processo de transformação intelectual e de revisão e reavaliação de suas crenças e valores, para Platão a filosofia é essencialmente *teoria*, isto é, a capacidade de ver, através de um processo de abstração e de superação de nossa experiência concreta, a verdadeira natureza das coisas em seu sentido eterno e imutável, de conhecer a verdade portanto. O conhecimento teórico é necessário e indispensável para o método de análise, precedendo-o e tornando-o possível. É nele que o método se fundamenta. Para Platão é necessário, assim, uma metafísica, entendida como doutrina sobre a natureza última e essencial da realidade, para que se possa definir o tipo de compreensão e de conhecimento que se possa ter desta realidade. A *teoria do conhecimento* pressupõe portanto *a teoria sobre a natureza da realidade a ser conhecida* (a metafísica, ou segundo uma terminologia posterior, a *ontologia*).

A principal consequência dessa concepção para o desenvolvimento da filosofia é que, na medida em que a tarefa filosófica passa a se definir como teórica, contemplativa, especulativa, dirigida assim para uma realidade abstrata e ideal, a reflexão filosófica afasta-se progressivamente do mundo de nossa experiência imediata e concreta, passando a ser vista como contemplação e meditação. Isso ocorrerá de fato com algumas correntes do platonismo no período do **helenismo** (examinaremos esta questão em mais detalhe no cap. I.6), especialmente com o **neoplatonismo** e, em alguns casos, com o **platonismo cristão**. Daí se origina o sentido vulgar que o termo "platônico" possui ainda hoje, com a conotação de "contemplativo", como na expressão "amor platônico".

O segundo aspecto da concepção platônica de filosofia que pretendo enfatizar pode ser também considerado um desenvolvimento e uma radicalização da concepção socrática. Trata-se da preocupação ou interesse **prático** da filosofia. Vimos que a busca socrática da definição e o método dialético empregado visavam sobretudo a análise de conceitos ou qualidades relativos às virtudes ou características da natureza humana, como a coragem, a amizade, a piedade, a temperança. A preocupação socrática era assim essencialmente ética e voltada para os valores que orientavam a ação humana.

Platão mantém essa preocupação essencial. O interesse prático da filosofia está, segundo ele, voltado para a dimensão ética e política da existência humana. Isso pode ser ilustrado por seu mais importante diálogo, *A República*, do qual analisaremos adiante algumas passagens e que, como dissemos, parte de uma reflexão sobre a situação política de Atenas no momento em que Platão vivia, podendo ser considerado como proposta de um ideal de cidade-Estado alternativa à realidade existente. Entretanto, segundo Platão, esse interesse prático só se realiza efetivamente através da teoria, ou melhor, da articulação entre teoria e prática, que constituirá um dos problemas centrais da tradição filosófica, chegando até o pensamento contemporâneo.

Sua argumentação é, em linhas gerais, a seguinte: toda ação humana envolve, de uma maneira ou de outra, em grau maior ou menor, uma escolha feita pelo indivíduo. Essa escolha pode ser bastante simples: aceitar ou não um convite, praticar ou não um ato, seguir este ou aquele caminho. Ou, em circunstâncias especiais, pode ter um sentido mais radical: a escolha de uma carreira ou profissão, p.ex., algo que poderá afetar o próprio projeto de vida do indivíduo de forma mais profunda. Para Platão, toda escolha envolve alternativas, no mínimo entre fazer e não fazer algo, e chega-se a uma opção através de um processo de **decisão**. É nesse processo de decisão que a teoria tem o seu papel, já que essa decisão envolve sempre **critérios** segundo os quais será tomada. Critérios que poderão então indicar qual a alternativa preferível, p.ex., a mais prática, a mais fácil, a mais econômica, a menos perigosa, a mais rápida, a mais justa etc. Ora, os critérios que nos permitem julgar ou avaliar as alternativas são formados a partir de definições e princípios, de um **conhecimento**, ao qual só chegamos pelo raciocínio teórico. É o princípio abstrato, ao qual chegamos por nossa inteligência, que nos permite decidir nesses casos. Nossas decisões nunca devem ser meramente práticas, baseadas em um caso concreto ou uma experiência particular, ou seja, **casuísticas**, devendo partir de certos princípios e valores gerais, que adotamos e segundo os quais agimos. Esses valores são formas ou ideias, no sentido em que anteriormente examinamos. Devem ser **universais**, isto é, gerais, abstratos, permanentes, para que possam realmente orientar nossa ação, sem que precisemos refazer todo o processo a cada nova decisão. Além disso, os princípios servem para justificar nossas decisões e os atos que realizamos. É este o sentido do **racionalismo**, que Platão é um dos primeiros a inaugurar. Uma ação é justificada, legítima portanto, quando baseada numa decisão que por sua vez obedeceu a certos critérios que se fundamentam em princípios gerais, em **normas** da ação. É por serem gerais, universais, por se aplicarem a todos os casos de um determinado tipo e a todos os indivíduos em circunstâncias equivalentes, que são justificados, isto é, estão de acordo com a norma racional, têm um fundamento teórico, e não são arbitrários, aleatórios, casuais, nem estão apenas a serviço do mero interesse individual e imediato. Se assim o fosse, a ação humana seria caótica, incompreensível e seus resultados imprevisíveis. A ideia de racionalidade supõe exatamente isto: a existência de certos princípios gerais que regulam nossa ação e que são acessíveis à nossa inteligência, à nossa atividade teórica.

Platão enfatiza assim a teoria, mas a põe de certo modo a serviço de uma aplicação prática justificada teoricamente. Justificar significa então basear-se em princípios que vão além do simplesmente imediato. A teoria é condição da ação racional porque estabelece suas normas, porém, por outro lado, não é um fim em si mesmo, mas visa sempre uma prática. É como se Platão dissesse que só podemos refletir sobre nossa prática, e avaliá-la, rompendo de alguma forma com ela, interrompendo-a, passando para outra esfera, a do pensamento reflexivo e crítico, que exige uma certa forma de distanciamento dessa prática. Enquanto simplesmente imersos nela, não temos condições de julgá-la de modo claro e eficaz; passamos então para o nível da teoria. Porém, a reflexão teórica tem sempre a prática como objetivo, e após desenvolvermos essa reflexão devemos voltar à nossa prática, agora de forma mais amadurecida, refletida, e teremos assim uma prática racional. Com isso o ciclo se completa.

Vamos procurar, em seguida, entender melhor como Platão explica a existência das formas, bem como nossa possibilidade de acesso a elas. Encontramos um bom ponto de partida para essa discussão no diálogo *Ménon*, quando Platão examina a questão sobre se é possível ensinar a virtude, o que o leva a analisar em que consiste ensinar e aprender, e portanto em que consiste o conhecimento. A principal dificuldade será explicar como começa o processo de conhecimento, e a solução platônica reside na famosa **doutrina da reminiscência** ou *anamnese*, uma das primeiras formulações em nossa tradição da **hipótese inatista**, ou seja, há um conhecimento inato, e é este conhecimento inato que serve de ponto de partida para todo o processo de conhecimento.[8] Platão justifica o inatismo formulando inicialmente uma questão conhecida como *paradoxo do Ménon*. Diz Ménon a Sócrates (80d): "Como procurar por algo, Sócrates, quando não se sabe pelo que se procura? Como propor investigações acerca de coisas as quais nem mesmo conhecemos? Ora, mesmo que viéssemos a depararnos com elas, como saberíamos que são o que não conhecíamos?"

Para investigar e conhecer um objeto, precisamos ser capazes de identificar antes este objeto; porém, como identificá-lo se não sabemos o que é? A solução platônica consiste em supor que temos um conhecimento prévio que a alma traz consigo desde o seu nascimento e que resulta da contemplação das formas, às quais contemplou antes de encarnar no corpo material e mortal. Ao encarnar no corpo, entretanto, a alma tem a visão das formas obscurecida. O papel do filósofo, através da **maiêutica socrática**, é despertar esse conhecimento esquecido, fazendo assim com que o processo tenha início e o indivíduo possa aprender por si mesmo.

Sócrates responde a pergunta formulada por Ménon através de um experimento (82a). Ele se propõe a mostrar como o jovem escravo de Ménon[9] seria capaz, se corretamente conduzido, de demonstrar o teorema de Pitágoras,[10] mesmo sem jamais ter aprendido geometria. A questão proposta por Sócrates ao escravo inicialmente é bastante simples. Dado um determinado quadrado, construir um outro quadrado que tenha o dobro da área do primeiro. O escravo faz uma tentativa inicial prolongando os lados do quadrado. Porém, com isso produz um retângulo e não um novo quadrado. Sua segunda tentativa, transformando esse retângulo em um novo quadrado, produz no entanto um quadrado com quatro vezes a área do primeiro (fig. A). As possibilidades parecem esgotadas, porém Sócrates insiste que o escravo olhe para a figura e procure nela a solução. É nesse momento que ocorre ao escravo, já que as outras possibilidades estão esgotadas, tomar a **diagonal** como lado desse novo triângulo; assim, é bem-sucedido, e soluciona o problema (fig. B).

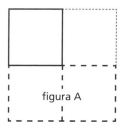
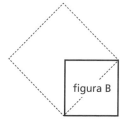

É na medida em que o escravo é capaz de *ver* com os olhos de sua mente a diagonal – que não é um dos lados do quadrado, mas uma propriedade não imediatamente visível da figura, considerando-a como o lado do novo quadrado – que consegue solucionar o problema. Ora, é a reminiscência que permite que ele possa ver isso.

C. Análise de textos da *República*

Nossa etapa seguinte consistirá em examinar como Platão concebe a realidade em uma perspectiva dualista, que inclui o mundo das ideias ou formas e o mundo concreto, e como concebe a relação entre essas duas realidades. Tomaremos dois textos da *República* a título de ilustração, o **Mito da Linha Dividida** e a **Alegoria**, ou **Mito da Caverna**. É preciso, antes, contudo, dar uma breve explicação sobre o *mito* em Platão.

Vimos anteriormente (I 1) que a filosofia em seu surgimento rompe sob muitos aspectos com o pensamento mítico enquanto portador de uma verdade sobrenatural; em que sentido portanto podemos falar agora do *mito* em Platão? A ruptura da filosofia com o pensamento mítico não é total. A tradição mitológica grega permanece uma referência cultural importante, como o é de certa forma para nós ainda hoje o poder simbólico do mito, que ainda fornece aos filósofos muitas de suas imagens, metáforas e recursos de estilo. É este o sentido e o papel do mito nos diálogos de Platão, nos quais é frequentemente usado. Isso fica claro, p.ex., no *Fedro* (246), quando Platão introduz o mito acerca da natureza da alma, afirmando que há certas questões tão complexas e difíceis de serem tratadas que só podemos examiná-las através de um discurso indireto, de caráter sugestivo, recorrendo a símbolos e imagens. Geralmente se distingue entre o *mito* propriamente dito – o discurso em linguagem simbólica acerca de um determinado tema, como o mito da alma no *Fedro* – e a *alegoria*, ou seja, a imagem especificamente utilizada para simbolizar o tema discutido, por exemplo, no próprio *Fedro*, a alma como uma carruagem puxada por dois cavalos, ou ainda a imagem da caverna que veremos adiante, embora muitas vezes mito e alegoria sejam também utilizados simplesmente como equivalentes.

Na *República* (livros VI-VII, 508-518), encontramos uma trilogia de mitos que inclui o Sol, a Linha dividida e a Caverna, todos tendo como objetivo a discussão do mesmo tema, o conhecimento, seus diferentes graus ou tipos e o processo pelo qual pode ser alcançado através da ascensão da alma a uma realidade superior, visando com isso caracterizar o governante ideal como aquele que conhece a ideia de Justiça. Vamos nos concentrar aqui nos mitos da Linha Dividida e da Caverna, começando pelo primeiro.

O Mito da Linha Dividida (509c-511d) consiste em um diagrama composto de duas linhas paralelas, a primeira representando o real e a segunda os estados mentais do homem em relação ao real.

Real			Estados Mentais	
	A		Aa	conhecimento (*noesis*) das formas pelo dialético
mundo inteligível			Ab	conhecimento (*dianoia*) dos objetos matemáticos
(formas)				pelo geômetra
mundo material			Ba	conhecimento (*pistis*) dos objetos naturais
(objetos concretos)	B		Bb	visão (*eikasia*) de imagens das coisas concretas
				pelo homem comum

O segmento inferior da linha do Real (B) representa o mundo material ou visível (*tópos horatos*), composto de objetos naturais, particulares, concretos, imperfeitos, mutáveis, perecíveis. Nosso primeiro modo de relação com esse mundo (Bb) Platão denomina de *eikasia*, ou seja, visão de imagens, sombras, reflexos, que o homem comum tem do mundo natural na medida em que o vê apenas de forma superficial, imediata, incompleta, parcial, sem se deter nele, sem formar um conhecimento mais completo e estável sobre aquilo que vê. Do ponto de vista da atitude do homem comum, e para o seu dia a dia, talvez esse tipo de contato com a realidade natural seja suficiente, mas não constitui propriamente conhecimento, exceto se o entendermos em um grau muito inferior. Trata-se do domínio da opinião (*doxa*), que se forma de modo impreciso e parcial. O segundo tipo de relação (Ba) com o mundo natural Platão denomina de *pistis* (crença, convicção), e consiste em um "conhecimento" bem mais elaborado sobre o mundo natural, que incluiria, p.ex., as ciências naturais: botânica, zoologia etc. Trata-se de uma relação mais estável e permanente com o mundo material, em que relações causais podem ser estabelecidas, classificações feitas etc.; é como se os mesmos objetos de Bb aparecessem agora em um maior grau de clareza – porém, como se trata ainda de um objeto (o mundo natural) mutável e imperfeito, e de uma relação com esse objeto que depende da percepção sensível, o nível de conhecimento é ainda marcado pela imperfeição e pela imprecisão, característica de todo conhecimento empírico.

O segundo segmento da linha (A) representa uma ruptura radical com o primeiro (B): há um abismo (*khorismos*) entre ambos. Passamos agora ao nível da realidade inteligível (*topos noetos*), o mundo das ideias (*eide*) ou formas, realidades abstratas, perfeitas, eternas, imutáveis, inteligíveis (*noeta*). Nosso primeiro tipo de relação com essa realidade é caracterizado pela geometria. A geometria, embora uma ciência da realidade abstrata, e portanto diferente do conhecimento que temos em Bb e Ba, ainda guarda algum tipo de relação com o sensível. As figuras geométricas são imagens que traçamos das entidades ideais: o triângulo, o quadrado, o círculo. São contornos, formas abstratas de figuras concretas, assim como a planta de um arquiteto representa abstratamente um prédio concreto. Portanto, já atingimos um nível de abstração, mas ainda mantemos alguma relação com o sensível. Platão dava grande valor à geometria como preparação para a filosofia, caminho para o raciocínio puramente abstrato que é o do filósofo, por isso teria mandado gravar na entrada da Academia os famosos dizeres: "Não passe destes portões quem não tiver estudado geometria." Entretanto, a geometria – e as ciências matemáticas em geral – depende, para suas demonstrações, de hipóteses para o que visa demonstrar. É este o sentido de conhecimento discursivo (*dianoia*) que Platão atribui ao segmento Ab, já que esse tipo de conhecimento é sequencial, mediato. A etapa (Aa) superior do segmento A é o conhecimento das realidades inteligíveis (*noeta*) pelo dialético através do que poderíamos traduzir por intelecção ou intuição intelectual (a faculdade da alma denominada *noesis* ou *nous*), por meio da qual atingimos os princípios mais elevados do ser, o âmago da realidade em seu sentido mais abstrato, genérico, básico; são os princípios últimos dessa realidade, o *an-hipotético*, aquilo que não pressupõe nada e o qual, ao atingi-lo, temos a compreensão do todo. Platão é deliberadamente vago ao caracterizar essa realidade e nosso modo de apreendê-la, como se não fosse possível explicitar isso no discurso comum, mas precisasse ser vivido. E o interlocutor de Sócrates, Glauco, ao final dessa passagem, diz efetivamente: "Compreendo-te um pouco, mas não suficientemente, pois me parece que tratas de um tema demasiado árduo" (511c).

O texto que examinaremos em seguida sintetiza de certo modo alguns dos temas mais centrais da filosofia de Platão, e é um dos mais famosos da literatura platônica. Trata-se da Alegoria, ou Mito da Caverna, que precisamente complementa a Linha dividida, já que diz respeito ao processo pelo qual chegamos a obter esse conhecimento mais elevado, partindo do nível inferior, pela dialética enquanto elevação do espírito.

A Alegoria da Caverna – República, VII (514a-517d)

SÓCRATES: Agora, imagina a nossa natureza, segundo o grau de educação que ela recebeu ou não, de acordo com o quadro que vou fazer. Imagina, pois, homens que vivem em uma espécie de morada subterrânea em forma de caverna. A entrada se abre para a luz, em toda a largura da fachada. Os homens estão no interior desde a infância, acorrentados pelas pernas e pelo pescoço, de modo que não podem mudar de lugar nem voltar a cabeça para ver algo que não esteja diante deles. A luz lhes vem de um fogo que queima por trás deles, ao longe, no alto. Entre os prisioneiros e o fogo, há um caminho que sobe. Imagina que esse caminho é cortado por um pequeno muro, semelhante ao tapume que os exibidores de marionetes dispõem entre eles e o público, acima do qual manobram as marionetes e apresentam o espetáculo.

GLAUCO: Entendo.

SÓCRATES: Então, ao longo desse pequeno muro, imagina homens que carregam todo tipo de objetos fabricados, ultrapassando a altura do muro, estátuas de homens, figuras de animais, de pedra, madeira ou qualquer outro material. Provavelmente, entre os carregadores que desfilam ao longo do muro, alguns falam, outros se calam.

GLAUCO: Estranha descrição e estranhos prisioneiros!

SÓCRATES: Eles são semelhantes a nós. Primeiro, pensas que, na situação deles, eles tenham visto algo mais do que as sombras de si mesmos e dos vizinhos, que o fogo projeta na parede da caverna à sua frente?

GLAUCO: Como isso seria possível, se durante toda a vida eles estão condenados a ficar com a cabeça imóvel?

SÓCRATES: Não acontece o mesmo com os objetos que desfilam?

GLAUCO: É claro.

SÓCRATES: Então, se eles pudessem conversar, não achas que, nomeando as sombras que veem, pensariam nomear seres reais?

GLAUCO: Evidentemente.

SÓCRATES: E se, além disso, houvesse um eco vindo da parede diante deles, quando um dos que passam ao longo do pequeno muro falasse, não achas que eles tomariam essa voz pela da sombra que desfila à sua frente?

GLAUCO: Sim, por Zeus.

SÓCRATES: Assim sendo, os homens que estão nessas condições não poderiam considerar nada como verdadeiro, a não ser as sombras dos objetos fabricados.

GLAUCO: Não poderia ser de outra forma.

SÓCRATES: Vê agora o que aconteceria se eles fossem libertados de suas correntes e curados de sua desrazão. Tudo não aconteceria naturalmente como vou dizer? Se um desses homens fosse solto, forçado subitamente a levantar-se, a virar a cabeça, a andar, a olhar para o lado da luz, todos esses movimentos o fariam sofrer; ele ficaria ofuscado e não poderia distinguir os objetos, dos quais via apenas as sombras, anteriormente. Na tua opinião, o que ele poderia responder se lhe dissessem que, antes, ele só via coisas sem consistência, que agora ele está mais perto da realidade, voltado para objetos mais reais, e que ele está vendo melhor? O que ele responderia se lhe designassem cada um dos objetos que desfilam, obrigando-o, com perguntas, a dizer o que são? Não pensas que ele ficaria embaraçado e que as sombras que ele via antes lhe pareceriam mais verdadeiras do que os objetos que lhe mostram agora?

GLAUCO: Certamente, elas lhe pareceriam mais verdadeiras.

SÓCRATES: E se o forçassem a olhar para a própria luz, não pensas que os olhos lhe doeriam, que ele viraria as costas e voltaria para as coisas que pode olhar e que as consideraria verdadeiramente mais nítidas do que as coisas que lhe mostram?

GLAUCO: Sem dúvida alguma.

SÓCRATES: E se o tirassem de lá à força, se o fizessem subir o íngreme caminho montanhoso, se não o largassem até arrastá-lo para a luz do Sol, ele não sofreria e se irritaria ao ser assim empurrado para fora? E, chegando à luz, com os olhos ofuscados pelo seu brilho, não seria capaz de ver nenhum desses objetos, que nós afirmamos agora serem verdadeiros.

GLAUCO: Ele não poderá vê-los, pelo menos nos primeiros momentos.

SÓCRATES: É preciso que ele se habitue, para que possa ver as coisas do alto. Primeiro, ele distinguirá mais facilmente as sombras, depois, as imagens dos homens e dos outros objetos refletidas na água, depois os próprios objetos. Em segundo lugar, durante a noite, ele poderá contemplar as constelações e o próprio céu, e voltar o olhar para a luz dos astros e da Lua, mais facilmente que durante o dia para o Sol e para a luz do Sol.

GLAUCO: Sem dúvida.

SÓCRATES: Finalmente, ele poderá contemplar o Sol, não o seu reflexo nas águas ou em outra superfície lisa, mas o próprio Sol, no lugar do Sol, o Sol tal como ele é.

GLAUCO: Certamente.

SÓCRATES: Depois disso, ele poderá raciocinar a respeito do Sol, concluir que é ele que produz as estações e os anos, que ele governa tudo no mundo visível, e que ele é, de algum modo, a causa de tudo o que ele e seus companheiros viam na caverna.

GLAUCO: É indubitável que ele chegará a essa conclusão.

SÓCRATES: Nesse momento, se ele se lembrar de sua primeira morada, da ciência que ali se possuía e de seus antigos companheiros, não achas que ele ficaria feliz com a mudança e teria pena deles?

GLAUCO: Claro que sim.

SÓCRATES: Quanto às honras e aos louvores que eles se atribuíam mutuamente outrora, quanto às recompensas concedidas àquele que fosse dotado de uma visão mais aguda para discernir a passagem das sombras na parede e de uma memória mais fiel para se lembrar com exatidão daquelas que precedem certas outras ou que lhes sucedem, as que vêm juntas, e que, por isso mesmo, era o mais hábil para conjecturar a que viria depois, achas que nosso homem teria inveja dele, que as honras e a confiança assim adquiridas entre os companheiros lhe dariam inveja? Ele não pensaria, antes, como o herói de Homero, que mais vale "viver como escravo de um lavrador" e suportar qualquer provação do que voltar à visão ilusória da caverna e viver como se vive lá?

GLAUCO: Concordo contigo. Ele aceitaria qualquer provação para não viver como se vive lá.

SÓCRATES: Reflete ainda nisto: supõe que esse homem volte à caverna e retome o seu antigo lugar. Desta vez, não seria pelas trevas que ele teria os olhos ofuscados, ao vir diretamente do Sol?

GLAUCO: Naturalmente.

SÓCRATES: E se ele tivesse que emitir de novo um juízo sobre as sombras e entrar em competição com os prisioneiros que continuaram acorrentados, enquanto sua vista ainda está confusa, quando seus olhos não se recompuseram, enquanto lhe deram um tempo curto demais para acostumar-se com a escuridão, ele não ficaria ridículo? Os prisioneiros não diriam que, depois de ter ido até o alto, voltou com a vista perdida, que não vale mesmo a pena subir até lá? E se alguém tentasse retirar os seus laços, fazê-los subir, acreditas que, se pudessem agarrá-lo e executá-lo, não o matariam?

GLAUCO: Sem dúvida alguma, eles o matariam.

SÓCRATES: E agora, meu caro Glauco, é preciso aplicar exatamente essa alegoria ao que dissemos anteriormente. Devemos assimilar o mundo que apreendemos pela vista à estada na prisão, a luz do fogo que ilumina a caverna à ação do Sol. Quanto à subida e à contemplação do que há no alto, considera que se trata da ascensão da alma até o lugar inteligível, e não te enganarás sobre minha esperança, já que desejas conhecê-la. Deus sabe se há alguma possibilidade de que ela seja fundada sobre a verdade. Em todo o caso, eis o que me aparece, tal como me aparece; nos últimos limites do mundo inteligível, aparece-me a ideia do Bem, que se percebe com dificuldade, mas que não se pode ver sem concluir que ela é a causa de tudo o que há de reto e de belo. No mundo visível, ela gera a luz e o senhor da luz, no mundo inteligível ela própria é a soberana que dispensa a verdade e a inteligência. Acrescento que é preciso vê-la se se quer comportar-se com sabedoria, seja na vida privada, seja na vida pública.

GLAUCO: Tanto quanto sou capaz de compreender-te, concordo contigo.

(In Abel Jeannière, Platão, Rio de Janeiro, Zahar, 1995)

O texto acima pode ser dividido em três partes fundamentais. A primeira consiste na descrição da cena inicial, a caracterização propriamente da imagem da caverna, a metáfora platônica da realidade sensível, do mundo em que vivemos (equivalente na Linha ao segmento B). Trata-se de uma imagem muito forte e que terá um grande impacto em toda a nossa tradição. Na verdade, para os gregos da época, é uma imagem de grande poder evocativo, já que o mundo dos mortos (o *Hades*) era caracterizado como uma morada subterrânea, nas "entranhas da Terra". Nesse mundo Platão situa os prisioneiros, acorrentados e imóveis desde a infância, só podendo ver o que se encontra diante deles no fundo da caverna: as sombras. Esses prisioneiros, como o próprio texto explicita, somos nós, ou seja, o homem comum, prisioneiro de hábitos, preconceitos, costumes, práticas, que adquiriu desde a infância e que constituem "correntes" ou condicionamentos que o fazem ver as coisas de uma determinada maneira, parcial, limitada, incompleta, distorcida, como "sombras". As sombras não são falsas ou irreais, mas ilusórias, por serem realidades parciais, o mínimo que o prisioneiro enxerga da realidade – porém, como não tem possibilidade de distinguir mais nada, ele trata como verdadeira a única realidade que conhece, daí a ilusão. O homem condicionado e limitado, pelo seu modo de vida repetitivo, que não o deixa pensar por si próprio, só consegue ver as sombras.

Do lado oposto da caverna, Platão situa uma fogueira – fonte da luz de onde se projetam as sombras – e alguns homens que carregam objetos por cima de um muro, como num teatro de fantoches, e são desses objetos as sombras que se projetam no fundo da caverna e as vozes desses homens que os prisioneiros atribuem às sombras. Temos um efeito como num cinema em que olhamos para a tela e não prestamos atenção ao projetor nem às caixas de som, mas percebemos o som como proveniente das figuras na tela. Esses homens no outro lado da caverna são os sofistas e políticos atenienses que manipulam as opiniões dos homens comuns e são os produtores de ilusão tal como Platão os caracteriza no diálogo *O sofista*.

Na segunda parte do texto Platão examina o processo de libertação de um prisioneiro. Possibilidade a princípio estranha, pois o que o faria libertar-se? Sobretudo porque Platão caracteriza esse processo como difícil e até mesmo doloroso e sofrido. É estranha a própria maneira como Platão descreve o momento da libertação: "Se um desses homens fosse solto, forçado subitamente a levantar-se..." Há uma aparente contradição entre o libertar-se e o ser forçado a levantar-se, como se o prisioneiro estivesse na verdade sendo forçado a libertar-se, sentindo-se em seguida ofuscado e perturbado. Para entendermos melhor esse processo, podemos recorrer ao diálogo *Fedro*, em que encontramos a teoria platônica da alma. O prisioneiro não é de fato libertado por nenhuma força externa, mas por um conflito interno entre duas forças que se encontram em sua alma, a força do hábito ou da acomodação e a força do *eros*, do impulso, da curiosidade, que o estimula para fora, para buscar algo além de si mesmo. A força do hábito faz com que o prisioneiro se sinta confortável na situação em que se encontra desde sempre e que lhe é mais familiar. A força do *eros*, entretanto, faz com que ele se sinta insatisfeito, frustrado, infeliz, e busque uma situação nova. Esse conflito é o motor da dialética, ou seja, do processo de mudança e transformação que resulta da oposição entre as duas forças e que faz com que o prisioneiro saia da situação em que se encontra. Por isso o processo é descrito por Platão como penoso e difícil, fazendo com que o prisioneiro prefira a situação anterior à qual já se encontra adaptado. É só na medida em que consegue adaptar seu olhar à nova realidade que passa a vê-la melhor e a entendê-la, preferindo-a então à situação anterior ("É preciso que ele se habitue para poder ver as coisas do alto", 5l6b). Portanto, a capacidade de adaptação é tão importante, segundo Platão, quanto a força do *eros*. Em um texto famoso, Martin Heidegger[11] chega mesmo a ver nessa passagem de Platão a origem da concepção, central para a metafísica ocidental, do conhecimento como um processo de adequação do olhar ao objeto, sendo que a verdade se caracteriza exatamente pela correspondência entre o intelecto e a coisa visada, como posteriormente na célebre fórmula aristotélica e medieval.

É através desse processo sucessivo de adaptação do olhar e de busca de uma nova visão que o prisioneiro, sempre caminhando em direção à luz, sai da caverna e percorre novamente as mesmas etapas no mundo externo (equivalente ao segmento A da Linha), olhando primeiro as sombras e imagens, depois os próprios objetos, depois os reflexos dos astros até finalmente conseguir olhar o próprio Sol. O Sol simboliza aí para Platão, como no texto do mito do Sol (*República*, VI), o grau máximo de realidade, o ser em sua plenitude, a própria ideia do Bem, através da metáfora da luz como o que ilumina, torna visível e se opõe à escuridão e às trevas. Essa é inclusive uma das origens da influência da metáfora da luz como símbolo não só do conhecimento e da verdade, como o próprio Bem, tão marcante em nossa cultura. Quando o prisioneiro chega à visão do Sol, ele se torna alguém que possui o saber, já que ao ver o Sol compreende que este governa tudo no mundo e é causa de tudo, mesmo do que ocorre na caverna (a etapa Aa da Linha). O Sol seria assim fonte de toda a luz, ou seja, de toda a realidade, e mesmo as sombras na caverna dependem, em última instância, da luz do Sol: sem luz não haveria sombra. Ao chegar à visão do Sol o prisioneiro completa o processo de transformação de sua situação inicial, passa a possuir o saber porque vê diretamente a fonte de toda a luz: o ser, a realidade. Compreende assim a totalidade, e do ponto de vista da dialética isso significa que agora possui o saber, pois tem a visão do todo, superando portanto a visão parcial das etapas anteriores. Ao ver o Sol, ele compreende não só o Sol como tal, mas a totalidade do real, todo o nexo causal, do qual o Sol pode ser visto como a causa primeira. O filósofo é assim aquele que contempla a verdade e o ser, e essa passagem do texto talvez seja responsável pela interpretação da concepção platônica, sobretudo no neoplatonismo e no platonismo cristão, como sendo contemplativa. Com efeito, segundo o próprio texto, o prisioneiro ao atingir essa região superior preferiria qualquer coisa a voltar à sua situação inicial.

Entretanto ele deve voltar à caverna! Essa é a terceira parte do texto, em que Platão descreve a chamada dialética descendente, a volta à caverna, contraponto da parte inicial, a dialética ascendente, em que o prisioneiro sai da caverna para a região superior. Podemos nos perguntar: por que o prisioneiro deve voltar à caverna? Platão caracteriza com isso a missão político-pedagógica do filósofo, que, não contentando-se em atingir o saber, deve procurar mostrar a seus antigos companheiros na caverna a existência da realidade superior, bem como motivá-los a percorrer o caminho até ela, mesmo que corra o risco de ser incompreendido e até assassinado, uma clara alusão ao julgamento e morte de Sócrates.[12] E este processo da dialética descendente exige igualmente uma adaptação da visão do filósofo – agora no sentido oposto, que pode ser até mais desorientador – para que sua missão seja eficaz. Não é correta portanto a visão do filósofo como puramente contemplativo, já que ela não dá conta da volta à caverna, que representa explicitamente o seu papel político.

Na passagem final do texto, Sócrates interpreta brevemente a alegoria para Glauco, enfatizando o aspecto ético-político do saber filosófico, pois ao ver a luz pode "comportar-se com sabedoria, seja na vida privada, seja na vida pública".

QUADRO SINÓTICO

- A filosofia de Platão desenvolve-se a partir dos ensinamentos de seu mestre Sócrates, o que se reflete sobretudo nos assim chamados "diálogos socráticos".
- Platão sofre também a influência dos pitagóricos e eleatas, sobretudo após a sua primeira viagem à Sicília.
- Desenvolve sua concepção filosófica que tem como núcleo a teoria das ideias ou formas.
- Para Platão a filosofia é uma forma de saber que possui um caráter essencialmente ético-político.
- Nos mitos da Linha dividida e da Caverna, na *República*, Platão caracteriza esse saber, sua relação com a realidade, o processo pelo qual pode ser obtido e sua dimensão ético-política.

LEITURAS ADICIONAIS

PLATÃO, *Diálogos*. Tradução para o português dos diálogos (edição completa) por Carlos Alberto Nunes (Belém, Ed. Universidade Federal do Pará). Há também uma seleção de textos na col. "Os Pensadores" (São Paulo, Abril Cultural), bem como outras edições de diálogos de Platão, porém a única completa é a mencionada inicialmente.

Introdução ao pensamento de Platão:

CHÂTELET, F. *Platão*, Porto, Res, s/d.

JEANNIÈRE, A. *Platão*, Rio de Janeiro, Zahar, 1995.

Sobre a filosofia de Platão:

LUCE, J.V. *Curso de filosofia grega*. Rio de Janeiro, Zahar, 1994, cap. 8.

PAVIANI, Jaime. *Platão e a República*. Rio de Janeiro, Zahar, 2003.

REALE, Giovanni. *Para uma nova interpretação de Platão*. São Paulo, Loyola, 1997.

WATANABE, Lygia. *Platão por mitos e hipóteses*. São Paulo, Moderna, 1995.

ZINGANO, Marco. *Platão e Aristóteles: o fascínio da filosofia*. São Paulo, Odysseus, 2005.

Sobre o contexto sociocultural do pensamento filosófico da época de Platão:

JAEGER, Werner. *Paideia: a formação do homem grego*. São Paulo, Martins Fontes, 2001.

MAFFRE, Jean-Jacques. *A vida na Grécia clássica*. Rio de Janeiro, Zahar, 1989.

PESSANHA, J.A. "Platão e as ideias", in A. Rezende (org.), *Curso de filosofia*. Rio de Janeiro, Zahar, 1994, 5ª ed.

Introdução à questão da ciência, sobretudo à cosmologia em Platão:

VLASTOS, G. *O universo de Platão*, Brasília, Ed. UnB, 1975.

· ·

QUESTÕES E TEMAS PARA DISCUSSÃO

1. Como podemos entender a relação entre o pensamento de Platão e o de seu mestre Sócrates?
2. Em que sentido pode ser dito que a obra de Platão representa uma longa reflexão sobre a decadência da democracia ateniense?
3. Como se pode interpretar o sentido e a importância da doutrina da reminiscência?
4. Qual o sentido do dualismo platônico?
5. Qual o papel da teoria das ideias no pensamento de Platão?
6. Compare a concepção de realidade e de conhecimento na Linha dividida e na Caverna.
7. Como Platão descreve a realidade na Alegoria da caverna?
8. Como se caracteriza o processo de libertação do prisioneiro?
9. Por que o prisioneiro deve voltar à caverna?
10. Qual o sentido da missão político-pedagógica do filósofo?

· ·

5

ARISTÓTELES E O SISTEMA ARISTOTÉLICO

A. INTRODUÇÃO

Discípulo da Academia de Platão durante 19 anos, Aristóteles rompe com esses ensinamentos após a morte do mestre e elabora o seu próprio sistema filosófico a partir de uma crítica ao pensamento de Platão, sobretudo à teoria das ideias. Na verdade, o desenvolvimento da tradição filosófica clássica tem em Platão e em Aristóteles suas duas vertentes principais, seus dois grandes eixos e, sobretudo na Idade Média, platonismo e aristotelismo inspiraram desenvolvimentos diferentes, até mesmo rivais, no pensamento filosófico e teológico.

Aristóteles nasceu em 384 a.C. em Estágira (hoje Stravó), na Macedônia, filho de um médico da corte do rei Amintas II e talvez tenha tido ele próprio alguma formação médica, o que pode explicar seu interesse pela pesquisa empírica e por questões biológicas, sobre as quais escreveu vários tratados. Tendo se transferido aos 18 anos para Atenas a fim de estudar, tornou-se membro da Academia de Platão e seu discípulo mais brilhante. Após a morte de Platão (c.348-7 a.C.), talvez em desacordo com os rumos que os ensinamentos da Academia tomaram sob a liderança de Espeusipo, que valorizava a matemática, seguiu seu próprio caminho. Foi durante algum tempo (c.343-340 a.C.) preceptor de Alexandre, filho do rei Filipe da Macedônia e futuro conquistador de um grande império. De volta a Atenas em 335 a.C. fundou a sua escola, o Liceu. Aristóteles gostava de dar aulas e ministrar seus ensinamentos em caminhadas com os seus discípulos, donde a origem do nome "escola peripatética" (de "peripatos", o caminho). Após a morte de Alexandre (323 a.C.), Aristóteles deixou Atenas devido ao sentimento antimacedônio então dominante, vindo a falecer em Cálcis, em 322 a.C.

O pensamento de Aristóteles desenvolveu-se sobretudo a partir de uma crítica tanto à filosofia dos pré-socráticos quanto à filosofia platônica – como podemos ver na *Metafísica*, sua principal obra filosófica –, através de um esforço de elaboração de uma concepção filosófica própria que não se confundisse com a de seus antecessores e ao mesmo tempo superasse o que considerava suas principais falhas e limitações. Temos assim em Aristóteles uma redefinição da filosofia, de seu sentido e de seu projeto, e a construção de um grande sistema de saber, muito influente no desenvolvimento da ciência antiga.

Iniciaremos nossa análise da filosofia de Aristóteles a partir de sua crítica a Platão, relacionando-a assim ao capítulo anterior (I. 4), e examinando a seguir em mais detalhe o seu sistema. A obra de Aristóteles, tal como a conhecemos, é bem diferente da de Platão. Os textos filosóficos gregos, muitas vezes registros feitos por alunos e discípulos dos ensinamentos dos mestres, ou obras ditadas pelos mestres a seus discípulos, dividiam-se geralmente em textos *esotéricos* ou *acroamáticos*, de caráter mais especializado e dirigidos ao público interno da escola, e textos *exotéricos*, de caráter mais abrangente e de interesse mais amplo e dirigido ao grande público, aos interessados em geral. Os diálogos de Platão que chegaram até nós são textos exotéricos, o que explica em grande parte seu estilo literário e sua preocupação didática. Não temos textos esotéricos da tradição platônica, e talvez esses textos não tenham existido, o que deu origem a especulações sobre a "doutrina não escrita" de Platão. É provável que o ensino esotérico na Academia tenha sido estritamente oral. No caso de Aristóteles, ao contrário, os textos exotéricos, diálogos principalmente, do Liceu, não subsistiram, chegando até nós apenas os textos esotéricos, notas de cursos, escritos reelaborados por discípulos etc., o que explica, em grande parte, o estilo mais árido destes textos, seu caráter repetitivo e até mesmo algumas inconsistências. Após a morte de Aristóteles, sua escola desenvolveu-se principalmente em três centros: Atenas, a ilha de Rodes e Alexandria. Os textos do filósofo, sua biblioteca inclusive, dispersaram-se por esses três centros, sendo que muitos se perderam já na Antiguidade. A edição do *corpus aristotelicum*, da obra de Aristóteles, que chegou até nós, foi elaborada por volta de 50 a.C. por Andrônico de Rodes, que reviveu a escola aristotélica em Roma, portanto mais de dois séculos após a morte do filósofo.

B. A crítica a Platão

O ponto central da crítica de Aristóteles a Platão consiste na rejeição do dualismo, representado pela teoria das ideias (*Metafísica* I, caps. 6 e 9; XII e XIV). A questão que Aristóteles levanta inicialmente diz respeito às dificuldades de se explicar a relação entre o mundo inteligível, ou das ideias, e o mundo sensível, ou material, tal como vimos nos textos acima (I. 4) da Linha dividida e da Caverna. É possível inclusive que, em sua crítica, Aristóteles retome uma discussão já existente na Academia e que aparece no início do diálogo *Parmênides* de Platão, em que são examinados problemas referentes à teoria das ideias.

A principal objeção de Aristóteles ao dualismo platônico está centrada portanto na relação que a teoria das ideias supõe existir entre o mundo inteligível e o sensível, podendo ser considerada uma versão do ***paradoxo da relação***. Toda e qualquer relação pode ser de dois tipos: ***interna*** ou ***externa***. Uma relação interna entre A e B se dá quando consideramos que A e B têm elementos comuns; em linguagem da teoria dos conjuntos, há uma intersecção entre A e B (fig.2). Neste sentido, A e B têm a mesma natureza, e as relações internas não são problemáticas.

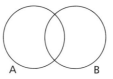

Figura 2

Já uma relação externa entre A e B se dá quando não há elementos comuns entre A e B, como é o caso do mundo inteligível e do sensível, tratando-se de naturezas distintas. A relação entre A e B deve ser feita portanto através de um intermediário, um ponto externo, que podemos chamar de C, e que serve de elo entre A e B. Ora, a relação entre A, B e C será também uma relação externa, necessitando pois de um ponto D que relacione agora A, B e C; e novamente de um ponto E, relacionando A, B, C e D, e assim sucessivamente em uma progressão ao infinito de pontos externos (fig.3).

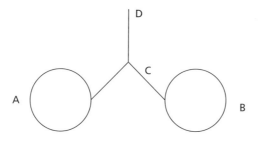

Figura 3

Temos, portanto, o seguinte paradoxo: ou a relação é interna, e então não há problema em explicá-la, mas não se trata mais de um dualismo; ou a relação é externa, e nesse caso é problemática porque necessitaremos de um número infinito de pontos externos para efetuá-la. Nenhum dos casos dá conta da relação entre A, entendido como o mundo inteligível, e B, como o mundo sensível.

É para evitar esse tipo de problema que Aristóteles considerará necessário um novo ponto de partida para a sua metafísica, isto é, sua concepção de real, evitando assim o dualismo dos dois mundos.

C. A metafísica de Aristóteles como concepção de realidade

Esse novo ponto de partida consistirá, para Aristóteles, em uma concepção de realidade segundo a qual o que existe é a **substância individual**, que podemos considerar aqui como o indivíduo material concreto (*synolon*). Este seria o constituinte último da realidade, o que evitaria o dualismo, a realidade sendo composta de um conjunto de indivíduos materiais concretos.

Aristóteles afirma, entretanto, que os indivíduos são, por sua vez, compostos de *matéria* (*hyle*) e **forma** (*eidos*). A matéria é o princípio de individuação e a forma a maneira como, em cada indivíduo, a matéria se organiza (*Metafísica* Z e H, *Física* I, II). Assim, todos os indivíduos de uma mesma espécie teriam a mesma forma, mas difeririam do ponto de vista da matéria, já que se trata de indivíduos diferentes, ao menos numericamente. É como se, de certo modo, Aristóteles jogasse o dualismo platônico para dentro do indivíduo, da substância individual. Matéria e forma são entretanto indissociáveis, constituindo uma unidade (o sentido literal de "indivíduo"): a matéria só existe na medida em que possui uma determinada forma, a forma por sua vez é sempre forma de um objeto material concreto. Não existem formas ou ideias puras como no mundo inteligível platônico. É o intelecto humano que, pela **abstração**, separa matéria de forma no processo de conhecimento da realidade, relacionando os objetos que possuem a mesma forma e fazendo abstração de sua matéria, de suas características particulares. Tipos gerais, gêneros e espécies (animal, mamífero etc.) só existem como resultado deste processo de abstração a partir da forma de cada um desses objetos concretos. Assim, *o* cavalo não existe, o que existe é este cavalo, aquele cavalo etc. O cavalo, enquanto tipo geral, é apenas resultado desse processo de abstração que identifica e separa a forma do cavalo em cada cavalo individual. As formas ou ideias não existem em um mundo inteligível, independente do mundo dos objetos individuais. A ideia de homem é apenas uma natureza comum a todos os homens, não pode existir isoladamente. A ideia ou forma é um princípio de determinação que faz com que um indivíduo pertença a uma determinada espécie. Porém, apenas as substâncias existem; se não existissem indivíduos, nada existiria, nem gêneros, nem espécies.

A estratégia básica de Aristóteles em sua crítica tanto a Platão quanto aos pré-socráticos consiste em grande parte em considerar que esses filósofos enfrentaram certas dificuldades e problemas porque não fizeram determinadas distinções acerca das noções que discutiram, provocando portanto confusões conceituais. Aristóteles defende assim a necessidade de formular distinções claras de modo a superar essas dificuldades, desenvolvendo sua teoria sobre o ser, sua metafísica, com base nesse propósito. Vamos ilustrar isso através de dois dos principais exemplos das distinções introduzidas por Aristóteles: o problema do ser e a teoria da causalidade.

Podemos dizer que, de certo modo, tanto a teoria aristotélica do ser quanto a da causalidade visam resolver o impasse, até certo ponto ainda presente em Platão, entre o monismo de Parmênides e as teorias pré-socráticas do fluxo e do movimento, como o atomismo. Contra o monismo de Parmênides, Aristóteles defende a concepção de uma natureza plural, na medida em que composta de indivíduos; porém, isso não deve ser visto como problemático, desde que algumas distinções básicas sejam feitas acerca da noção de *ser*. Há, na verdade, segundo Aristóteles, uma confusão em torno dos vários sentidos e usos do verbo "ser" em grego (*einai*). As coisas existem de diferentes maneiras, ou seja, o modo de existência da substância individual é diferente do das qualidades, quantidades, e relações, já que estas dependem das substâncias.

Aristóteles desenvolve tais distinções em seu *Tratado das categorias*. A mudança só é considerada contraditória pelos monistas porque ela envolve o problema da identidade, é interpretada como equivalendo a dizer que o ser é e não é. Contudo, o verbo "ser" nem sempre expressa **identidade**, podendo ter um uso **atributivo** ou **predicativo**, designando uma característica do objeto. P.ex.: "Sócrates é sábio" (uso predicativo), o que consiste em um uso diferente de "Sócrates é [ou existe]" (uso existencial, meramente afirma a existência), e "Sócrates é Sócrates" (afirmação da identidade – todo objeto é igual a si mesmo –, mas que não acrescenta nada ao conhecimento de Sócrates).

Na *Metafísica* encontramos ainda três distinções adicionais a esse respeito que resultam da elaboração da teoria aristotélica do ser: 1) essência e acidente (livro E); 2) necessidade e contingência (livro Z e H); e 3) ato e potência (livro O).

1. **Essência e acidente.** Dentre as características da substância individual, a essência (o termo *ousia* tomado aí em sentido estrito) é aquilo que faz com que a coisa seja o que é, a unidade que serve de suporte aos predicados, o *hypokeimenon*, literalmente "aquilo que subjaz", o sujeito ou substrato dos predicados (daí a origem do verbo *substare*, donde *substantia*, termo pelo qual os latinos traduziram a *ousia* aristotélica). Os acidentes são as características mutáveis e variáveis da coisa, que explicam portanto a mudança, sem que isso afete sua natureza essencial, que é estável. P.ex., a distinção entre "Sócrates é um ser humano", o que designa sua essência, e "Sócrates é calvo", o que descreve uma característica acidental: Sócrates não foi sempre calvo.

2. **Necessidade e contingência.** É correlata à distinção entre essência e acidente. As características essenciais são necessárias, ou seja, a coisa não pode deixar de tê-las, caso contrário deixaria de ser o que é, ao passo que as contingentes são variáveis e mutáveis. No exemplo acima, Sócrates é necessariamente um ser humano e apenas contingentemente calvo.

3. **Ato e potência.** Essa distinção também permite explicar a mudança e a transformação. Uma coisa pode ser una e múltipla. A semente é, em ato, semente, mas contém em potência a árvore. A árvore é árvore em ato, mas em potência pode ser lenha.

A mesma estratégia argumentativa é usada por Aristóteles a propósito da noção de causa (*aitia*) e do problema da causalidade ao introduzir sua Teoria das Quatro Causas (*Física* II, 3, 194b16), mostrando que os filósofos anteriores, por não terem feito essa distinção, acabaram cometendo equívocos. Distingue assim quatro sentidos ou dimensões da causalidade:

1. **Causa formal.** Trata-se da forma ou modelo que faz com que a coisa seja o que é. É a resposta à questão: *o que* é x?

2. **Causa material.** É o elemento constituinte da coisa, a matéria de que é feita. Responde à questão: *de que* é feito x?

3. **Causa eficiente.** Consiste na fonte primária da mudança, o agente da transformação da coisa. Responde à questão: *por que* x é x?, ou o que fez com que x viesse a ser x?

4. **Causa final.** Trata-se do objetivo, propósito, finalidade da coisa. Responde à questão: *para que* x? A visão aristotélica é fortemente **teleológica** (do grego *telos*, finalidade), isto é, supõe que tudo na realidade possui uma finalidade. A natureza apresenta uma regularidade, uma ordem, e isso não pode ser obra do acaso: deve existir um propósito.

Para esclarecer consideremos o exemplo dado pelo próprio Aristóteles. Curiosamente, já que ele parecia restringir-se a objetos naturais, o da estátua de uma deusa. A causa formal é o modelo que serve para dar forma à estátua. A causa material é a matéria de que é feita a estátua, p.ex., o bronze ou o mármore. Assim, uma determinada quantidade de matéria recebe a forma de uma estátua. Podemos ter a mesma forma, a estátua, e diferentes matérias, bronze, gesso, mármore etc., assim como a mesma matéria pode se encontrar em diferentes formas, o mármore na estátua, na pedreira, numa coluna etc. A causa eficiente é o que faz com que aquela matéria adquira uma determinada forma, em nosso exemplo o escultor com suas ferramentas, que dá ao mármore a forma da estátua. A causa final caracteriza o objetivo ou propósito da estátua: o culto, a decoração, uma homenagem etc.

D. O SISTEMA ARISTOTÉLICO

A filosofia de Aristóteles é extremamente sistemática, e esse sistema constitui uma visão integrada do saber, caracterizado, no entanto, como se subdividindo em áreas específicas. O *corpus aristotelicum*, isto é, as obras de Aristóteles e de sua escola que chegaram até nós através da edição de Andrônico de Rodes, teve uma importância fundamental na Antiguidade para o desenvolvimento e a difusão não só da filosofia de Aristóteles, mas de sua ciência, e mesmo de toda uma concepção teórica e metodológica do saber científico, com a valorização da ciência empírica, da ética, da política e da estética. Na difusão da cultura grega que se deu no helenismo, do qual falaremos adiante (I. 6), a obra aristotélica foi de importância capital, pois foi em grande parte através dela, mais até do que da de Platão, que o saber científico se difundiu. Talvez a obra de Aristóteles tenha um caráter mais didático, por ser mais analítica e sistemática, do que os diálogos de Platão, e isso haja facilitado sua transmissão e absorção nesse período. A dialética platônica – com sua exigência argumentativa, com sua concepção de uma formação progressiva do conhecimento exigindo uma transformação de nossa forma habitual de pensar, todo o processo pelo qual passa o prisioneiro ao sair da caverna – talvez tenha sido naquele momento menos adequada para a difusão do saber grego, embora Platão, é claro, tenha sido também de grande influência.

Examinaremos em seguida a concepção aristotélica de saber em seu sistema, bem como elencaremos as principais obras que constituem esse sistema, comentando brevemente sua temática.

Divisão do conhecimento segundo Aristóteles (*Metafísica*, 1025b25)

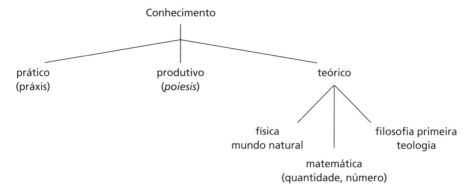

No sistema aristotélico o ***saber teórico***, que constitui a ciência como conhecimento da realidade, divide-se em:

1. **Ciência geral**, o que Aristóteles denomina de filosofia primeira (*proté philosophia*), e que será posteriormente denominado de *metafísica*, consistindo na metafísica propriamente dita, ou **ontologia** (este termo é posterior), isto é, a ciência do ser (*tó on*) enquanto ser, do ser considerado em abstrato, as características mais genéricas da realidade. Inclui ainda a *teologia*, ou seja, consideração do ser imóvel, ou causa primeira, Deus; e a *matemática*, ou seja, a quantidade e o número como realidades abstratas. Esses temas são discutidos no tratado de *metafísica*. O tratado aristotélico conhecido como *De ideis* (Sobre as ideias), que chegou a nós sob forma de fragmentos e em que é criticada a teoria platônica das ideias, ou seja, a **metafísica platônica**, pode ser também incluído neste campo.

Segundo especialistas como Giovanni Reale,[1] podemos entender a metafísica em quatro sentidos, não excludentes:

– como **arqueologia** (de *arqué*, princípio) ou **etiologia** (de *aitia*, causa): a busca das causas primeiras e primeiros princípios.

– como **ontologia**: a discussão do ser enquanto ser (*tó on*), daquilo em que consiste o ser, do que em última análise realmente existe, é real.

– como discussão da **substância** (*ousia*): trata da substância como o principal sentido do ser, ao qual todos os outros remetem, ou no qual se baseiam.

– como **teologia**: a ciência do Ser Perfeito, do Ser Imóvel, o que Aristóteles denomina "Deus" (*Théos*), como dissemos acima, formando a base da assim chamada Teologia Natural.

2. **Ciência natural**, ou seja, o conhecimento da realidade natural, dividindo-se, por sua vez, em:

2.1. **Física e astronomia**: Ciências que examinam o ser em movimento. O célebre tratado de *Física* contém uma análise da realidade natural, das leis do movimento no mundo físico e das quatro causas, e diz respeito ao mundo sublunar, ou seja, a tudo que se passa da Lua para baixo. A *Física* de Aristóteles teve grande influência na

Antiguidade, vindo a ser o principal tratado de física praticamente até os sécs. XV e XVI, quando passa a ser questionado já no início da ciência moderna. No *Tratado do céu*, sua principal obra de astronomia, Aristóteles examina a realidade das esferas celestes, considerada feita de matéria superior à realidade sublunar e, portanto, mais perfeita, o que explica a perfeição e harmonia do movimento dos corpos celestes, até a esfera das estrelas fixas. Há uma diferença qualitativa entre os fenômenos na Terra e os fenômenos celestes, concepção que prevalecerá também até a ciência moderna, com as teorias da matematização do espaço e unificação da matéria e das leis da física e da astronomia, que se iniciam com Galileu e serão formuladas definitivamente por Newton.

2.2. **Ciências da vida ou "biológicas"** (este termo não foi usado na época), também conhecidas na Antiguidade como "história natural": Ciências que investigam o ser vivo em movimento. Inclui os tratados *História dos animais, Marcha dos animais, Partes dos animais* etc.; obras em que Aristóteles apresenta o resultado de suas pesquisas empíricas, envolvendo desde a classificação de moluscos da costa do Mediterrâneo até a dissecação de pequenos animais. Alexandre costumava enviar, a pedido de seu antigo mestre, espécimes desconhecidos das regiões que conquistava para suas pesquisas.

2.3. **Psicologia:** o estudo do ser – vivo, sensível e inteligente – em movimento. O mais famoso é o célebre *Tratado da alma*, que examina as diferentes funções da alma e aspectos do intelecto. Inclui ainda *Sobre os sonhos, Sobre a memória, Sobre a sensação*.

Estes quatro grandes campos esgotam a ciência enquanto tal, isto é, o saber teórico sobre a realidade. O caráter hierárquico do sistema reflete-se na ordem de tratamento dos temas. Começa-se com a questão do ser em geral, passa-se à consideração da primeira determinação do ser, o ser em movimento, em seguida temos o ser em movimento e vivo, e finalmente, o ser em movimento, vivo, sensível e inteligente.

A segunda parte do sistema consiste no **saber prático**, que inclui a *ética* e a *política*. O saber prático distingue-se do saber teórico porque seu objetivo não é o conhecimento de uma realidade determinada, mas o estabelecimento das normas e critérios da boa forma de agir, isto é, da ação correta e eficaz.

No caso da *ética*, temos a *Ética a Nicômaco*, a *Ética a Eudemo* e o tratado conhecido como *Magna moralia*. A ética aristotélica é um estudo da virtude (*areté*, ou mais propriamente, excelência), uma vez que, segundo o próprio Aristóteles, "nosso objetivo é tornar-nos homens bons, ou alcançar o grau mais elevado do bem humano. Este bem é a felicidade; e a felicidade consiste na atividade da alma de acordo com a virtude" (*Ética a Nicômaco*, I). Uma das principais contribuições da ética aristotélica é sua famosa tese (idem II, 2; II, 6) segundo a qual a virtude está no meio (*meson*); p.ex., o corajoso não é aquele que nada teme, nem o que tudo teme, mas sim o que tem uma dose certa de temor que é a cautela, sem contudo perder a iniciativa, e evitando o excesso que seria a temeridade. O homem virtuoso deve assim conhecer o ponto médio, a justa medida das coisas, e agir de forma equilibrada de acordo com a prudência ou moderação (*sophrosine*), que pode ser entendida como a própria caracterização do saber prático.

A *política* de Aristóteles é estudada em seu tratado de *Política*, no qual encontramos a famosa e influente definição "o homem é um animal político" (*zoon politikon*) (*Política*, 1253a2). Inclui ainda o estudo comparativo da constituição de 158 cidades-Estado gregas, tendo-nos chegado apenas a *Constituição de Atenas*. A política se articula com a ética na medida em que examina o contexto em que o homem virtuoso deve exercer sua virtude, que é a *polis*, e como este agir virtuoso se caracteriza não só por aquilo que torna o homem feliz, mas pela relação com os outros, ou seja, pela vida social. O tratado *Oeconomica*, ou seja, sobre a administração doméstica, não é considerado de autoria de Aristóteles.

A terceira parte do sistema caracteriza-se pelo **saber produtivo** ou *poiesis*, abrangendo sobretudo os estudos de *estética* – as artes produtivas ou criativas – como a célebre *Poética* e o tratado da *Retórica*. Na *Poética* Aristóteles faz uma análise da tragédia grega de sua época e da tradição da poesia épica (as partes sobre a comédia e a poesia lírica se perderam), desenvolvendo duas noções de grande influência na teoria e na crítica literárias posteriormente: a noção de *mímesis* (imitação), segundo a qual a obra de arte tem um sentido mimético, isto é, imita o real; e a noção de *catarsis*, ou seja, do efeito purificador produzido naqueles que assistem às tragédias e que são afetados pelos acontecimentos no palco como se os estivessem vivendo e desta forma são levados a uma vivência e a um amadurecimento. Na *Retórica*, Aristóteles sistematiza os elementos centrais do discurso retórico capazes de produzir o efeito persuasivo visado por este discurso, isto é, o recurso a metáforas e outras figuras de linguagem, enfatizando entretanto a retórica por seu caráter argumentativo e não se restringindo apenas à produção de uma emoção, aproximando-se assim da dialética (discutida no tratado dos *Tópicos*, parte da Lógica). A argumentação retórica difere da demonstração científica, já que suas premissas não se baseiam em um conhecimento verdadeiro, podendo ser da ordem da opinião. Contudo nem por isso deixam de ter regras argumentativas. Desse ponto de vista, Aristóteles opõe-se ao que considerava o uso arbitrário e manipulativo da retórica e da oratória pelos sofistas.

A **Lógica** não faz parte da divisão inicial do sistema do saber proposta por Aristóteles (fig.2). Na verdade, segundo Aristóteles, a lógica (o termo usado é *analytika*) constitui muito mais um saber instrumental de importância metodológica do que uma ciência ou conhecimento, já que todos os saberes pressupõem algum tipo de lógica. É significativo, portanto, que os tratados aristotélicos de lógica tenham recebido o título genérico de *Órganon* (instrumento). Na ordenação que chegou até nós esses tratados são: *Categorias, Da interpretação, Primeiros analíticos, Segundos analíticos, Tópicos, Refutações sofísticas*. O tratado das *Categorias* consiste em um estudo do termo e dos diferentes tipos de termo, o sujeito e os predicados – *categoria* significando literalmente "predicado" – caracterizando, em seguida, dez tipos gerais de categorias, e distinguindo entre a substância e os acidentes. *Da interpretação* analisa a proposição como composta de termos – sua função de afirmar ou negar algo sobre algo constituindo o juízo (*lógos apophantikos*) –, bem como a relação da proposição com o real quanto à sua verdade e falsidade. Os *Primeiros* *analíticos* podem ser considerados o núcleo da lógica aristotélica, pois aí se encontra a teoria do silogismo dedutivo. Partindo dos diferentes tipos de proposição – afirmativa, negativa, universal, particular – e das relações entre proposições, Aristóteles examina as regras de inferência e os esquemas que constituem os modelos válidos de dedução silogística. Examina também a indução como alternativa à dedução enquanto modo de desenvolvimento do raciocínio do particular para o geral, através de generalizações. Nos *Segundos analíticos* Aristóteles formula, com base na teoria do silogismo, uma teoria da ciência e da demonstração científica, considerando uma teoria científica como um conjunto de deduções silogísticas, e discutindo a noção de definição e a apreensão dos primeiros princípios que servem de ponto de partida para a demonstração. O tratado dos *Tópicos* visa "encontrar um método através do qual possamos argumentar acerca de qualquer problema a partir de premissas prováveis, evitando, quando interrogados, a autocontradição" (100a18). Trata assim da lógica dialética, ou seja, da lógica da discussão e da argumentação que, no discurso comum, baseia-se em premissas apenas prováveis, sendo diferente nesse aspecto da lógica dedutiva. As *Refutações sofísticas* examinam a falácia e o sofisma como raciocínios aparentemente válidos, mas que, após a análise, vemos serem falsos e errôneos. Ataca assim a argumentação dos sofistas.

E. Análise de texto da *Metafísica*

O texto que analisaremos em seguida[2] é um dos mais famosos de Aristóteles. Consiste na abertura do tratado de *Metafísica*, e contém uma caracterização da concepção aristotélica de saber, entendido em sentido amplo (*gnosis*), de sua possibilidade e importância, de seus diferentes elementos constitutivos e de como a ciência e a filosofia se situam como formas de saber. É um texto, portanto, que pode ser comparado com os textos de Platão que vimos acima, o mito da Linha dividida e a Alegoria da caverna, permitindo-nos estabelecer pontos de contato e de afastamento entre as visões de Platão e de Aristóteles.

Todos os homens têm, por natureza, desejo de conhecer: uma prova disso é o prazer das sensações, pois, fora até da sua utilidade, elas nos agradam por si mesmas e, mais que todas as outras, as visuais. Com efeito, não só para agir, mas até quando não nos propomos operar coisa alguma, preferimos, por assim dizer, a vista aos demais. A razão é que ela é, de todos os sentidos, o que melhor nos faz conhecer as coisas e mais diferenças nos descobre. (2) Por natureza, seguramente, os animais são dotados de sensação, mas, nuns, da sensação não se gera a memória, e noutros, gera-se. Por isso, estes são mais inteligentes e mais aptos para aprender do que os que são incapazes de recordar. Inteligentes, pois, mas sem possibilidade de aprender, são todos os que não podem captar os sons, como as abelhas, e qualquer outra espécie parecida de animais. Pelo contrário, têm faculdade de aprender todos os seres que, além da memória, são providos também deste sentido. (3) Os outros [animais] vivem portanto de imagens e recordações, e de experiência pouco possuem. Mas a espécie humana [vive] também de arte e de raciocínios. (4) É da memória que deriva aos homens a experiência: pois as recordações repetidas da mesma coisa produzem o efeito duma única experiência, e a experiência quase se parece com a ciência e a arte. Na realidade, porém, a ciência e a arte vêm aos homens por intermédio da experiência, porque a experiência, como afirma Polos, e bem, criou a arte, e a inexperiência, o acaso. (5) E a arte aparece quando, de um complexo de noções experimentadas, se exprime um único juízo universal dos [casos] semelhantes. Com efeito, ter a noção de que a Cálias, atingido de tal doença, tal remédio deu alívio, e a Sócrates também, e, da mesma maneira, a outros tomados singularmente, é da experiência; mas julgar que tenha aliviado a todos os semelhantes, determinados segundo uma única espécie, atingidos de tal doença, como os fleumáticos, os biliosos ou os incomodados por febre ardente, isso é da arte. (6) Ora, no que respeita à vida prática, a experiência em nada parece diferir da arte; vemos, até, os empíricos acertarem melhor do que os que possuem a noção, mas não a experiência. E isto porque a experiência é conhecimento dos singulares, e a arte, dos universais; e, por outro lado, porque as operações e as gerações todas dizem respeito ao singular. Não é o Homem, com efeito, a quem o médico cura, se não por acidente, mas Cálias ou Sócrates, ou a qualquer um outro assim designado, ao qual aconteceu também ser homem. (7) Portanto, quem possua a noção sem a experiência, e conheça o universal ignorando o particular nele contido, enganar-se-á muitas vezes no tratamento, porque o objeto da cura é, de preferência, o singular. No entanto, nós julgamos que há mais saber e conhecimento na arte do que na experiência, e consideramos os homens de arte mais sábios que os empíricos, visto a sabedoria acompanhar em todos, de preferência, o saber. Isto porque uns conhecem a causa, e os outros não. Com efeito, os empíricos sabem o "quê", mas não o "porquê"; ao passo que os outros sabem o "porquê" e a causa. (8) Por isso nós pensamos que os mestres de obras, em todas as coisas, são mais apreciáveis e sabem mais que os operários, pois conhecem as causas do que se faz, enquanto estes, à semelhança de certos seres inanimados, agem, mas sem saberem o que fazem, tal como o fogo [quando] queima. Os seres inanimados executam, portanto, cada uma das suas funções em virtude de uma certa natureza que lhes é própria, e os mestres pelo hábito. Não são, portanto, mais sábios os [mestres] por terem aptidão prática, mas pelo fato de possuírem a teoria e conhecerem as causas. (9) Em geral, a possibilidade de ensinar é indício de saber; por isso nós consideramos mais ciência a arte do que a experiência, porque [os homens de arte] podem ensinar e os outros não. Além disto, não julgamos que qualquer das sensações constitua a ciência, embora elas constituam, sem dúvida, os conhecimentos mais seguros dos singulares. Mas não dizem o "porquê" de coisa alguma, por exemplo, por que o fogo é quente, mas só que é quente. (10) É portanto verossímil que quem primeiro encontrou uma arte qualquer, fora das sensações comuns, excitasse a admiração dos homens, não somente em razão da utilidade da sua descoberta, mas por ser sábio e superior aos outros. E com o multiplicar-se das artes, umas em vista das necessidades, outras da satisfação, sempre continuamos a considerar os inventores destas últimas como mais sábios que os das outras, porque as suas ciências não se subordinam ao útil. (11) De modo que, constituídas todas as [ciências] deste gênero, outras se descobriram que não visam nem ao prazer nem à necessidade, e primeiramente naquelas regiões onde [os homens] viviam no ócio. É assim que, em várias partes do Egito, se organizaram pela primeira vez as artes matemáticas, porque aí se consentiu que a casta sacerdotal vivesse no ócio. (12) Já assinalamos na *Ética* a diferença que existe entre a arte, a ciência e as outras disciplinas do mesmo gênero. O motivo que nos leva agora a discorrer é este: que a chamada filosofia é por todos concebida como tendo por objeto as causas primeiras e os princípios; de maneira que, como acima se notou, o empírico parece ser mais sábio que o ente que unicamente possui uma sensação qualquer, o homem de arte mais do que os empíricos, o mestre de obras mais do que o operário, e as ciências teoréticas mais que as práticas. Que a filosofia seja a ciência de certas causas e de certos princípios é evidente.

(In Aristóteles, *Metafísica I*, V. II, São Paulo, 1984)

Podemos ver de imediato que a visão de Aristóteles do processo de conhecimento é mais linear do que a de Platão. Não há rupturas, nem um processo de desvio e adaptação do olhar como ocorre com o prisioneiro na caverna; ao contrário, trata-se de um processo cumulativo, em que passo a passo progredimos da etapa anterior para a seguinte com base no conhecimento já obtido, cada estágio de certa forma pressupondo o anterior:

sensação → memória → experiência → arte (técnica) → teoria/ciência
(*aisthesis*) (*mnemósine*) (*empeiria*) (*téchne*) (*episteme*)

É interessante notar que o processo inicia-se com os **sentidos** ou a **sensação**, e evidência disso é o prazer que os sentidos nos trazem. Aristóteles, ao contrário de Platão, valoriza os sentidos e sua contribuição para o desenvolvimento do conhecimento. Enquanto Platão considerava os sentidos pouco confiáveis, proporcionando apenas uma "visão de sombras", Aristóteles os vê como pontos de partida do processo de conhecimento e indispensáveis para esse processo. Os sentidos, entretanto, são insuficientes, já que seu modo de contato com o real é instantâneo e direto, esgotando-se nesse próprio contato. Precisamos da **memória** como capacidade de retenção dos dados sensoriais para que o processo de conhecimento vá adiante. Não haveria conhecimento se tivéssemos apenas os sentidos, pois nada permaneceria dos dados que a sensação nos fornece sobre o real. É portanto graças à memória que podemos reter esses dados. É interessante notar que, segundo Aristóteles, o homem e o animal compartilham os estágios iniciais do processo de conhecimento, como demonstram vários dos exemplos do início do texto, sendo que Platão jamais compararia o homem com os animais a esse respeito.

A partir dos dados que recebemos dos sentidos e retemos pela memória, constitui-se a **experiência**, que podemos considerar a primeira etapa do conhecimento propriamente dito. A experiência é tipicamente humana e caracteriza-se pela capacidade de estabelecer relações entre os dados sensoriais retidos pela memória; com base na identificação da repetição e da regularidade desses dados, fazemos associações e derivamos certas conclusões e expectativas. Se A sempre aparece associado a B, o aparecimento de A gera uma expectativa de B. A experiência é assim o conhecimento prático baseado na repetição, que produz um "saber fazer".

A etapa seguinte é a *téchne*, que poderíamos traduzir por **arte** ou **técnica**.[3] De fato, os gregos não distinguiam entre a atividade do sapateiro e a do escultor, considerando todas como tipos de *téchne*. A *téchne* é portanto o trabalho do artífice ou do artesão. Consiste não apenas em um conhecimento prático, mas já em um conhecimento das regras que permitem produzir determinados resultados. Na *téchne*, como diz Aristóteles, sabe-se "o porquê das coisas", ou seja, pode-se determinar a causa. É só no nível da técnica que temos a possibilidade de ensinar, já que o ensinamento envolve a determinação de regras e de relações causais, que transmitimos quando ensinamos. Aristóteles observa inclusive que, sob certos aspectos, aquele que tem um conhecimento estritamente prático pode levar vantagem sobre o que tem um conhecimento apenas técnico. Por exemplo, uma cozinheira pode saber muito bem fazer bolos, sem saber explicar exatamente como os faz, nem precisamente que medidas usa, ao passo que alguém que conheça uma receita de bolo em todos os seus detalhes, ainda assim poderá não produzir um bolo tão bom quanto o da cozinheira, porque, como costumamos dizer, falta-lhe a prática. Porém, de modo geral, aquele que conhece as regras é superior àquele que tem apenas a prática, porque não só sabe fazer, mas sabe o que faz e por que o faz daquele modo.

A última etapa do processo de conhecimento, e a mais elevada, é a *episteme*, a **ciência** ou **conhecimento científico**. Trata-se do conhecimento do real em seu sentido mais abstrato e genérico, o conhecimento de conceitos e princípios (as leis da natureza ou do cosmo). Segundo Aristóteles, o saber teórico caracteriza-se por ser contemplativo, definindo-se pela visão da verdade e por não ter objetivos práticos ou fins imediatos. É um saber gratuito, ou seja, uma finalidade em si mesma, que satisfaz uma curiosidade natural no homem: o desejo de conhecer. Essa gratuidade, aliada a seu grau de abstração e generalidade, é o que caracteriza a superioridade da *episteme* em relação à técnica. A técnica, enquanto saber aplicado, visa a um fim específico, pretende obter resultados, resolver um problema; p.ex., o médico que visa a cura do paciente. Porém, esse objetivo ou fim pretendido condiciona o tipo de saber, limitando-o, direcionando-o. O saber teórico deve ser inteiramente livre e gratuito e, para isso, não deve ter fins específicos. É característico, portanto, da concepção grega de ciência ou de saber teórico, que talvez remonte a Pitágoras, a insistência em seu caráter gratuito e contemplativo, em sua desvinculação da prática, como uma instância à parte, autônoma, independente. É só realmente no início do período moderno (sécs. XVI-XVII), com pensadores como Galileu Galilei e Francis Bacon, que ciência e técnica serão pensadas interagindo, a técnica sendo uma espécie de aplicação prática do conhecimento científico. Na visão grega clássica, ciência e técnica eram vistas como radicalmente diferentes, como ilustra o texto de Aristóteles. Por isso ele diz que foi em algumas sociedades (os egípcios) em que certas classes, como os sacerdotes, desfrutavam de ócio que uma ciência abstrata como a matemática desenvolveu-se, já que sua aplicação prática era remota.

A *filosofia* consiste num tipo de ciência ainda mais elevado, mais afastado dos sentidos. Não se trata mais apenas do conhecimento puro das causas e princípios, mas do conhecimento das causas primeiras e universais, do mais genérico, do mais abstrato.[4] A metafísica, ou filosofia primeira, é a "suprema ciência", que examina a natureza do real em seu sentido mais abstrato, puro e elevado.

QUADRO SINÓTICO

- Aristóteles, inicialmente discípulo de Platão, rompe com os ensinamentos do mestre após a sua morte e desenvolve o seu próprio sistema, rejeitando a *teoria das ideias* e o *dualismo* platônico.
- Como alternativa propõe, em sua *Metafísica*, uma concepção de real que parte da *substância individual*, composta de *matéria* e *forma*.
- Aristóteles valoriza o *saber empírico* e a *ciência natural*, e desenvolve uma concepção fortemente sistemática de saber, de grande influência na Antiguidade.
- Valoriza igualmente as *questões metodológicas*, e desenvolve uma *lógica* que marca profundamente toda a tradição até o período moderno.

LEITURAS ADICIONAIS

Não há uma tradução completa das obras de Aristóteles para o português.

Metafísica. Trad. L. Valandro, Porto Alegre, Globo, 1969.
Coletânea de textos em: *Aristóteles*. São Paulo, Abril Cultural, col. "Os Pensadores", várias edições.

Introdução ao pensamento de Aristóteles:

BARNES, Jonathan. *Aristóteles*. São Paulo, Loyola, 2001.
CAUQUELIN, A. *Aristóteles*. Trad. L. Magalhães, Rio de Janeiro, Zahar, 1995.
PHILIPPE, Marie Dominique. *Introdução à filosofia de Aristóteles*. São Paulo, Paulus, 2002.

Sobre a filosofia de Aristóteles:

LUCE, J.V. *Curso de filosofia grega*. Rio de Janeiro, Zahar, 1994, cap. 9.
PORCHAT PEREIRA, Oswaldo. *Ciência e dialética em Aristóteles*. São Paulo, Unesp, 2000.

Sobre a ética e a filosofia política de Aristóteles:

MORRAL, J.B. *Aristóteles*. Brasília, Ed. UnB, 1985.
PERINE, Marcelo. *Quatro lições sobre a Ética de Aristóteles*. São Paulo, Loyola, 2006.

QUESTÕES E TEMAS PARA DISCUSSÃO

1. Qual o sentido da crítica de Aristóteles à teoria das ideias de Platão?
2. Por que Aristóteles considera necessário introduzir distinções acerca da causalidade, do ser etc.?
3. Como Aristóteles caracteriza a sua noção de realidade? No que consiste, para ele, o real?
4. Qual o sentido e a importância do sistema de Aristóteles?
5. Compare a concepção de conhecimento e do processo de conhecer nos textos do Mito da Linha Dividida e da Alegoria da Caverna de Platão com a concepção de Aristóteles no texto da *Metafísica* acima.
6. Por que, segundo Aristóteles, no texto mencionado, "a possibilidade de ensinar é indício de saber"?
7. Em que sentido, no mesmo texto, Aristóteles afirma que "há mais saber e conhecimento na arte do que na experiência"?
8. Como se relaciona o saber teórico com as demais formas de conhecimento, segundo o texto?

6

O HELENISMO E SUAS PRINCIPAIS CORRENTES: ESTOICISMO, EPICURISMO, CETICISMO

A. Introdução Histórica e Características Gerais

O termo "helenismo" é derivado da obra do historiador alemão J.G. Droysen, *Hellenismus* (1836-43), e designa a influência da cultura grega[1] em toda a região do Mediterrâneo oriental e do Oriente Próximo desde as conquistas de Alexandre (332 a.C.) – do estabelecimento de seu império e dos reinos criados após a sua morte (323 a.C.) por seus sucessores (sobretudo Ptolomeu no Egito e Seleuco na Síria e Mesopotâmia) – até a conquista romana do Egito em 30 a.C, que passa a marcar a influência de Roma nessa mesma região.

O império de Alexandre significou a primeira grande tentativa de criação efetiva de uma hegemonia não só militar, mas cultural e linguística. A língua grega se torna a "língua comum" (*koiné*) de toda a região conquistada por Alexandre, assim como a moeda grega passa a ser aceita em todo o império na primeira experiência importante de unificação econômica. O império teve curta duração: como Alexandre não deixou descendentes, todo o vasto território conquistado foi dividido entre seus principais generais, que foram também seus sucessores. Apesar disso a influência da cultura grega permaneceu ainda durante muitos séculos em toda a região da Mesopotâmia ao Egito, passando pela Ásia Menor, Síria e Palestina.

Do ponto de vista filosófico, a periodização é talvez menos precisa, podendo ser estendida do império alexandrino até o início da filosofia medieval com santo Agostinho (354-430) e Boécio (480-524). Isso porque a influência da filosofia grega e das escolas filosóficas fundadas no início do helenismo permaneceu durante o Império Romano.[2] Dois exemplos ilustram bem isso: o grande filósofo neoplatônico Plotino (205-270) escreveu em grego, e a obra de Sexto Empírico (séc. II), o principal representante do ceticismo, foi também escrita em grego. E ambos viveram, pelo menos parte de suas vidas, em Alexandria. Embora houvesse uma filosofia desenvolvida em Roma e escrita em latim, ela resultava em grande parte de desdobramentos das escolas filosóficas gregas, sobretudo o estoicismo e o epicurismo.

Por outro lado, alguns tomam o surgimento do cristianismo como um marco do fim do helenismo; porém a filosofia cristã em seus primeiros séculos, sobretudo o platonismo cristão da escola de Alexandria, desenvolveu-se tipicamente no contexto do helenismo.

O grande centro político e cultural do helenismo foi a cidade de Alexandria, fundada por Alexandre (332 a.C.) e capital do reino grego estabelecido no Egito por seu general e sucessor Ptolomeu. Ao difundir-se para além da Grécia através das conquistas de Alexandre, a cultura grega entra em contato com outras culturas, produzindo assim um certo sincretismo cultural. Alexandria era uma cidade tipicamente cosmopolita, predominantemente grega, mas ainda com forte presença da cultura do Antigo Egito, e contando também com uma importante e ativa comunidade judaica.

No início do séc. III a.C. o filósofo Estrato de Lâmpsaco, o segundo sucessor de Aristóteles na liderança do Liceu em Atenas, esteve por um período em Alexandria, onde foi tutor do futuro rei Ptolomeu II Filadelfo, fundador do famoso *Museum*. A célebre biblioteca de Alexandria, que em seu auge chegou a ter mais de 500 mil volumes (rolos de papiros), foi formada a partir da biblioteca e do acervo de Aristóteles adquiridos por Ptolomeu II Filadelfo.[3] O *Museum* – literalmente templo das Musas, divindades que presidem as artes e o saber – é, no entanto, muito mais do que uma biblioteca, constituindo verdadeiro centro científico e cultural, de ensino e de pesquisas, contando com templo, anfiteatro, jardim zoológico, observatório etc. Durante os dois séculos seguintes, será o principal núcleo da ciência grega em suas áreas mais importantes, sendo que sua produção científica marcará toda a Antiguidade e o período medieval até praticamente o início da ciência moderna no séc. XVI. O *Museum* existirá durante mais de 600 anos, embora seu apogeu se dê nos dois primeiros séculos após a fundação. Sua biblioteca, a mais importante da época, possuía o maior e mais rico acervo da Antiguidade. Foi incendiada na conquista do Egito por Júlio César (47 a.C.), novamente em 390 pelo bispo cristão Teófilo, até ser finalmente destruída quando os árabes conquistaram o Egito em 642. Com essas sucessivas destruições, grande parte do saber antigo se perdeu, jamais tendo sido recuperado.

A ciência que se produziu no *Museum* de Alexandria reflete fortemente a concepção de Estrato, que se afastando das preocupações mais metafísicas das escolas platônica e aristotélica, valorizou as ciências naturais, a observação e a pesquisa empírica. A produção científica de Alexandria desenvolve-se em muitas direções, destacando-se sobretudo as seguintes: na **matemática** e na **geometria**, com Euclides (final séc. IV a.C.), cujos *Elementos* constituem a base da geometria clássica, Arquimedes de Siracusa (*c.*287-212 a.C.), cuja obra teve grande importância na geometria e na mecânica, e Apolônio de Perga (*c.*262-200 a.C.), autor do célebre tratado *As cônicas*; na **medicina**, com Herófilo, que descobriu as funções do cérebro, e Erasistrato, que realizou dissecações e estudou a circulação do sangue, ambos do séc. III a.C.; nos estudos de **linguagem**, com Aristófanes de Bizâncio (257-180 a.C.), que preparou edições comentadas dos clássicos, e Dionísio Trácio, autor da primeira gramática da língua grega (*c.*l00 a.C.); na **astronomia**, com Aristarco de Samos (320-250 a.C.), que formulou um modelo heliocêntrico de cosmo e uma hipótese da rotação da Terra, e

Hiparco de Niceia (190-120 a.C.); na *geografia*, com Erastótenes de Cirene (280-200 a.C.), autor de importantes mapas e de uma tentativa de medição da Terra. A uma fase posterior pertenceram ainda o famoso matemático Diofanto (*c.*250 d.C.), autor de um tratado de álgebra, e Cláudio Ptolomeu (*c.*100-178 d.C.), geógrafo e astrônomo, criador, em seu *Almagesto*, do modelo geocêntrico de cosmo que prevalecerá até seu questionamento por Copérnico (1543). Todos esses cientistas e pensadores, muitos deles não nascidos em Alexandria, tiveram alguma relação direta com este grande centro, onde estudaram e lecionaram. São exemplos suficientes para nos dar a dimensão da importância da contribuição de Alexandria à ciência da Antiguidade em seus vários campos.

A filosofia do helenismo tem sido pouco estudada, sendo esse período talvez um dos menos pesquisados da história da filosofia, embora cobrindo mais de dez séculos. Muitas das obras da intensa produção filosófica dessa época se perderam ou subsistiram apenas em fragmentos. Talvez a concepção de filosofia então vigente esteja muito distante da nossa, herdeira direta do Pensamento Moderno que começa a se desenvolver nos sécs. XVI-XVII, valorizando a originalidade e a criatividade do pensamento do filósofo, como fruto de sua individualidade, de sua subjetividade, como obra de um *autor*.

O pensamento do helenismo, ao contrário, é essencialmente um pensamento de escola, em que mais importante do que a originalidade do indivíduo é sua vinculação a uma determinada tradição, a uma corrente filosófica. Embora tenha havido filósofos importantes e originais como Plotino (séc. III d.C.), o helenismo não se caracterizou por grandes mestres, que se encontram apenas no momento de fundação das escolas, como Zenão de Cítio e Epicuro (séc. IV a.C.), e certamente não houve durante todo esse período nenhum filósofo da estatura de Sócrates, Platão e Aristóteles. A produção filosófica helenística consistiu basicamente em comentários a textos dos clássicos e dos fundadores das escolas, ou em desenvolvimentos de teorias propostas por esses filósofos. Embora não se tenha o hábito de valorizar comentários, foram eles que tornaram o pensamento clássico mais acessível, que serviram realmente de ponte entre o presente e a Antiguidade clássica, preservando estes textos, reproduzindo-os, interpretando-os. Dentre esses comentadores destaca-se a figura de Cícero (séc. I a.C.), jurista, mestre de oratória, discípulo da Academia, filósofo eclético, importante tradutor de textos gregos para o latim e criador de grande parte do vocabulário filosófico latino, que chegou até nós.

A concepção segundo a qual o pensamento filosófico deve ser visto sempre como parte de determinada tradição ou corrente, desenvolvendo ideias inicialmente propostas na fundação da escola, tem, em grande parte, como consequência o caráter frequentemente *dogmático* e *doutrinário* da filosofia helenística, tornando o pensamento muitas vezes repetitivo e reprodutor. Perde-se assim o caráter argumentativo, polêmico e dialético da filosofia grega em suas origens, e em seu período áureo com Sócrates e os sofistas, Platão e Aristóteles, tão bem representado pelos diálogos de Platão. O espírito crítico da filosofia clássica se perde, ou ao menos se reduz, e de certa forma é preservado apenas graças ao ceticismo e a seus ataques às escolas dogmáticas. O cético será o eterno adversário da filosofia doutrinária.

O ecletismo foi um dos traços fundamentais do helenismo, sobretudo a partir do período romano (final do séc. I a.C. até o séc. IV d.C.). Vários pensadores procuraram elaborar sistemas sintetizando diferentes doutrinas filosóficas, aproximando o estoicismo do platonismo, o aristotelismo do platonismo, o neopitagorismo do platonismo, sendo que o próprio cristianismo se desenvolveu inicialmente absorvendo elementos importantes da ética estoica, da metafísica platônica, da lógica e da dialética aristotélicas. Esse caráter eclético não é, entretanto, incompatível com o elemento doutrinário, ao contrário, trata-se de um esforço de conciliar posições divergentes, elaborando-se uma doutrina mais ampla que torna compatíveis posturas aparentemente discordantes, e neste sentido corresponde exatamente a este espírito da época.

A filosofia do helenismo é fortemente marcada por uma preocupação central com a *ética*, entendida em um sentido prático como o estabelecimento de regras do bem viver, da "arte de viver". É ilustrativo disso o famoso *Manual* de Epicteto (50-125), filósofo estoico do período romano. Com o fim da *pólis* grega, após a conquista da Grécia por Alexandre, o homem grego teria perdido sua principal referência ético-política, a vida na comunidade a que pertencia como cidadão, com suas leis, tradições e práticas culturais. Além disso, a criação de reinos e impérios, onde o poder é fortemente centralizado e absorve as práticas religiosas e políticas orientais, provoca uma grande redução da participação política do cidadão. Embora na época o mundo fosse, em grande parte, grego, o homem sentia-se desenraizado, perdia sua referência social básica que era a *pólis*, necessitando portanto de uma ética com forte conteúdo prático e que lhe desse novas referências quanto a regras de conduta, apontando um caminho para a busca de uma felicidade pessoal nesse novo contexto pluralista e multicultural.

Para nós o estudo do helenismo é extremamente importante, na medida em que se trata de um período de transição entre a chamada Antiguidade clássica e a Idade Média cristã, quando se dá a formação da tradição cultural da qual somos, em grande parte, herdeiros até hoje. É nesse contexto que se dá o encontro entre o mundo greco-romano e a cultura judaico-cristã.[4]

Examinaremos, em seguida, os desenvolvimentos da Academia de Platão e do Liceu de Aristóteles (escola peripatética), bem como das escolas características do período helenístico como o estoicismo, o epicurismo e o ceticismo (ver quadro sinótico adiante).

B. A ACADEMIA E O PLATONISMO

A Academia, fundada por Platão em Atenas em 387 a.C., existirá até 529 d.C., quando um decreto de Justiniano, imperador de Constantinopla, fecha todas as escolas pagãs de filosofia no império, e o último líder, ou *escolarca*, da Academia, o filósofo Damáscio, emigra para o Oriente.

Durante os praticamente nove séculos de sua existência a Academia passa por várias fases, tomando os rumos mais diversos, sempre, no entanto, afirmando sua fidelidade ao pensamento de Platão, do qual pretende ser herdeira e continuadora.

Logo após sua morte, Platão é sucedido por Espeusipo, a quem se seguem na liderança da chamada Velha Academia, Xenócrates, Pólemon, que estabelece o *corpus* dos diálogos platônicos, e Crates. Trata-se de uma fase em que prevalece uma interpretação do platonismo que pode ser chamada de "pitagorizante", isto é, em que se valoriza a matemática e uma cosmologia de inspiração pitagórica.

Segue-se a essa "fase pitagorizante" o período da Média Academia, quando Arcesilau (268-241 a.c.) assume a liderança e, a partir de sua polêmica com os estoicos, dá ao platonismo um rumo cético, mantido adiante por Carnéades (156-159 a.C.), que inaugura a chamada Nova Academia, e por seus sucessores Clitômaco (escolarca de 127-110 a.c.) e Fílon de Larissa (escolarca de 110-80 a.C.). Examinaremos o ceticismo da Média e da Nova Academia na seção sobre o ceticismo, mais adiante (ver I.6.H).

Antíoco de Ascalon (130-68 a.c.) rompe com a fase cética da Academia, retomando a doutrina da Velha Academia, que pretende restaurar. Antíoco foi um típico pensador eclético e, considerando que o estoicismo se originou da Academia e que Aristóteles também havia sido em algum momento um membro dela, pretende aproximá-lo da filosofia platônica.

O filósofo, jurista e orador romano Marco Túlio Cícero foi seu discípulo, sendo um dos principais responsáveis pela introdução da filosofia grega em Roma e pela criação de um vocabulário filosófico latino. Cícero foi membro da Academia, mas também um pensador eclético, interessando-se sobretudo pelo estoicismo, na linha inaugurada por Antíoco.

Após esse período a Academia entra em uma fase de decadência e não encontramos mais nomes expressivos até a retomada do platonismo pelo assim chamado neoplatonismo de Plotino e de seus seguidores, que examinaremos mais adiante. É nessa nova vertente que a Academia se desenvolverá a partir do séc. III até o seu fechamento no séc. VI.

C. A ESCOLA PERIPATÉTICA E O ARISTOTELISMO

A história do aristotelismo é bem mais fragmentária do que a do platonismo, visto que o Liceu não teve a mesma continuidade que a Academia. Aristóteles foi sucedido por seu discípulo Teofrasto, que esteve à frente do Liceu de 322 a 288 a.C. Sua contribuição foi importante sobretudo para a obra científica de Aristóteles. Essa tradição foi levada adiante por Estrato de Lâmpsaco (escolarca de 288 a *c.*268 a.C.) e se consolidou principalmente em Alexandria.

Após essa fase inicial, a escola aristotélica entra em decadência, a obra de Aristóteles se dispersa e é perdida, sendo em parte recuperada apenas no séc. I a.C. quando é feita em Roma a edição do *corpus aristotelicum* por Andrônico de Rodes, responsável pela revitalização da escola peripatética. Os principais filósofos dessa nova fase do Liceu são Aristocles de Messena (séc. II), que interpreta o aristotelismo em um sentido eclético, aproximando-o do platonismo e até mesmo do estoicismo, e Alexandre de Afrodísias (sécs. II-III), autor de importantes comentários às obras de Aristóteles, sobretudo à *Metafísica* e aos tratados de lógica, muito influentes na Antiguidade. O Liceu, no entanto, perde progressivamente sua identidade, e devido ao predomínio do ecletismo, acaba por se confundir em muitos aspectos com o platonismo no período neoplatônico, não havendo a partir daí filósofos aristotélicos importantes. É o caso de Porfírio, filósofo neoplatônico do séc. III, discípulo de Plotino, mas também um exímio comentador de Aristóteles, destacando-se o seu *Isagoge* (introdução ao tratado das *Categorias*), de grande importância no período medieval em função da famosa questão dos universais.

A concepção aristotélica de ciência natural retomada por seus discípulos, principalmente Estrato, teve enorme influência no desenvolvimento da tradição científica de Alexandria, chegando a influenciar mais tarde a ciência árabe. Talvez aí resida a grande relevância do pensamento de Aristóteles na Antiguidade.

D. O NEOPITAGORISMO

Como vimos anteriormente (I. 2) a escola pitagórica foi uma das mais destacadas escolas filosóficas do período pré-socrático, tendo inclusive influenciado o pensamento de Platão e o desenvolvimento do platonismo. Pitágoras foi o fundador da escola, mas as principais obras pitagóricas, de que nos chegaram fragmentos, foram de seu discípulo Filolau de Crotona (séc. V a.C.). O pitagórico Arquitas de Tarento, amigo de Platão, foi provavelmente responsável por seu contato com essa doutrina. No início da história da Academia houve uma aproximação entre o platonismo e o pitagorismo, conforme mencionamos acima (ver I.6.B., p.87-8). São importantes, nesse contexto, a valorização da matemática e a doutrina pitagórica da alma.

Nos primeiros séculos do helenismo, surge uma série de escritos pitagóricos – a grande maioria de autenticidade duvidosa –, devendo ser interpretados no contexto do ecletismo da época em que conceitos filosóficos de diferentes escolas (p.ex., "essência", "ser", "substância", "alma") foram frequentemente aproximados. A importância da escola pitagórica deve-se sobretudo à sua defesa de uma doutrina espiritualista e de uma concepção da alma que enfatizava a imortalidade, a reencarnação, a harmonia com o cosmo, em confronto assim com o materialismo dos epicuristas e estoicos, e de algumas interpretações do aristotelismo. O pitagorismo teve também muita influência no desenvolvimento da matemática e da cosmologia em Alexandria, destacando-se Aristarco de Samos e sua hipótese heliocêntrica.

Após uma fase de obscuridade o pitagorismo ressurge no séc. I com Moderato de Gades, a quem se seguiram, no séc. II, Nicômaco de Gerasa e Numênio de Apameia. Essa fase passou a ser conhecida como ***neopitagorismo***, tendo em Alexandria um dos seus principais centros de desenvolvimento e aproximando o pitagorismo do platonismo e mesmo de alguns aspectos do aristotelismo.

E. O NEOPLATONISMO E A FILOSOFIA DE PLOTINO

O neoplatonismo parece ter se originado em Alexandria no início do séc. III com Amônio Sacas, filósofo do qual pouco sabemos, exceto que foi mestre de Plotino. É possível que tenha sido mestre também do filósofo cristão Orígenes e até mesmo que tenha sido cristão, embora não haja evidências claras para tais hipóteses. O neoplatonismo de Amônio parece ter se caracterizado pela combinação de elementos do pitagorismo e do platonismo, e é possível que Numênio de Apameia, acima mencionado (ver I.6.D.), tenha pertencido ao círculo de Amônio. Na verdade, o principal representante da filosofia neoplatônica foi Plotino (205-270), que após ter passado cerca de onze anos em Alexandria com Amônio, fixou-se em Roma, onde fundou a sua escola (em 244) de grande influência e repercussão. Plotino pode ser considerado efetivamente o primeiro filósofo importante – por sua originalidade e pela elaboração de seu sistema – desde Sócrates, Platão e Aristóteles, tendo influenciado profundamente a filosofia antiga em seus últimos séculos, inclusive a filosofia cristã, através do pensamento de santo Agostinho, muito marcado pela leitura de Plotino.

É sobretudo através da *Vida de Plotino*, escrita por seu discípulo, comentador e principal intérprete, Porfírio (*c.*233-305), que conhecemos a vida e a obra de Plotino, sendo que Porfírio foi também o editor das *Enéades*, a principal obra de seu mestre.

Podemos considerar o sistema filosófico de Plotino o primeiro grande desenvolvimento da metafísica desde Platão e Aristóteles: rompeu sob vários aspectos com a tradição racionalista clássica, devido à influência mística e espiritualista do pensamento neopitagórico e alexandrino, e procurou levar a metafísica às suas últimas consequências. Plotino introduz uma série de conceitos próprios, reelaborados com base no platonismo e no pitagorismo, mas também possivelmente com influências orientais. Seu pensamento mostra-se, portanto, bastante obscuro, tendo mais um caráter de construção de um sistema do que de um desenvolvimento lógico-argumentativo, sendo interpretado já desde a Antiguidade de maneiras distintas e divergentes.

Segundo a metafísica de Plotino o real consiste em três hipóstases ou realidades. A primeira é o Uno – eterno, imóvel e transcendente –, portanto, inacessível, fora mesmo do real, cuja perfeição gera uma emanação (*proodos*, literalmente, "ir adiante"), isto é, um transbordamento, sem perda de unidade, sem se exteriorizar. Essa emanação pode ser entendida pela metáfora do Sol e da luz,[5] de origem platônica, e a que Plotino frequentemente recorre. Os raios emanam do Sol, se irradiam, sem perda da fonte de energia: trata-se de uma emanação difusa a partir de um centro intenso, de uma fonte imóvel, e o enfraquecimento progressivo dessa luminosidade gera a matéria que é o limite da emanação.[6] A segunda hipóstase é o Intelecto (*nous*), que se caracteriza pela contemplação do Uno, e que corresponde ao mundo das ideias ou formas, engendradas pelo Intelecto. A terceira hipóstase é a Alma do Mundo (*psyche*) que se origina do Intelecto e é o princípio do movimento e da diversidade.

O sistema de Plotino foi interpretado e difundido por Porfírio, que, além disso, foi comentador de obras de Aristóteles, na linha da tendência eclética da filosofia da época. Porfírio escreveu também um tratado intitulado *Contra os cristãos*, e sua posição anticristã provavelmente influenciou a volta ao paganismo do imperador Juliano, o Apóstata (323-363).

O neoplatonismo desenvolveu-se com Iâmblico (c.249-326), que fundou uma escola na Síria e escreveu comentários, hoje perdidos, a Platão e a Aristóteles. O neoplatonismo de Iâmblico encerrava um forte caráter místico, tendo sofrido a influência do neopitagorismo. Proclo (410-485) foi responsável pela reabertura da Academia em Atenas, tendo escrito comentários a Platão (destacando-se os ao *Timeu*, *República*, *Parmênides*, *Crátilo*, que chegaram até nós) de grande importância na Antiguidade e no período medieval. Damáscio foi o último líder da escola neoplatônica em Atenas (séc. VI), imigrando após o seu fechamento para o Império Persa. Após algum tempo, entretanto, permitiu-se o retorno desses filósofos à Grécia, e o último nome representativo é o de Simplício, discípulo de Damáscio e comentador de Platão e de Aristóteles, destacando-se seu *Comentário à "Física"* de Aristóteles, fundamental na preservação das teorias aristotélicas.

O platonismo e o neoplatonismo tiveram também um desenvolvimento na Antiguidade, em sua vertente cristã, inicialmente na escola cristã de Alexandria, que examinaremos no capítulo seguinte, e posteriormente em duas correntes, o platonismo latino elaborado por santo Agostinho, e o platonismo grego desenvolvido no Império Bizantino, primeiro na chamada escola de Capadócia e posteriormente com a obra do Pseudo-Dionísio Areopagita, importantíssima no período medieval.

F. O ESTOICISMO

A escola estoica foi fundada em Atenas em 300 a.C. por Zenão de Cítio (344-262 a.C.), um pensador de origem fenícia que havia se fixado em Atenas e provavelmente frequentado a Academia. O termo "estoicismo" é derivado da *stoa poikilé*, ou "pórtico pintado", local em Atenas onde os membros da escola se reuniam. A doutrina estoica antiga foi desenvolvida e elaborada pelos discípulos e sucessores de Zenão, Cleantes (330-232 a.C.) e Crisipo (280-206 a.C.).

O estoicismo concebe a filosofia de forma sistemática e composta de três partes fundamentais: a *física*, a *lógica* e a *ética*, cuja relação é explicada através da metáfora da árvore. A física corresponderia à raiz, a lógica ao tronco e a ética aos frutos. Portanto, a parte mais relevante é a ética: são os frutos que podemos colher da árvore do saber, porém não podemos tê-los sem as raízes e o tronco.

Essa concepção reflete-se na estreita relação que o estoicismo vê entre a física e a ética. O homem é um microcosmo no macrocosmo, ou seja, é parte do universo, da natureza. Para ter uma conduta ética que assegure sua felicidade, suas ações devem estar de acordo com os princípios naturais, com a harmonia do cosmo, que dá equilíbrio a todo o universo, inclusive ao homem. A boa ação, de um ponto de vista ético, é portanto uma ação de acordo com a natureza. São três as virtudes básicas para os estoicos: a *inteligência*, que consiste no conhecimento do bem e do mal; a *coragem*, ou o conhecimento do que temer e do que não temer; e a *justiça*, o conhecimento que nos permite dar a cada um o que lhe é devido.

Em virtude da concepção de natureza pressuposta pela ética estoica, temos na verdade um forte determinismo ético, chegando mesmo a caracterizar um fatalismo. A noção de necessidade, ou destino (*heimarmené*), é muito forte no estoicismo; o homem deve resignar-se a aceitar os acontecimentos como predeterminados. Isso não se traduz pela inação; devemos agir de acordo com os preceitos éticos e fazer o que julgamos devido, mas devemos também aceitar as consequências de nossa ação e o curso inevitável dos acontecimentos. Segundo um exemplo famoso, se vejo alguém se afogando, devo tentar salvá-lo mas, se não o conseguir, não devo desesperar-me, pois era inevitável. O destino, no entanto, não é cego e arbitrário, mas reflete a racionalidade do real, a qual devo aceitar mesmo que não entenda. Para o estoicismo, a felicidade (*eudaimonia*) consiste na tranquilidade (*ataraxia*), ou ausência de perturbação. Alcançamos esse estado através do autocontrole, da contenção e da austeridade, aceitando o curso dos acontecimentos. Porém, só o sábio perfeito é capaz disso, e tal perfeição é dificílima de se atingir, embora devamos almejá-la e buscá-la.

Crisipo, cuja obra não chegou até nós, foi importante sobretudo por sua contribuição à lógica. Ele desenvolveu uma lógica proposicional, alternativa à aristotélica, que teve grande influência na Antiguidade, rivalizando com a de Aristóteles. A lógica estoica baseia-se em inferências, ou esquemas inferenciais, entre proposições; p.ex., "Se a rua ficar molhada, choveu. A rua está molhada, logo, choveu". A lógica aristotélica, como vimos acima (I. 5), tinha como ponto de partida a predicação, e a relação entre termos na proposição, que tornava possível no silogismo obter-se a conclusão a partir das premissas.

Com Panécio (180-110 a.C.) e Posidônio (135-51 a.C.) o estoicismo toma um rumo eclético, aproximando-se de certas doutrinas do platonismo e do aristotelismo, uma tendência característica do helenismo. Essa fase tornou-se conhecida como "médio estoicismo".

A partir do séc. I o núcleo do estoicismo desloca-se para Roma, dando origem ao assim chamado "novo estoicismo", ou "estoicismo imperial", cujos principais representantes foram Sêneca (4 a.C-65 d.C.), o mais importante filósofo desse período, Epitecto (60-138) e Marco Aurélio (121-180), imperador romano após 161. O estoicismo latino se caracteriza pela ênfase na filosofia prática e em uma concepção humanística, valorizando a indiferença (*apatheia*) e o autocontrole.

Após esse período o estoicismo entra em decadência, não surgindo mais representantes significativos. Em virtude de sua tendência eclética, o estoicismo passa a se confundir em parte com o platonismo, embora a ética estoica tenha tido grande influência no desenvolvimento do cristianismo, dado seu caráter determinista e sua valorização do autocontrole, da submissão, e da austeridade.

G. O EPICURISMO

Epicuro (341-271 a.C.) fundou a sua escola em Atenas em 306 a.C., reunindo-se com seus discípulos em um jardim, o que fez com que fosse conhecida na Antiguidade como "Jardim" (*Kepos*). Epicuro notabilizou-se sobretudo por seu tratado *Da natureza*, em que retoma as teorias atomistas de Demócrito e Leucipo (ver I. 3). Os epicuristas foram os grandes defensores de uma física materialista, atomista e mobilista. Sua ética encontra-se exposta sobretudo em suas *Epístolas* a seus discípulos, das quais subsistiram fragmentos.

A teoria do conhecimento epicurista caracteriza-se pela valorização da experiência imediata, tendo introduzido o conceito de *prolepsis*, ou pré-noção, que consiste na conservação de elementos dessa experiência, os quais servem de pressupostos e pontos de partida para a aquisição de conhecimentos posteriores.

A ética epicurista, assim como a estoica, postulava como princípio básico a felicidade (*eudaimonia*), obtida pela tranquilidade ou imperturbabilidade (*ataraxia*), porém divergia dos estoicos quanto ao caminho para se chegar a essa felicidade. Os epicuristas valorizavam a inteligência prática (*phronesis*), considerando não haver conflito entre razão e paixão. O homem age eticamente na medida em que dá vazão a seus desejos e necessidades naturais de forma equilibrada ou moderada, e é isso que garante a *ataraxia*. A valorização do prazer (*hedoné*) como algo natural e a concepção de que a realização de nossos desejos naturais e espontâneos é positiva deram origem à imagem, certamente distorcida, de que o epicurista é alguém devotado a uma vida de prazeres. Ao contrário, a ética epicurista prega a austeridade e a moderação, mas não a supressão dos prazeres e desejos que são expressões de nossa natureza.

A escola epicurista não teve na Antiguidade a mesma influência e repercussão do estoicismo, que foi a mais importante corrente da época, juntamente com a Academia. São poucos os representantes do epicurismo cujo pensamento e obra chegaram até nós ou que influenciaram um desenvolvimento filosófico significativo na Antiguidade. Destacam-se Filodemo de Gadara (*c.*80-45 a.C.), que escreveu vários tratados de lógica, ética e física; e Tito Lucrécio Caro (98-50 a.C.), o grande representante do epicurismo em Roma, autor do célebre poema *De rerum natura* (Sobre a natureza das coisas), uma das principais fontes de nosso conhecimento da doutrina epicurista.

O interesse pelo epicurismo, tanto por sua ética como por sua física, é retomado no Renascimento (sécs. XV-XVI) – quando essas teorias tornam-se alternativas importantes ao aristotelismo então dominante no final do período medieval (sécs. XIII-XIV) –, abrindo assim caminho para o humanismo e para uma ciência natural antiaristotélica.

H. O CETICISMO E A TRADIÇÃO CÉTICA

"Ceticismo" é um desses termos filosóficos que se incorporaram à linguagem comum e que, portanto, todos julgamos saber o que significa. Ao examinarmos a *tradição cética* vemos, no entanto, que não há *um* ceticismo, mas várias concepções diferentes. Mesmo o que podemos considerar a "tradição cética" não se constituiu linearmente a partir de um momento inaugural ou da figura de um grande mestre, tratando-se muito mais de uma tradição reconstruída. São algumas das características centrais da formação dessa tradição – seu sentido, suas rupturas internas e suas ramificações – que examinaremos em seguida.

Um bom ponto de partida para se tentar distinguir os vários sentidos de "ceticismo" é um texto de Sexto Empírico, nossa principal fonte de conhecimento do ceticismo antigo. Em suas *Hipotiposes pirrônicas*, logo no capítulo de abertura (I. 1), é dito que:

> O resultado natural de qualquer investigação é que aquele que investiga ou bem encontra o objeto de sua busca, ou bem nega que seja encontrável e confessa ser ele inapreensível, ou ainda, persiste na sua busca. O mesmo ocorre com os objetos investigados pela filosofia, e é provavelmente por isso que alguns afirmaram ter descoberto a verdade, outros, que a verdade não pode ser apreendida, enquanto outros continuam buscando. Aqueles que afirmam ter descoberto a verdade são os "dogmáticos"; assim são chamados especialmente, Aristóteles, por exemplo, Epicuro, os estoicos e alguns outros. Clitômaco, Carnéades e outros acadêmicos consideram a verdade inapreensível, e os céticos continuam buscando. Portanto, parece razoável sustentar que há três tipos de filosofia: a dogmática, a acadêmica e a cética.

Portanto, segundo a interpretação de Sexto, há uma diferença fundamental entre a Academia de Clitômaco e de Carnéades, e o ceticismo. Enquanto os acadêmicos afirmam ser impossível encontrar a verdade, os céticos, por assim dizer "autênticos", seguem buscando. Aliás, o termo *skepsis* significa literalmente "investigação", "indagação". Ou seja, a afirmação de que a verdade seria inapreensível já não caracterizaria mais uma posição cética, e sim uma forma de dogmatismo negativo. A posição cética, ao contrário, caracterizar-se-ia pela suspensão de juízo (*époche*) quanto à possibilidade ou não de algo ser verdadeiro ou falso. É nisso que consiste o ceticismo efético, ou suspensivo, que Sexto considera o único a merecer o nome de "ceticismo", e que seria proveniente da filosofia de Pirro de Élis. Daí a reivindicação de equivalência entre ceticismo e pirronismo. Sexto relata que os céticos denominavam-se pirrônicos porque Pirro "parece ter se dedicado ao ceticismo de forma mais completa e explícita que seus predecessores".

Procuremos descrever os caminhos do desenvolvimento das várias posições filosóficas que vieram a ser consideradas céticas no pensamento antigo. Como veremos, esses caminhos se cruzam de várias formas. É possível, assim, distinguir:

1. O *protoceticismo*: fase inicial em que podemos identificar tendências e temas céticos já na filosofia dos pré-socráticos (séc. VI a.C.). É a esses filósofos que Aristóteles se refere no livro IV da *Metafísica*.
2. O *ceticismo* inaugurado por Pirro de Élis (360-270 a.C.), cujo pensamento conhecemos através de fragmentos de seu discípulo Tímon de Flios (325-235 a.C.).
3. O *ceticismo acadêmico*, correspondendo à fase cética da Academia de Platão iniciada por Arcesilau (por vezes conhecida como Média Academia) a partir de 270 a.C., vigorando até Carnéades (219-129 a.C.) e Clitômaco (175-110 a.C.), a assim chamada Nova Academia.[7] Com Fílon de Larissa (*c.*110 a.C.) a Academia

abandona progressivamente o ceticismo (4ª Academia). Conhecemos essa doutrina sobretudo a partir do diálogo *Academica* (*priora et posteriora*) de Cícero (*c.*55 a.C.).

4. O *pirronismo* ou *ceticismo pirrônico*: Enesidemo de Cnossos (séc. I a.C.), possivelmente um discípulo da Academia no período de Fílon, procura reviver o ceticismo buscando inspiração em Pirro e dando origem ao que ficou conhecido como ceticismo pirrônico, cujo pensamento nos foi transmitido basicamente pela obra de Sexto Empírico (séc. II d.C.).

Embora Pirro de Élis seja considerado o fundador do ceticismo antigo, é possível apontar outros precursores do ceticismo, ou representantes de uma forma de "protoceticismo", tais como Demócrito de Abdera e os atomistas posteriores como Metrodoro (séc. IV a.C.), mestre do próprio Pirro; os mobilistas discípulos de Heráclito, como Crátilo; e os sofistas, sobretudo um defensor do relativismo como Protágoras. Esses filósofos são, p.ex., alvo de Aristóteles no livro (IV) da *Metafísica*, quando sustentam que o princípio da não contradição deve ser pressuposto mesmo por aqueles que exigem provas de todos os princípios ou que afirmam que algo é e não é, uma vez que esse princípio é pressuposto pela simples existência do discurso significativo (id., 1006a5-22). Os argumentos de Aristóteles em defesa do princípio da não contradição mostram a existência, se não do ceticismo, ao menos de elementos céticos nos filósofos pré-socráticos e nos sofistas. A desconfiança em relação aos dados sensoriais, a questão do movimento na natureza que torna o conhecimento instável, e a relatividade do conhecimento às circunstâncias do indivíduo que conhece, são alguns destes temas, que reaparecerão, p.ex., sistematizados nos tropos de Enesidemo (*Hipotiposes pirrônicas*, cap. XIV).

No entanto, é de fato Pirro que é identificado como o iniciador do ceticismo. Conhecemos sua filosofia apenas através de seu discípulo Tímon, de quem subsistiram alguns fragmentos, já que o próprio Pirro jamais teria escrito uma obra filosófica. Pirro pertence assim àquela linhagem de filósofos, entre eles Sócrates, para quem a filosofia não é uma doutrina, uma teoria, ou um saber sistemático, mas principalmente uma prática, uma atitude, um *modus vivendi*. Tímon relata as respostas dadas por Pirro a três questões fundamentais: 1) Qual a natureza das coisas? Nem os sentidos nem a razão nos permitem conhecer as coisas tais como são, e todas as tentativas resultam em fracasso. 2) Como devemos agir em relação à realidade que nos cerca? Mais exatamente: porque não podemos conhecer a natureza das coisas, devemos evitar assumir posições acerca disto. 3) Quais as consequências dessa nossa atitude? O distanciamento que mantemos leva-nos à tranquilidade. O ceticismo compartilha com as principais escolas do helenismo – o estoicismo e o epicurismo – uma preocupação essencialmente ética, ou prática. É dessa forma que devemos entender o objetivo primordial da filosofia de Pirro: atingir a *ataraxia* (imperturbabilidade), alcançando assim a felicidade (*eudaimonia*).

Segundo uma tradição mencionada por Diógenes Laércio, Pirro e seu mestre Anaxarco de Abdera teriam acompanhado os exércitos de Alexandre até a Índia. Nesse período teriam entrado em contato com os *gimnosofistas* (os "sábios nus", possivelmente faquires e mestres iogues), que os teriam influenciado sobretudo quanto à prática do distanciamento e da indiferença às sensações. Esta seria uma possível origem das noções céticas de *apathia* (a ausência de sensação) e *apraxia* (a inação), que caracterizariam a tranquilidade. Daí derivaria a tradição anedótica segundo a qual Pirro precisava ser acompanhado por seus discípulos, já que, com sua atitude de duvidar de suas sensações e percepções, estava sujeito a toda sorte de perigos, como ser atropelado ao atravessar a rua ou cair num precipício.

Outra tradição, também citada por Diógenes Laércio, entretanto, sustenta que Pirro teria vivido como cidadão exemplar, bastante respeitado e chegando a sumo sacerdote de sua cidade de Élis. O ceticismo não implicaria assim uma ruptura com a vida prática, mas apenas um modo de vivê-la com moderação (*metriopatheia*) e tranquilidade.

É curioso que o termo "acadêmico" tenha se tornado, embora de forma imprecisa, sinônimo de "cético", uma vez que Platão estava longe de ser um filósofo cético.[8] Isso tem feito com que os principais historiadores do ceticismo sejam sempre muito ciosos da necessidade de se distinguir claramente o ceticismo acadêmico do ceticismo pirrônico. Nem sempre, entretanto, esse cuidado foi observado na tradição, e uma das principais e mais influentes tentativas de refutação do ceticismo na Antiguidade, o diálogo *Contra acadêmicos* de santo Agostinho (séc. IV), identifica pura e simplesmente o ceticismo com a Academia. Dois fatores são importantes nesse ponto: 1) a possível influência de Pirro de Élis, o iniciador do ceticismo, sobre Arcesilau; e 2) a existência de elementos céticos no pensamento do próprio Platão.

Como vimos acima (6.B), depois de uma fase "pitagorizante" logo após a morte de Platão, desenvolvendo em seguida uma preocupação essencialmente ética, o que caracterizou a chamada Velha Academia, a Academia entra em uma fase cética sob a liderança de Arcesilau (315-240 a.C.), e posteriormente de Carnéades (219-129 a.C.), conhecida por Nova Academia. Como explicar essa relação entre a Academia, legítima sucessora dos ensinamentos de Platão e continuadora do platonismo, e a filosofia cética, objeto de várias divergências por parte dos principais historiadores da filosofia antiga? Já Aulus Gellius (séc. II), em suas célebres *Noctes atticae* (XI, 5), mencionava a discussão sobre se haveria ou não diferença entre a Nova Academia e o pirronismo como uma controvérsia antiga.

É com Arcesilau que a Academia ingressa em uma fase cética. Há controvérsia entre os principais historiadores e intérpretes do ceticismo antigo sobre se teria ou não havido uma influência direta de Pirro sobre Arcesilau. Sexto Empírico (HPI, 234) refere-se à antiga anedota que caracterizava Arcesilau como uma quimera, uma figura monstruosa resultante da combinação das seguintes partes: Platão na frente, Pirro atrás e Diodoro Cronus (lógico da escola megárica, séc. IV a.C.) no meio. O inverso é dificilmente admissível, uma vez que Pirro já havia falecido quando Arcesilau assumiu a liderança da Academia (*c.*270 a.C.). Alguns intérpretes simplesmente consideram mais plausível que o ceticismo acadêmico tenha tido uma origem independente, derivando-se do pensamento do próprio Platão.

Parece possível, com efeito, interpretar o pensamento de Platão como contendo elementos céticos e é esta interpretação que prevalece na Academia durante o período compreendido entre as lideranças de Arcesilau e Clitômaco. Esses elementos seriam essencialmente: 1) o modelo da dialética socrática encontrado sobretudo nos diálogos da primeira fase, os chamados "diálogos socráticos", em que temos a oposição entre argumentos gerando o conflito; 2) o caráter aporético, inconclusivo, desses (e também de outros) diálogos; 3) a admissão da ignorância: o sábio é aquele que reconhece sua ignorância, o célebre "Só sei que nada sei" socrático; 4) a influência da discussão sobre o conhecimento no diálogo *Teeteto*, sem que se chegue a nenhuma definição aceitável. Trata-se, certamente, de uma leitura parcial e seletiva, que no entanto prevaleceu neste período, tendo grande influência no desenvolvimento do pensamento do helenismo.

O ceticismo acadêmico, porém, deve ser considerado sobretudo a partir de sua polêmica com a filosofia estoica. Os estoicos foram de fato os principais adversários dos acadêmicos, Arcesilau polemizando com Cleantes e Carnéades com Crisipo. O ponto de partida da disputa entre o estoicismo e o ceticismo acadêmico parece ter sido a questão do *critério de verdade* que serviria de base para a epistemologia estoica. Os céticos levantavam uma dúvida sobre a possibilidade de se adotar um critério de verdade imune ao questionamento, enquanto que os estoicos mantinham a noção de *phantasia kataleptiké* (termo de difícil tradução, podendo talvez ser entendido como "apreensão cognitiva") como base de sua teoria do conhecimento.

A noção de *époche* (suspensão do juízo) é tradicionalmente considerada como central à estratégia argumentativa cética. É discutível, no entanto, se esta noção encontra-se já em Pirro. O mais provável é que não. Temos em Pirro as noções de *apraxia* (inação), *aphasia* (ausência de discurso), *apathia* (ausência de sensações), que levariam à *ataraxia*, mas aparentemente não temos ainda a *époche* propriamente dita. De fato, a noção de *époche* parece ser de origem estoica, ou pelo menos era usada correntemente pelos estoicos. É parte da doutrina estoica, já encontrada em Zenão, que o sábio autêntico deve suspender o juízo em relação àquilo que é inapreensível, evitando assim fazer afirmações falsas. Em sua polêmica com os estoicos e, sobretudo, em seu questionamento dos critérios epistemológicos do estoicismo, Arcesilau sustenta que dada a ausência de um critério decisivo devemos na realidade suspender o juízo a respeito de tudo. Diante de paradoxos como o do sorites e o da pilha de sal,[9] Crisipo teria se recolhido ao silêncio, e este silêncio é entendido como *époche*, suspensão, ausência de resposta, impossibilidade de afirmar ou negar. Se, segundo os estoicos, o sábio deve suspender o juízo acerca do inapreensível, então, conclui Arcesilau, deve suspender o juízo acerca de qualquer pretensão ao conhecimento, uma vez que nenhuma satisfará o critério de validade. Assim, Arcesilau estende e generaliza a noção estoica de suspensão, adotando-a como característica central e definidora da atitude cética.

O ceticismo[10] se caracterizaria, portanto, como um procedimento segundo o qual os filósofos em sua busca da verdade se defrontariam com uma variedade de posições teóricas (o dogmatismo). Essas posições encontram-se em conflito (*diaphonia*), uma vez que são mutuamente excludentes, cada uma se pretendendo a única válida. Dada a ausência de critério para a decisão sobre qual a melhor dessas teorias, já que os critérios dependem eles próprios das teorias, todas se encontram no mesmo plano, dando-se assim a *isosthenia*, ou equipolência. Diante da impossibilidade de decidir, o cético suspende o juízo e, ao fazê-lo, descobre-se livre das inquietações. Sobrevém assim a tranquilidade almejada. Temos portanto o seguinte esquema, que parece ser um desenvolvimento das respostas de Pirro às três questões fundamentais da filosofia:

zétesis (busca) → *diaphonia* → (conflito) → *isosthenia* (equipolência) → *époche* (suspensão) → *ataraxia* (tranquilidade).

Entretanto, o problema prático permanece. Dada a ausência de critério para a decisão sobre a verdade ou não de uma proposição, como agir na vida concreta? A preocupação moral é fundamental para a filosofia do helenismo de modo geral, e o ceticismo compartilha essa preocupação com o estoicismo e o epicurismo. A filosofia deve nos dar uma orientação para a vida prática, que nos permita viver bem e alcançar a felicidade. É com tal propósito que Arcesilau recorre à noção de *eulogon*, o razoável. Já que não podemos ter certeza sobre nada, já que é impossível determinar um critério de verdade, resta-nos o "razoável" (Sexto Empírico, *Contra os lógicos* I, 158).

Supostamente, Carnéades teria desenvolvido esta linha de argumentação inaugurada por Arcesilau. Há controvérsias a respeito, e o pensamento de Carnéades é difícil de se interpretar, não só porque não deixou nada escrito, mas devido à sua aparente ambivalência. Seu principal discípulo Clitômaco observava que apesar de longos anos de convivência com ele, jamais conseguira de fato entender qual era sua posição.

O desenvolvimento que Carnéades deu às posições de Arcesilau tem, no entanto, grande importância, uma vez que pode ser considerado uma das primeiras formulações do probabilismo. Diante da impossibilidade da certeza devemos adotar como critério o provável (*pithanon*, que Cícero traduz por *probabile*). Carnéades (HPI, 226-9, *Contra os lógicos* I, 166) chega mesmo a introduzir uma distinção em três níveis ou graus: o provável, o provável e testado (*periodeumenas*, i.e., "examinado de modo completo"), e o provável, testado e irreversível ou indubitável (*aperispatous*). É a necessidade de adoção de algum tipo de critério que leva a Nova Academia a essa formulação; porém, segundo Sexto (id. ib.), isso equivale a uma posição já próxima do dogmatismo, ou seja, da possibilidade de adoção de um critério de "quase-certeza".

Os sucessores de Carnéades, Fílon de Larissa e sobretudo Antíoco de Ascalon, teriam progressivamente se afastado do ceticismo ao reintroduzir uma interpretação dogmática do platonismo, chegando mesmo a procurar conciliá-lo com o estoicismo, no caso específico de Antíoco. Enesidemo de Cnossos, contemporâneo de Antíoco, procurou retomar um ceticismo mais autêntico, buscando em Pirro sua inspiração. É nesse momento, portanto, que surge de fato o pirronismo ou ceticismo pirrônico, que deve assim ser distinguido da filosofia de Pirro. Trata-se essencialmente de uma tentativa de inaugurar, ou reinaugurar, o ceticismo, que havia perdido sua força na Academia. A obra de Sexto Empírico (séc. II d.C.) pertence a essa nova tradição, e é provável que Sexto tenha tentado caracterizar os acadêmicos como dogmáticos negativos visando enfatizar a originalidade e a autenticidade do pirronismo enquanto representante do ceticismo. Sexto insiste na interpretação da *époche* como suspensão de juízo, i.e., uma posição segundo a qual não se afirma nem nega algo,[11] evitando assim o dogmatismo negativo dos acadêmicos que afirmavam ser impossível encontrar a verdade (ver citação acima). Dessa forma, o recurso ao probabilismo não se torna necessário, não havendo motivo para a adoção de um sucedâneo do critério estoico de decisão.

Embora provavelmente a *époche* não se encontre ainda no ceticismo de Pirro, é em torno dessa noção que se dá a caracterização do ceticismo na tradição do helenismo. E é, em grande parte, a diferença de interpretação do papel e do alcance da *époche* que marcará a ruptura entre ceticismo acadêmico e ceticismo pirrônico.

Com o advento do cristianismo e sua institucionalização como religião oficial do Estado no Império Romano a partir do séc. IV, se dá o progressivo ocaso das filosofias pagãs, inclusive do ceticismo. Podemos supor assim que, com a hegemonia de um pensamento fortemente doutrinário como a filosofia cristã, não tenha havido espaço para o florescimento do ceticismo. Os argumentos céticos, e sobretudo a noção de *diaphonia*, foram, entretanto, usados com frequência por teólogos e filósofos cristãos como Eusébio (260-340) e Lactâncio (240–320), principalmente nesse período inicial, para mostrar como a filosofia dos pagãos era incerta, marcada pelo conflito e incapaz de alcançar a verdade. Em *c.*386 santo Agostinho escreveu seu diálogo *Contra acadêmicos*, em que pretende refutar o ceticismo acadêmico. A influência de santo Agostinho no Ocidente em todo o período medieval explica em grande parte o desinteresse pelo ceticismo. Referências ao ceticismo antigo e discussões de questões céticas estão, salvo algumas exceções, ausentes da filosofia medieval.

QUADRO SINÓTICO E CRONOLÓGICO

Academia	Liceu	Ceticismo	Estoicismo	Epicurismo
387 a.C. Fundação por Platão 347 a.C. Morte de Platão, sucedido por Espeusipo	335 a.C. Fundação do Liceu por Aristóteles	365 a.C. Nascimento de Pirro de Élis 332 a.C. Pirro acompanha Alexandre ao Oriente	Zenão de Cítio (344-262 a.C.)	Epicuro (341-271 a.C.)
Arcesilau chefia a Academia (268-241 a.C.) e introduz o ceticismo	322 a.C. Morte de Aristóteles sucedido por Teofastro 287 a.C. Morte de Teofastro sucedido por Estrato (*Museum* de Alexandria)	Tímon (325-235 a.C.) registra a vida de Pirro	300 a.C. Fundação da *Stoa Poikilé* em Atenas (330-232 a.C.) Cleantes, sucessor de Zenão	306 a.C. Fundação do Jardim em Atenas

Academia	Liceu	Ceticismo	Estoicismo	Epicurismo
Carnéades lidera a Academia (156-159 a.C.) e mantém o ceticismo			281-205 a.c. Crisipo lidera a escola estoica (obra de lógica)	
Antíoco (80 a.C.) Fim do ceticismo		Enesidemo (c.90-80 a.c.) retoma o pirronismo a partir do ceticismo acadêmico		80-45 a.c. Filodemo, 98-50 a.c. Lucrécio
46-44 a.c. Cícero escreve sua obra filosófica inclusive os *Academica*				
			4 a.C.-55 d.C. Sêneca 50-125 d.C. Epicteto 121-180 d.C. Marco Aurélio	
Plotino (205-270 d.C.): neoplatonismo		Sexto Empírico (c.200 d.C.): obra sobre o ceticismo		

LEITURAS ADICIONAIS

Duvernoy, Jean-François. *O epicurismo*. Rio de Janeiro, Zahar, 1993. [Sobre a escola epicurista.]

Inwood, Brad (org.) *Os estoicos*. São Paulo, Odysseus, 2006.

Laércio, Diógenes. *Vidas e doutrinas dos filósofos ilustres*, Brasília, Ed. UnB, 1988. [Autor do séc. III, uma de nossas principais fontes doxográficas sobre os filósofos da Antiguidade.]

Luce, J.V. *Curso de filosofia grega*. Rio de Janeiro, Zahar, 1994, caps. 10 [estoicos, epicuristas e céticos] e 11 [Plotino e o neoplatonismo].

Momigliano, A. *Os limites da helenização*. Rio de Janeiro, Zahar, 1991. [Estudo de caráter histórico.]

Porchat Pereira, Oswaldo. *Rumo ao ceticismo*. São Paulo, Unesp, 2007.

Quartim de Moraes, João. *Epicuro: as luzes da ética*. São Paulo, Moderna, 1998.

Vrettos, Theodore. *Alexandria: a cidade do pensamento ocidental*. São Paulo, Odysseus, 2005.

QUESTÕES E TEMAS PARA DISCUSSÃO

1. Como se pode entender o conceito de helenismo?
2. Destaque algumas das características básicas da filosofia do período helenístico.
3. Analise brevemente uma das escolas desse período que você considera mais representativa e justifique sua escolha.
4. Como se pode entender a importância da ética no período helenístico?
5. Compare e contraste a concepção filosófica cética com as das demais escolas do helenismo.
6. Qual a principal contribuição do ceticismo ao desenvolvimento da filosofia antiga?
7. Como se pode entender a diferença entre o ceticismo acadêmico e o pirrônico?
8. O que significa o ecletismo como característica da fase final do helenismo? Exemplifique.

PARTE II

FILOSOFIA MEDIEVAL

A FORMAÇÃO DO MUNDO OCIDENTAL

1

UMA CARACTERIZAÇÃO DA FILOSOFIA MEDIEVAL

A filosofia medieval corresponde ao longo período histórico que vai do final do helenismo (sécs. IV-V) até o Renascimento e o início do pensamento moderno (final do séc. XV e séc. XVI), aproximadamente dez séculos, portanto. Na verdade, contudo, a maior parte da produção filosófica da Idade Média, o que realmente conhecemos como "filosofia medieval", está concentrada entre os sécs. XII e XIV, período do surgimento e desenvolvimento da escolástica.

Durante muito tempo a Idade Média foi conhecida como a "Idade das Trevas", um período de obscurantismo e ideias retrógradas, marcado pelo atraso econômico e político do feudalismo, pelas guerras religiosas, pela "peste negra" e pelo monopólio restritivo da Igreja nos campos da educação e da cultura. Entretanto, a arte gótica com suas catedrais, a poesia lírica dos trovadores e a obra de filósofos de grande originalidade como Pedro Abelardo, são Tomás de Aquino e Guilherme de Ockham, mostram o quão errônea é esta imagem.

Na realidade, essa imagem negativa origina-se, em grande parte, do célebre poeta italiano Francesco Petrarca (1304-74), o introdutor do termo *medium aevum*, designando um período médio, de transição, isto é, intermediário entre o período clássico e os novos tempos que pretende anunciar. Petrarca refere-se, entretanto, à situação bastante específica da Itália naquele momento. A sede da Igreja havia sido transferida pelos franceses de Roma para Avignon, Roma tornara-se uma cidade decadente cultural e economicamente, e os clássicos haviam sido esquecidos. Petrarca foi, por isso, um dos iniciadores do movimento que culmina no humanismo renascentista, procurando recuperar as glórias da Antiguidade greco-romana, e formulando um novo ideal de cultura.

Com efeito, podemos dividir o período medieval em duas fases totalmente distintas do ponto de vista filosófico e cultural. A primeira corresponde ao período que se segue à queda do Império Romano (séc. V) praticamente até os sécs. IX-X, quando a situação política e econômica começa a se estabilizar. A fase final (sécs. XI-XV) equivale ao desenvolvimento da escolástica e à grande produção filosófica que se dá com a criação das universidades (séc. XIII), até a crise do pensamento escolástico e o surgimento do humanismo renascentista (sécs. XV-XVI).

Selecionaremos para nossa análise apenas alguns dos pensadores mais representativos desse período, uma vez que seria impossível dar conta da imensa produção filosófica que se encontra sobretudo no período final da Idade Média. Examinaremos assim:

1. O período de transição do helenismo para o cristianismo, interpretando o pensamento filosófico cristão como surgindo no contexto do helenismo.
2. O pensamento de santo Agostinho (354-430) enquanto representante, no contexto do cristianismo, da primeira grande obra filosófica desde a Antiguidade clássica, abrindo o caminho para o desenvolvimento da filosofia medieval e aproximando o cristianismo do platonismo.
3. Santo Anselmo de Canterbury (1033-1109), um dos iniciadores da escolástica e formulador do célebre argumento ontológico, como ilustrando o estilo medieval de filosofar e o tratamento de questões que aproximam a teologia da filosofia na medida em que investiga racionalmente os fundamentos da fé cristã.
4. A presença dos árabes na Península Ibérica trazendo um novo conhecimento da filosofia e da ciência gregas, sobretudo de tradição aristotélica, para a Europa ocidental.
5. A filosofia de são Tomás de Aquino (1224-74), que representa uma aproximação entre o cristianismo e o aristotelismo assim como santo Agostinho representou a aproximação com o platonismo, trazendo com isso a abertura de um novo caminho para o desenvolvimento da escolástica.
6. Guilherme de Ockham (*c.*1300-50), pensador do final da escolástica e autor de uma obra original e controvertida pelas posições que assume na filosofia, na teologia e na política.

2

O SURGIMENTO DA FILOSOFIA CRISTÃ
NO CONTEXTO DO HELENISMO

A. As origens da filosofia cristã

A religião cristã, embora originária do judaísmo, surge e se desenvolve no contexto do helenismo, e é precisamente da síntese entre o judaísmo, o cristianismo e a cultura grega que se origina a tradição cultural ocidental de que somos herdeiros até hoje. Por isso é de grande importância entendermos o processo de mediação que leva à formação dessa tradição e, sobretudo, de nosso ponto de vista, o papel da filosofia cristã neste processo.

A questão que podemos levantar a esse propósito é: como se justifica a relação entre o cristianismo, que por sua origem revelada é uma religião, e a filosofia grega que, como vimos (I, 1), em seu próprio surgimento já pretendia romper com o pensamento mítico-religioso? É claro que há tanto os que defendem a aproximação entre cristianismo e filosofia quanto os que a combatem.

O helenismo fornece o pano de fundo político e cultural que permite a aproximação entre a cultura judaica e a filosofia grega, o que tornará possível mais tarde o surgimento de uma filosofia cristã. É significativo, portanto, que seja em Alexandria no séc. I a.C. que encontramos as primeiras iniciativas nessa direção. Nesse período Alexandria é uma cidade cosmopolita, onde convivem várias culturas: a cultura egípcia característica da região, a cultura grega dos fundadores da cidade, a cultura romana dos que haviam recentemente conquistado o Egito e a cultura judaica da grande comunidade de judeus que lá viviam. Em Alexandria essas culturas convivem e se integram, há grande tolerância religiosa, inclusive um espírito de sincretismo típico da cultura greco-romana, e se falam várias línguas. A comunidade judaica, próspera e educada, fala fluentemente o grego. A *Septuaginta*, tradução do hebraico para o grego do *Pentateuco* (os "livros da Lei", os cinco livros iniciais do Antigo Testamento), havia sido feita em Alexandria na época de Ptolomeu II Filadelfo (séc. III a.C.).

O primeiro representante significativo dessa tradição que se inicia é Fílon de Alexandria, também conhecido como Fílon, o Judeu (25 a.C.-50 d.C.), um judeu helenizado que viveu em Alexandria nesse período e produziu uma série de comentários ao *Pentateuco*, aproximando-o da filosofia grega, principalmente do platonismo, e levantando inclusive a hipótese da influência do Antigo Testamento e da tradição mosaica na filosofia grega, do que, no entanto, não temos nenhuma comprovação histórica. Encontramos em Fílon uma aproximação entre a cosmologia platônica no *Timeu* e a narrativa da criação do mundo no *Gênesis*. No *Timeu* Platão apresenta uma explicação da origem do cosmo segundo a qual o demiurgo (literalmente: o artífice), olhando para as formas ou ideias que lhe servem de modelos, organiza a matéria e dá origem a todas as coisas. Na interpretação de Fílon, Deus (e não o demiurgo) cria o cosmo, porém a partir das ideias em sua mente e não contemplando-as fora dele. Esta seria precisamente uma das origens da concepção, que se desenvolverá progressivamente ao longo dessa tradição, segundo a qual as ideias deixam de ser entidades independentes existindo em um mundo próprio como em Platão (ver I. 4), e passam a ser entendidas como entidades mentais, inicialmente na "mente de Deus", posteriormente na mente humana. Este processo terá seu ponto culminante na teoria das ideias de Descartes (séc.XVII).[1]

Podemos considerar que Fílon, embora sem ser cristão, abre o caminho para a síntese entre cristianismo e filosofia grega, que ocorre ao longo dos três primeiros séculos da religião cristã. Inicialmente o cristianismo não se distinguia claramente do judaísmo, sendo visto como uma seita ou um movimento renovador ou reformista dentro da religião e da cultura judaicas.[2]

Fílon retoma o conceito grego de *logos*, interpretando-o como um princípio divino a partir do qual Deus opera no mundo. Essa visão influenciará fortemente o desenvolvimento da filosofia cristã e se encontra na abertura do quarto evangelho (de são João), escrito ao final do séc. I em Éfeso, em que se lê: "No princípio era o Verbo (*logos*)" (1, 1).

O primeiro marco na constituição do cristianismo como religião independente e dotada de identidade própria é a pregação de são Paulo, um judeu helenizado, funcionário do Império Romano, que se converte e passa a pregar e difundir a religião cristã em suas viagens por alguns dos principais centros do Império Romano. É em são Paulo que encontramos a concepção de uma religião universal, não só a religião de um povo, mas de todo o Império, de todo o mundo então conhecido. Nos *Atos dos apóstolos* (15, 1-34) é narrado o episódio do confronto no Concílio de Jerusalém entre alguns fariseus convertidos ao cristianismo e Paulo, Barnabé e Pedro. Os fariseus pretendiam que o cristianismo fosse pregado apenas aos judeus, ao passo que Paulo defendia a necessidade de pregar a todos, tendo ficado por isso conhecido como "o apóstolo dos gentios". Conforme lemos na *Epístola aos gálatas* (3, 28), "Não há judeu, nem grego, nem escravo, nem homem livre, nem homem, nem mulher: todos sois um no Cristo Jesus." A mensagem cristã não se dirige apenas a um povo escolhido, mas é universal, dirigida a todos os homens (Mateus, 28, 19), pois todos foram criados à imagem e semelhança de Deus (*Gênesis* 1, 26). E esta é uma diferença básica em relação ao judaísmo e às demais religiões da época, todas elas religiões de um povo ou de uma cultura, sem a pretensão de se difundir, de evangelizar ou converter outros povos.

A possibilidade de se pensar e defender uma religião universal, entretanto, talvez só faça sentido em um contexto como o do helenismo (ver I. 6), em que há uma língua comum[3] e uma cultura hegemônica, a cultura de língua grega, que assimilou, no entanto, traços das diferentes culturas locais, bem como, com o Império de Alexandre, a ideia e sobretudo o *projeto* de um império, i.e., de uma unidade político-administrativa com um governo centralizado, englobando toda essa região conquistada.[4] Pode-se dizer então que a concepção de uma religião universal corresponde no plano espiritual e religioso à concepção de império no plano político-militar. A difusão do cristianismo é um processo paulatino que se desenvolve ao longo de alguns séculos até sua consolidação com o imperador Constantino (batizado em 337)[5] e sua institucionalização como religião oficial do Estado no Império Romano (391). Procuraremos examinar em seguida as linhas gerais desse processo, bem como as relações da filosofia grega com a teologia e a filosofia cristãs que emergem nesse período.

O cristianismo difundiu-se progressivamente ao longo do séc. I através de núcleos de fiéis que surgiram nos principais centros urbanos como fruto da ação de vários pregadores, levando adiante a missão de são Paulo. Pequenas comunidades que se reuniam em torno de uma liderança local (futuramente o bispo) para leituras, práticas religiosas, rituais. É daí que se origina o termo "igreja", a partir do grego *ecclesia* (assembleia ou reunião de uma comunidade). Entretanto não havia ainda uma unidade no cristianismo, e essas comunidades tinham diferentes formas de praticar a religião e, em muitos casos, seguiam diferentes textos contendo a mensagem de Cristo ou os interpretavam de diferentes maneiras. Isso acarretou naquele momento alguns conflitos entre essas comunidades, colocando em risco a unidade e integridade do cristianismo como religião. Foi, portanto, necessário para que a nova religião se desenvolvesse e se consolidasse uma integração maior entre essas comunidades, uma unidade institucional e uma doutrina comum que pudessem dar identidade ao cristianismo emergente. A filosofia grega terá uma importância fundamental nesse processo, sobretudo quanto às discussões que levarão à formulação de uma unidade doutrinária, a doutrina única, hegemônica, *ortodoxa* (literalmente, "doutrina correta"), sendo as divergências e dissidências consideradas heresias.

A tradição considera como o primeiro filósofo cristão são Justino (mártir em Roma em *c.*167, nascido na Samaria e educado em Éfeso) do qual conhecemos pouco, mas que tem importância por ter sido um filósofo a se converter ao cristianismo, passando a considerá-lo como a "verdadeira filosofia" e a defender a ideia e a necessidade de uma filosofia cristã. Os pensadores desse período, filósofos e teólogos, que seguem essa via serão conhecidos como *apologetas*, porque faziam a *apologia*, ou defesa do cristianismo, e seu pensamento será conhecido como *patrística*, ou seja, doutrina dos padres (pais) da Igreja.

Os primeiros representantes importantes dessa filosofia cristã pertencem à assim chamada *escola neoplatônica cristã de Alexandria*, na qual se elabora e se desenvolve inicialmente a síntese entre o platonismo e os ensinamentos cristãos e se começa a formular o que virá a ser uma filosofia cristã.

Destacam-se aí são Clemente de Alexandria (*c.*150-215) e Orígenes (*c.*184-254). São Clemente dá continuidade à interpretação de Fílon aproximando a cosmologia do *Timeu* de Platão da narrativa da criação no *Gênesis* e o *logos* grego da "*mente divina*". Defende também o papel pedagógico da filosofia como preparação do espírito para a revelação. Orígenes, que também comentou o *Gênesis* nessa perspectiva (*Homílias sobre o* Gênesis), tem uma grande importância pois dirigiu uma escola cristã, o *Didaskaleion* de Cesareia Marítima, em que o estudo da filosofia grega era parte do currículo, seguindo também a tradição de interpretar a doutrina cristã como filosofia. No cap. XIII de sua *Philocalia* (antologia), um texto de *c.*238, Orígenes apresenta um argumento marcante em defesa do uso pelos cristãos da filosofia grega, que influenciará fortemente o pensamento medieval. Trata-se do argumento dos *Spolia aegyptorum* ("Os espólios dos egípcios"), que baseia-se no episódio do *Êxodo* (12, 35), segundo o qual, após a fuga do Egito os judeus agradeceram a Deus em um culto em que se utilizaram dos vasos de prata que haviam trazido do Egito. A filosofia (e a cultura grega em geral) estaria para o cristianismo assim como os vasos de prata egípcios para os judeus do êxodo. Diz Orígenes:

> Eu teria desejado que tomasses da filosofia dos gregos tudo aquilo que pode servir como propedêutica para introduzir ao cristianismo [...] e tudo o que será útil para a interpretação das Escrituras. E, assim, tudo o que os filósofos dizem da geometria e da música, da gramática, da retórica e da astronomia, chamando-as auxiliares, nós o aplicaremos também à própria filosofia em relação ao cristianismo.[6]

De acordo com essa tradição, os filósofos gregos são vistos em grande parte – principalmente figuras como Sócrates, Platão e alguns estoicos – como precursores do cristianismo por sua sabedoria e virtude, não tendo sido cristãos de fato apenas por terem vivido antes da vinda de Cristo.

Essa posição, no entanto, não foi unânime nesse período e o recurso à filosofia grega teve muitos opositores fortes. Teólogos como Taciano (séc. II), Tertuliano (155-222) e Lactâncio (240-320), advertem que a filosofia grega é pagã e, portanto, alheia à mensagem cristã e que seus métodos e discussões podem ser perniciosos. Chegaram inclusive a sustentar, como é o caso de Taciano, que os gregos tomaram suas ideias da tradição judaica, do que não há evidência histórica. Inspiram-se sobretudo em passagens das *Epístolas de são Paulo*, que interpretam como condenando a filosofia (*Colossenses* 2, 8; *Romanos* 1, 8), destacando-se *Coríntios* 1, 18: "Destruirei a sabedoria dos sábios e a inteligência dos inteligentes". A filosofia é desnecessária à fé e, ao contrário, a fé é um pressuposto do entendimento da mensagem divina e não um meio de se alcançá-la. Segundo a passagem muito citada de *Isaías* 7, 9: "Se não crerdes não entendereis". Esta será, na realidade, uma questão que acompanhará todo o pensamento medieval e um foco permanente de tensão na filosofia cristã e na relação entre filosofia e teologia durante esse período, constituindo o que ficou conhecido por **conflito entre razão e fé**. Seriam a razão, o conhecimento, a filosofia, um caminho, uma preparação para a fé, tendo portanto um interesse legítimo; ou, ao contrário, a fé, a sabedoria revelada, independeria da filosofia, não sendo algo que pudesse ser justificado ou explicado? Diferentes pensadores tomarão posições opostas a esse respeito, como veremos mais adiante. De qualquer forma, mesmo os defensores da importância da filosofia grega admitirão que os ensinamentos dos textos sagrados têm precedência e, portanto, só podem ser aceitas doutrinas filosóficas compatíveis com esses ensinamentos. Ou seja, os assim chamados *dogmas* não são passíveis de discussão. Com isso pode-se dizer que a filosofia perde bastante de seu espírito crítico inicial; porém, mesmo adotando-se tal posição, é inevitável que elementos do pensamento filosófico acabem servindo de ponto de partida para que se questionem as verdades da revelação e as interpretações teológicas.

A posição dos defensores da filosofia, e de uma teologia que se desenvolve a partir da filosofia e com base nela, se consolidará durante o período conhecido como o da Igreja Conciliar, ou seja, o período da realização dos principais concílios, reuniões de bispos e líderes religiosos, cujos mais importantes foram os de Niceia (325), de Constantinopla (381) e Calcedônia (451). São estes os principais concílios, que fixaram a doutrina considerada legítima e condenaram os que não aceitavam esses dogmas como hereges, expulsando-os da Igreja. Já no séc.II, santo Irineu (140-202) havia escrito uma obra intitulada *Contra as heresias*, revelando a preocupação do cristianismo emergente com as divergências internas que ameaçavam a sua unidade e consolidação.

Nas discussões travadas nos concílios encontramos um recurso frequente a elementos da filosofia grega em defesa de determinados pontos doutrinários, na fixação dos dogmas e na condenação das heresias. Podemos dizer que é, em grande parte, a partir desse momento que a filosofia grega se incorpora de maneira definitiva à tradição cristã, formando as bases do desenvolvimento que se encontrará no pensamento medieval. A lógica e a retórica fornecem meios de argumentação e instrumentos interpretativos das Escrituras, a metafísica, sobretudo de Platão e de Aristóteles, fornece conceitos-chave (como substância, essência etc.) em função dos quais questões teológicas como a unidade das três pessoas divinas e a natureza divina ou humana de Cristo são discutidas.

Em síntese, podemos dizer que a leitura que os primeiros pensadores cristãos fazem da filosofia grega é sempre altamente seletiva, tomando aquilo que consideram compatível com o cristianismo enquanto religião revelada. Portanto, o critério de adoção de doutrinas e conceitos filosóficos é, via de regra, determinado por sua relação com os ensinamentos da religião. Nesse sentido, privilegiam-se sobretudo a metafísica platônica, com seu dualismo entre mundo espiritual e material, a lógica aristotélica, com seus recursos demonstrativos e dialéticos, e a retórica dos estoicos e sua ética, com ênfase na resignação, na austeridade e no autocontrole.

B. Santo Agostinho e o platonismo cristão

Santo Agostinho, bispo de Hipona no norte da África, foi sem dúvida o filósofo mais importante, devido à sua criatividade e originalidade, a surgir no pensamento antigo desde Platão e Aristóteles. É um pensador do final do período antigo, ainda profundamente ligado aos clássicos, mas já refletindo em sua visão de mundo e em suas preocupações as grandes mudanças pelas quais passa sua época e prenunciando o papel que o cristianismo terá na formação da cultura ocidental, para o que contribui de forma decisiva. Sua influência na elaboração e consolidação da filosofia cristã na Idade Média, até a redescoberta do pensamento de Aristóteles no séc. XIII, foi imensa e sem rival. A aproximação que elaborou entre a filosofia de Platão, que conhecia através dos intérpretes da escola de Alexandria e de traduções latinas, e o cristianismo constitui a primeira grande síntese entre o pensamento cristão e a filosofia grega, o assim chamado platonismo cristão. Seus comentários aos livros do Antigo e do Novo Testamento são os principais pontos de partida da tradição exegética e hermenêutica ocidental. Sua influência filosófica e teológica estendeu-se até o período moderno, o século XVII chegando a ser conhecido como "o século de Agostinho".

Aurélio Agostinho nasceu em 354 em Tagaste na Numídia, província romana no norte da África, hoje localizada na Argélia, e faleceu em uma cidade próxima de Hipona da qual era bispo, em 430, durante a invasão dessa região pelos vândalos liderados por Genserico. Viveu toda a sua vida em tempos conturbados, os últimos anos do Império Romano, já então em fase de decadência e dissolução. Sua mãe, Mônica, era cristã, porém seu pai era pagão. Estudou em várias cidades de sua região tornando-se mestre de retórica em Cartago, tendo escrito uma obra sobre esse assunto intitulada *Principia dialecticae*. Segundo ele próprio nos narra em suas *Confissões*, que nos revelam sua biografia e seu desenvolvimento filosófico e espiritual, foi a leitura do diálogo de Cícero, *Hortensius*, hoje perdido, que primeiro despertou seu interesse pela filosofia. Aderiu ao maniqueísmo, religião de origem persa fundada por Mani no séc. III como um desdobramento do cristianismo, e que apresentava uma visão dualista do mundo perpetuamente em luta entre dois princípios equivalentes, o Bem e o Mal. Posteriormente combateu o maniqueísmo (*Confissões*, VIII, 10), criticando as interpretações do cristianismo que iam nessa linha. Viajou para a Itália, tornando-se professor de retórica em Roma e, posteriormente, em Milão. Nessa cidade ouviu os sermões de santo Ambrósio, bispo de Milão, e a partir de seu interesse pela retórica passou a admirar Ambrósio como pregador, interessando-se pela forma como este interpreta as Escrituras. Estudou os filósofos neoplatônicos, especialmente Plotino (ver I.6.E), e as *Epístolas de são Paulo*. Em 386 converteu-se ao cristianismo sob a influência de santo Ambrósio e do platonismo cristão de Mário Vitorino, e em 387, após um período de recolhimento e de meditação, foi batizado (*Confissões*, IX). De volta à África em 388 dedicou-se à vida monástica. Redigiu então algumas de suas principais obras: o diálogo *De magistro* (*Sobre o mestre*), dirigido a seu filho Adeodato; o diálogo *Contra os acadêmicos* em que retoma os *Acadêmicos* de Cícero e refuta a filosofia cética da Nova Academia, defendendo a possibilidade do conhecimento pela verdade revelada; o *Contra os maniqueus*, em que refuta o maniqueísmo ao qual anteriormente aderira; e começa a redação das *Confissões*. Assumiu, em seguida, a diocese de Hipona e redigiu seus tratados teológicos, destacando-se *Sobre a doutrina cristã*, *Sobre a trindade*, seus comentários exegéticos e *A cidade de Deus*, sua última obra. Veio a falecer quando os vândalos se encontravam às portas de Hipona.

Destacaremos, em seguida, três aspectos fundamentais de sua contribuição ao desenvolvimento da filosofia:

1. Sua formulação das relações entre teologia e filosofia, entre razão e fé.
2. Sua teoria do conhecimento com ênfase na questão da subjetividade e da interioridade.
3. Sua teoria da história elaborada na monumental *Cidade de Deus*.

A filosofia de santo Agostinho foi elaborada com base em uma aproximação entre o neoplatonismo (ver 1.6.E) de Plotino e Porfírio e os ensinamentos de são Paulo e do *Evangelho de são João*. O platonismo é visto, na linha da Escola de Alexandria, como antecipando o cristianismo, este sim, agora, a "verdadeira filosofia". No tratado *Sobre a doutrina cristã* (livro II) defende que a filosofia antiga consiste em uma preparação da alma, útil para a compreensão da verdade revelada; porém, a "sabedoria do mundo"[7] é limitada; sendo necessário, portanto, quanto aos ensinamentos religiosos, primeiro acreditar para depois compreender, tomando por base o versículo de Isaías (7, 9)[8], "Se não crerdes, não entendereis". Para santo Agostinho, a verdadeira e legítima ciência é a teologia, e é a seus ensinamentos que o homem deve dedicar-se, pois preparam sua alma para a salvação e para a visão de Deus, que é a sua recompensa. Essa posição foi interpretada posteriormente, no início do período medieval, como desvalorizando o conhecimento do mundo, inclusive a ciência, explicando, em parte, o desinteresse do cristianismo pela ciência natural nos primeiros séculos da Idade Média.

Santo Agostinho se pergunta então como pode a mente humana, mutável e falível, atingir uma verdade eterna com certeza infalível. Sua resposta a essa questão se encontra em sua teoria da iluminação divina, elaborada com base na teoria platônica da reminiscência. O diálogo *De magistro* (*Sobre o mestre, c.*389) nos permite compreender bem a posição agostiniana a este respeito. Seu ponto de partida e desenvolvimento são semelhantes em muitos aspectos ao diálogo *Ménon* de Platão, em que se discute o que é a virtude (*areté*) e se esta pode ser ensinada. A resposta de Platão é negativa: a virtude não pode ser ensinada, ou já a trazemos conosco, ou nenhum mestre será capaz de introduzi-la em nossa alma, uma vez que é uma característica da própria natureza humana. A função do filósofo é precisamente a de despertar essa virtude adormecida na alma de todos os indivíduos. Santo Agostinho começa igualmente se interrogando sobre o que é ensinar e apreender, o que torna esse diálogo em sua parte inicial um dos textos clássicos da pedagogia. Indaga-se, em seguida, sobre o papel da linguagem e da comunicação no processo de ensino e de aprendizagem, o que faz do diálogo também um dos clássicos da teoria da linguagem e do significado, assunto de que santo Agostinho se ocupou frequentemente em várias de suas obras, sendo sua teoria do signo de grande influência na tradição filosófica e linguística.[9]

Após uma detalhada consideração da natureza do signo e do processo de comunicação (*De magistro I-VIII*), santo Agostinho conclui, na linha das concepções tradicionais na Antiguidade (Platão, Aristóteles, os estoicos) que, dada a convencionalidade do signo linguístico – isto é, as palavras variam de língua para língua e são sinais arbitrários das coisas –, este não pode ter qualquer valor cognitivo mais profundo; não é através das palavras que conhecemos; logo não podemos transmitir conhecimento pela linguagem. A possibilidade de conhecer supõe algo de prévio, que torna inteligível a própria linguagem. Sua posição é assim, na mesma direção da filosofia platônica, **inatista**, ou seja, supõe que o conhecimento não pode ser derivado inteiramente da apreensão sensível ou da experiência concreta, necessitando um elemento prévio que sirva de ponto de partida para o próprio processo de conhecer. Não aceita, entretanto, a doutrina platônica da *anamnese* (reminiscência) (ver I.3 sobre Platão), mas desenvolve sua teoria da interioridade e da iluminação como uma resposta que considera mais completa para essa questão. As seguintes passagens do diálogo são esclarecedoras:

> No que diz respeito a todas as coisas que compreendemos, não consultamos a voz de quem fala, a qual soa por fora, mas a verdade que dentro de nós preside à própria mente, incitados talvez pelas palavras a consultá-la. Quem é consultado ensina verdadeiramente e este é Cristo, que habita, como foi dito, no homem interior [cap. XI, 38]. Quando, pois, se trata das coisas que percebemos pela mente, isto é, através do intelecto e da razão, estamos falando ainda em coisas que vemos como presentes naquela luz interior de verdade, pela qual é iluminado e frui o homem interior; mas também neste caso quem nos ouve conhece o que eu digo por sua própria contemplação e não através de minhas palavras, desde que ele também veja por si a mesma coisa com olhos interiores e simples [cap. XII, 40].

Santo Agostinho pode ser considerado assim o primeiro pensador em nossa tradição a desenvolver, com base em concepções neoplatônicas e estoicas, uma noção de **interioridade** que prenuncia o conceito de **subjetividade** do pensamento moderno. Encontramos já formuladas em seu pensamento a oposição interior-exterior e a concepção de que a interioridade é o lugar da verdade. É olhando para a sua interioridade que o homem descobre a verdade. É este o sentido da célebre fórmula *In interiore homine habitat veritas* ("No homem interior habita a verdade"), que se encontra em seu tratado *De Trinitate* (XIV, 17) e no *De vera religione* (XXIX, 72).

Essa interioridade é dotada da capacidade de entender a verdade pela iluminação divina (*lumen naturale*, a "luz natural"). A mente humana possui uma centelha do intelecto divino, já que o homem foi criado à imagem e semelhança de Deus. A teoria da iluminação vem assim substituir a teoria platônica da reminiscência, explicando o ponto de partida do processo de conhecimento e abrindo o caminho para a fé.[10]

A concepção agostiniana de história encontra-se elaborada em sua *A cidade de Deus* (*De civitate Dei*, c.413-427). Nessa obra, santo Agostinho interpreta a história da humanidade, desde a sua origem na criação (*Gênesis*), como um processo sucessivo de alianças e rupturas entre o homem e seu Criador, iniciando-se com Adão, o primeiro homem, e sua queda, a expulsão do Paraíso, até o juízo final e a redenção, a volta do homem a Deus. Santo Agostinho formula assim uma noção de história como tendo um sentido, uma direção, marcada por um evento inicial e tendo um ponto final, que consiste na verdade no retorno à situação originária. Rompe assim com a concepção grega antiga de tempo, um tempo cíclico, sem início, nem fim. Os fatos históricos não são mais vistos apenas na perspectiva do cronista – como nos historiadores da Antiguidade, que registram os grandes acontecimentos – nem como resultando da fatalidade ou de um destino inexorável, mas como tendo um sentido que pode ser compreendido e interpretado a partir da revelação. Essa concepção agostiniana terá uma grande influência no desenvolvimento da noção ocidental de tempo histórico e se encontra, em última análise, até mesmo na raiz da visão hegeliana.

A aliança entre Deus e o homem é representada pela cidade divina, enquanto os momentos de ruptura desta aliança correspondem à prevalência da cidade terrena (*civitas terrena*), que se confunde com a cidade do demônio. Os livros XI-XIV de sua obra analisam a história da humanidade à luz dessa distinção e do conflito entre as duas cidades. A expulsão do Paraíso, Caim e Abel, a Arca de Noé, Abraão, o cativeiro da Babilônia representam os sucessivos momentos de ruptura e de aproximação do homem com Deus. Finalmente a vinda de Cristo e o Novo Testamento preparam a redenção e o juízo final quando, só então, a cidade celestial triunfará definitivamente.

Santo Agostinho viveu em tempos conturbados: a ruína do mundo antigo, a decadência do Império Romano, já então cristão, as invasões dos bárbaros pagãos, quando a aproximação com Deus parecia distante, e o fim dos tempos próximo.[11] Sua lição, no entanto, consistia em que os eventos históricos devem ser interpretados à luz da revelação: esta nos mostra que, ao final, a cidade divina prevalecerá, já que a história tem uma direção. Este sentido da história deve injetar no homem de fé um novo ânimo para viver o seu tempo, bem como permitir que ele compreenda o momento em que vive como parte de um processo mais amplo, dando-lhe assim a esperança dos tempos que virão e não se limitando à visão restrita dos acontecimentos de sua época.

A concepção de história de santo Agostinho e sua teoria da natureza humana e da iluminação divina foram fundamentais para a consolidação da Igreja nesse período e na Idade Média, dada sua importância e influência como teólogo e filósofo. Permitiram, por exemplo, que a Igreja se preocupasse mais em converter os bárbaros pagãos, afinal dotados da mesma natureza humana, do que em simplesmente combatê-los, já que não havia condições de derrotá-los pelas armas. Tornaram possível assim a cristianização da Europa ocidental naquele momento de profundas mudanças. Além disso, sua concepção de que a Igreja guarda na Terra as chaves da cidade de Deus foi uma das bases da doutrina da supremacia do poder espiritual sobre o temporal na Idade Média.

3

O DESENVOLVIMENTO DA ESCOLÁSTICA

A. O CONTEXTO DE SURGIMENTO DA ESCOLÁSTICA

Santo Agostinho é considerado o último dos pensadores antigos já que cronológica e tematicamente se situa ainda no contexto do pensamento antigo,[1] e o primeiro dos medievais, já que sua obra, de grande originalidade, influencia fortemente os rumos que tomará o pensamento medieval em seus primeiros séculos. Porém, após sua morte e até os sécs. XI-XII é extremamente reduzida a produção filosófica e cultural em geral no mundo europeu ocidental.[2]

Além de santo Agostinho devemos mencionar também Boécio (470-525) como um pensador fundamental para a mediação entre a filosofia antiga e a filosofia cristã medieval. Boécio era romano e cristão e foi um alto funcionário da corte de Teodorico, rei dos ostrogodos, que haviam então ocupado a Itália. Escreveu comentários à lógica de Aristóteles que tiveram grande influência no período medieval, traduziu autores gregos e escreveu um diálogo intitulado *A consolação da filosofia* – escrito na prisão após ter caído em desgraça –, que pode ser considerado uma das mais célebres obras de espiritualidade.

Devido à fragmentação política, cultural e linguística do mundo europeu, não encontramos aí as condições mínimas de estabilidade social e econômica que tornam possível o desenvolvimento cultural. Temos assim um interregno filosófico. No Império do Oriente, o Império Bizantino – que após a tentativa fracassada de reconquista do Ocidente por Justiniano (séc. VI) passa a ter pouco contato com o Ocidente –, prevalece uma ortodoxia religiosa e teológica que restringe o interesse pela filosofia. As culturas bárbaras que se estabelecem na Europa ocidental não tinham nem conhecimento, nem interesse pela filosofia. Só progressivamente, a partir do séc. IX, cinco séculos portanto após a morte de santo Agostinho, a situação começa a mudar. Examinemos um pouco melhor esse contexto.

A unidade política e cultural mantida pelo Império Romano, embora já bastante precária em seus últimos séculos, dissolve-se por completo com as sucessivas levas de invasões bárbaras. A situação da Europa ocidental nessa época é bastante instável, com a fragmentação política, econômica, linguística e cultural decorrentes dessas invasões até a consolidação dos primeiros reinos bárbaros na Europa ocidental, os visigodos na Península Ibérica, os burgúndios e lombardos no sul da França e norte da Itália, os francos na atual França e no oeste da Alemanha, os saxões na Alemanha central e na Inglaterra. Nesse contexto, e devido a esses fatores de instabilidade, é praticamente nula a produção filosófica e cultural de modo geral. Em 529[3] são Bento fundou na Itália a ordem monástica beneditina em cujos mosteiros foram preservadas algumas das mais importantes obras da Antiguidade.[4] Embora já houvesse mosteiros na Europa, uma característica fundamental da ordem beneditina – diferente das ordens monásticas das igrejas orientais (egípcia, grega, siríaca) – é que esta não era exclusivamente contemplativa, mas dedicava-se também ao trabalho dos monges.[5] Um dos aspectos principais desse trabalho foi o dos monges copistas que produziram cópias de manuscritos e obras antigas, permitindo com que fossem preservados e difundidos. Durante esse período, a Igreja foi a única instituição estável e a principal e quase exclusiva responsável pela educação e pela cultura. Foi nas bibliotecas dos mosteiros que se preservaram textos da Antiguidade clássica greco-romana. É claro que de uma forma altamente seletiva, já que foram mantidos essencialmente textos considerados compatíveis com o cristianismo, bem como textos de pensadores dos primeiros séculos da era cristã.

Progressivamente o mundo europeu ocidental começa a se reestruturar e o primeiro momento importante nesse sentido, de um ponto de vista filosófico, é a formação no início do séc. IX do Sacro Império Romano-Germânico. No Natal do ano 800, o papa Leão III convidou Carlos Magno, rei dos francos, a ir a Roma. Lá chegando, Carlos Magno, segundo alguns para sua surpresa, foi sagrado imperador pelo Papa. Isso foi entendido como uma tentativa de submeter o poder temporal do imperador à autoridade da Igreja, porém, na verdade, a constituição do Sacro Império Romano-Germânico representa de fato a primeira grande tentativa de se recuperar no mundo ocidental a unidade territorial e política do Império Romano. Temos com essa iniciativa a reunião de três características básicas que simbolizam bem a nova realidade: 1) a vinculação do novo império à tradição imperial romana, com a qual na realidade não possuía nenhum vínculo histórico ou cultural mais próximo, 2) a referência aos "germânicos", isto é, aos povos bárbaros do norte que ocuparam aquela região e que agora se apresentavam como herdeiros dessa tradição, e 3) a denominação de "sacro" que indica a influência e o papel da Igreja nesse processo.

É característico, portanto, que o império de Carlos Magno tenha buscado na Antiguidade greco-romana a identidade cultural e política necessária para a sua formação e consolidação, vinculando pela primeira vez de forma mais explícita a nova ordem política à antiga como principal referência para a tão desejada constituição dessa identidade. E, sobretudo, é particularmente significativo que tenha sido criada nesse contexto a Academia Palatina, instituição que buscava reviver o saber clássico e visava o ensino e a formação de quadros intelectuais que pudessem assumir funções administrativas, educacionais e culturais no novo império. A filosofia, é claro, terá uma importância fundamental nesse momento. Dois personagens merecem destaque especial: o monge Alcuíno de York (730-804) e o filósofo e teólogo de origem irlandesa João Escoto Erígena[6] (810-870), que viveu na corte de Carlos, o Calvo, neto de Carlos Magno. Alcuíno foi o principal responsável pela Academia Palatina e, embora não fosse um filósofo, teve importância fundamental no ensino das letras nesse contexto que ficou conhecido como Renascença carolíngia e que tornou possível a continuidade entre a cultura greco-romana e a da Europa ocidental.

Escoto Erígena pode ser considerado o primeiro autor importante a elaborar um pensamento próprio na tradição medieval desde santo Agostinho, representando assim uma retomada da filosofia agostiniana e do neoplatonismo, sobretudo em sua obra mais conhecida, o diálogo *De divisione naturae* (*As divisões da natureza*). Sua importância consiste sobretudo na revitalização da filosofia cristã, garantindo sua permanência e abrindo o caminho para o seu desenvolvimento. Conhecedor do grego, traduziu obras de autores bizantinos como são Gregório de Nissa (séc. IV) e o Pseudo-Dionísio Areopagita. Este último teve grande influência no desenvolvimento do pensamento medieval. Trata-se de um filósofo cristão neoplatônico, possivelmente do séc. V, cujo nome é desconhecido e que foi inicialmente identificado erroneamente com o grego Dionísio, convertido por são Paulo em sua pregação no Areópago de Atenas. Suas obras *Hierarquia celeste*, *Hierarquia eclesiástica* e *Os nomes de Deus* foram traduzidas e comentadas por Escoto Erígena, sendo este um dos primeiros contatos entre a tradição grega bizantina e a latina.

A Renascença carolíngia teve, no entanto, uma duração relativamente curta. Após a morte de Carlos Magno seu império foi dividido entre seu filho e entre os sucessores deste, segundo a lei dos francos, levando a uma nova fragmentação política, gerando grandes conflitos até o Tratado de Verdun (843) que estabeleceu a divisão do império. Esta divisão perdurará, significando a separação entre o território da França e o do Império que ressurge no final do séc. X com Oto I, incluindo parte da Alemanha, o norte da Itália e a Áustria.

É, portanto, apenas em torno dos sécs. XI-XII que assistimos ao surgimento da assim chamada "*escolástica*", como ficou conhecida a filosofia medieval a partir de então. Este termo designa, de modo genérico, todos aqueles que pertencem a uma escola ou que se vinculam a uma determinada escola de pensamento e de ensino. Passou a significar também, por esse motivo, um pensamento filosófico que compartilha a aceitação de certos princípios doutrinários comuns, os dogmas do cristianismo que não deveriam ser objeto de discussão filosófica, embora na prática essa discussão não tenha deixado de acontecer. Eis um dos pontos cruciais da famosa querela entre a razão e a fé que percorre toda a filosofia medieval desde este período. O desenvolvimento da filosofia torna-se possível devido à difusão e consolidação das escolas nos mosteiros e catedrais dedicadas à formação do clero e incluindo em seu currículo o estudo dos padres da Igreja, de filósofos e teólogos, principalmente santo Agostinho, bem como de gramática e de retórica. Em 1070 a "reforma gregoriana", decretada pelo papa Gregório VII, estabeleceu que cada abadia e catedral tivesse uma escola onde se ensinavam os elementos básicos da cultura da época, o *trivium*, ou três vias, consistindo de uma introdução à gramática, lógica e retórica. e o *quadrivium*, ou quatro vias, composto de música, geometria, aritmética e física.

B. Santo Anselmo e o desenvolvimento da escolástica

Santo Anselmo de Canterbury, ou Cantuária, é considerado o primeiro grande pensador da escolástica, elaborando sua filosofia a partir de uma preocupação em articular a fé e o entendimento, a razão e a revelação. Nasceu em Aosta no norte da Itália em 1033, tornou-se monge no mosteiro beneditino de Bec na França, posteriormente vivendo na Inglaterra, onde chegou em 1093 a ser nomeado arcebispo de Canterbury, falecendo em 1109 em conflito com o rei da Inglaterra acerca da autoridade da Igreja e do Papa. Sua carreira nos dá bem uma ideia do caráter transnacional da Igreja da época, que não conhecia fronteiras, e da mobilidade geográfica típica da vida de um eclesiástico de seu tempo. As ordens religiosas possuíam abadias e conventos nos diferentes territórios da Itália, França, Alemanha e os monges e clérigos transitavam de um para o outro. O latim era a língua franca, conhecida e falada por todos que possuíam um certo grau de instrução, o que facilitava a comunicação. Os abades e priores de conventos eram na prática senhores feudais, proprietários de terras e desfrutavam de grande autonomia e autoridade, não só espiritual, mas também política.

Santo Anselmo segue a tradição agostiniana, procurando a aproximação entre a filosofia e a teologia, consagrando a fórmula *credo ut intelligam*, "creio para compreender", e tendo como lema *fides quaerens intellectum*, "a fé buscando a compreensão". Autor de inúmeros tratados de filosofia e teologia, sua principal contribuição à filosofia, em que vamos nos concentrar, consiste na formulação do famoso **argumento (ou prova) ontológico (a)**, como ficou conhecido posteriormente (desde Kant).[7] Trata-se de um dos argumentos mais clássicos da tradição filosófica, tendo sido questionado por outros filósofos na Idade Média, dentre eles são Tomás de Aquino, defendido por Duns Escoto ainda nesse período, retomado por Descartes nas *Meditações metafísicas* (III e V), criticado por Kant na "Dialética Transcendental" da *Crítica da razão pura* (cap. III, seç. 4), objeto da admiração de Hegel, discutido por Bertrand Russell já no séc. XX e ainda despertando grande interesse na filosofia contemporânea, uma vez que tem múltiplas implicações, principalmente nos campos da lógica, da metafísica, da epistemologia e da teologia.

Santo Anselmo formula esse argumento em seu pequeno tratado *Proslogion* (caps. I-IV) como uma prova da existência de Deus, tentando demonstrar que do conceito de Deus como um Ser Perfeito deriva-se a sua existência e que, portanto, alguém que entenda esse conceito não pode coerentemente duvidar da existência de Deus. Daí lhe ter sido dada a denominação "argumento ontológico", já que, segundo essa interpretação, pretende fazer uma passagem do campo lógico-semântico, a definição de Deus, para o campo ontológico, a existência do ser correspondente a esse conceito, demonstrando que dado o entendimento desse conceito (elemento epistemológico), não se pode evitar a aceitação da existência desse ser.

O argumento tem uma estrutura simples, embora suas implicações sejam bastante complexas. Santo Anselmo começa tomando como exemplo uma passagem dos Salmos (14, 1), "Diz o insensato em seu coração: Deus não existe". Ora, o insensato, ou insipiente, compreende o termo "Deus" e seu significado, "o ser do qual nada maior (ou mais perfeito) pode-se pensar", caso contrário não poderia negar a existência de Deus. Passa a discutir em seguida se Deus existe apenas no intelecto como algo que pode ser pensado (*esse in intellectu*), ou na realidade (*esse in re*) como algo de fato existente. No entanto, segundo o argumento, um ser do qual não se pode pensar nada maior não poderia existir apenas no pensamento, caso contrário, poder-se-ia pensar algo maior, que existisse também na realidade, e existir na realidade é mais do que existir apenas no pensamento. Portanto o ser do qual não se pode pensar algo maior deve existir não só no pensamento como na realidade. A conclusão de santo Anselmo é que não se pode pensar a inexistência de um ser do qual nada maior pode ser pensado sem contradição; desse modo fica provada a existência de Deus.

Essa prova segue a linha do objetivo de santo Anselmo de conciliar razão e fé: aquilo que a fé nos ensina pode ser entendido pela razão e a filosofia nos ajuda a argumentar em favor disso e caracteriza bem o estilo da escolástica ao utilizar a filosofia – sua forma de argumentar, seus conceitos básicos – em defesa de questões religiosas e teológicas.

As implicações do argumento de santo Anselmo foram discutidas à exaustão. Já em sua época, o monge Gaunilo levantou objeções ao argumento em seu *Livro em defesa de um insipiente*. Segundo ele, poderíamos pensar no caso da ilha perdida, a ilha mais perfeita, e o simples pensar nessa ilha acarretaria sua existência pelo mesmo tipo de raciocínio. Santo Anselmo respondeu que apenas Deus é o Ser Necessário e por isso é diferente da ilha, ou de qualquer outra coisa; nesse sentido, o argumento só seria aplicável a Deus. Introduz assim a noção de *necessidade* como central para o argumento.

Muitos dos que questionaram esse argumento o fizeram com base em formulações um pouco diferentes da do *Proslogion*, o que levou os defensores de santo Anselmo a recusarem tais objeções. Na verdade parece haver dois aspectos do argumento que motivaram toda essa discussão. O primeiro diz respeito à noção de **existência**. Os críticos de santo Anselmo, dentre eles principalmente Kant, contra-argumentaram que não é válida a passagem de (A) "Deus é o ser do qual não se pode pensar nada maior" para (B) "Deus existe". Isto porque, embora "o ser do qual nada se pode pensar nada maior" e "existe" ocupem, respectivamente nas proposições (A) e (B) o lugar do predicado, ou seja, algo que se atribui a Deus, na verdade "existe" não é, de um ponto de vista lógico, um predicado. A existência é uma condição para que algo tenha predicados e não, ela própria, um predicado. A diferença talvez fique mais clara em exemplos como: (C) "Tigres mansos rosnam" e (D) "Tigres mansos existem". Posso dizer a propósito de (C) que "alguns tigres mansos rosnam, mas não todos", mas o mesmo não pode ser dito de (D), porque "rosnar" é um predicado, algo que tigres fazem, mas existir não é um predicado. (D) pode ser parafraseada como (D*) "Há tigres mansos", e nesse caso fica claro que não se trata de um predicado. Outro exemplo que deixa isso igualmente claro é a diferença entre (E) "Traga-me uma cerveja gelada" e (F) "Traga-me uma cerveja existente", sendo óbvio que (F) é sem sentido.

O segundo problema importante diz respeito à noção de **necessidade**. Se de fato pode-se argumentar que a existência não é um predicado, por outro lado parece legítimo sustentar que a **existência necessária** é um predicado. É contraditório afirmar que o ser necessário não existe, por isso, segundo santo Anselmo, Deus é o *ens realissimum* (o ser mais real). No entanto, a noção de necessidade é ela própria sujeita a várias discussões. Podemos distinguir entre a necessidade lógica ou analítica, que diz respeito a definições, e a necessidade ontológica, que diz respeito à existência real. Desse modo o problema novamente se coloca: como podemos fazer a passagem do nível lógico para o ontológico?

Nossa breve discussão acima teve por objetivo apenas mostrar a atualidade das questões levantadas por santo Anselmo para a filosofia, revelando que essa questão tem muitos desdobramentos e pode ser examinada por diferentes ângulos, tocando em alguns dos conceitos mais centrais da filosofia e estando longe de se considerar resolvida.

4

A FILOSOFIA ÁRABE: UM ENCONTRO
ENTRE OCIDENTE E ORIENTE

As histórias da filosofia tradicionalmente reconhecem a importância da influência árabe na formação da tradição filosófica ocidental, sobretudo na introdução ou reintrodução do pensamento de Aristóteles nessa tradição. Ao que se deve no entanto tal influência? E quais as relações entre a cultura árabe, a filosofia grega e o pensamento cristão que tornaram isso possível? Vamos nos deter em mais detalhe no exame dessas questões fundamentais para a compreensão do processo de transição da filosofia antiga para o pensamento medieval e para a formação da cultura ocidental.

O primeiro fator importante a ser destacado nesse processo é a difusão da cultura grega pelo Oriente Médio desde o Império de Alexandre (séc. IV a.C.). Seus exércitos alcançaram até a Índia e, após sua morte, surgiram reinos gregos fundados pelos seus sucessores no Egito (Ptolomeu), na Síria e em regiões ao norte da Mesopotâmia e da Pérsia (Seleuco e posteriormente Antíoco).[1] Tradições gregas e o uso da língua grega, juntamente com as línguas locais, foram em grande parte mantidos nestes territórios, após a conquista romana da Síria e do Egito e durante o Império do Oriente. Antióquia, Pérgamo e Alexandria foram os principais núcleos desta cultura nesta região, florescendo até a conquista árabe.

Em seguida, já no período cristão, as condenações das heresias fizeram com que os seguidores das correntes condenadas buscassem exílio no Oriente, isto é, principalmente na Síria e na Mesopotâmia. A partir dos sécs. IV e V, os seguidores de Arius, os arianos e de Nestórios, os nestorianos, dentre outros, emigraram para estas regiões, sendo que os nestorianos chegaram a estabelecer um núcleo na Índia que sobreviveu por vários séculos. Esses cristãos tinham conhecimento da filosofia e da ciência gregas e utilizavam a língua grega.

Em 529 o imperador Justiniano ordenou o fechamento das escolas pagãs de filosofia no Império Bizantino. O último líder da Academia, o filósofo Damáscio, e seus seguidores procuraram refúgio na Pérsia, sendo acolhidos pelo rei Cosróes e fixando-se em Nísibes, onde estabeleceram um núcleo de cultura grega. Embora a proibição das escolas pagãs fosse logo depois revogada no Império Bizantino e esses filósofos tivessem retornado à Grécia, deixaram na Pérsia raízes da cultura grega. Os

122

árabes eram um povo essencialmente nômade, dividido em tribos, que ocupavam a Península Arábica, em grande parte desértica e com raros núcleos urbanos. O profeta Maomé (570-632) assume a liderança religiosa desse povo a partir de 610, quando funda a religião islâmica, conquistando a cidade de Medina em 622 (a Hégira, data da fundação do islamismo). Após a morte de Maomé, seus sucessores, os *califas* (literalmente, "representantes"), expandiram rapidamente o islamismo conquistando a Síria, a Palestina, a Mesopotâmia, e em seguida a Pérsia, o Egito e o norte da África. A expansão do islamismo beneficiou-se da decadência dos reinos existentes nessas regiões e da fraqueza militar bizantina. Os árabes entraram então em contato com os núcleos de cultura de origem grega e cristã estabelecidos nessas regiões, e souberam valorizar seus ensinamentos, absorvendo essa cultura e desenvolvendo-a nas várias áreas da ciência e da filosofia. Foi grande a contribuição árabe nos campos da matemática, da química, da medicina, da agronomia e da filosofia, traduzindo e comentando as obras de Platão e de Aristóteles. A cidade de Bagdá, na Mesopotâmia, tornou-se a capital do império árabe e já no séc. IX era altamente desenvolvida, não tendo rival em nenhuma cidade da Europa ocidental.

Após a conquista do norte da África e da conversão ao islã dos povos locais (os berberes), os árabes, liderados por Tárik, invadiram em 711 a Península Ibérica, derrotando os visigodos de Roderico.[2] Em menos de um século os árabes haviam conquistado um imenso território, formando o mais vasto império de sua época.[3] Chegaram mesmo à França, onde finalmente foram derrotados nas batalhas de Tours e Poitiers em 732. Estabeleceram então na Espanha o Emirado de Córdoba (756). Posteriormente, o agora Califado de Córdoba torna-se independente de Bagdá e o reino árabe na Espanha (El Andalus, a atual Andaluzia) adquire autonomia, desenvolvendo-se rapidamente. Nos séculos seguintes Córdoba será a cidade mais desenvolvida, rica e culta da Europa ocidental. Os árabes haviam levado para a Península Ibérica, ao se estabelecerem lá, sua cultura, sua ciência, sua filosofia. Naquele momento seu conhecimento da filosofia e da ciência gregas, traduzidas para o siríaco e para o árabe, era muito superior ao do mundo cristão latino da Europa ocidental, que permanecia ainda fragmentado desde as invasões bárbaras. Na verdade as hordas nórdicas (os normandos, "homens do norte") ainda assolavam as costas do norte da França e a Inglaterra. Portanto, ao se estabelecerem na Europa ocidental, os árabes possuíam e desenvolveram uma cultura indiscutivelmente superior à que lá encontraram. Não só superior, mas em grande parte herdeira da mesma tradição grega, ou helenística, de que se considerava herdeiro o mundo cristão ocidental. Na verdade, o grande desenvolvimento da filosofia escolástica a partir do séc. XIII é devido à influência do pensamento árabe.

O melhor exemplo disso é seu conhecimento da obra científica e filosófica de Aristóteles e de sua escola. Naquele momento, sécs. VIII-X, o conhecimento dos filósofos gregos no mundo ocidental praticamente restringia-se a alguns textos de Platão, sobretudo a cosmologia do *Timeu* e, de Aristóteles, os tratados iniciais da lógica, as *Categorias* e *Da interpretação*, além de alguns comentários neoplatônicos a esses filósofos. Os árabes, no entanto, conheciam praticamente toda a obra de Aristóteles e se dedicaram a traduzi-la e a comentá-la. Destacam-se inicialmente as traduções do grego para o siríaco do cristão nestoriano Hunayn ibn Ishaq em Bagdá no séc. IX e as traduções (para o árabe) e comentários a Aristóteles de Matta ibn Yunis, no séc. X também em Bagdá, utilizadas ainda por Averróes no séc. XII. No séc. X, Al-Farrabi já havia comentado o *Tratado da interpretação;* na Pérsia, Avicena (980-1037) que, além de médico comentou Platão e Aristóteles, desenvolveu sua própria filosofia como uma síntese desses pensadores, tendência aliás comum nesse contexto. Al-Gazali (1058-1111), também na Pérsia, preocupa-se com a relação entre a religião maometana e a filosofia grega, criticando os filósofos e defendendo a fé islâmica contra a influência racionalista. O mais importante desses pensadores para a nossa tradição será, entretanto, Averróis (1126-1198), que em Córdoba foi o principal comentador de Aristóteles no Ocidente: foi sobretudo através de sua obra que Aristóteles tornou-se conhecido no mundo cristão latino.

Além dos pensadores árabes, podemos destacar também os judeus, sendo o mais importante Moisés Maimônides (1135-1204), nascido em Córdoba e falecido no Cairo, onde foi médico da corte. Seu *Guia dos perplexos* (escrito em árabe) baseia-se nas tradições aristotélica e neoplatônica, apresentando uma teologia negativa segundo a qual o homem só pode conhecer a Deus indiretamente, por aquilo que Ele não é, posição que terá grande influência no pensamento cristão escolástico.

A ocupação árabe da Península Ibérica foi em geral bastante tolerante em relação à cultura e religião dos povos conquistados. Havia nos territórios ocupados uma população cristã, os moçárabes, que teve liberdade de culto, possuindo inclusive seus próprios bispos. Havia cristãos convertidos ao islamismo, que formaram uma ponte entre as duas culturas. E havia judeus, vindos do Oriente, que mantinham sua religião e costumes, mas tinham um grande conhecimento da cultura árabe e mesmo helenística.

A partir dos sécs. X-XI os cristãos de Astúrias intensificam seus ataques aos mouros, aproveitando-se de divisões internas entre estes, iniciando a assim chamada *Reconquista.* Em 1085 a cidade de Toledo, um dos principais núcleos da cultura árabe, é retomada pelo rei Afonso VI de Castela, e as obras de pensadores como Al-Farrabi, Avicena e posteriormente Averróis começam a ser traduzidas para o latim de forma mais sistemática.[4] O mesmo ocorre com a obra de Aristóteles, traduzida inicialmente do árabe para o latim. Este é o principal ponto de partida de sua influência no mundo europeu cristão.

Desse momento em diante, e sobretudo entre os sécs. XII-XIII, o interesse pela obra de Aristóteles, não só filosófica, a metafísica e os tratados de lógica, mas também científica – os tratados de física, biologia, astronomia –, cresce progressivamente. Entretanto, devido ao predomínio quase que exclusivo da tradição platônica cristã, influenciada em grande parte por santo Agostinho e seus seguidores, bem como em menor escala pela obra de Escoto Erígena e do Pseudo-Dionísio, a penetração do pensamento de Aristóteles é vista como problemática e mesmo herética. Além disso, Aristóteles é conhecido por intermédio das interpretações e traduções árabes, o que o torna duplamente condenável. Com efeito, em 1277 o bispo de Paris condena formalmente o assim chamado "averroísmo"[5] e proíbe o seu ensinamento nessa universidade, o mesmo acontecendo em seguida em Oxford. Mas a presença de Aristóteles já é então inevitável e será são Tomás de Aquino que desenvolverá um sistema compatibilizando o aristotelismo com o cristianismo, como veremos a seguir. Surge então o aristotelismo cristão, cuja importância nos últimos séculos da Idade Média equivale à do platonismo cristão nos primeiros séculos.[6]

Os tradutores e comentadores muçulmanos, bem como os latinos, dentre eles o próprio são Tomás de Aquino, tendiam no entanto a atribuir à obra de Aristóteles uma unidade e organicidade que esta não possuía, interpretando-a como um conjunto orgânico e considerando-a como do punho do próprio Aristóteles, o que influenciou nossa visão de sua filosofia. Apenas recentemente, já no séc. XX, essa posição foi revista (ver I. 5 sobre Aristóteles).

. . . . **5** . . . .

SÃO TOMÁS DE AQUINO E O ARISTOTELISMO CRISTÃO

A. O CONTEXTO DE SÃO TOMÁS: A ALTA ESCOLÁSTICA

O mundo europeu dos sécs. XI-XII já é bastante diferente, sob muitos aspectos, do mundo de dois ou três séculos antes. Em várias regiões da Europa, destacando-se Flandres e a Itália, desenvolve-se uma intensa atividade artesanal e comercial que, juntamente com a progressiva imigração do campo decorrente de crises na produção agrícola, leva ao enriquecimento de sua população e ao surgimento de núcleos urbanos importantes. As futuras cidades-Estado italianas, berço da Renascença, como Florença, Bolonha, Milão, Pádua dentre outras, começam a surgir então, rompendo pouco a pouco com a ordem econômica e política feudal, então dominante. O mundo fechado e hierárquico do feudalismo, com a vida circunscrita à aldeia e ao campo em torno do castelo do senhor feudal, em que os homens têm pouca ou nenhuma mobilidade social e vivem praticamente sem jamais se deslocar daquele território, dá lugar agora, nessas regiões, a um mundo em que as relações sociais são de um novo tipo, em que a atividade artesanal e comercial permite o enriquecimento, a mobilidade social, instaurando uma nova ordem política e econômica. Os artesãos se organizam em ligas – as corporações de ofício – para regulamentar as suas práticas e proteger os seus interesses. Na cidade há maior liberdade e um novo tipo de convívio social. É claro que se trata de um processo lento de transformação, concentrando-se sobretudo em algumas regiões apenas. Mas uma nova realidade começa a surgir. Já antecipando em muitos aspectos as profundas transformações que ocorrerão nos séculos seguintes, XV-XVI, com o início da Idade Moderna. Ora, a obra de Aristóteles, com sua preocupação científica e empírica, com um tipo de saber voltado para a realidade natural, parece adequada – sob muitos aspectos mais do que a platônica – a esse novo contexto. Daí o grande interesse e curiosidade que desperta.

Do ponto de vista filosófico, e para entendermos o desenvolvimento do pensamento escolástico nesse período, dois fatores fundamentais, característicos do séc. XIII, devem ser considerados: o surgimento das universidades e a criação das ordens religiosas: franciscanos e dominicanos. São Tomás é não só um frade dominicano, mas também terá sua carreira profundamente ligada às universidades da época, sobretudo à de Paris.

Podemos considerar que tanto a criação das universidades quanto a das ordens religiosas reflete as grandes transformações pelas quais passa o mundo europeu nesse período. É significativo, portanto, que se deem praticamente no mesmo momento e sejam aprovadas pelo mesmo papa, Inocêncio III. As universidades surgem em consequência do grande desenvolvimento das escolas ligadas às abadias e catedrais do processo iniciado desde o período carolíngio.[1] Com o crescimento dos núcleos urbanos e o enriquecimento da sociedade, a demanda por educação aumenta progressivamente, tanto no sentido eclesiástico, visando a formação de uma elite para combater os hereges, quanto no leigo e civil, relacionada às necessidades do governo e da administração pública. As primeiras universidades resultam, na verdade, da aplicação do modelo das ligas ou corporações de ofício no campo da educação, reunindo por um lado mestres e por outro estudantes, provenientes de diferentes regiões da Europa em uma determinada escola ou cidade. Já ao final do séc. XII haviam surgido na Itália a universidade de Bolonha (1088), na verdade uma faculdade de direito, e a de Salerno (1050), uma faculdade de medicina, influenciada pela presença árabe e seus conhecimentos médicos e científicos. Eram, no entanto, instituições leigas, surgidas em função de necessidades e interesses dessas comunidades. A primeira universidade a seguir o modelo de uma faculdade de artes e uma de teologia foi a de Paris, criada em 1214. Segue-se a de Oxford, na Inglaterra, e logo após muitas outras, destacando-se as de Toulouse, na França, de Salamanca, na Espanha, e a de Cambridge, na Inglaterra. Na prática, a Universidade de Paris data de 1200 quando o rei Felipe Augusto reconhece a corporação de estudantes desta cidade, dando-lhes sua proteção. O termo *universitas* designa inicialmente apenas o conjunto de mestres e estudantes, provenientes de diferentes regiões, reunidos numa determinada cidade. O *studium generale* ou *universale* designava igualmente a reunião de estudantes de diferentes regiões ligados a uma ordem religiosa. Os graduados das universidades recebiam o *ius ubique docendi* que lhes dava em princípio o direito de lecionar em todo o mundo cristão (latino), consistindo, nesse sentido, em um "saber universal". Essas universidades estruturam-se posteriormente em torno de um currículo que é um desenvolvimento dos antigos *trivium* e *quadrivium* originários do final da Antiguidade e comuns nas escolas das abadias e mosteiros durante o início da Idade Média (ver II. 3.A).[2] Nesse momento é grande o interesse pelas obras de Aristóteles e dos pensadores árabes, que representam uma novidade e trazem um conhecimento da ciência natural até então pouco desenvolvido. Isto leva os setores mais tradicionalistas a proibirem o ensino dessas obras já em 1215. Porém sua penetração será inevitável e apesar de sucessivas proibições o caminho está aberto para este novo tipo de pensamento. A Igreja logo percebe a importância e eficácia das universidades na elaboração e sistematização de um saber teológico e filosófico necessário para combater os hereges e desenvolver a cultura do mundo latino até então menos desenvolvida do que a árabe e a bizantina. É só a partir desse grande passo e da progressiva perda de unidade do mundo árabe após as invasões dos turcos e mongóis, bem como da decadência política do Império Bizantino, também ameaçado por estas invasões, que o centro da produção filosófica de fato desloca-se para o Ocidente cristão, destacando-se Paris e Oxford, as grandes cidades universitárias. A universidade medieval é efetivamente o ponto de partida da concepção e do modelo de universidade que temos até hoje, apesar das sucessivas mudanças pelas quais este modelo passou. Trata-se não só de uma instituição de ensino, mas de pesquisa e de produção do saber, de discussão e de polêmica, o que se reflete nas constantes crises em que se viu envolvida e nas igualmente constantes intervenções do poder real e eclesiástico.

As ordens religiosas mendicantes, dominicanos e franciscanos, criadas pratica-mente ao mesmo tempo, terão também um papel fundamental. Sua importância está ligada à sua função. Não são ordens monásticas, em que os eclesiásticos viviam no interior dos mosteiros, mas sim ordens dedicadas à vida no mundo leigo, à pregação e à conversão dos hereges e pagãos. É significativo o nome oficial da ordem fundada por são Domingos, Ordem dos Pregadores. Seu papel principal inicialmente foi o combate às heresias surgidas neste momento no sul da França (cátaros e albigenses) e a defesa da fé, sendo, em seguida, encarregados da Inquisição. Assumiram, em função disso, um lugar importante nas universidades, principalmente em Paris – por conseguinte, no desenvolvimento da filosofia e da teologia escolástica, destacando-se aí o pensamento de são Tomás de Aquino, o filósofo mais importante do período. A ordem fundada por são Francisco de Assis teve também um papel fundamental na revitalização do cristianismo, com sua defesa da austeridade e da pobreza, a discus-são da natureza da Igreja e da vida religiosa e, posteriormente ao desempenhar uma função importante no desenvolvimento da filosofia e da ciência natural, sobretudo com a famosa escola franciscana de Oxford (Roberto Grosseteste, *c.*1175-1253; Roger Bacon, *c.*1214-92).

B. A FILOSOFIA DE SÃO TOMÁS DE AQUINO

O pensamento de são Tomás de Aquino teve imensa influência em sua época, es-tendendo-se mesmo até o período contemporâneo, quando é representado pelo neotomismo. São Tomás foi de fato um pensador de grande criatividade e originali-dade, que desenvolveu uma filosofia própria em um sentido fortemente sistemático, tratando praticamente de todas as grandes questões da filosofia e da teologia de sua época, bem como tomando Aristóteles – e não mais o platonismo e o agostianismo como até então se fazia – como ponto de partida para a elaboração de seu sistema. São Tomás mostra então que a filosofia de Aristóteles é perfeitamente compatível com o cristianismo, abrindo assim uma nova alternativa para o desenvolvimento da filosofia cristã.

Tomás de Aquino (1224-74) nasceu em Nápoles de família nobre. Entrou em 1244 para a Ordem dos Dominicanos apesar da oposição de sua família. Em 1245 foi estudar em Paris. Sob a influência de seu mestre, o também dominicano santo Alberto Magno (1206-80), grande conhecedor da ciência da época, tomou contato com a obra de Aristóteles. Foi como professor na Universidade de Paris (e depois em outras universidades na Itália) que começou a desenvolver sua obra, quase toda ela resultado de notas para os seus cursos. Sua primeira obra importante foi *De ente et essentia* (*Sobre o ente e a essência*, 1242-43). Escreveu também tratados como a *Summa contra gentiles* (*Suma contra os gentios*), elaborada entre 1258-60 e dirigida aos judeus e árabes, o *De veritate* (*Sobre a verdade*, 1256-59), bem como comentários a textos aristotélicos. Sua obra principal é a *Summa theologica*, escrita entre 1265-73 (permaneceu incompleta), da qual analisaremos uma passagem central mais adiante.

Sua obra é censurada no contexto da condenação da filosofia de Aristóteles em Paris em 1277. Em 1278 o franciscano Guilherme de la Mare escreve o *Corretório do frade Tomás* em que critica o filósofo. Dada a importância do aristotelismo em sua filosofia, bem como o apoio dos dominicanos, sua obra continuou a ser estudada. Logo em seguida a Igreja reconhece o seu valor. Em 1323 é canonizado, e no período da Contrarreforma, o Concílio de Trento, em 1567, o declara doutor da Igreja – sua obra é depositada no altar ao lado da Bíblia –, passando a considerá-lo de importância central para o combate e a refutação do protestantismo. Em menos de três séculos passamos de sua condenação à sua consagração definitiva. Ao longo de toda a tradição ocidental, a filosofia de são Tomás e de seus discípulos e seguidores, o **tomismo**, tornou-se uma espécie de representante da ortodoxia, quase uma "filosofia cristã oficial",[3] muitas vezes confundindo-se com posições tradicionalistas e conservadoras no período moderno. Evidentemente o tomismo não é o mesmo que a obra de são Tomás, um pensador de grande originalidade e criatividade, como dissemos, e o uso muitas vezes político e instrumental feito de sua obra pela Igreja não deve nos impedir de interpretá-la em sua grandeza argumentativa e conceitual e de entender sua contribuição fundamental para o pensamento filosófico.

Foi grande a admiração de são Tomás por Aristóteles, a quem chama na *Suma teológica* de "o Filósofo" e por Averróis, a quem chama, por sua vez, de "o Comentador". Por outro lado sua obra foi importante no sentido de mostrar a compatibilidade entre o aristotelismo e o pensamento cristão, preocupando-se, no tratado *Da unidade do intelecto contra os averroístas de Paris* (1270), em refutar a interpretação do chamado "averroísmo latino" de Siger de Brabant (1240-84),[4] desenvolvendo assim uma versão do aristotelismo mais adequada à doutrina cristã.

Dada a magnitude da obra de são Tomás e a complexidade das questões de que trata, não pretendo examiná-la aqui em detalhe, muito menos resumi-la, o que não lhe faria justiça. É preferível, portanto, concentrar-nos em um argumento fundamental que desenvolve, as *"cinco vias" da prova da existência de Deus*, que podemos contrastar com a prova ontológica de santo Anselmo, examinada acima, a qual são Tomás critica e rejeita.

C. As "cinco vias" da prova da existência de Deus

Analisaremos aqui os artigos 1, 2 e 3 da segunda questão. ("A existência de Deus") do primeiro tratado ("Tratado de Deus") da *Suma teológica*, como representativos da filosofia de são Tomás, de seu estilo argumentativo e da discussão de uma das questões mais centrais do pensamento medieval, a demonstração racional, filosófica portanto, da existência de Deus, ou seja, como se articulam neste pensamento a razão e a fé, questão que, como dissemos antes, percorre toda a filosofia desse período desde as origens da filosofia cristã.

A *Suma teológica*, talvez a obra mais famosa e influente de toda a filosofia medieval, estrutura-se de forma sistemática em torno de três grandes tratados (o terceiro permanecendo incompleto). Esses tratados se subdividem em questões, que analisam os principais aspectos de seus temas. As questões, por sua vez, se desdobram em artigos em que são Tomás examina as várias posições acerca desses temas, formula objeções a elas e, seguindo o pensamento aristotélico, elabora suas próprias soluções e respostas. São Tomás foi certamente um filósofo de grande originalidade e criatividade, um pensador brilhante pela agudeza de raciocínio e capacidade argumentativa. Entretanto, esse estilo rigidamente sistemático repetiu-se à exaustão durante os últimos séculos da escolástica: praticamente todo estudante de teologia e de filosofia adotou-o e reproduziu-o, o que o tornou extremamente repetitivo e mesmo empobrecido. Isso explica em grande parte a rejeição a essa forma de filosofar, que encontramos no Renascimento e no início do pensamento moderno, como uma reação a seu predomínio quase total no período medieval.

A segunda questão do primeiro tratado tem como tema "a existência de Deus". O *primeiro artigo* parte do seguinte problema: "Se a existência de Deus é autoevidente". De acordo com a estratégia de são Tomás, começa-se examinando as teses em favor dessa posição para depois refutá-las. O *primeiro argumento* consiste em entender o conhecimento autoevidente como inato, natural ao homem. O conhecimento de Deus seria assim natural ao homem e, portanto, autoevidente. A isto são Tomás *responde* dizendo que o homem possui um conhecimento natural confuso de Deus – entendido, por exemplo, como "a felicidade do homem" –, mas isso não equivale a um conhecimento absoluto de que Deus existe, assim como saber que alguém se aproxima não é o mesmo que saber que é Pedro quem se aproxima. O *segundo argumento* é uma versão da prova ontológica de santo Anselmo (ver II.3. B), embora no texto não haja referência explícita a ele. Deus é o ser supremo, aquele maior do que nada pode ser pensado; ora, quem entende essa definição de Deus, isto é, a tem presente em seu intelecto, deve aceitar a existência real de Deus, pois caso Este não existisse, haveria algo maior do que Ele, já que existir é mais do que não existir, e com isso teríamos uma contradição. A existência de Deus no intelecto, seu entendimento, acarreta portanto a existência de Deus na realidade. A *resposta* de são Tomás consiste em rejeitar a passagem do entendimento da definição de Deus, sua existência no intelecto, para sua existência real. Primeiro porque esta definição pode não ser aceita e, nesse caso, o argumento seria circular já que pressupõe o que quer demonstrar. Em segundo lugar porque a existência no intelecto é diferente da existência no real. O *terceiro argumento* baseia-se na noção de que a existência da verdade é autoevidente, já que é impossível negar a verdade, pois aquele que a nega supõe que sua negação seja verdadeira. Ora, o Evangelho (João, 14, 6) proclama que Deus é a verdade, portanto a existência de Deus é autoevidente. São Tomás *responde* que a existência da verdade em geral é autoevidente, mas não de uma verdade primeira determinada. Além disso, conforme Aristóteles, não se pode pensar o oposto do que é autoevidente como se pode pensar que Deus não existe: a existência de Deus não é autoevidente. A *conclusão* geral de são Tomás é que, como não conhecemos diretamente a essência de Deus, Deus não é autoevidente, precisando ser demonstrado através daquilo que conhecemos.

O *segundo artigo* discute se a existência de Deus pode ser demonstrada. E, em conformidade com o artigo anterior, supõe que não pode ser demonstrada, devendo ser considerada autoevidente. Trata-se assim de um desdobramento do primeiro artigo. O *primeiro argumento* afirma que a existência de Deus não pode ser demonstrada uma vez que é um artigo de fé: uma demonstração produz conhecimento e Deus não é conhecido como tal. A existência de Deus, *responde* são Tomás, e de seus atributos enquanto elementos da razão natural não são artigos de fé, mas pressupostos destes. Mantêm assim, caracteristicamente, que a fé pressupõe a razão. De acordo com o *segundo argumento*, não se pode demonstrar que Deus existe porque a essência de Deus não pode ser conhecida e a essência é pressuposta na demonstração. Só se pode dizer o que Deus não é.[5] A isto são Tomás *responde* dizendo que em uma demonstração não se supõe um conhecimento da essência, mas parte-se apenas do sentido do nome daquilo cuja existência se quer demonstrar, e o sentido do nome de Deus é constituído simplesmente por seus efeitos. O *terceiro argumento* afirma que só se poderia demonstrar a existência de Deus por seus efeitos, ora seus efeitos lhe são inferiores, uma vez que Deus é infinito mas seus efeitos são finitos. São Tomás *responde* que embora a partir dos efeitos não possamos alcançar um conhecimento perfeito de Deus, podemos demonstrar sua existência. A posição assumida por são Tomás a esse respeito sustenta que se pode conhecer o invisível através do visível, mas para tal é preciso demonstrar que a existência de Deus pode ser demonstrada a partir da existência das coisas, do mundo criado. Introduz então uma distinção a propósito de dois sentidos de "demonstrar": a) pode-se demonstrar algo a partir da causa (*propterquid*), isto é, da essência às suas propriedades, da causa ao efeito: isso equivale a argumentar a partir daquilo que é primeiro em um sentido absoluto, porém isso é impossível à razão humana; ou b) pode-se demonstrar algo a partir dos efeitos (*quia*), ou seja, argumentar a partir daquilo que é primeiro para nós, isto é, do efeito para a causa: isso equivale a um método regressivo. Conclui assim que podemos demonstrar a existência de Deus, embora não conhecê-lo tal qual é em sua essência, tomando como ponto de partida os efeitos que nos são conhecidos.

É interessante notar, com base nessa breve exposição meramente ilustrativa, a estruturação lógica da argumentação de são Tomás, seu caráter fortemente sistemático e racional e a sequência com base na qual o argumento se constrói. Procura estabelecer sobre Deus 1) se sua existência é autoevidente, concluindo que não é autoevidente; logo, 2) precisa ser demonstrada, sendo necessário então estabelecer: 2a) *se* pode ser demonstrada, e 2b) *como*; concluindo que pode ser demonstrada a partir de seus efeitos.

Chegamos finalmente ao *terceiro artigo*, onde encontramos as célebres *cinco vias* da demonstração da existência de Deus, consistindo em cinco grandes linhas de argumentação pelas quais se pode provar que Deus existe. A *primeira* baseia-se no *argumento do movimento* (inspirado em Aristóteles, *Física*, VIII). O movimento se caracteriza pela passagem de potência a ato (ver I. 5 sobre Aristóteles); ora, só algo que existe em ato pode fazer com que algo que existe em potência passe a ato. Portanto, tudo que se move é movido por algo imóvel, já que não se pode admitir uma regressão ao infinito. Deus é entendido então como o Primeiro Motor. A **segunda via** parte da noção, também aristotélica (*Metafísica*, II) de **causa eficiente** (ver I. 5). Nada pode ser causa eficiente de si próprio, pois nesse caso seria anterior a si próprio. Tal como no primeiro argumento, não é possível admitir uma regressão infinita de causas, portanto Deus é a primeira causa eficiente. A **terceira via**, conhecida como **argumento cosmológico**, toma por base as noções aristotélicas de **necessidade** e **contingência** e visa explicar a necessidade da existência do universo (*cosmo*). Constatamos a contingência na natureza, mas nem todas as coisas podem ser contingentes, senão seria possível que não houvesse nada. Mas aquilo que não existe só pode começar a existir a partir do que já existe antes. É preciso assim que algo do que existe seja necessário. E Deus é o primeiro ser, origem de toda a necessidade. A **quarta via** toma como ponto de partida os graus existentes nas coisas (Aristóteles, *Metafísica*, II). Todas as coisas que têm um predicado, ou qualidade, em um grau maior ou menor, se caracterizam por um termo comparativo (mais ou menos isso ou aquilo), portanto pressupõem como parâmetro o máximo. Deus é o Ser Perfeito, isto é, aquele que tem o máximo de perfeição, a perfeição, por sua vez, entendida como o máximo de realização de atributos ou qualidades. A **quinta via**, ou **argumento teleológico**, parte da noção de finalidade, ou causa final. Deve haver um propósito ou finalidade na natureza, caso contrário o universo não tenderia para o mesmo fim ou resultado. A causa inteligente dessa determinação é Deus.

Embora as provas de são Tomás para a existência de Deus possam ser questionadas – e de fato o foram, sobretudo no início do pensamento moderno, principalmente devido aos pressupostos de que partem, como os conceitos aristotélicos de movimento e de finalidade (*telos*), bem como da existência de um ser perfeito, que não precisa ser explicado –, sua importância está no novo caminho que abrem em relação ao tratamento dessas questões. São argumentos que vão contra a concepção de que se pode conhecer Deus diretamente e através de uma evidência, sem passar pelo mundo sensível. Além disso, vão igualmente contra a posição de que só se pode conhecer Deus pela fé, e de que só se pode falar de Deus se já se sabe quem Ele é. Trata-se essencialmente de uma demonstração da existência de Deus a partir da razão natural, buscando conciliar a revelação, o que nos ensinam as Escrituras, com a assim chamada "teologia natural", a noção de Deus que temos. Os argumentos de são Tomás abrem caminho para uma revalorização, no espírito do aristotelismo, do mundo natural como objeto de conhecimento. Conhecemos Deus por seus efeitos, pela sua obra, a Criação, o mundo criado, a Natureza. O Criador sempre deixa sua marca no que cria. Isso torna legítimo, do ponto de vista teológico, o interesse pela investigação científica do mundo natural, que despertava já nesse momento grande curiosidade do homem medieval, devido à influência das obras científicas aristotélicas e árabes, bem como correspondia às necessidades de desenvolvimento de um mundo em rápido crescimento econômico e social. Abre-se com isso um novo caminho para a ciência e a filosofia, prenunciando as grandes transformações pelas quais passará o mundo europeu ocidental nos séculos seguintes.

6

GUILHERME DE OCKHAM E A CRISE DA ESCOLÁSTICA

A. O NOMINALISMO DE GUILHERME DE OCKHAM

Guilherme de Ockham (*c.*1300-50) foi talvez o filósofo mais influente do séc. XIV e teve inúmeros seguidores assim como adversários nesse período, devido a suas posições originais e, sob certos aspectos revolucionárias, principalmente nos campos da lógica, da metafísica e da teoria política.

Franciscano, nascido na Inglaterra, estudou na Universidade de Oxford. Seu comentário ao *Livro das sentenças* de Pedro Lombardo,[1] um exercício escolástico comum na época, levantou no entanto suspeitas de heresia, e Ockham foi convocado a Avignon, na França, então sede da Igreja e residência do papa, para ser questionado. Lá envolveu-se nas célebres controvérsias entre os franciscanos e o papa João XXII, e entre o papa e o imperador da Alemanha, Luís da Baviera, que apoiou os franciscanos.[2] Ockham escreveu então várias obras de cunho político, no espírito da Ordem Franciscana, criticando o caráter mundano da Igreja e seu envolvimento na política da época e defendendo uma separação entre o poder espiritual, atributo do papa, e o poder político, atributo do imperador.[3] Trata-se na verdade de mais um momento de eclosão da crise política que se encontra na origem mesma do Sacro Império Romano-Germânico com Carlos Magno, que mencionamos acima (II. 3. A), e que eclodirá novamente dois séculos mais tarde, no contexto da Reforma protestante.

A influência de Ockham está relacionada, porém, mais à sua obra lógica e metafísica, na qual assume uma posição nominalista frente à célebre *questão dos universais*, uma discussão que percorreu praticamente toda a filosofia medieval, constituindo-se em uma das questões mais centrais da ontologia na tradição filosófica.

Essa questão origina-se principalmente do comentário de Boécio (480-524) ao *Isagoge* (por sua vez um comentário às *Categorias* de Aristóteles) de Porfírio (232-305). Nesse comentário, Boécio refere-se à famosa questão sobre a natureza dos gêneros e espécies (os universais): Seriam entidades existentes em si mesmas, ou entidades mentais? Seriam independentes das coisas, ou existiriam nelas? Essa obra teve grande influência na Idade Média, diferentes pensadores tomando posição acerca das diferentes possibilidades de resposta.

Basicamente temos quatro grandes linhas de tratamento desse tema. As mais tradicionais são o realismo platônico e o realismo aristotélico, adotadas pelos seguidores desses filósofos. Segundo o **realismo platônico**, gêneros e espécies (tais como "animal mamífero" e "cavalo") seriam formas ou ideias, portanto entidades dotadas de uma existência autônoma, pertencentes ao mundo das ideias e independentes tanto das coisas concretas ("este cavalo") quanto de nossos pensamentos ("o conceito de cavalo"). Para o **realismo aristotélico**, posição adotada por exemplo por são Tomás de Aquino,[4] gêneros e espécies existem nas coisas, como formas da substância individual, e podem ser conhecidos por nós através da abstração, em que destacamos do particular o universal, isto é, percebemos que este indivíduo é um cavalo, um animal mamífero etc. O **conceitualismo** foi desenvolvido sobretudo por Pedro Abelardo (1079-1142), em sua *Lógica para principiantes*, na qual sustenta que os universais são apenas conceitos, ou seja, predicados de sentença que descrevem o objeto ("Isto é um cavalo"), existindo portanto na mente como meio de unir ou relacionar objetos particulares dotados das mesmas características ou qualidades.

Ockham adota o **nominalismo**, posição inaugurada em uma versão radical por Roscelino (séc. XII), que afirma serem os universais apenas palavras, *flatus vocis*, sons emitidos, não havendo nenhuma entidade real correspondente a eles. O nominalismo de Ockham é, no entanto, mais sofisticado e elaborado do que o do séc. XII. Na verdade, Ockham defende um misto de nominalismo e conceitualismo, pois entende o universal como um termo que corresponde a um conceito por meio do qual nos referimos a essas qualidades ou características. O universal é assim a referência de um termo, e não uma entidade, mas tampouco é apenas uma palavra, já que existe o correlato mental, o conceito, por meio do qual a referência é feita. Sua posição foi muito influente no séc. XIV, dando origem a vários desdobramentos por seus seguidores. É em relação a essa questão que devemos entender a famosa fórmula conhecida como "lâmina (ou navalha) de Ockham": *entia non sunt multiplicanda praeter necessitatem*,[5] i.e., não devemos multiplicar a existência dos entes além do necessário. Isto significa que não devemos supor a existência de entidades metafísicas como no realismo platônico, já que essas entidades não só não explicam adequadamente a natureza das coisas particulares, como carecem elas próprias de explicação. A "navalha de Ockham" é, portanto, um "princípio de economia", segundo o qual nossa ontologia (teoria sobre o real) deve supor apenas a possibilidade de existência do mínimo necessário. Termos e conceitos são suficientes, assim, para dar conta do problema dos universais, não havendo a necessidade de supor a existência de entidades reais universais.

Essa questão, no entanto, será retomada na filosofia moderna, prevalecendo as posições conceitualistas (Locke, séc. XVII) e nominalistas (Hobbes, séc. XVII). Continua sendo discutida na filosofia contemporânea, e há mesmo autores que adotam versões do realismo em áreas específicas da filosofia, como a lógica e a filosofia da matemática.[6] O nominalismo tem sido também bastante discutido na filosofia da linguagem contemporânea, devido à sua valorização da linguagem e postura antimetafísica.

B. A CRISE DA ESCOLÁSTICA

O contexto de Ockham, o séc. XIV, é conhecido como o período de "dissolução da síntese da escolástica". Com efeito, a partir desse momento o modelo característico da escolástica, a integração entre as verdades da razão, campo da filosofia, e as verdades da fé, campo da teologia, em um sistema unificado, racional e logicamente construído, começa a enfrentar dificuldades. A própria introdução do sistema de Aristóteles a partir do final do séc. XII já representa de certa forma uma ruptura no interior da filosofia cristã, cujo paradigma dominante fora até então o platonismo, basicamente em sua versão agostiniana, embora existissem outras. Com o aristotelismo cristão passamos a ter não um, mas dois paradigmas fundamentais de formulação de uma filosofia cristã. Ora, isso é problemático na medida em que se trata de uma posição filosófica doutrinária que não admite com facilidade a pluralidade. Além disso, o averroísmo, de grande influência nesse período apesar das proibições, defendia a separação radical entre os dois campos, da razão e da fé, da filosofia e da teologia, e essa tendência teve vários seguidores nesta época. O próprio Ockham foi um defensor da separação entre filosofia e teologia, sustentando que a filosofia não é capaz de demonstrar a verdade dos artigos da fé, e que as verdades necessárias para a salvação pertencem apenas ao campo da teologia. Essa posição encontra um paralelo em suas críticas, que mencionamos acima, ao poder político do papa, e na defesa da separação radical entre o poder do rei e o da Igreja.

É claro que isso que podemos denominar "crise da escolástica" não significa de forma alguma o seu fim. Há ainda importantes representantes da escolástica dois ou três séculos depois. Dois grandes escolásticos dos sécs. XVI-XVII, Francisco Suárez (1548-1617) e João de São Tomás (1589-1644), são praticamente contemporâneos de Montaigne e de Descartes. A filosofia escolástica e o próprio tomismo sobrevivem no período moderno, e até hoje encontram adeptos como, por exemplo, o neotomismo de Jacques Maritain (1882-1973). Porém, é certo, tanto de um ponto de vista histórico quanto conceitual, que o pensamento escolástico entra em crise e declínio a partir do séc. XIV. O séc. XV traz um pensamento inovador, o humanismo renascentista, que por sua vez prenuncia o período moderno com suas novas teorias filosóficas e científicas, e profundas transformações no mundo europeu. É nessa nova direção que a partir de então se desenvolverá o pensamento.

. . . .

QUADRO SINÓTICO

- Transição do helenismo para o cristianismo: o pensamento filosófico cristão surge no contexto do helenismo.
- O pensamento de santo Agostinho (354-430) representa, no contexto do cristianismo, a primeira grande obra filosófica desde a Antiguidade clássica, abrindo o caminho para o desenvolvimento da filosofia medieval e aproximando o cristianismo do platonismo.

- Santo Anselmo de Canterbury (1033-1109) é um dos iniciadores da escolástica e formulador do célebre argumento ontológico, que ilustra o estilo medieval de filosofar e o tratamento de questões aproximando a teologia da filosofia ao investigar racionalmente os fundamentos da fé cristã.
- A presença dos árabes na Península Ibérica traz um novo conhecimento da filosofia e da ciência gregas, sobretudo de tradição aristotélica, para a Europa ocidental.
- A filosofia de são Tomás de Aquino (1224-74) representa uma aproximação entre o cristianismo e o aristotelismo, assim como santo Agostinho representou a aproximação com o platonismo, trazendo com isso a abertura de um novo caminho para o desenvolvimento da escolástica.
- Guilherme de Ockham (c.1300-50) é o pensador mais representativo do final da escolástica, autor de uma obra original e controvertida pelas posições que assume na filosofia, na teologia e na política.

LEITURAS ADICIONAIS

A principal fonte de nosso conhecimento das obras dos filósofos e teólogos do início da filosofia cristã e da filosofia medieval provém da edição elaborada na França pelo abade Jacques Paul Migne, intitulada *Patrologia latina* (1844-55), em 218 volumes; e *Patrologia graeca* (1857-66) em 166 volumes.

Há edições de textos dos filósofos examinados acima na coleção "Os Pensadores" (São Paulo, Abril Cultural, várias edições).

ABELARDO, Pedro. *Lógica para principiantes*. São Paulo, Unesp, 2006.
TOMÁS DE AQUINO. *Suma Teológica*. São Paulo, Loyola, 2002.

As seguintes obras sobre a filosofia medieval são particularmente úteis:

ATTIÉ FILHO, Miguel. *Falsafa: a filosofia entre os árabes*. São Paulo, Palas Athena, 2002.
BENMAKHLOUF, Ali. *Averróis*. São Paulo, Estação Liberdade, 2006.
BOEHNER, P. & E. Gilson. *História da filosofia cristã*. Petrópolis, Vozes, 1982.
GILSON, Étienne. *O espírito da filosofia medieval*. São Paulo, Martins Fontes, 2006.
_____. *A filosofia na Idade Média*. São Paulo, Martins Fontes, 1995.
LIBERA, A. de. *A filosofia medieval*. Rio de Janeiro, Zahar, 1993.
STORCK, Alfredo. *Filosofia medieval*. Rio de Janeiro, Zahar, 2003.

QUESTÕES E TEMAS PARA DISCUSSÃO

1. Discutir o conceito de filosofia medieval e os principais critérios a que se recorre para defini-lo.
2. Como se pode entender os principais fatores que explicam o surgimento da filosofia cristã?

3. Qual a relação entre a filosofia grega pagã e o cristianismo?
4. Como os filósofos e teólogos cristãos justificam a apropriação da filosofia grega pagã pelo cristianismo?
5. Em que sentido a filosofia de santo Agostinho pode ser entendida como um "platonismo cristão"?
6. Qual a importância da noção de "interioridade" na filosofia de santo Agostinho?
7. Como se pode caracterizar a "escolástica"?
8. Por que a prova da existência de Deus de santo Anselmo é conhecida como "argumento ontológico"?
9. Quais as origens da filosofia árabe e qual a sua importância para o desenvolvimento da filosofia ocidental?
10. Em que sentido a filosofia de são Tomás de Aquino pode ser entendida como "aristotelismo cristão"?
11. Qual o sentido das "cinco vias" da prova da existência de Deus por são Tomás de Aquino?
12. Compare e contraste a prova da existência de Deus de são Tomás de Aquino com a de santo Anselmo.
13. Como podemos interpretar a posição de Guilherme de Ockham frente à questão dos universais?
14. Qual o significado da "crise da escolástica" do séc. XIV?

PARTE III

FILOSOFIA MODERNA

FASE INICIAL

1

AS ORIGENS DO PENSAMENTO MODERNO E A IDEIA DE MODERNIDADE

A. A IDEIA DE MODERNIDADE

O pensamento moderno talvez seja mais fácil de ser compreendido por nós, pelo fato de estarmos mais próximos dele do que do antigo e do medieval, e por sermos ainda hoje, de certo modo, herdeiros dessa tradição. Por outro lado, às vezes é mais difícil tomarmos consciência e explicitarmos as características mais fundamentais daquilo que nos é mais familiar, exatamente porque nos acostumamos a aceitá-lo como tal.

O conceito de *modernidade* está sempre relacionado para nós ao "novo", àquilo que rompe com a tradição. Trata-se, portanto, de um conceito associado quase sempre a um sentido positivo de mudança, transformação e progresso. Não é à toa que no discurso político frequentemente encontramos esse termo, quando falamos, p.ex., em um projeto de "modernização" do país. Veremos, em seguida, como de fato esses ideais de mudança, ruptura, progresso e inovação, e até mesmo de revolução, surgem e se desenvolvem no início do período que, na história da filosofia, convencionalmente conhecemos como "moderno", i.e., os sécs. XVII-XIX.

Na verdade, os grandes pensadores do séc. XVII, que podemos considerar como revolucionários e inovadores, p.ex. Bacon e Descartes, jamais se autodenominaram "modernos", embora adotassem e defendessem, em grande parte, ideais associados à modernidade. A periodização histórica a que nos referimos acima origina-se, na realidade, basicamente do grande filósofo alemão do início do séc. XIX, G.W.F. Hegel (1770-1831). Hegel foi, com efeito, o primeiro filósofo a elaborar uma filosofia da história da filosofia, isto é, a entender a história da filosofia como uma questão central para a própria filosofia e não apenas como uma crônica ou relato histórico das doutrinas e correntes, ou "seitas" do passado.[1] Portanto, pode-se dizer que as *Lições de história da filosofia* são a primeira obra de história da filosofia concebida em uma perspectiva filosófica e não meramente histórica ou historiográfica. Esta obra resultou de um curso dado inicialmente pelo filósofo em Iena (1805-6), posteriormente em Heidelberg entre 1816-17, e apresentado e desenvolvido em outros momentos até o fim de sua vida em Berlim, sendo editado postumamente por seus discípulos.[2]

É nessa obra, fundamentalmente, que Hegel estabelece a periodização que adotamos até hoje, dividindo a história da filosofia em três períodos distintos, cada um com suas características específicas e fazendo parte de um mesmo processo: o antigo, o medieval e, em suas palavras, "a filosofia do novo tempo" (*Neuzeit*), que, segundo ele, "consolidou-se apenas ao tempo da Guerra dos Trinta Anos (séc. XVII), com Bacon, Jacob Boehme e Descartes", dando especial ênfase a Descartes e à sua "filosofia do *cogito*".[3]

Na realidade, entretanto, o termo "moderno" era usado já na filosofia medieval, designando um novo movimento na lógica a partir do séc. XII, que se opunha à tradição anterior, a chamada *logica vetus*. A *lógica modernorum*, ou lógica terminista, tem assim um sentido inovador, introduzindo uma nova problemática nesse campo. Posteriormente, já no séc. XIV, Ockham e seus seguidores serão conhecidos como defensores da *via moderna* na lógica e na metafísica, estando essa concepção associada ao nominalismo.

Há uma tradição ainda anterior, datando dos primeiros séculos do cristianismo, acerca de questões sobre o objeto da fé, que opõe *antiqui* e *moderni*, os antigos e os modernos, sendo os primeiros aqueles que viveram antes de Cristo, e os segundos, os posteriores a Cristo, os "contemporâneos", por assim dizer.

Uma terceira origem importante da noção de moderno é a famosa querela dos antigos e dos modernos (*Les anciens et les modernes*), que agitou os meios literários franceses nas últimas décadas do séc. XVII. Enquanto tradicionalistas como Boileau defendiam o classicismo greco-romano, os modernos como Perrault e Fontenelle[4] se opunham à suposta superioridade dos clássicos e à sua autoridade, defendendo a aplicação da ideia de progresso nas artes e nas letras tanto quanto nas ciências. Essa controvérsia literária parece ter sido efetivamente o primeiro momento em que a ruptura antigos/modernos foi tematizada e discutida conceitualmente. Os termos em que a questão é aí colocada, enfatizando a superioridade do "novo" e a rejeição da autoridade da tradição, terão grande influência no desenvolvimento posterior dessa discussão na filosofia.

A etimologia de "moderno" parece ser o advérbio latino "*modo*", que significa "agora mesmo", "neste instante", "no momento", portanto designando o que nos é contemporâneo, e é este o sentido que "moderno" capta, opondo-se ao que é anterior, e traçando, por assim dizer, uma linha, ou divisão entre os dois períodos.

O que nos interessa aqui, nesta discussão preliminar, é como se estabelece a identidade do período moderno e como se configura o próprio conceito de modernidade. Vimos que, do ponto de vista histórico, o uso do termo "moderno" antecede bastante o período que começa no séc. XVII. Inicialmente opõe-se apenas ao antigo, ou ao anterior, designando o atual, o presente, ou contemporâneo, e estabelecendo uma ruptura com a tradição. Duas noções fundamentais estão, entretanto, diretamente relacionadas ao moderno: a **ideia de progresso**, que faz com que o novo seja considerado melhor ou mais avançado do que o antigo; e a **valorização do indivíduo**, ou da subjetividade, como lugar da certeza e da verdade, e origem dos valores, em oposição à tradição, i.e., ao saber adquirido, às instituições, à autoridade externa. Procuraremos examinar, em seguida, como se constituem essas noções.

Quatro fatores históricos principais podem ser atribuídos à origem, por vezes de forma contraditória, da filosofia moderna, bem como à influência de seu surgimento e desenvolvimento: o humanismo renascentista do séc. XV, a descoberta do Novo Mundo (1492), a Reforma protestante do séc. XVI e a revolução científica do séc. XVII. Vamos analisar em maior detalhe como contribuem decisivamente para a formação do pensamento moderno, sem ignorarmos, no entanto, outros fatores históricos como o desenvolvimento do mercantilismo enquanto novo modelo econômico que supera progressivamente a economia feudal, e o surgimento e consolidação dos Estados nacionais (Espanha e Portugal, Países Baixos, Inglaterra e França), que substituem o modelo político do feudalismo. Mais uma vez, devemos insistir que se trata de um processo de transição, já que concepções tradicionalistas continuam a vigorar ainda nos sécs. XVI-XVII, e partes da Europa ainda vivem sob o feudalismo nesse período.

B. O HUMANISMO RENASCENTISTA

Foi Giorgio Vasari, em sua *Vida dos mais excelentes pintores, escultores e arquitetos* (1550), quem primeiro empregou o termo "renascimento" (*rinascitá*) para designar a retomada do estilo clássico na pintura pelo pintor Giotto (séc. XIV), influenciando um novo estilo, que rompe com a arte gótica, característica do final do período medieval. O conceito de Renascimento designando um período histórico, intermediário entre o medieval e o moderno, e abrangendo os sécs. XV a XVI origina-se, entretanto, da obra do historiador da arte suíço Jacob Burkhardt, *A civilização do Renascimento na Itália* (1860), de grande influência na época.[5] Este conceito foi adotado por outros historiadores da arte como o inglês Walter Pater, cuja obra *The Renaissance* (1873) teve também grande repercussão, generalizando-se posteriormente para outras áreas além da arte.

As histórias da filosofia tradicionalmente não reconheciam no Renascimento importância ou especificidade do ponto de vista filosófico, sendo apenas um período de transição entre a Idade Média e a Modernidade. Atualmente, entretanto, essa tendência tem mudado, e o Renascimento tem sido visto como detentor de uma identidade própria, desenvolvendo uma concepção específica de filosofia e do estilo de filosofar que, se rompe com a escolástica medieval, por outro lado não se confunde inteiramente com a filosofia moderna (séc. XVII).[6] Talvez o traço mais característico desse período seja o **humanismo** que chega inclusive a ter uma influência determinante no pensamento moderno.

O Renascimento, fiel à sua valorização dos clássicos, foi buscar o lema do humanismo no filósofo grego da sofística, Protágoras (ver I. 3), em seu célebre fragmento: "O homem é a medida de todas as coisas". Este lema marca de forma decisiva a ruptura com o período medieval, com sua visão fortemente hierárquica de mundo, com sua arte voltada para o elemento sagrado e com sua filosofia a serviço da teologia e da problemática religiosa. Assim como ocorrera no início do período carolíngio (séc. IX), o humanismo renascentista retoma mais uma vez a herança greco-romana como base da nova identidade cultural que pretende construir, e os temas pagãos são centrais nas obras de arte desse período, afastando-se assim da temática religiosa e até mesmo aproximando as representações artísticas do cristianismo à Antiguidade Clássica. Por outro lado, o filósofo que mais fortemente marcou os últimos séculos da escolástica, Aristóteles, sofre um certo grau de rejeição, dando-se preferência a Platão. Mas trata-se de um Platão muito diferente do que encontramos no agostinismo, na mística neoplatônica e no Pseudo-Dionísio Areopagita. É o Platão poeta, estilista da língua grega, dialético, de grandes dons literários, que influencia o humanismo renascentista. É curioso que, como ocorre frequentemente nesses momentos de inovação e ruptura, encontramos aí uma forte dose de sincretismo e ecletismo. Platão certamente não foi um humanista no mesmo sentido de Protágoras, a quem aliás sempre criticou, mas no Renascimento ambos são colocados lado a lado e contribuem para a formação da perspectiva humanista. Ao passo que Aristóteles – associado à filosofia teológica da escolástica, às provas da existência de Deus, à lógica a serviço dos dogmas – entra em declínio.

O humanismo rompe assim com a visão teocêntrica e com a concepção filosófico-teológica medieval, valorizando o interesse pelo homem considerado em si mesmo; por outro lado, significa também uma ruptura com a importância dada às ciências naturais após a redescoberta de Aristóteles ao final do séc. XII.

É nesse contexto que o tema da *dignitas hominis* ("dignidade do homem") adquire um novo sentido, opondo-se ao tema medieval da *miseria hominis* ("a miséria do homem"), o ser caído, descendente de Adão, marcado pelo pecado original. Giannozzo Manetti foi autor (1452-53) de um dos primeiros tratados sobre *A dignidade e excelência do homem*. Nicolau de Cusa escreve em seu *De conjecturis* (1443): "O homem é um Deus não em um sentido absoluto, porque é homem, mas é um Deus humano." E o humanista Giovanni Pico della Mirandola, provavelmente influenciado por Nicolau de Cusa, foi autor de uma *Oração sobre a dignidade do homem* (1486). Essas obras, de caráter ético, valorizam a liberdade humana, veem o homem como centro da Criação, e lhe atribuem uma dignidade natural, inerente à sua própria natureza enquanto ser humano. O homem é um microcosmo, que reproduz em si a harmonia do cosmo.

É significativo que o Renascimento como movimento artístico e cultural tenha surgido no séc. XV na cidade de Florença, então uma das mais ricas da Europa. Seus artesãos e banqueiros haviam construído sua riqueza nos séculos precedentes, e os frutos dessa riqueza se manifestavam agora nas artes plásticas, na literatura, na filosofia. Florença era então uma república, administrada pelos seus notáveis, pelas ligas e corporações de ofício. Seus governantes, os chanceleres, eram homens cultos e pragmáticos, e foram eles que empreenderam o movimento de reconstrução da cidade e de busca de uma nova identidade. Um desses chanceleres do séc. XV, Leonardo Bruni,[7] em 1428 compara Florença com Roma e Atenas, e é um grande defensor dos *studia humanitatis*, as humanidades, no lugar das questões teológicas e filosóficas da escolástica. A grande arte renascentista é inicialmente a arquitetura, que realiza o projeto de reconstrução física da cidade. Felipe Brunelleschi e Leon Battista Alberti são os arquitetos que criam os edifícios, capelas, prédios públicos, obras de arte que maravilham os visitantes de Florença até hoje. A tradição artística renascentista tem aí o seu berço. Trata-se de uma arte voltada para o homem, o homem comum florentino, artesão, artífice, cidadão, e não o senhor feudal medieval ou o alto dignitário da Igreja. É nesse momento que são retratadas pela primeira vez as cenas domésticas e os comerciantes burgueses, patronos dos artistas; os palácios e igrejas inspiram-se nas linhas geométricas da arquitetura clássica. Não temos mais apenas as estátuas dos santos que encontramos nas catedrais góticas, monumentos ao divino, ou figuras de reis e príncipes. Mesmo os retratos dos santos e figuras religiosas adquirem proporções humanas, como o *Davi*, o *São Marcos* e o *São Jorge* do grande escultor Donatello. O retrato mais famoso deste período, a *Mona Lisa* de Leonardo da Vinci (*c.*1503), representa apenas a esposa do comerciante Giocondo que o encomendou ao artista.

Valoriza-se o corpo humano como dotado de uma beleza própria que se expressa em sua proporção e em suas linhas harmoniosas, o que corresponde nas artes plásticas ao ideal da dignidade humana, a que nos referimos acima.

O humanismo também se expressou na literatura e na filosofia. Tradicionalmente considera-se o florentino Francesco Petrarca (1304-74) como o primeiro humanista, ou o precursor desse movimento. Vimos acima (II. l) que é com Petrarca que se origina a visão do período medieval como "idade das trevas". Petrarca não foi propriamente um filósofo, mas um poeta, um dos primeiros a escrever poemas em língua italiana, a defender a necessidade de retomada dos clássicos, sobretudo de Cícero, a valorizar a oratória e a retórica, a moral e a política, temas centrais na obra de Cícero, e a rejeitar as especulações metafísicas e teológicas dos medievais. Por outro lado, Petrarca foi também autor de tratados em latim e amigo de papas e cardeais. É essencialmente um homem de um período de transição, assim como o também florentino Dante Alighieri (1265-1321), que escreve sua *Divina comédia* em italiano, inaugurando o assim chamado *stil nuovo*, o "novo estilo"; que refere-se aos personagens da política de sua cidade, que se inspira no poeta romano Virgílio, mas que ainda conserva a temática religiosa e a visão hierárquica medieval em suas obras.

Um dos principais pontos de partida do humanismo foi o Grande Concílio Ecumênico que se realizou em Florença em 1431, sob a inspiração de Cosme de Médici, seu governante, visando aproximar a Igreja católica romana da Igreja ortodoxa grega, ou seja, o mundo europeu ocidental do Império Bizantino, o grande herdeiro da Roma imperial e da cultura grega, agora decadente e ameaçada pelos turcos.[8] O imperador bizantino João Paleólogo compareceu pessoalmente levando consigo teólogos e filósofos como Bessarion e Gemisto. O concílio não foi bem-sucedido, mas intensificou o fluxo de especialistas gregos para o Ocidente, o que se deu até a queda de Constantinopla (1453). Várias obras de Platão, Aristóteles e de outros filósofos e poetas foram traduzidas para o latim, discutidas e reinterpretadas. Cosme de Médici foi um grande colecionador de manuscritos e criou a Biblioteca de são Marcos para conservá-los. A invenção da imprensa por Gutenberg, na Alemanha, tornou possível logo em seguida a edição e divulgação de muitas dessas obras.

Sob a influência de Gemisto, um grande especialista em Platão – do qual se considerava a própria reencarnação, autodenominando-se "Pleton" –, cria-se em Florença a Academia Platônica, ou Academia Florentina, sob o patrocínio de Cosme, que entrega sua direção a Marsílio Ficino, um dos principais humanistas renascentistas. Nela se reuniram alguns dos mais importantes pensadores, artistas e políticos desta época, de Lorenzo de Médici, sucessor de Cosme, a Michelangelo. Essa academia servirá de modelo a muitas outras criadas em seguida. Procurava-se assim reviver o ambiente artístico, filosófico e cultural do que se imaginava, ou idealizava, ser o período clássico greco-romano. É nesse momento que voltam a entrar em cena autores muito esquecidos durante o período medieval e pelos quais o cristianismo não tivera grande interesse. Traduz-se para o latim e reedita-se (pelo humanista Ambrogio Traversari, 1430) as *Vidas dos filósofos* de Diógenes Laércio (séc. III), abrindo caminho para a retomada do estudo e da discussão de muitos filósofos gregos, principalmente estoicos, epicuristas e céticos.

Embora a escolástica, como dissemos, não tenha desaparecido e preservasse ainda sua influência, o humanismo representa o surgimento de uma nova alternativa de pensamento, um novo estilo e uma nova temática. Mesmo as questões religiosas recebem um tratamento diferente, como na *Teologia platônica* de Marsílio Ficino, que se inspira nos neoplatônicos, Plotino e Proclo, para tratar de questões como a Santíssima Trindade. A lógica aristotélica, identificada com as sutilezas dos argumentos escolásticos e a defesa dos dogmas, dá lugar a um interesse maior pela retórica, pela gramática e pela dialética, vista como arte de argumentar em público, discutir questões políticas e refutar os adversários. Lorenzo Valla (1407-57), um dos mais influentes humanistas desse período, foi um filólogo que discutiu a interpretação de textos clássicos, um especialista em retórica e oratória, adversário da lógica aristotélica, e defensor de uma moral inspirada no epicurismo contra o que considerava a versão superficial do estoicismo adotada por muitos nesta época.

Talvez o que melhor ilustre a importância da redescoberta dos clássicos pelo humanismo renascentista e do desenvolvimento de uma interpretação desses pensadores independente da feita pela escolástica se encontre no célebre afresco de Rafael *A Escola de Atenas*, pintado em 1510 no Vaticano para o papa Júlio II. O afresco reúne os mais importantes filósofos gregos da Antiguidade, tendo ao centro as figuras de Platão, que aponta para o alto e segura o texto do *Timeu*, e de Aristóteles que aponta para o chão e tem em suas mãos a *Ética*. Os filósofos e sábios se dividem em dois grupos que representam, por um lado, a tendência à abstração e à espiritualidade, Pitágoras e Parmênides, p.ex., próximos a Platão, e da estátua de Apolo; e por outro lado, os que representam o interesse pelas coisas práticas e pela ciência natural, p.ex., Euclides e Cláudio Ptolomeu, próximos a Aristóteles. Rafael situou a si mesmo e a seu mestre Leonardo da Vinci do lado de Aristóteles, talvez porque Platão desvalorizasse as artes plásticas como meras cópias do real. É curioso que esse afresco se encontre na Stanza della Segnatura, uma sala usada pelo Papa para assinar decretos, e não represente, na imagem central, santos ou teólogos, os padres da Igreja ou os apóstolos, mas pensadores pagãos.

O humanismo teve igualmente uma grande importância na política. Erasmo de Rotterdam (1466-1533) e Thomas Morus (1478-1535) preocuparam-se em aplicar os princípios da virtude inspirados na moral estoica e epicurista – a ética do equilíbrio e da moderação – no campo da política. Ao mesmo tempo, enquanto conselheiros dos reis – Morus chegou a chanceler de Henrique VIII da Inglaterra e Erasmo foi autor de um manual, *A educação de um príncipe cristão* (1516), dedicado ao futuro imperador Carlos V –, preocuparam-se em preservar a independência e liberdade de pensamento, o que custou a Morus sua própria vida, executado por ordem do rei. *O elogio da loucura* (1511) de Erasmo questiona, em um estilo profundamente irônico, o racionalismo estéril da escolástica aristotélica com seus silogismos e demonstrações, defendendo uma sabedoria intuitiva e natural. *A utopia* (1516) de Thomas Morus, uma das obras mais célebres e influentes dessa época, usa também de ironia para formular a imagem de um estado ideal, em que não há propriedade privada, defendendo a tolerância religiosa, criticando o autoritarismo dos reis e da Igreja e favorecendo a razão e a virtude naturais. A rejeição da tradição escolástica, do saber adquirido, da autoridade imposta pelos costumes e pela hierarquia, em favor de uma recuperação do que há de virtuoso e espontâneo na natureza humana individual, ponto de partida de uma nova ordem, é parte central do ideário humanista e encontra-se expressa magistralmente na obra desses dois autores. Essa visão do homem e da sociedade, da moral e da política será uma das bases da discussão filosófica da modernidade e reaparecerá, sob diferentes formulações, de Montaigne a Rousseau, de Hobbes aos iluministas.

Contudo, o pensador político mais original e influente desta época foi sem dúvida o florentino Nicolau Maquiavel (1469-1527), autor de um dos grandes clássicos da teoria política, *O príncipe* (1513, publicado em 1532). Maquiavel foi membro da chancelaria de Florença, onde ganhou experiência política, e pôde observar as práticas de seus contemporâneos. Foi no exílio que redigiu *O príncipe*, dedicado a Lorenzo de Médici, a quem pretende aconselhar na arte de assegurar e manter o poder político. Desenvolve uma análise histórica de diferentes situações em que os governantes se apossaram do poder ou o perderam, e sua preocupação é em grande parte pragmática e empírica, separando assim radicalmente a política da moral. O governante deve ser implacável em seu objetivo de exercer o poder, e este exercício eficaz do poder justifica a si mesmo. Sua principal qualidade é a *virtú*, que nada tem em comum com as virtudes cristãs, como a piedade e a humildade, mas, ao contrário, pressupõe coragem, habilidade e persistência. Devido ao caráter por vezes amoral de seus conselhos, a obra causou escândalo, dando origem ao termo depreciativo "maquiavelismo", e chegando a ser considerada irônica por alguns. Hoje tem sido reavaliada, sobretudo dada sua importância enquanto análise do poder como um fato político, independente de questões morais, e levando-se em conta como critério decisivo a sua eficácia.

O mais importante pensador do que poderíamos considerar a segunda geração de humanistas foi sem dúvida o francês Michel de Montaigne (1533-95). (Voltaremos a Montaigne em III. 1.E.) Montaigne, autor dos célebres *Essais* (*Ensaios*), um grande estilista da língua francesa e um dos criadores do ensaio como gênero literário, representa sobretudo o humanista enquanto individualista: o homem culto, sensível e equilibrado que lança um olhar crítico sobre o mundo que o cerca e reflete sobre ele de forma pessoal, apresentando seus pensamentos como fruto de uma experiência, sem nenhuma pretensão sistemática ou teórica. De família influente na política e nos negócios na cidade de Bordeaux, em 1571 Montaigne decide retirar-se para uma propriedade sua e dedicar-se a escrever seus "ensaios", embora posteriormente tenha retomado a vida pública vindo a ser prefeito de sua cidade e, devido a seu prestígio, negociador político entre os partidos dos católicos e protestantes então em guerra civil na França. Os *Ensaios*, publicados (1595) em edição completa após a sua morte, e em partes a partir de 1580, não têm um tema central, mas consistem em pensamentos, frequentemente digressões, em torno das questões que lhe parecem importantes, desde as lutas religiosas até a descoberta da América,[9] desde críticas à escolástica até a elaboração de um ponto de vista filosófico pessoal, influenciado pelo ceticismo antigo, mas também pelo estoicismo e pelo epicurismo.

C. A DESCOBERTA DO NOVO MUNDO

A descoberta do Novo Mundo, cujo marco inaugural é tradicionalmente 1492, a chegada de Cristóvão Colombo às Antilhas, contribui decisivamente para o descrédito e a perda de autoridade da ciência antiga cinquenta anos antes do questionamento da cosmologia ptolomaica por Copérnico. Revela a falsidade da geografia antiga, da *imago mundi* da tradição, desde a questão sobre a verdadeira dimensão da Terra até o desconhecimento dos novos territórios – a ideia de *novo mundo* precede assim a da *ciência nova* (termo efetivamente empregado por Galileu). Em consequência disso, muita coisa teve de ser inteiramente reformulada, da geografia de Strabo (séc.I) e de Cláudio Ptolomeu (séc.II) até a *Imago mundi* do cardeal Pierre d'Ailly, publicada em 1410 e uma das leituras favoritas de Colombo.

O erro dos modernos, contudo, não foi num primeiro momento muito diferente do dos antigos; ou seja, desconheceram de início onde haviam de fato chegado – seriam as Índias, ou mesmo o Japão? – e o que haviam de fato descoberto ou encontrado. Isso foi preservado na denominação "Novo Mundo", uma terra ainda sem nome, incógnita, posteriormente substituída por "Índias Ocidentais", até a denominação definitiva, América (1507), devido aos relatos de Américo Vespúcio que tiveram uma ampla divulgação na Europa.

À falsidade da geografia antiga acrescenta-se o desconhecimento da natureza: tanto da flora e da fauna, das novas terras, com árvores imensas e animais monstruosos – não encontráveis, por exemplo, na *Historia naturalis* de Plínio (ano 77), então ainda a principal referência na área –, quanto do ser humano. Junte-se ainda o descrédito e a falta de confiabilidade da ciência antiga e tem-se a constatação da necessidade de produção de um novo conhecimento, uma *nova* ciência natural sobre o *novo* mundo. Isso se justifica sobretudo devido a dois fatores: 1) a perda de autoridade da ciência antiga, que nada diz sobre a nova realidade, por omissão ou então devido ao conflito entre as antigas doutrinas; e 2) a inconfiabilidade das narrativas antigas sobre as regiões desconhecidas (como as da Atlântida, das Ilhas Afortunadas ou das Terras do Prestes João), que em nada correspondem ao encontrado, revelando a inutilidade da tradição para o conhecimento da nova realidade. Para Montaigne, "a narrativa de Aristóteles não está de acordo com nossas terras novas" ("Os canibais", *Ensaios*, I, 31).

Cabe um destaque especial ao desconhecimento sobre o ser humano, ou seja, sobre os habitantes nativos dessas terras, sua natureza e sua origem. É importante a esse propósito enfatizar que o descobrimento do Novo Mundo se dá no contexto do humanismo renascentista dos séculos XV-XVI, da valorização do ser humano, a *dignitas hominis*, e da discussão sobre a natureza humana e sua suposta universalidade, quando essa problemática adquire uma centralidade não encontrada no contexto histórico anterior, da escolástica medieval.

Esse é o momento de valorização do indivíduo empreendedor, que desafiando perigos e preconceitos realiza grandes descobertas e feitos. Os navegadores portugueses desde o início do século XV, assim como Colombo, são os grandes exemplos dessa nova concepção de homem que inclui ainda os *condottieri* italianos, os grandes artistas do Renascimento (de Leon Battista Alberti a Leonardo Da Vinci), os burgueses e comerciantes de Bruges a Florença que geram a grande riqueza dessa época.

Em relação às Américas uma distinção mais ampla, medieval, tradicional, é necessária: entre os impérios como os dos astecas (México), maias (América Central) e incas (Peru) – que permitiam uma analogia com os impérios antigos dos egípcios, assírios e persas, com seus reis, classe sacerdotal, templos e pirâmides – e as culturas tribais do Brasil e do Caribe, em geral considerados pelos primeiros colonizadores como povos totalmente bárbaros. Estes deviam ser evangelizados e catequizados em uma missão civilizatória; aqueles, os infiéis (em que se enquadram ainda os muçulmanos), deviam ser combatidos e submetidos.

Mas como identificar esses povos diante da total ausência de parâmetros? Seriam as dez tribos perdidas de Israel? Seriam o resultado de uma outra criação, a dos pré-adamitas, possibilidade discutida em um contexto posterior por nomes como Isaac de la Peyrère (1655)? Seriam seres sem o pecado original? Os povos tribais são representados assim como o puro contraponto do homem europeu, seu *outro*, seu oposto.

Ressalta-se aí a questão do canibalismo que identifica esses povos de imediato como bárbaros, permitindo assim tratá-los como se quiser, combatendo-os, aprisionando-os, escravizando-os e exterminando-os. A antropofagia é um velho tema, encontrado já em Heródoto, que atribui essa prática aos citas, antigos habitantes da região do mar Negro. O termo "canibalismo" vem de "canibal", utilizado por Colombo em seus relatos, cuja etimologia é uma corruptela de "carib", "feroz". O canibalismo aparece assim como uma acusação, utilizado contra os caribes por seus rivais nas Antilhas, os aruaques.

O argumento antropológico caracteriza-se sobretudo por um ceticismo acerca da existência de uma natureza humana universal e homogênea, levando a um relativismo cultural e à possibilidade de entender, classificar, categorizar essas diferentes culturas tão radicalmente distintas da europeia.

No caso do Novo Mundo, em que medida é possível recorrer aos padrões cristãos para julgá-los? A questão moral, sobretudo o questionamento da suposta superioridade moral cristã, é levantada por pensadores como Montaigne, num dos mais famosos de seus *Ensaios*, "Os canibais" (I, 31), e também em "Os coches" (III, 6).

Isso se dá precisamente a partir da década de 1530, no contexto da Reforma protestante, da cisão do cristianismo e das guerras religiosas daí decorrentes. Ocorre também no contexto do tema humanista da *miseria hominis*, levando no caso à demonização do indígena enquanto bárbaro, selvagem, em um sentido diferente do ser caído e pecador do pensamento medieval; mas ainda em contraste com a *dignitas hominis* do bom selvagem, do homem natural, integrado à natureza, epicúreo. Montaigne (I,31), buscando inspiração em Tácito no relato da guerra contra os germânicos, admirados por sua força e coragem, levanta a questão do ponto de vista dos indígenas, mostrando que eles nos ensinam uma lição sobre nós mesmos, são como um espelho, apontam nossas fragilidades, expõem nossa inferioridade. Os indígenas do Brasil fornecem assim, a Montaigne, um pretexto para a crítica da própria sociedade francesa de sua época.

Essa perplexidade diante dos indígenas e a dificuldade de entendê-los aparecem em um relato como o que se segue, atribuído a Américo Vespúcio:

> Esta figura mostra-nos a gente e a ilha descoberta pelo cristianíssimo rei de Portugal ou por seus súditos. Estas pessoas são nuas, belas e de cor parda, bem-feitas de corpo. Sua cabeça, pescoço, braços, partes íntimas e os pés dos homens e mulheres são ligeiramente cobertos de penas. Os homens também usam na face e no peito muitas pedras preciosas. Ninguém possui nada, mas todas as coisas são comuns. E os homens tomam por esposa as que mais lhes agradam, sejam elas suas mães, irmãs ou amigas, pois não fazem nenhuma distinção. Lutam mutuamente, comem-se uns aos outros, mesmo aqueles que massacram, e penduram a carne sobre o fumo. Vivem cento e cinquenta anos. E não possuem governo.

Pode-se observar nesse texto o contraponto entre o indígena e o homem europeu, desde as características físicas, como a nudez e as penas no corpo (uma óbvia confusão com adereços de penas), até o estilo de vida: o comportamento sexual, o canibalismo e a longevidade. A ausência de propriedade privada de um governo é destacada. Não importa que toda essa descrição seja pouco precisa e não corresponda aos hábitos e características desses povos, posteriormente mais bem conhecidos. As pedras preciosas, por exemplo, mencionadas no texto, não eram utilizadas por índios da costa do Brasil; não havia promiscuidade sexual, ao contrário: havia tabus sexuais bastante rigorosos, mas a poligamia era frequente; a longevidade mencionada era ilusória, e a ausência de governo simplesmente mostra a dificuldade do europeu de reconhecer como governo qualquer coisa que fosse radicalmente diferente do sistema europeu, pois certamente havia formas de gestão e estruturas de poder dentre os indígenas, bastante estudadas pela antropologia mais recentemente. Na verdade a visão do indígena pelo europeu resulta na fabricação de um ser fantástico, seu oposto mas também seu espelho. Descrevê-lo, procurar compreendê-lo, afinal só é possível recorrendo-se às categorias tradicionais – que, por definição, são inadequadas para isso.

O imaginário europeu busca assim construir uma explicação sobre a natureza desses povos que é essencialmente ambivalente, valorizando ora sua proximidade à natureza, quase que como Adão no paraíso, ora sua selvageria e brutalidade, que os aproximam dos animais.

Montaigne esteve presente em Rouen em 1562 quando o jovem rei Carlos IX recebeu alguns indígenas das Américas, e relata que após conhecerem o rei e a corte, e quando interrogados sobre o que tinham visto, os indígenas expressaram surpresa com o fato de homens adultos (a guarda suíça do rei) obedecerem a um menino e não escolherem um comandante entre eles; espantaram-se também com a existência de tanta pobreza e mendicância na França, ao lado do luxo que existia na corte, sem que os pobres se rebelassem (*Ensaios*, I, 31). Montaigne inverte assim a interpretação tradicional, mostrando que os europeus pareceriam aos indígenas tão bárbaros e de hábitos, valores e práticas tão incompreensíveis quanto eles aos europeus. Não há como julgar uma cultura senão da perspectiva de outra, e a única postura filosoficamente razoável diante disso é a tolerância, que Montaigne prega igualmente no campo dos conflitos religiosos. "Chamamos bárbaro aquilo que não faz parte de nossos costumes" ("Os canibais").

D. A REFORMA PROTESTANTE

O marco do início da Reforma protestante é tradicionalmente o episódio em que Lutero prega nas portas da Igreja de Todos os Santos em Wittenberg suas noventa e cinco teses contra os teólogos católicos da universidade e contra o papa Leão X (1517). No entanto, podemos considerar a Reforma de Lutero o ponto culminante de um processo de contestação dos rumos da Igreja católica desde os últimos séculos da Idade Média. A transferência da sede da Igreja para Avignon e a influência dos reis franceses sobre os papas durante esse período em muito contribuíram para a sua perda de autoridade. O envolvimento dos papas nas questões políticas da época foi também um fator gerador de conflitos. Além disso, o envolvimento político, a necessidade de manter exércitos e de sustentar os estados da Igreja – os territórios governados pelos papas na Itália – fizeram com que a Igreja necessitasse de grandes recursos financeiros, procurando obtê-los através da venda de indulgências e de outros favores a quem se dispusesse a pagá-los. As obras grandiosas patrocinadas pelos papas do Renascimento ilustram bem os custos imensos da Igreja nessa época, seu fausto e seu caráter muitas vezes mundano.

Na realidade, a ideia de "reforma" sempre foi bastante comum no desenvolvimento do cristianismo. Podemos quase dizer que o próprio cristianismo em seu surgimento é uma espécie de movimento de reforma do judaísmo, procurando torná-lo mais autêntico, mais fiel à visão dos profetas e menos submisso a Roma. Durante a Idade Média foram frequentes os movimentos reformistas dentro de ordens religiosas. Era comum um grupo de monges de determinada ordem fundar um mosteiro em que a regra da ordem era observada de forma mais estrita, isto é, "reformada" em alguns aspectos. Os conflitos gerados durante o período em que os papas estiveram em Avignon e no momento de seu retorno a Roma ao final do séc. XIV, o assim chamado "Grande Cisma", mostraram a necessidade de uma "reforma" da própria Igreja. Para isso foi convocado o Concílio de Constança (1414-18), que, se superou o cisma, não foi bem-sucedido na tarefa de realizar a Reforma.

Durante esse período eram comuns os pregadores em vários países da Europa, inclusive na Alemanha, defendendo a volta a um cristianismo mais simples e mais espiritual. Na Inglaterra, John Wycliffe (1320-84), um teólogo de Oxford, pregou contra Roma, mantendo a necessidade da pobreza do clero e criticando a hierarquia eclesiástica. Wycliffe traduziu o Novo Testamento e parte do Antigo para o inglês visando torná-lo acessível a todos os fiéis e, apesar de condenado, teve muitos seguidores. Dentre esses se destacou, na Boêmia, Jan Huss (1373-1415), que foi condenado à fogueira e que, por sua vez, teve influência sobre Lutero.

Martinho Lutero (1483-1546) nasceu em Eisleben, na Alemanha, estudou direito e entrou para a ordem dos agostinianos, formando-se em teologia em Wittenberg. Em uma visita a Roma em 1510 ficou chocado com a corrupção da sede da Igreja. A partir daí começou a defender a necessidade de uma reforma; sua posição vai se radicalizando pouco a pouco, e ele passa de um pregador da necessidade de reformas na Igreja a líder da Reforma. Condenado por Roma, recebe a proteção do imperador Frederico da Alemanha. Em 1520 publica seu *Manifesto à nobreza da nação alemã* e *A Igreja no cativeiro da Babilônia*, e em 1522 sua tradução da Bíblia para o alemão (concluída em 1534), visando torná-la mais acessível. Em seu tratado *De servo arbitrio* (1525), nega a liberdade individual, fazendo com que muitos humanistas, inclusive Erasmo, inicialmente simpático à Reforma, se afastem dele.

O protestantismo, movimento de oposição a Roma, difunde-se por outras regiões da Europa, com Ulrich Zwingli (1484-1531) na Suíça e posteriormente com Calvino (1509-64) em Genebra. Na Alemanha há levantes camponeses liderados pelo protestante Thomas Müntzer, violentamente reprimidos. O imperador Carlos V combate o protestantismo e condena Lutero na Dieta de Worms, porém muitos nobres alemães aderem à Reforma, inclusive por motivos políticos, como tentativa de preservar sua autonomia e evitar a influência política da Igreja.

A ruptura provocada pela Reforma é um dos fatores propulsores da modernidade, embora, segundo alguns intérpretes de seu pensamento, sob muitos aspectos Lutero se aproxime mais da teologia medieval agostiniana. Porém, a defesa da ideia de que a fé é suficiente para que o indivíduo compreenda a mensagem divina nos textos sagrados, a assim chamada "regra da fé" – não necessitando da intermediação da Igreja, dos teólogos, da doutrina dos concílios –, representa na verdade a defesa do individualismo contra a autoridade externa, contra o saber adquirido, contra as instituições tradicionais, todos colocados sob suspeita.

Lutero combate a escolástica, sobretudo a visão aristotélico-tomista, as provas da existência de Deus, o racionalismo. Sua concepção teológica baseia-se em uma interpretação da doutrina de santo Agostinho sobre a luz natural (ver II. 2.B), que todo indivíduo tem em si e que lhe permite entender e aceitar a Revelação. Inspira-se também em são Paulo: "o justo viverá pela fé" (*Romanos*, 1, 17). O critério de validade da interpretação das Escrituras é portanto a "regra da fé". Afirma Lutero:

[...] vi que as opiniões tomistas, mesmo que aprovadas pelo papa e pelos concílios, continuam sendo apenas opiniões e não se tornam artigos de fé, mesmo que um anjo dos céus decidisse ao contrário. Porque aquilo que é afirmado sem a autoridade das Escrituras ou da revelação comprovada pode ser mantido como uma opinião, mas não há obrigação de se acreditar nisso.[10]

E, finalmente, reafirma seu novo critério de forma ainda mais dramática quando se recusa a retratar-se diante da Dieta de Worms em 1521:

Vossa Majestade Imperial e Vossas Excelências exigem uma resposta simples. Aqui está ela simples e sem adornos. A menos que eu seja convencido de estar errado pelo testemunho das Escrituras (pois não confio na autoridade sem sustentação do papa e dos concílios, uma vez que é óbvio que em muitas ocasiões eles erraram e se contradisseram) ou por um raciocínio manifesto eu seja condenado pelas Escrituras a que faço meu apelo, e minha consciência se torne cativa da palavra de Deus, eu não posso retratar-me e não me retratarei acerca de nada, já que agir contra a própria consciência não é seguro para nós, nem depende de nós. Isto é o que sustento. Não posso fazê-lo de outra forma. Que Deus me ajude. Amém.[11]

Dois pontos são fundamentais nesta passagem: 1) A recusa por Lutero da autoridade institucional da Igreja (os papas e os concílios) que não é digna de crédito; e 2) a valorização da consciência individual, como dotada de autonomia e de uma autoridade que toma o lugar da Igreja e da tradição, por ser mais autêntica.

Podemos considerar assim que, de um ponto de vista filosófico, a Reforma aparece neste momento como representante da defesa da liberdade individual e da consciência como lugar da certeza, sendo o indivíduo capaz pela sua luz natural de chegar à verdade (em questões religiosas) e contestar a autoridade institucional e o saber tradicional, posições que se generalizarão além do campo religioso e serão fundamentais no desenvolvimento do pensamento moderno, encontrando-se expressas um século depois em seu mais importante representante, René Descartes. A ênfase dada por Lutero na passagem citada, à consciência, certamente prenuncia a filosofia de Descartes, bem como o espírito crítico característico da modernidade.

Se a discussão em torno da "regra da fé" abre caminho para o problema dos critérios do conhecimento, a discussão acerca do livre-arbítrio e da salvação levanta questões de natureza moral. Para Lutero, a salvação só é possível pela graça divina, e a graça é um dom de Deus, que independe do saber adquirido ou da obediência à autoridade eclesiástica. Rejeita assim a doutrina ética – de inspiração aristotélica e adotada pela escolástica tomista – da virtude adquirida. O esforço humano não desempenha nenhum papel na salvação, já que o homem não pode "comprar sua salvação", não pode fazer uma "barganha" com Deus, dependendo exclusivamente da graça, um dom divino e, por definição, *gratuito*. Essa ética tem certamente raízes antiescolásticas e agostinianas, porém entra em contradição com o espírito crítico do homem de fé como leitor da Bíblia e intérprete da palavra de Deus por suas próprias luzes, bem como com a defesa das liberdades civis contra a autoridade institucional defendidas pelo próprio Lutero em seu *Da liberdade do homem cristão* (1520). Essas contradições, que de certa forma afastam Lutero do espírito do humanismo, ficam claras em sua polêmica com Erasmo, a qual abordaremos adiante (III. 1.E).

A Reforma iniciada por Lutero rapidamente difundiu-se pela Europa, refletindo um anseio por autonomia política (por exemplo na Alemanha e nos Países Baixos) e liberdade de pensamento, uma insatisfação com a Igreja católica e com as doutrinas tradicionais. Wittenberg, a "Roma Germânica", tornou-se o centro do protestantismo, posição ocupada algumas décadas depois por Genebra, a capital do calvinismo. Em 1527 é criada a primeira universidade protestante em Marburg, seguindo-se outras. Em 1566 o Sínodo de Antuérpia estabelece a Igreja calvinista como religião oficial da República Holandesa, então em guerra com a Espanha. Os protestantes franceses, os "huguenotes", tornam-se uma importante força política, levando a França à guerra civil. Cria-se na Inglaterra a Igreja anglicana (1534), e a Escócia converte-se ao calvinismo (1560). Em pouco menos de 50 anos o panorama político e religioso europeu altera-se profundamente, e a discussão de questões filosóficas, teológicas e doutrinárias relacionadas à Reforma tem um papel fundamental no cenário intelectual da época.[12]

A Igreja católica inicia uma ofensiva contra o protestantismo: a Contrarreforma. O Concílio de Trento (1545-63) estabelece as bases doutrinárias e litúrgicas do catolicismo, reforça a autoridade do papa e dá à Igreja o perfil que esta terá praticamente até o Concílio do Vaticano II (1962-65). No Concílio de Trento a obra de são Tomás de Aquino é colocada no altar ao lado da Bíblia. A Inquisição ganha nova força, assim como surgem novas ordens religiosas de caráter militante como a Companhia de Jesus de santo Inácio de Loyola (1534). No século seguinte, a Guerra dos Trinta Anos (1618-48), de que Descartes participa, opõe católicos e protestantes e espalha-se por toda a Europa.

A ética protestante, principalmente calvinista, ao considerar os protestantes como predestinados e valorizar a liberdade individual, a livre-iniciativa e a austeridade, terá grande importância no desenvolvimento econômico da Europa, sobretudo em regiões como os Países Baixos e a Inglaterra, permitindo a acumulação do capital que, reinvestido por sua vez nos grandes empreendimentos comerciais e mercantis, como a Companhia das Índias, levará ao surgimento de uma classe burguesa detentora de riqueza e de poder político.[13]

E. A REVOLUÇÃO CIENTÍFICA

A revolução científica moderna tem seu ponto de partida na obra de Nicolau Copérnico, *Sobre a revolução dos orbes celestes* (1543),[14] em que este defende matematicamente (através de cálculos dos movimentos dos corpos celestes) um modelo de cosmo em que o Sol é o centro (sistema heliocêntrico), e a Terra apenas mais um astro girando em torno do Sol, rompendo deste modo com o sistema geocêntrico formulado no séc. II por Cláudio Ptolomeu em que a Terra se encontra imóvel no lugar central do universo (cuja origem era o *Tratado do céu* de Aristóteles, embora com importantes diferenças). Representa assim um dos fatores de ruptura mais marcantes no início da modernidade, uma vez que ia contra uma teoria estabelecida há praticamente vinte séculos, constitutiva da própria maneira pela qual o homem antigo e medieval via a si mesmo e ao mundo a que pertencia.

Na verdade, podemos considerar que o interesse pelas ciências naturais se inicia com a reintrodução na Europa ocidental, a partir do final do séc. XII, da obra de Aristóteles e de seus intérpretes árabes. Embora a revolução científica moderna inspire-se muito em Platão, pela valorização da matemática na explicação do cosmo, e nos pitagóricos, que já teriam antecipado o modelo heliocêntrico proposto por Copérnico (segundo ele próprio admite),[15] Aristóteles é o responsável pela ênfase na pesquisa experimental e na importância da investigação da natureza. Portanto, quando os modernos rejeitam o aristotelismo, esta rejeição se explica pelo modelo geocêntrico de cosmo adotado pelos aristotélicos e pelo uso, talvez mesmo o abuso, escolástico da lógica aristotélica na demonstração de verdades universais e necessárias, em detrimento da observação e da experiência. Por esse motivo, a contribuição de Aristóteles acaba não sendo devidamente reconhecida.

Já no séc. XIII alguns filósofos se distanciaram da física e da astronomia de Aristóteles, principalmente quanto à sua explicação de movimento, procurando alternativas e recorrendo à matemática. Podemos mencionar nessa linha Roberto Grosseteste (c. 1175-1253), Roger Bacon (1214-92) e Nicolau de Oresme (c.1323-82), bem como a chamada escola franciscana do Merton College de Oxford (séc. XIV). Roberto Grosseteste destaca-se como um pensador original, valorizando a observação da natureza e a importância da geometria. Alguns de seus tratados, como o De luce (Sobre a luz), De sphaera (Sobre a esfera) e o Hexaëmeron (Sobre os seis dias da Criação), são bastante inovadores do ponto de vista da discussão cosmológica.

Entretanto, a cosmologia não poderia ser considerada independentemente de seus pressupostos metafísicos e teológicos, o que muitas vezes gerava conflitos. Ptolomeu, no Almagesto (séc. II), e os astrônomos de Alexandria já haviam criticado a concepção aristotélica de cosmo, rompendo com a visão de um céu constituído por esferas homocêntricas (tendo um centro comum). Mostraram que esse modelo não "salvava os fenômenos", ou seja, não representava adequadamente aquilo que as observações astronômicas e os cálculos matemáticos nos revelavam sobre os céus. Porém, o modelo aristotélico era estritamente teórico, fundamentado em sua concepção de matéria e em sua visão de um cosmo hierárquico. As esferas homocêntricas eram uma exigência da própria ideia de um cosmo harmonioso e perfeito. O modelo ptolomaico[16] e alexandrino dos epiciclos (esferas excêntricas, com diferentes centros), alternativo ao de Aristóteles, salvava os fenômenos, mas ia contra esse ideal de perfeição.

São Tomás de Aquino (Suma teológica I, questão 32, art. 1), por exemplo, defende Aristóteles contra os astrônomos de Alexandria, sustentando que, enquanto esses astrônomos baseavam suas hipóteses em observações e cálculos, a teoria aristotélica era deduzida de primeiros princípios, sendo, portanto, mais verdadeira. Rejeita assim a verificação de uma hipótese como um argumento conclusivo para sua aceitação, argumentando que a verificação, por definição limitada e imperfeita, não pode suplantar os princípios metafísicos estabelecidos racionalmente, nem tampouco as verdades universais e necessárias deduzidas logicamente. Segundo essa visão, é mais importante salvar a física aristotélica – e portanto seu sistema como um todo, sua unidade e coerência interna – do que salvar os fenômenos.

Uma das principais transformações do ponto de vista da metodologia científica está precisamente na inversão dessa ordem de prioridades. A ciência moderna surge quando se torna mais importante salvar os fenômenos e quando a observação, a experimentação e a verificação de hipóteses tornam-se critérios decisivos, suplantando o argumento metafísico. Trata-se, no entanto, como quase sempre na história das ideias, de um longo processo de transição, muito mais do que de uma ruptura radical. Ao longo desse processo, desde os franciscanos do Merton College (séc. XIV) até Galileu (1564-1642) e Newton (1643-1727) temos diferentes pensadores, filósofos, teólogos, matemáticos, astrônomos, que contribuíram com diferentes ideias, levando finalmente às profundas transformações na visão científica do séc. XVII, tanto em relação ao modelo de cosmo quanto aos aspectos metodológicos da ciência moderna. Examinaremos em seguida, brevemente, algumas das principais contribuições que levam a isso.

O tratado de Copérnico *Sobre a revolução dos orbes celestes* foi motivado por uma consulta feita pelo papa Leão X e pelo Concílio de Latrão, visando a reforma do calendário juliano, estabelecido pelos romanos, que ainda vigorava na época. Sentindo a necessidade de refazer os cálculos de Ptolomeu sobre o movimento do Sol e da Lua, Copérnico desenvolve suas pesquisas e propõe a hipótese heliocêntrica, recorrendo, como ele mesmo indica, às teorias dos antigos pitagóricos. Na verdade, o modelo heliocêntrico copernicano rompe com o sistema aristotélico-ptolomaico em um aspecto fundamental que é a adoção do Sol, e não da Terra, como centro, porém conserva ainda a concepção de um *cosmo fechado*, tendo como limite a esfera das estrelas fixas, típico da visão antiga. Será apenas progressivamente que a ideia de um *universo infinito* será incorporada à ciência moderna.

Podemos considerar que são fundamentalmente duas as grandes transformações que levarão à revolução científica: 1) Do ponto de vista da *cosmologia*, a demonstração da validade do modelo heliocêntrico, empreendida por Galileu; a formulação da noção de um universo infinito, que se inicia com Nicolau de Cusa e Giordano Bruno; e a concepção do movimento dos corpos celestes, principalmente da Terra, em decorrência do modelo heliocêntrico; 2) do ponto de vista da ideia de *ciência*, a valorização da observação e do método experimental, i.e., uma ciência *ativa*, que se opõe à ciência *contemplativa* dos antigos; e a utilização da matemática como linguagem da física, proposta por Galileu sob inspiração platônica e pitagórica e contrária à concepção aristotélica. A *ciência ativa* moderna rompe com a separação antiga entre a ciência (*episteme*), o saber teórico, e a técnica (*téchne*),[17] o saber aplicado, integrando ciência e técnica e fazendo com que problemas práticos no campo da técnica levem a desenvolvimentos científicos, bem como com que hipóteses teóricas sejam testadas na prática, a partir de sua aplicação na técnica.

A revolução científica moderna resulta portanto da conjugação desses fatores, para o que contribuíram diferentes pensadores ao longos dos séculos XV a XVII, sendo que, em certos aspectos, rompe de fato decisivamente com a ciência antiga, mas em outros inspira-se ainda em teorias clássicas. Só com Newton, praticamente já no séc. XVIII, é que teremos a formulação de uma ciência físico-matemática plenamente elaborada em um sistema teórico.

O modelo heliocêntrico de cosmo foi inicialmente proposto por Copérnico, baseado, segundo suas próprias palavras, nos antigos pitagóricos. De início, foi proposto apenas como hipótese, o que o tornava mais facilmente aceitável. Mas não foi aceito de imediato, apesar da maior precisão dos cálculos de Copérnico, talvez porque abalasse as crenças mais profundas do homem antigo e medieval como a ideia da Terra fixa no centro do universo. É curioso, por exemplo, que o grande astrônomo dinamarquês Tycho Brahe (1546-1601) chegue a propor um sistema intermediário, o **sistema ticônico**, em que a Terra permanece no centro do cosmo, o Sol gira em torno da Terra e os planetas, por sua vez, giram em torno do Sol. Embora essa imagem soe absurda hoje, ela mostra como de fato as mudanças foram progressivas. É apenas com Galileu, já no século XVII, que se dá o que podemos considerar a demonstração empírica do modelo copernicano, graças ao uso do telescópio. Inicialmente usado para fins militares, o telescópio, inventado nos Países Baixos e aperfeiçoado por Galileu, é dirigido por ele aos céus. Galileu é capaz de observar então as luas do planeta Júpiter, que apresentavam, segundo ele, uma espécie de modelo em miniatura do sistema solar. Quando Galileu é interpelado pela Igreja em Roma e sugere que os cardeais olhem através de seu telescópio, ouve como resposta, na linha dos argumentos de são Tomás, que nenhuma verificação empírica pode suplantar as antigas doutrinas, porque a observação é limitada e imperfeita.

Como dissemos acima, Copérnico ainda adota a ideia de um cosmo fechado e limitado pela última das esferas, a esfera das estrelas fixas. A ideia de um cosmo infinito, de um universo aberto,[18] tem na verdade uma origem mais metafísica do que estritamente física ou astronômica. Seu ponto de partida se encontra em Nicolau de Cusa, um cardeal alemão do Renascimento, que em sua obra de inspiração neoplatônica *De docta ignorantia* (*Sobre a sábia ignorância*), de 1440, introduz a ideia de um universo sem limite, indeterminado, em suas palavras, *immensum*, bem como sem centro e sem circunferência. Giordano Bruno, um admirador de Copérnico, leva adiante essa ideia, propondo em seu *De l'Infinito universo e mondi* (*Sobre o universo infinito e os mundos*), de 1583, a concepção de um universo infinito, influenciado pelo neoplatonismo. Em 1600 Giordano Bruno é queimado na fogueira como herege. Em 1616 a Inquisição condena a obra de Copérnico. Um dos argumentos utilizados é que, nas Escrituras, Josué pede a Jeová que faça o Sol parar no céu até a derrota de seus inimigos (Josué, 10, 11-13); ora, se o Sol parou, é porque se movia em torno da Terra. Também no Salmo 93 é dito que "o mundo permanece imóvel".

Em 1609 o astrônomo alemão Johannes Kepler, um discípulo de Tycho Brahe, defende em sua *Astronomia nova sive physica coelestis* (*Nova astronomia ou física celeste*) a ideia de que o universo é regido por leis matemáticas, embora Kepler se inspirasse em uma concepção platônico-pitagórica. É na verdade Galileu em seu *Il saggiatore* (*O ensaiador*) quem diz: "A natureza é um livro escrito em linguagem geométrica; para compreendê-la é necessário apenas aprender a ler esta linguagem." Este parece ser o ponto de partida do **mecanicismo** como modelo físico de universo. O mecanicismo vê a natureza como um mecanismo, constituído de elementos que, como as engrenagens de um relógio, a fazem funcionar impulsionados por uma força externa. A função da ciência é descrever a natureza desses elementos e as leis e princípios que explicam seu funcionamento.

Há contudo uma diferença entre a concepção que começa a ser desenvolvida por Galileu e a que encontramos ainda em Kepler, para quem o recurso à matemática parte de uma inspiração platônica e pitagórica, a matemática representando a perfeição formal. Para Galileu, dizer que a matemática é a linguagem da natureza significa dizer que a nova física deve tratar o espaço como abstrato e o movimento como uma relação entre dois pontos no espaço, o que pode ser expresso através de uma equação. Por outro lado, Kepler já havia descrito as órbitas dos planetas como elípticas, enquanto Galileu ainda postulava a ideia de órbitas circulares. Isso mostra como a posição dos diferentes cientistas da época era ambivalente e como um mesmo cientista poderia adotar posições avançadas acerca de certas questões e tradicionalistas acerca de outras.

Podemos considerar Galileu de certa forma o ponto de chegada de um processo de transformação da antiga visão de mundo e de ciência inaugurada dois séculos antes no início do Renascimento. Galileu sintetiza, sistematiza, elabora e desenvolve a contribuição desses diferentes pensadores em uma obra genial – que terá grande influência em seu tempo e no desenvolvimento da física a partir daí –, mas está longe de ser o criador original e solitário da nova ciência. Mesmo a ideia de uma ciência experimental já era corrente na época do Renascimento, inclusive em outros campos do saber, além da física e da astronomia.

Talvez um dos melhores exemplos desse interesse pela técnica e pela ciência experimental se encontre em Leonardo da Vinci (1452-1519). O grande pintor italiano foi um inventor de objetos mecânicos, desenhando modelos de máquinas e objetos voadores, além de demonstrar um interesse profundo por anatomia e biologia, ilustrando, por exemplo, o processo da gestação desde a inseminação até o desenvolvimento do feto no útero. Este interesse pela biologia e pelas artes médicas tem seu ponto alto no maior anatomista da época, André Vesalius, cuja obra *De humanis corporis fabrica* (*A estrutura do corpo humano*), detalhadamente ilustrada, foi publicada no mesmo ano do tratado de Copérnico (1543). Outras obras importantes dessa época no campo da técnica são a *Pirotechnia* de Biringuccio (1480-1539), um tratado de metalurgia, e *De re metallica* de Georg Bauer (1490-1555).

O humanismo renascentista havia colocado o homem no centro de suas preocupações éticas, estéticas, políticas. A Reforma protestante valorizara o individualismo e o espírito crítico, bem como a discussão de questões éticas e religiosas. A revolução científica pode ser considerada uma grande realização do espírito crítico humano, com sua formulação de hipóteses ousadas e inovadoras e com sua busca de alternativas para a explicação científica; porém, ao tirar a Terra do centro do universo e ao trazer para o primeiro plano a ciência da natureza, se afasta dos temas centrais do humanismo e da Reforma, sofrendo em muitos casos a condenação tanto de protestantes quanto de católicos. O homem deixa de ser o microcosmo que reflete em si a grandeza e a harmonia do macrocosmo, as novas teorias dissociando radicalmente a natureza do universo da natureza humana.

É significativo, portanto, que Descartes, talvez o filósofo mais importante e mais representativo desse período, dedique toda a sua obra quase que exclusivamente à questão da possibilidade do conhecimento e da fundamentação da ciência, defendendo as novas teorias científicas e o modelo de ciência que pressupõem.

Lemos nos estatutos da *Royal Society* inglesa, redigidos em 1663 pelo cientista Robert Hooke, inventor da bomba a vácuo: "O objetivo da *Royal Society* é melhorar o conhecimento das coisas naturais e de todas as artes úteis, manufaturas, práticas mecânicas, engenhos e invenções, por meio de experiências (sem se imiscuir em teologia, metafísica, moral, política, gramática, retórica ou lógica)."

Isso revela mais uma vez como o pensamento moderno em sua gênese não constitui um todo orgânico, um pensamento uniforme ou homogêneo, sendo o resultado de diferentes contribuições, muitas vezes contraditórias, de pensadores em diversos campos do saber. Forma-se assim um mosaico que, visto a distância pelo olhar retrospectivo da história da filosofia, apresenta uma imagem que possui maior unidade do que se examinado de perto, quando o encaixe das peças não é tão nítido.

Devemos também ser cautelosos ao considerar a ciência moderna como o triunfo da racionalidade contra o obscurantismo medieval. Em muitos aspectos a escolástica medieval, com sua inspiração aristotélica e seu recurso à lógica, foi mais racionalista do que a ciência moderna. As novas teorias científicas acerca do cosmo, da natureza da matéria, do infinito e da importância da matemática tiveram frequentemente uma inspiração pitagórica e neoplatônica, em alguns casos até mesmo mística. Kepler tinha um grande interesse pela astrologia e fazia horóscopos; Descartes era Rosacruz; o próprio Newton interessava-se por astrologia e alquimia. O grande alquimista e astrólogo Paracelso (1493-1541) foi contemporâneo dos humanistas. O melhor exemplo disso foi o enorme sucesso nesse período do *Corpus hermeticum*, uma série de escritos gregos considerados um pouco posteriores aos escritos de Moisés, de caráter místico, atribuídos a Hermes Trimegistos ("Hermes Três Vezes Grande"), uma encarnação do deus egípcio Thot. Trata-se de textos de caráter místico, que contêm uma sabedoria oculta e combinam questões cosmológicas e teológicas em uma linguagem poética e oracular. Esses textos foram traduzidos por Marsílio Ficino, o grande humanista tradutor de Platão, e serviram em parte de inspiração às novas cosmologias e à ruptura com o espírito da escolástica. Apenas em 1617 o erudito Isaac Casaubon revelou serem esses textos apócrifos, pertencendo a um período bastante posterior, já dos primeiros séculos do cristianismo, combinando elementos cristãos, gnósticos e fontes anteriores. De fato, o rompimento com esse pensamento místico, iniciático e ocultista só ocorrerá com o Iluminismo do séc. XVIII, de caráter racionalista e secular, valorizando a experimentação e o materialismo e criticando a superstição.

F. A RETOMADA DO CETICISMO ANTIGO

É curioso que o ceticismo antigo, tanto em sua vertente pirrônica quanto acadêmica, tenha sido praticamente ignorado no período medieval, e ressurgido de maneira tão forte no início do pensamento moderno, podendo mesmo ser considerado uma das correntes filosóficas mais importantes e influentes da época, com uma contribuição decisiva para a formação desse pensamento, como demonstrou Richard Popkin.[19]

O interesse pelo ceticismo antigo é retomado no Renascimento como parte do movimento de volta aos clássicos. A Idade Média havia em grande parte ignorado os céticos devido à refutação do ceticismo por santo Agostinho em seu diálogo *Contra acadêmicos*, embora alguns pensadores da patrística dos primeiros séculos da era cristã, como Eusébio e Lactâncio, tenham discutido argumentos dos filósofos céticos. No contexto da retomada dos clássicos destaca-se a obra de Cícero (séc.I a.C.), um grande mestre de retórica e oratória, um grande estilista da língua latina, autor de um tratado político sobre a república romana e um pensador preocupado com questões de ética. Todos esses elementos foram bastante valorizados pelos humanistas. Cícero é sem dúvida um dos filósofos mais influentes nessa volta aos clássicos. Além disso, seu diálogo *Hortensius*, hoje perdido, foi o ponto de partida do interesse filosófico de santo Agostinho, o que o tornava aceitável aos cristãos. Tudo isso explica sua importância e influência nesse momento. Ora, Cícero, um pensador eminentemente eclético, foi também autor dos *Academica*, um diálogo sobre o ceticismo, e uma das fontes principais da retomada dessa filosofia.

Outra fonte importante foi Diógenes Laércio, cuja *Vida e doutrina dos filósofos ilustres*, traduzida para o latim no séc. XV, constitui o ponto de partida da redescoberta de muitos filósofos antigos até então ignorados, bem como o modelo de algumas histórias da filosofia, ou quase "crônicas filosóficas", que serão escritas em seguida. Finalmente, a obra de Sexto Empírico, o principal expositor do ceticismo antigo em sua vertente pirrônica, é traduzida no séc. XVI, passando a influenciar fortemente o pensamento filosófico, principalmente quanto à discussão sobre a natureza humana e sobre a possibilidade do conhecimento de Montaigne a Hume e Kant. Os *tropos*, argumentos tradicionais dos céticos contra os dogmáticos, encontram-se presentes em muitos filósofos desse período.

As fontes céticas estavam portanto disponíveis e o contexto da época – com suas crises profundas, rupturas e conflitos – favorecia a retomada das discussões dos céticos antigos. Examinemos um pouco melhor estes pontos de retomada do ceticismo.

Os céticos se destacaram na Antiguidade pelo questionamento das pretensões dogmáticas ao saber e por apontarem a inexistência de um critério decisivo para resolver disputas e conflitos entre teorias rivais. Ora, a crise da escolástica, a rivalidade entre protestantes e católicos, aristotélicos e platônicos, bem como a oposição entre ciência antiga e ciência moderna, parecem reproduzir exatamente o cenário de conflito de doutrinas discutido pelos céticos, despertando assim o interesse pelos argumentos desses filósofos.

Além disso, os céticos foram talvez os primeiros filósofos a questionar a possibilidade do conhecimento e a levantar a questão sobre os limites da natureza humana do ponto de vista cognitivo, o que será um dos grandes temas do pensamento moderno até Kant.

Nicolau de Cusa, em seu *De docta ignorantia* (1440), é um precursor dessa temática, argumentando que os limites de nosso entendimento só podem ser superados pela fé. Em seu *De conjecturis* sustenta que todo conhecimento é conjectural e que a certeza é impossível, atacando as demonstrações lógicas dos aristotélicos e propondo em lugar disso uma arte conjectural com tabelas numéricas de inspiração pitagórica e neoplatônica. A única saída está no elemento divino na natureza humana; vê assim o homem como um microcosmo que reflete em si a grandeza do macrocosmo.

Argumentos nessa linha, contra as pretensões tradicionais à cientificidade, encontram-se em Cornelio Agripa de Nettesheim (1486-1535), um antigo defensor do ocultismo, cujo *De incertitudine et vanitate scientiarum et artium* (*Sobre a incerteza e o caráter vão das artes e das ciências*) defende a revelação e a fé como únicas possibilidades de superar a incerteza de uma ciência incapaz de alcançar o verdadeiro saber.

O principal crítico da ciência tradicional e do método aristotélico foi o médico de origem portuguesa Francisco Sanchez (1550-1623). Em sua obra *Quod nihil scitur* (*Que nada se sabe*), de 1581, Sanchez ataca o ideal de uma ciência dedutivamente demonstrada, defendendo a experimentação e a verificação como único método aceitável, ainda que possibilitando apenas conclusões parciais e limitadas.

Erasmo de Rotterdam, em sua polêmica com Lutero acerca do livre-arbítrio, já havia levantado o problema do critério quanto à questão da interpretação das Sagradas Escrituras. Contra a defesa por Lutero da interpretação do fiel baseada em sua luz natural como mais autêntica do que a da Igreja, Erasmo contra-argumenta que não temos por que considerar essa interpretação como melhor, já que não temos um critério independente para avaliá-la, o que só seria possível por meio de um acesso direto à palavra de Deus. Não há motivo portanto, segundo Erasmo, para não aceitarmos a interpretação tradicional, já que no fundo todas se equivalem. A oposição entre a interpretação protestante e a católica suscita assim a problemática, tipicamente cética, da ausência de um critério conclusivo para se resolver a divergência.

No entanto, é talvez Michel de Montaigne (1533-92) quem pode ser considerado o filósofo mais importante desse período, quanto à retomada e ao desenvolvimento do ceticismo, inclusive devido à sua influência em Descartes. Na "Apologia de Raymond Sebond", um dos textos mais longos dos *Ensaios*, Montaigne faz uma apresentação dos argumentos e princípios básicos do ceticismo antigo, que serviu de ponto de partida para muitas das discussões sobre o ceticismo nos sécs. XVI e XVII. Sua visão cética tem na verdade uma dimensão mais ética do que epistemológica ao defender um ideal de vida equilibrado e moderado. Essa posição foi importante devido ao grande prestígio político e intelectual de Montaigne, defensor da necessidade de adoção de uma atitude de tolerância religiosa no momento em que a França se encontrava dividida entre católicos e protestantes em guerra. Segundo Montaigne, não temos argumentos racionais para a defesa da religião, todos os argumentos sendo questionáveis pelo ceticismo; não há portanto por que defender uma determinada religião contra as outras em um sentido tão radical que leve à guerra, à morte e à destruição. Montaigne adota assim um fideísmo moderado: já que não há argumentos em favor de uma determinada interpretação filosófica ou teológica da religião, é a fé que deve prevalecer. A fé não necessita de defesa racional, ou de argumentos a seu favor, por ser uma experiência do indivíduo, e é nisso que se apoia.

A visão cética de Montaigne pode ser considerada um dos pontos de partida do subjetivismo e do individualismo que encontramos na obra de filósofos do séc. XVII como Descartes. Diante de um mundo de incertezas, mergulhado em guerras e conflitos religiosos e políticos, o homem refugia-se dentro de si.

QUADRO SINÓTICO

- **Conceito de modernidade:** ruptura com a tradição, oposição entre o antigo e o novo, valorização do novo, ideal de progresso, ênfase na individualidade, rejeição da autoridade institucional.
- **Principais causas:** Grandes transformações no mundo europeu dos sécs. XV-XVI como a descoberta do Novo Mundo (Américas); surgimento de importantes núcleos urbanos em algumas regiões, principalmente na Itália (Florença); desenvolvimento de atividade econômica, sobretudo mercantil e industrial.
- **Humanismo renascentista:** importância das artes plásticas, retomada do ideal clássico greco-romano em oposição à escolástica medieval, valorização do homem enquanto indivíduo, de sua livre-iniciativa e de sua criatividade.
- **Reforma protestante:** crítica à autoridade institucional da Igreja, valorização da interpretação da mensagem divina nas Escrituras pelo indivíduo, ênfase na fé como experiência individual.
- **Revolução científica:** rejeição do modelo geocêntrico de cosmo e sua substituição pelo modelo heliocêntrico, noção de espaço infinito, visão da natureza como possuindo uma "linguagem matemática", ciência ativa x ciência contemplativa antiga.
- **Redescoberta do ceticismo:** a oposição entre o antigo e o moderno suscita a problemática cética do conflito das teorias e da ausência de critério conclusivo para a decisão sobre a validade destas teorias.

LEITURAS ADICIONAIS

BIGNOTTO, Newton. *As origens do republicanismo moderno.* Belo Horizonte, UFMG, 2001.

BURKHARDT, A. *A cultura do Renascimento na Itália.* São Paulo, Companhia das Letras, 1991.

BURTT, E. A. *As bases metafísicas da ciência moderna.* Brasília, Ed. UnB, 1983.

FALCON, Francisco e Antonio Edmilson Rodrigues. *A formação do mundo moderno.* Rio de Janeiro, Campus/Elsevier, 2006.

KOYRÉ, A. *Estudos de história do pensamento científico.* Rio de Janeiro, Forense, 1982.

_____. *Do mundo fechado ao universo infinito.* Rio de Janeiro-São Paulo, Forense/USP, 1979.

JAPIASSÚ, H. *A revolução científica moderna.* Rio de Janeiro, Imago, 1985.

_____. *As paixões da ciência: Estudos de história das ciências.* São Paulo, Letras & Letras, 1991.

MAQUIAVEL, N. *O príncipe.* São Paulo, Martins Fontes, 1995.

MARICONDA, Pablo Rúben e Júlio Vasconcelos. *Galileu e a nova física.* São Paulo, Odysseus, 2006.

MOURÃO, Ronaldo Rogério de Freitas. *Copérnico: pioneiro da revolução astronômica*. São Paulo, Odysseus, 2005.

PINZANI, Alessandro. *Maquiavel e O Príncipe*. Rio de Janeiro, Zahar, 2004.

POPKIN, R.H. *O ceticismo de Erasmo a Spinoza*. Rio de Janeiro, Francisco Alves, 1997.

ROSSI, P. *A ciência e a filosofia dos modernos*. São Paulo, Unesp, 1992.

SCRUTON, R. *Introdução à filosofia moderna*. Rio de Janeiro, Zahar, 1982.

SKINNER, Quentin. *As fundações do pensamento político moderno*. São Paulo, Companhia das Letras, 1996.

QUESTÕES E TEMAS PARA DISCUSSÃO

1. Quais as principais características da modernidade?
2. Por que a ideia de "moderno" tem frequentemente para nós um sentido positivo?
3. O que significa "humanismo"?
4. Qual a importância da arte no Renascimento?
5. Por que Lutero deu início à Reforma?
6. Em que sentido a Reforma protestante pode ser considerada parte da modernidade?
7. Como podemos entender o individualismo em relação ao humanismo renascentista e à Reforma protestante?
8. Quais as ideias centrais da revolução científica moderna?
9. Em que sentido o conceito moderno de ciência difere do antigo?
10. Como podemos entender as mudanças na visão de mundo que ocorrem neste período?
11. Qual o impacto da descoberta do Novo Mundo sobre a visão de mundo europeia tradicional?
12. Em que medida o contexto do início da modernidade é propício à retomada do ceticismo antigo?
13. Quais as principais características do ceticismo no início do pensamento moderno?

2

DESCARTES E A FILOSOFIA DO COGITO

A. O FILÓSOFO E SEU TEMPO: A MODERNIDADE DE DESCARTES

A filosofia de Descartes inaugura de forma mais acabada o **pensamento moderno** propriamente dito, juntamente com a dos empiristas ingleses. Pensamento antecipado e preparado, é claro, pelo humanismo do séc. XVI, pelas novas concepções científicas da época e pelo ceticismo de Montaigne e de outros, que examinamos no capítulo anterior. Entender as linhas mestras do pensamento de Descartes é, portanto, entender o sentido mesmo dessa **modernidade**, que ele tão bem caracteriza e da qual somos herdeiros até hoje, ainda que sob muitos aspectos vivamos precisamente a sua crise.

O tempo de Descartes é também um tempo de profunda crise da sociedade e da cultura europeias, um tempo de transição entre uma tradição que ainda sobrevive muito forte e uma nova visão de mundo que se anuncia. O séc. XVI, ao final do qual nasce Descartes (1596), é um período de grandes transformações, de ruptura com o mundo anterior, como vimos. As grandes navegações, iniciadas já no séc. XV, e principalmente a descoberta da América vão alterar radicalmente a própria imagem que os homens faziam da Terra. As teorias científicas de Nicolau Copérnico, Giordano Bruno, Galilei e Johannes Kepler vão revolucionar a maneira de se considerar o mundo físico, dando origem a uma nova concepção de universo. A Reforma de Lutero vai abalar a autoridade universal da Igreja católica no Ocidente, valorizando a interpretação da Bíblia pelo próprio indivíduo. A decadência do sistema feudal e o surgimento do mercantilismo trazem uma nova ordem econômica baseada no comércio, com a defesa da livre-iniciativa, e no individualismo. Na arte, o movimento renascentista, ao retomar os valores da Antiguidade clássica, vai opor uma cultura leiga, secular e mesmo de inspiração pagã à arte sacra, religiosa, predominante na Idade Média.

Estas breves referências históricas bastam para caracterizar as grandes mudanças que ocorrem nesse período. Mas a reação também se faz sentir. A escolástica medieval está longe de ter desaparecido e sua presença ainda é forte sobretudo nas universidades. Dois grandes escolásticos se destacam: Francisco Suárez (1548-1617) é o principal representante desse pensamento no séc. XVI; e João de são Tomás (1589-1647) é praticamente contemporâneo de Descartes. A Contrarreforma representa a reação da Igreja ao protestantismo e terá como uma de suas consequências a Guerra dos Trinta Anos, da qual o próprio Descartes participa. As novas teorias científicas são condenadas. Giordano Bruno é queimado vivo, Galileu proibido de lecionar (1633). Trata-se de um tempo de conflitos, crises, incertezas. A obra de Descartes pode ser vista assim como uma longa reflexão sobre o seu tempo e como uma tomada de posição frente à crise de sua época.

A ideia de modernidade, como vimos anteriormente, está assim estreitamente relacionada à ruptura com a tradição, ao novo, à oposição à autoridade da fé pela razão humana e à valorização do indivíduo, livre e autônomo, em oposição às instituições. Essas ideias terão uma importância central no desenvolvimento do pensamento de Descartes. A crença no poder crítico da razão humana individual, a metáfora da luz e da clareza que se opõem à escuridão e ao obscurantismo, e a ideia de busca de progresso que orienta a própria tarefa da filosofia são alguns dos traços fundamentais da modernidade de Descartes.

Apesar disso, há muitas divergências quanto à interpretação do pensamento de Descartes. Alguns consideram seu pensamento quase uma extensão da escolástica, da qual sofreu grande influência, pretendendo ser sua obra uma fundamentação do pensamento católico diante da nova ciência. Seria essa inspiração do cardeal Bérulle que Descartes teria seguido. Outros chegam a considerar o pensamento de Descartes como a "Reforma na filosofia", assim como o protestantismo teria sido a Reforma no cristianismo. Independentemente de uma consideração mais detalhada das influências no pensamento cartesiano e de suas fontes, bem como de seus principais interlocutores na época, creio que podemos considerá-lo um dos iniciadores da modernidade, sobretudo pela maneira como irá influenciar doravante o desenvolvimento do pensamento filosófico.

A necessidade de contextualização do pensamento, de situá-lo em relação à experiência de vida do indivíduo pensante, é uma exigência do próprio Descartes. Afinal, em várias de suas obras, principalmente nas *Meditações* e no *Discurso do método*, ele apresenta uma justificativa autobiográfica para as ideias que expõe, procurando explicar como e por que chegou a elas. Trata-se de algo inusitado na tradição filosófica, pelo menos com esta importância e centralidade, talvez com exceção das *Cartas* de Platão e das *Confissões* de santo Agostinho, principalmente pelo sentido que Descartes dá a esses elementos biográficos, o que nos permite como que refazer o percurso de seu pensamento. O sujeito pensante entra em cena, a autoridade da obra impondo-se não mais pela escola a que pertence ou pela tradição a que se filia, mas pelo testemunho de seu autor. Diz Descartes no *Discurso do método* (1ª parte): "Terei a satisfação de mostrar neste discurso os caminhos que segui, e de apresentar minha vida como em um quadro." É significativo que Descartes escreva quase sempre na primeira pessoa do singular, em um estilo muito diverso do tratado clássico, abstrato e impessoal.

René Descartes nasceu na França em 1596, de família pertencente à pequena nobreza. Aos dez anos entrou para o célebre colégio de la Flèche, dos jesuítas, onde foi excelente aluno, tendo se interessado sobretudo pela matemática, e onde veio a conhecer o Pe. Mersenne, com quem iria manter duradoura amizade. Após sair do colégio, Descartes frequentou a sociedade da época e viajou por diversos países da Europa, então mergulhada na Guerra dos Trinta Anos. Finalmente, em 10 de novembro de 1619, Descartes tem a revelação que nos narra no *Discurso* (2ª parte), descobrindo assim sua vocação filosófica e científica e decidindo dedicar-se a "descobrir os fundamentos desta ciência admirável". Mas é preciso que essas ideias amadureçam. Prossegue em suas viagens pela Europa, estuda com o físico e matemático holandês Isaac Beeckman e fixa residência em 1626 em Paris, onde frequenta os salões e as reuniões intelectuais. Em um desses encontros, o cardeal Bérulle o exorta a dedicar-se à filosofia e a construir um sistema em que exponha e defenda suas ideias. Resolve então retirar-se para a Holanda, em busca da tranquilidade que julga necessária para desenvolver seu pensamento. Dedica seus primeiros anos de retiro a compor um pequeno tratado de metafísica e o *Tratado do mundo*, que deveria ser uma exposição de sua física dentro da concepção mecanicista da época. Ao tomar conhecimento da condenação de Galileu, entretanto, Descartes recua, desistindo de publicar a obra. Essa cautela, considerada excessiva por alguns, foi sempre um dos traços de seu caráter como pensador, marcando toda a sua obra, que em parte permanecerá inédita em sua vida (o *Discurso do método* foi publicado pela primeira vez anonimamente). Em 1637 Descartes publicou, em francês, o que era uma inovação na época, seus tratados científicos: a *Dióptrica*, os *Meteoros* e a *Geometria*, que têm como introdução o *Discurso do método*, no qual pretende apresentar e defender o método aplicado nesses tratados. Em 1641 publicou as *Meditações*, acompanhadas das objeções formuladas por filósofos e teólogos[1] aos manuscritos, bem como suas respostas a essas objeções. Seu pensamento tornou-se a partir de então bastante conhecido, e Descartes adquiriu fama. Imediatamente surgiram adversários e sua obra foi condenada, embora ele tenha sido defendido por amigos politicamente influentes. Em 1644 publicou seus *Princípios da filosofia*, que deveriam completar e sintetizar a exposição de seu sistema. Manteve então correspondência, como era comum na época, com diversos pensadores europeus eminentes, como Gassendi, Hobbes, Mersenne, Arnauld, Huygens, Fermat e Henri More, dentre outros. Essa vasta correspondência é uma fonte importante de apresentação e discussão de muitas de suas ideias, destacando-se sobretudo a correspondência com a princesa Elizabeth da Boêmia, que o motivou a escrever seu tratado *As paixões da alma* (1648), contendo em grande parte a sua moral. Sua fama fez com que a rainha Cristina da Suécia o convidasse para a corte de Estocolmo, onde, após alguns meses, Descartes veio a falecer em 1650.

Homem de sua época, Descartes foi, ao mesmo tempo, viajante contumaz e homem retirado, soldado engajado em exércitos em guerra e homem em busca de tranquilidade, aliado de católicos e de protestantes, homem da corte e habitante da província, pensador isolado e correspondente da intelectualidade europeia, autor de um manual prático de esgrima e de uma das mais profundas obras de metafísica, racionalista, homem de ciência e interessado na magia e nos mistérios dos rosa-cruzes, a cuja ordem talvez tenha pertencido. É a diversidade dessas experiências que forma a matéria a partir da qual Descartes desenvolve o seu pensamento, e é por insistência do próprio Descartes que devemos compreender o pensamento filosófico como resultado da reflexão sobre a experiência de vida.

B. O PROJETO FILOSÓFICO DE DESCARTES

Podemos considerar o projeto filosófico de Descartes como uma defesa do novo modelo de ciência inaugurado por Copérnico, Kepler e Galileu contra a concepção escolástica de inspiração aristotélica em vigor ao final da Idade Média. A defesa desse novo modelo depende da possibilidade de mostrar que a nova ciência se encontra no caminho certo, ao passo que a ciência antiga havia adotado concepções falsas e errôneas, como, por exemplo, o sistema geocêntrico de cosmo.

Se, como diz Descartes no início do *Discurso do método*, o bom senso, i.e., a racionalidade, é natural ao homem, sendo compartilhada por todos, o que explica a possibilidade e a ocorrência do erro, do engano, da falsidade? O erro resulta na realidade de um mau uso da razão, de sua aplicação incorreta em nosso conhecimento do mundo. A finalidade do método é precisamente pôr a razão no bom caminho, evitando assim o erro. O método, portanto, é um caminho, um procedimento que visa garantir o sucesso de uma tentativa de conhecimento, da elaboração de uma teoria científica. Um método se constitui basicamente de regras e princípios que são as diretrizes desse procedimento. É este o sentido das regras que Descartes formula (2ª parte), bem mais simples que a complexa silogística aristotélica utilizada pela escolástica para demonstrar verdades – mas que, devido a seu formalismo, não garantia a validade dos resultados. As regras de Descartes, inspiradas na geometria, são simples, mas devem ser efetivamente postas em prática, seguidas à risca: "Assim, em lugar desse grande número de preceitos de que se compõe a lógica, julguei que me bastariam os quatro a seguir, desde que eu tomasse a firme resolução de jamais deixar de observá-los." A primeira é a regra da evidência: "jamais aceitar uma coisa como verdadeira que eu não soubesse ser evidentemente como tal"; a segunda, a regra da análise: "dividir cada uma das dificuldades que eu examinasse em tantas partes quantas possíveis e quantas necessárias para melhor resolvê-las"; a terceira, a regra da síntese: "conduzir por ordem meus pensamentos, a começar pelos objetos mais simples e mais fáceis de serem conhecidos, para galgar, pouco a pouco, como que por graus, até o conhecimento dos mais complexos"; e, finalmente, a quarta: "fazer em toda parte enumerações tão completas e revisões tão gerais que eu tivesse a certeza de nada ter omitido".

O conflito entre os dois modelos de ciência, o antigo e o moderno, havia suscitado já no séc. XVI sérias questões acerca da própria ideia de ciência. Alguns pensadores céticos levantaram dúvidas sobre a possibilidade da ciência em geral, de qualquer teoria científica, i.e., sobre a possibilidade de o homem conhecer de forma certa e definitiva o real. Afinal, se durante vinte séculos teorias falsas foram adotadas como verdadeiras, o que nos impede de estarmos também hoje, argumentavam os céticos, adotando teorias falsas? O que garante que as futuras gerações não descobrirão serem as teorias da ciência nova também errôneas? Como podemos ter certeza de estarmos livres do erro? Talvez a certeza não seja possível acerca de nada. Esses questionamentos mergulharam o homem da época em um "mar de incerteza". Descartes assume então a missão de fundamentar ou legitimar a ciência, demonstrando de forma conclusiva que o homem pode conhecer o real de modo verdadeiro e definitivo. O método que formula deve, portanto, fundamentar-se em critérios seguros. As questões céticas, no entanto, devem ser levadas a sério, não sendo possível simplesmente descartá-las; os problemas que levantam e as dificuldades que apontam são genuínos. Sua tarefa inicial deve consistir, portanto, na refutação do ceticismo. Ora, se os céticos sustentavam que não podemos ter certeza acerca de nada, uma vez que nossas faculdades de conhecimento são falhas e as teorias científicas que formulamos incompletas e sujeitas ao erro, Descartes propõe-se a encontrar uma certeza básica, imune às dúvidas céticas, que possa servir de base e fundamento para a construção da nova teoria científica. É preciso, assim, encontrar um ponto de apoio, o chamado "ponto arquimediano",[2] que possa servir de ponto de partida seguro para o processo de conhecimento.

O início do pensamento moderno, como vimos no capítulo anterior (III.1), é marcado por uma crise generalizada de autoridade. A autoridade moral e teológica da Igreja foi contestada pela Reforma, pois a Igreja se corrompeu, e os papas, teólogos e concílios cometeram erros no passado, como mostrou Lutero. A autoridade do saber tradicional foi contestada porque este saber continha teorias falsas e errôneas, como revelaram Copérnico e Galileu. Não se pode, portanto, confiar na tradição, nos ensinamentos, no saber adquirido. Descartes deixa isso bem claro no prefácio aos *Princípios da filosofia* e no *Discurso do método*, quando diz (1ª parte):

> Desde a infância nutri-me das letras, e, por me haver persuadido de que por meio delas se podia adquirir um conhecimento claro e seguro de tudo o que é útil à vida, sentia um imenso desejo de aprendê-las. Mas, logo que terminei todos esses anos de estudos (ao cabo dos quais se costuma ser recebido na classe dos doutos), mudei inteiramente de opinião. Achava-me com tantas dúvidas e indecisões, que me parecia não ter obtido outro proveito, ao procurar instruir-me, senão o de ter revelado cada vez mais a minha ignorância. E, no entanto, eu estudara numa das mais célebres escolas da Europa, onde pensava existir homens sábios, se é que existiam em algum lugar da Terra.

Seu ponto de partida é de fato a constatação da crise das ciências e do saber em geral em sua época. Encontramos os defensores da física aristotélica e da astronomia ptolomaica contra os formuladores das novas física e astronomia; encontramos os escolásticos em confronto com os humanistas renascentistas, protestantes contra católicos, e mesmo ao examinarmos as correntes medievais encontramos o conflito entre realistas e nominalistas, platônicos e aristotélicos. Descartes constata assim que a tradição, ao contrário do que pretendia, estava muito longe de ter encontrado a verdade, e de ter constituído um sistema sólido e coerente que lhe desse autoridade.[3]

No *Discurso do método* essa posição fica bem clara através da linguagem autobiográfica que Descartes usa e que faz dele um pensador que considera a filosofia como uma expressão da experiência de vida do homem, em uma manifestação típica do individualismo que marca o pensamento moderno:

Eis a razão pela qual, tão logo a idade me permitiu sair da sujeição de meus preceptores. abandonei inteiramente o estudo das letras. E decidindo-me a não mais procurar outra ciência, além daquela que pudesse existir em mim próprio, ou então no grande livro do mundo, passei o resto de minha mocidade viajando [...], recolhendo diferentes experiências, testando a mim mesmo nas armadilhas que a sorte me proporcionava e, por toda a parte, fazendo uma tal reflexão sobre as coisas que se me apresentavam, para que pudesse tirar delas algum proveito. (1ª parte)

Ora, se a autoridade externa, institucional, da Igreja e do saber científico é incerta, tendo perdido sua credibilidade, o que nos resta? A única alternativa possível parece ser a interioridade, a própria razão humana, a luz natural que o homem possui em si mesmo, sua racionalidade. Esse caminho já havia sido apontado antes por Montaigne (ver III. l), filósofo que exerceu forte influência sobre Descartes. Se pudermos recuperar essa luz natural, desfazendo-nos do saber errôneo que recebemos, poderemos então encontrar o ponto de partida desejado. A racionalidade pertence à natureza humana – uma tese de origem platônica e agostiniana[4] –, e portanto o homem traz dentro de si a possibilidade do conhecimento. Este conhecimento foi no entanto deturpado e contaminado pelos erros da tradição, sendo necessário recuperá-lo. É este o sentido do subjetivismo de Descartes; a busca no indivíduo, no sujeito pensante, da fonte do conhecimento: "Mas depois que, por alguns anos, apliquei-me a estudar no livro do mundo, e a procurar adquirir alguma experiência, tomei um dia a decisão de estudar também a mim próprio, e de empregar todas as forças de meu espírito na escolha dos caminhos que devia seguir." (id.) O conhecimento da natureza, a "leitura do livro do mundo", só pode ter valor se for precedido e acompanhado do autoconhecimento, da reflexão sobre o próprio sujeito do conhecimento.

C. O ARGUMENTO DO COGITO

"Penso, logo existo" é uma das mais célebres expressões filosóficas. O que significa isso, entretanto? Trata-se da conclusão do "argumento do cogito" (do latim *cogito*, "penso"), por meio do qual o filósofo pretende encontrar um fundamento seguro para a construção do "edifício do conhecimento". Constitui talvez a principal contribuição de Descartes ao desenvolvimento do pensamento filosófico de que somos, ainda hoje, herdeiros. Creio que ao focalizar esse argumento podemos ter uma visão mais clara e completa da doutrina cartesiana do conhecimento e da verdade, de sua teoria da representação, bem como de sua concepção de ideia e de consciência, chegando até o passo seguinte em sua argumentação: a prova da existência de Deus, etapa necessária para a fundamentação da possibilidade de conhecimento do mundo.[5]

O objetivo principal do argumento do cogito é estabelecer os fundamentos do conhecimento – e portanto da possibilidade do saber científico – através da refutação do ceticismo. Embora não seja cético, Descartes considera que o ceticismo deve ser levado a sério, conforme dissemos acima. Por isso, não pode simplesmente ser ignorado ou posto de lado, sendo preciso refutá-lo. A estratégia cartesiana de refutação do ceticismo não implica, no entanto, contrapor a essa posição filosófica uma teoria considerada mais válida, pois nesse caso Descartes acabaria por enredar-se nas malhas da questão cética sobre o insolúvel conflito das teorias. Ao contrário, Descartes pretende assumir inicialmente o ceticismo, levando-o às suas últimas consequências e, a partir disso, refutá-lo.

O cético nos mostra que é sempre possível duvidar de um princípio, questionar as bases de uma teoria, contrapor a uma justificativa outra que se lhe opõe e parece igualmente válida. O que Descartes busca é uma certeza imune ao questionamento cético. É preciso então que o filósofo autêntico coloque em questão tudo o que aprendeu dessa tradição e, encontrando um princípio metodológico seguro, reconstrua o seu conhecimento, agora sobre bases sólidas. É esta a tarefa que visa empreender. Vejamos como ele procede.

A etapa inicial da argumentação cartesiana é a formulação de uma dúvida metódica colocando em questão todo o conhecimento adquirido, toda a ciência clássica, todas as nossas crenças e opiniões. A dúvida é necessária, já que dentre esses conhecimentos e crenças muitos há que descobrimos ser comprovadamente falsos e outros que não parecem justificados. Toda e qualquer proposição deve ser rejeitada, caso haja o menor motivo para dúvida. Como diz Descartes ao Pe. Bourdin (*Sétimas objeções*):

> Se vós tivésseis um cesto de maçãs dentre as quais várias estivessem podres, contaminando assim as restantes, o que fazer senão esvaziá-lo todo e, tomando cada maçã uma a uma, recolocar as boas no cesto e jogar fora as más?

Devemos portanto esvaziar-nos de todos os nossos conhecimentos e crenças, já que dentre eles há alguns que não são confiáveis; mas não sabemos quais até examiná-los todos.

Descartes chega a esta conclusão através de um argumento em três níveis de intensidade crescente, sendo os dois primeiros, ao menos, característicos do ceticismo antigo: o argumento contra a ilusão dos sentidos e o argumento do sonho;[6] como radicalização do ceticismo, pode-se citar o argumento do "gênio maligno", ou seja, a dúvida hiperbólica. A Primeira meditação, na qual estes argumentos são formulados, intitula-se precisamente "Sobre as coisas que se podem colocar em dúvida".

O primeiro argumento diz respeito ao que Descartes afirma nesse momento serem as fontes do conhecimento, nossos sentidos, através dos quais este conhecimento é adquirido. Ora, nossos sentidos são sabidamente enganosos e facilmente podem nos equivocar em qualquer experiência de percepção: se o objeto está distante, se a iluminação é inadequada, se qualquer outro fator ambiental interfere. Não podemos, portanto, confiar em nossos sentidos; contudo, eles são a fonte principal de nosso conhecimento sobre o mundo natural. Ou seja, a dúvida é lançada não só contra nossos conhecimentos adquiridos, mas também contra nossas próprias faculdades cognitivas, através das quais adquirimos esses conhecimentos. É certo, no entanto, que nem sempre os sentidos nos enganam, havendo momentos em que parece termos certeza daquilo que percebemos. Descartes dá o exemplo da percepção imediata de si mesmo naquele momento: "Que eu estou aqui sentado junto ao fogo, vestido com um roupão, tendo um papel nas mãos..." (Primeira Meditação). Seria possível aceitar a evidência dos sentidos nesses casos?

O segundo argumento é introduzido, então, representando uma nova etapa na radicalização da dúvida. É possível que, na verdade, eu esteja dormindo e sonhando, e que tudo isso que creio perceber, o fogo, meu roupão, o papel, esteja apenas ocorrendo em meu sonho. Afinal, todos nós já tivemos experiências desse tipo, e é só quando acordamos que nos damos conta de que se tratava de um sonho. Não dispomos, de fato, de um critério seguro para distinguir o sonho da vigília. Ou seja, tudo o que acreditamos perceber claramente pode estar ocorrendo apenas em sonho, sem ter nenhuma relação com a realidade externa. Essa questão da relação entre aquilo que se passa em nossa mente e o mundo externo é um dos problemas mais cruciais levantados pela filosofia cartesiana.

Entretanto, o argumento do sonho ainda não é suficientemente forte, já que o que é ilusório é o tipo de percepção que temos, e não propriamente aquilo que percebemos. Embora essa percepção não corresponda à realidade, os objetos que percebemos com suas formas, cores etc. são como objetos reais, como as representações imaginadas por um pintor que se baseia afinal na própria realidade natural. Mesmo as imagens fantásticas que possamos formar em nossos sonhos têm uma base no real, em certas características gerais, p.ex. cores e formas, extensão e figura, quantidade e grandeza, a partir das quais são geradas. Essas características parecem comuns aos sonhos e à minha percepção quando acordado; parecem portanto "existir objetivamente", independentemente de eu estar sonhando ou não.

Isso quer dizer que, embora ciências como a física, a astronomia e a medicina – que tratam do mundo natural e, portanto, de objetos complexos – possam ser duvidosas e sujeitas ao questionamento cético, o mesmo talvez não se aplique a ciências mais abstratas como a aritmética e a geometria, que, por terem como base conceitos mais gerais e abstratos, como extensão, quantidade etc., parecem ter um caráter mais rigoroso, não estando sujeitas a nenhum dos dois tipos de argumento acima. Com efeito, segundo Descartes, quer eu durma e sonhe, quer eu esteja acordado, 2 + 3 = 5 e o quadrado tem 4 lados. Teríamos então encontrado algumas verdades imunes à dúvida?

O terceiro argumento levará a dúvida a suas últimas consequências e representa uma inovação de Descartes em relação aos argumentos céticos tradicionais, constituindo, como dissemos, uma radicalização do ceticismo. Descartes parte da hipótese de um deus que "tudo pode e que me criou tal como sou". Ora, eu poderia, em princípio, ter sido criado de tal forma que acreditasse no céu, na Terra, em todas as coisas, sem que estas existissem. Poderia supor ter sido criado não por Deus, mas por um "gênio maligno" que me enganasse sobre a existência de todas as coisas, incluindo aí as verdades da matemática. O argumento do deus enganador é assim o ponto final da aplicação do método da dúvida? Trata-se de um elemento externo que, sendo todo-poderoso, pode até mesmo penetrar em minha interioridade e criar ilusões, fazer com que me engane. Contra isso, não haveria certeza que pudesse resistir. Por este motivo o filósofo deve suspender seu juízo sobre todas as coisas, suspeitar de tudo, permanecer sempre na dúvida, preparar seu espírito contra as artimanhas desse deus enganador.

A Primeira Meditação conclui assim com a dúvida mais radical. A Segunda Meditação retoma esta dúvida como princípio metodológico, indicando que com base nisso só devemos aceitar como verdadeiro algo que não esteja sujeito à "menor dúvida – sendo a tarefa do filósofo buscar tal certeza. A dúvida visa portanto à certeza, sendo precisamente um critério para se testar a validade dessa certeza. Ora, retomando a meditação anterior, não encontramos nada que possa ser considerado certo; a única afirmação que podemos fazer é que "nada há no mundo de certo". Eu mesmo, diz Descartes, meu próprio corpo, meus sentidos, minhas faculdades cognitivas foram postos em dúvida; e, sobre qualquer coisa que eu pense, há um deus enganador que pode fazer com que me engane. Abre-se assim, a partir desse raciocínio, o caminho para a primeira certeza. Pois até mesmo para que o deus enganador possa me enganar sobre todas as coisas, é preciso que eu exista. E, por mais que me engane, "jamais poderá fazer com que eu não seja nada, enquanto eu pensar ser alguma coisa". Portanto, até mesmo para duvidar é preciso que eu pense; logo, o pensamento é ele próprio imune à dúvida. "Enfim, é preciso concluir [...] que esta proposição 'Eu sou, eu existo' é necessariamente verdadeira todas as vezes que eu a enuncie ou a conceba em meu espírito." Chegamos assim à primeira certeza, à verdade necessária do *cogito*. Se até mesmo para duvidar é necessário pensar, a existência do pensamento, do ser pensante, não está sujeita à dúvida: é mais básica, mais originária do que esta, é um pressuposto dela.

D. UMA ANÁLISE DO ARGUMENTO DO COGITO

O **argumento do cogito** é um dos mais famosos argumentos da tradição filosófica. Quem não terá ouvido a célebre fórmula "Penso, logo existo"? Entretanto, apesar de toda a notoriedade e aparente simplicidade desta fórmula, é também um dos argumentos mais discutidos e controversos, havendo inúmeras divergências sobre sua interpretação e validade. Trata-se realmente, como pretendia Descartes, de um ponto de partida radical, de uma certeza sem pressupostos? Mas é isso que Descartes pretendia? O argumento depende centralmente da noção de pensamento (*cogitatio*) ou pode ser formulado a partir de outras noções como sentir e perceber? Trata-se de uma inferência lógica, de uma verdade demonstrada, ou de uma intuição psicológica? Muitas das objeções e questionamentos foram lançados pelos contemporâneos de Descartes que tiveram acesso ao manuscrito das *Meditações*;[8] outras foram levantadas ao longo do desenvolvimento do pensamento filosófico nos últimos três séculos por filósofos como Leibniz, Kant, Nietzsche, Husserl, Russell, dentre vários outros, o que ilustra bem a influência do pensamento cartesiano e do argumento do cogito em particular. Mesmo em nossa época, este argumento e suas consequências continuam a ser analisados e discutidos, suscitando grande interesse, bem como interpretações novas e originais.[9]

Já em seu tempo o sentido preciso do argumento do *cogito* bem como sua validade foram objeto de inúmeras objeções e controvérsias. A questão ressurge repetidamente nas Objeções às *Meditações*; vejamos alguns desses problemas.

Não haveria nesse argumento uma circularidade? Se estabelecemos a certeza do eu porque o pensamento o pressupõe, não estamos diante de um círculo vicioso? Esta é exatamente a objeção de Leibniz a Descartes: "Dizer 'eu penso, logo eu existo' é circular, já que não posso inferir a existência do 'eu' a partir do pensamento, porque o 'eu' já está suposto em 'eu penso'." (*Nouveaux essais*, IV, 17, seç. 7). De fato, o próprio sentido de "eu" está longe de ser evidente. Como diz Nietzsche (*Além do bem e do mal*, § 16), há inúmeros problemas não resolvidos nesse pressuposto. Supõe-se que sou eu que pensa, que deve haver alguém que pensa, que o pensamento é algo realizado por um ser, que este ser é causa desse pensamento, que há um eu e que posso saber o que é. Vemos então que talvez "eu penso" e mesmo "eu existo" estão longe de serem tão evidentes quanto queria Descartes. Segundo Bertrand Russell, o máximo que o argumento me permitiria seria inferir não que eu penso, mas apenas que há pensamento.

As várias possibilidades de interpretação do argumento parecem levar todas elas a impasses de diferentes tipos. Há sobretudo uma questão importante a ser examinada quanto à validade do argumento. Essa questão diz respeito a duas consequências ou conclusões que podem ser extraídas dele. Seria de fato a certeza do cogito diferente das certezas da matemática (p.ex., $2 + 3 = 5$), possuindo um grau de certeza maior do que o destas? A primeira conclusão é que não posso estar errado ao pensar que existo, o que parece ser válido uma vez que o pensar pressupõe o existir: não posso pensar sem existir; logo, se penso que existo, necessariamente existo, o que corresponde à formulação das *Meditações* citada acima. A segunda é que, se creio que existo, então *sei* que existo; trata-se portanto de uma certeza que adquiro sobre minha existência. Entretanto, essa conclusão pode ser questionada, e não parece decorrer imediatamente da anterior. Eis por que a crença na minha existência não implica que eu tenha um **conhecimento certo** acerca disso; ou seja, uma crença não implica certeza sem a justificação ou compreensão daquilo em que creio; não há certeza antes que eu saiba exatamente o que é o cogito que pensa. O argumento pode no máximo estabelecer a existência do cogito, mas não o que este é. Portanto não posso, a rigor, *saber* que existo, ter conhecimento disso, já que o conhecimento supõe a possibilidade de justificar e explicar a minha crença, o que não é possível simplesmente a partir do argumento do cogito. Do mesmo modo, quando, no contexto da Primeira Meditação, penso que $2 + 3 = 5$, estou certo porque isso é verdadeiro, porém não posso saber disso, não tenho como justificar a verdade da minha crença. A evidência do cogito, se entendida como intuitiva e imediata, não me dá, entretanto, meios para justificar e explicar a verdade alcançada.

Assim, parece haver uma diferença básica entre uma certeza irrefutável, que é talvez o que Descartes obtém com o argumento, e uma verdade primeira, ponto de partida sem pressupostos, que é o que Descartes pretende com o cogito, sem no entanto consegui-lo, segundo as objeções vistas acima.

Os céticos não se consideraram convencidos pelo argumento de Descartes. A questão cética não dizia respeito à certeza do cogito, isto é, à certeza sobre a existência do ser pensante – uma certeza subjetiva, portanto –, mas sim à possibilidade do conhecimento do real, ou seja, do mundo natural.

De acordo com Popkin (*O ceticismo de Erasmo a Spinoza*), a descoberta de uma certeza irrefutável como a do cogito pode ser suficiente para combater a posição do cético que afirma não ser possível nenhuma certeza, mas, por outro lado, não chega a constituir um sistema de conhecimento sobre o real. A verdade a que podemos chegar a partir do método da dúvida não pode ser vista assim como uma premissa a partir da qual todas as outras verdades se seguem, mas apenas como a base para um discurso racional, tornando possível reconhecer outras verdades. Vejamos como Descartes procede.

Após estabelecer a evidência do cogito, Descartes dá um passo adiante afirmando que posso ter certeza de que existe uma coisa que pensa (*res cogitans*)[10]. Passo este que, como vimos, levanta problemas, já que parece envolver mais pressupostos do que Descartes é capaz de admitir. De qualquer forma, afirma que é isso o que posso saber – a existência da substância pensante. Não posso, entretanto, saber mais nada além disso, uma vez que tudo o mais permanece ainda sob dúvida. Sequer posso saber o que sou – um ser humano, dotado de um corpo etc. –, já que para isso precisaria ir além do puro pensamento, dependeria dos sentidos, de minha experiência, de conhecimentos adquiridos etc., o que não me é permitido pela certeza do cogito. Esta é a raiz do célebre dualismo corpo-mente em Descartes. Não podemos sequer afirmar a existência do corpo, porque, sendo este material, é de fato um objeto no mundo externo, sobre o qual não podemos ter certeza. O cogito, portanto, nos revela apenas isso: a existência do pensamento puro, o que é possível pela evidência do próprio ato de pensar. No entanto, sempre que quisermos ir além desse pensamento puro, desse pensamento que no máximo pode pensar a si mesmo, reflexivamente, encontramos a dúvida. Qualquer que seja o conteúdo desse pensamento, este ainda pode ser posto em dúvida.

Eis o sentido do **solipsismo** cartesiano, o isolamento do *eu* em relação a tudo mais: ao mundo exterior e ao próprio corpo, que também é um elemento externo. O solipsismo é resultado da evidência do cogito, uma certeza tão forte que exige critérios tais que não são aplicáveis a nada mais. O objetivo de Descartes, contudo, é fundamentar a possibilidade do conhecimento científico, construir as bases metodológicas para uma ciência mais sólida, mais bem fundamentada que a tradicional. É necessário, portanto, encontrar um caminho de superação desse idealismo tão radical, no qual a única realidade certa é a existência do puro pensamento. Esta é a tarefa a que Descartes então se propõe.

E. Do idealismo ao realismo

Vimos acima que o solipsismo é uma consequência direta do próprio **argumento do cogito**. Descartes encontra enfim uma certeza indubitável que lhe permite responder ao cético que não considerava possível nenhuma certeza. Entretanto, é como se o cético tivesse encurralado Descartes em um canto da sala, de onde ele não pode ser tirado, porém de onde tampouco pode sair. Ora, se o objetivo de Descartes é fundamentar a ciência, então é necessário encontrar uma ponte entre o pensamento subjetivo e a realidade objetiva, entre o mundo interior e o mundo exterior. Só poderá haver ciência quando o pensamento puder formular leis e princípios que expliquem como o real funciona. A concepção cartesiana de ciência é ainda a clássica, derivada em grande parte de Aristóteles (*Metafísica* I, 1, *Segundos analíticos*). Trata-se de um corpo de verdades teóricas, universais e necessárias, de certezas definitivas, que não admitem erro, correção ou refutação.

Esta concepção irá se alterar progressivamente ao longo do pensamento moderno – devido sobretudo às críticas dos céticos e empiristas a este modelo e aos critérios de validade que adota –, dando origem a uma redefinição da própria noção de ciência e acabando por levar à visão pluralista e construtivista que encontramos na ciência contemporânea.

Na Terceira Meditação, Descartes empreende seu caminho rumo à garantia da possibilidade do conhecimento. Sua estratégia é começar pela introspecção, pelo exame da única realidade que lhe é possível até então conhecer: o próprio pensamento. Passa em seguida a examinar o que é essa substância pensante; como se constitui esse mundo interior. Enquanto se mantiver nesse espaço interior, a certeza lhe será garantida, uma vez que não dependerá de nenhum intermediário, de nenhum elemento do mundo externo sobre o qual a dúvida continua a pairar.

Descobre então que sua mente é composta de ideias, que ter uma ideia é pensar sobre algo, independentemente da verdade ou falsidade do pensamento. Com efeito, é o juízo, como ensinava a doutrina tradicional, que é capaz de ser verdadeiro ou falso, na medida em que afirma ou nega alguma coisa de algo. É do juízo, composto de ideias, que podemos afirmar a verdade ou a falsidade.

Descartes adota o critério da **evidência** do cogito no exame das ideias que encontra em sua mente. Uma ideia será válida ou adequada na medida em que for evidente, isto é, clara e distinta. Porém, para que haja conhecimento é preciso algo mais, é preciso que as ideias sejam representações, ou seja, correspondam a objetos dos quais são ideias: uma ideia é sempre uma ideia *de* algo. "As ideias são em mim como quadros ou imagens", diz Descartes (Terceira Meditação).

O uso que Descartes faz do termo "ideia" é bastante impreciso, como ele próprio admite: "Este termo 'ideia' tem um caráter equívoco, pois pode ser tomado materialmente como uma operação de meu entendimento [...] ou pode ser tomado objetivamente como aquilo que é representado por esta operação" (Prefácio, *Meditações*). Ou seja, a ideia pode ser tanto o próprio ato do pensamento como o conteúdo deste ato: a representação.

Descartes identifica três tipos de ideias: as ideias **inatas**, que não são derivadas da experiência mas se encontram no indivíduo desde seu nascimento, dentre as quais se incluem as ideias de infinito e de perfeição; as ideias **adventícias** (ou empíricas), que formamos a partir de nossa experiência e que dependem de nossa percepção sensível estando portanto sujeitas à dúvida; e as ideias da **imaginação**, que formamos em nossa mente a partir dos elementos de nossa experiência, como p.ex. a ideia de unicórnio, que resulta da junção da ideia de chifre à ideia de cavalo.

Do ponto de vista dos critérios de clareza e distinção, é a estrutura interna da própria ideia que garante sua verdade. "As coisas que concebemos de maneira muito clara e distinta são todas elas verdadeiras" (Quarta Meditação). A ideia é verdadeira em razão de sua adequação, e sua adequação é caracterizada por propriedades intrínsecas à própria ideia, isto é, às ideias como modos da substância pensante. Contudo, para explicar a possibilidade de conhecimento do real, é necessário, como dissemos, que as ideias tenham um conteúdo representacional, que possam ser "como imagens das coisas", e que a cada conteúdo representacional corresponda um objeto. Para isso é necessária uma análise das condições que tornam correta a representação, sendo a falsidade material das ideias explicada pelo fato de que, neste caso, representam o que nada é como se fosse alguma coisa. É preciso então introduzir o **princípio clássico da correspondência**[11] para garantir a correlação entre a ideia na mente e a coisa a ser conhecida no mundo externo. Só assim o saber poderá vir a ser a representação correta do real como mundo empírico ou como mundo possível.

Podemos identificar, portanto, no desenvolvimento da análise cartesiana da representação, uma tensão entre a noção subjetiva de certeza e a concepção de verdade como correspondência com o real. Só a prova da existência de Deus, que funciona como garantia do conhecimento do mundo, permitirá superar essa tensão.

O argumento cartesiano parte do reconhecimento da ideia de Deus como um ser perfeito em minha mente, mostrando que esta ideia só pode ter como causa o Ser Perfeito, já que eu, não sendo perfeito, seria incapaz de chegar por mim mesmo à ideia de perfeição. Trata-se, portanto, de uma ideia inata, colocada em mim por Deus, "a marca do criador em sua obra". É considerado assim um argumento cosmológico, por recorrer à noção de causa, de Deus como causa de minha ideia de perfeição, o que levará finalmente à argumentação de que Deus é o criador do mundo externo, tendo o poder causal de conservar a substância existente (Quinta e Sexta Meditações). No entanto, na medida em que parte da ideia de Deus para afirmar a sua existência, já pode ser considerado um argumento ontológico.

O argumento ontológico (ver o argumento ontológico de santo Anselmo, II.3.B) propriamente dito, ao contrário, parte da essência de Deus, de sua definição como ser perfeito, para provar que, se Deus é entendido como ser perfeito, devemos então reconhecer sua existência. Parte-se assim da definição para afirmar a existência daquilo que é definido, e é a **necessidade** da afirmação dessa existência que caracteriza o argumento como ontológico. Se Deus não existisse, não poderia ser definido como ser perfeito, porque lhe faltaria uma qualidade, a existência. Nesse sentido, não seria perfeito, a perfeição entendida como a posse de todas as qualidades em maior grau possível. Seria portanto contraditório, afirma o argumento, supor a não existência do Ser Perfeito.

Como a ideia de Deus é uma ideia inata, possuindo clareza e distinção (*Meditações*, Primeiras Respostas), Descartes pode chegar a ela a partir do próprio cogito, sem nada supor de externo. Contudo, ao passar da ideia de Deus, pelo argumento ontológico, para a afirmação da existência de Deus – que não é mais então uma mera ideia, existindo independentemente do cogito –, Descartes consegue finalmente romper com o solipsismo e construir uma ponte para fora de si mesmo, podendo agora afirmar, com toda certeza, a existência de algo além do cogito. O argumento cosmológico, por sua vez, terá como consequência a possibilidade de afirmar que

Deus é o criador do mundo externo, servindo portanto de garantia à existência do mundo e à possibilidade de o homem conhecer o mundo: "Parece-me então que agora posso ver diante de mim um caminho que me levará da contemplação do verdadeiro Deus (no qual todos os tesouros da ciência e da sabedoria estão ocultos) até o conhecimento das coisas" (Quarta Meditação).

No início da Segunda Meditação, Descartes afirmava a necessidade de se encontrar um *ponto arquimediano*, uma certeza tão forte que servisse de base para a construção de todo o sistema do saber. Vemos agora, entretanto, como decorrência da prova da existência de Deus, que o verdadeiro ponto arquimediano não é o cogito, como pretendia Descartes na Segunda Meditação, mas Deus, o único verdadeiramente capaz de garantir o conhecimento sobre o mundo. Passamos assim de um *idealismo* – no qual a única realidade de fato capaz de ser conhecida é o pensamento, o mundo interior, sendo que tudo o mais é conhecido através dele e a partir dele – para um *realismo*, no qual a existência e a inteligibilidade do mundo externo são garantidas pela existência de Deus, sendo o conhecimento a representação verdadeira, a correspondência entre a ideia e o objeto externo.

F. A FILOSOFIA DE DESCARTES SUPERA O CETICISMO?

Sem a prova da existência de Deus, Descartes jamais teria conseguido superar o solipsismo e estabelecer a possibilidade do conhecimento científico em bases sólidas. Mas será esta uma boa solução para o problema cético formulado na Primeira Meditação? Alguns dos intérpretes e críticos de Descartes, mesmo em sua época, consideraram que, com efeito, a dúvida tal como formulada por Descartes é tão radical que acaba não sendo superada. Em suma, Descartes teria sido o introdutor do ceticismo no pensamento moderno (Popkin, O *ceticismo de Erasmo a Spinoza*, cap. X): de um ceticismo tão radical que acabará tendo como consequência o abandono do conceito tradicional de conhecimento científico como certeza definitiva, introduzindo a concepção moderna dos limites do conhecimento e da razão humana, mais tarde desenvolvida sobretudo por Kant.

A primeira grande objeção, considerada pelo próprio Descartes como "a objeção das objeções", é formulada por Gassendi (Quintas Objeções) e por Mersenne (Segundas Objeções),[12] e diz respeito ao critério de clareza e distinção e à noção de evidência. Se afinal se trata de um critério meramente subjetivo e psicológico, então pode ser questionado e não serve para fundamentar nenhuma verdade ou certeza. Sempre que Descartes recorrer ao princípio da clareza e distinção para justificar a validade de uma ideia, podemos nos perguntar se esta ideia é realmente clara e distinta, ou se apenas parece sê-lo para Descartes. Não há ideias que são obviamente falsas, aceitas por outros indivíduos que as consideram entretanto claras e distintas, como o próprio Descartes mostra em sua discussão da tradição? Por que as ideias de Descartes estariam livres dessa objeção? O critério de clareza e distinção parece assim insuficiente.

Em decorrência disso, como mostra a objeção conhecida como "círculo de Arnauld" (Quartas Objeções), sequer a existência de Deus pode livrar-nos desse impasse. Com efeito, as provas cartesianas da existência de Deus seriam circulares, na medida em que Descartes afirma a validade das ideias claras e distintas a partir de Deus, que, por ser perfeito, não é enganador e garante nosso conhecimento. Por outro lado, sabemos que Deus é o Ser Perfeito a partir de nossa ideia clara e distinta de Deus. A circularidade se dá assim irremediavelmente.

Dada a força da formulação da dúvida na Primeira Meditação, mesmo a existência de Deus, ainda que provada, seria insuficiente para garantir qualquer conhecimento absolutamente certo além do cogito (cuja certeza, por sua vez, é obtida independentemente da existência de Deus, mas que pode ser questionada em outras bases, como vimos acima, e que, de qualquer modo, não nos permite obter o conhecimento do real). A existência de Deus poderia, no máximo, garantir um conhecimento absoluto do ponto de vista de Deus, que é o ser absoluto, mas jamais do ponto de vista humano, sempre limitado.

De fato, nas Respostas às Segundas Objeções, Descartes admite que nossas "verdades" não são verdadeiras ou falsas "em um sentido absoluto", mas apenas que "temos toda a certeza de que podemos razoavelmente desejar". Porém, de acordo com a primeira regra do método, devemos rejeitar qualquer proposição em relação à qual haja a menor possibilidade de dúvida. Do ponto de vista absoluto, isto é, do ponto de vista de Deus, verdades que nos parecem certas podem não sê-lo. Assim, teríamos apenas a possibilidade de ter verdades definitivas, razoavelmente certas, mas nunca certezas absolutas, realmente necessárias. Cai por terra, portanto, a definição clássica do conhecimento científico como certeza absoluta, como verdade universal e necessária. Após Descartes, no pensamento moderno, esta concepção clássica jamais poderá ser retomada como tal.

O que nos resta então do pensamento de Descartes, se podemos questionar o argumento do cogito, a prova da existência de Deus e a possibilidade de fundamentar o conhecimento científico com base em ambos? Resta-nos o **método da dúvida**. Podemos considerar assim que a grande contribuição cartesiana à filosofia, do ponto de vista da questão do método e da fundamentação do conhecimento, é o germe da **atitude crítica** introduzida pela dúvida, que dá portanto início ao desenvolvimento da longa reflexão sobre os limites do conhecimento humano e ao questionamento da concepção tradicional de ciência que caracteriza a filosofia moderna. Depois de Descartes, ou caímos em dogmatismo, que se revelará inaceitável, ou temos que dar conta das questões levantadas pelos céticos, que dão origem aos **filósofos críticos**.

QUADRO SINÓTICO

- O pensamento de Descartes tem como pano de fundo as grandes transformações no mundo europeu dos sécs. XVI-XVII.
- Descartes pretende fundamentar a possibilidade do conhecimento científico (da Nova Ciência) encontrando uma verdade inquestionável e refutando o ceticismo.

- Adota uma posição **racionalista**: toma a razão natural como ponto de partida do processo de conhecimento, enfatizando a necessidade do método para "bem conduzir esta razão" em sua aplicação ao real.
- Encontra no próprio pensamento a certeza que não pode ser posta em questão pelo cético, já que duvidar é pensar e a dúvida pressupõe o pensamento (**argumento do cogito**)
- O argumento do *cogito* o coloca diante do **solipsismo**, um **idealismo** radical que significa o isolamento da consciência (interioridade) em relação ao mundo exterior.
- Descartes recorre à existência de Deus para garantir a correspondência entre o pensamento e o real no processo de conhecimento, retomando alguns pressupostos do realismo escolástico.

LEITURAS ADICIONAIS

As principais obras de Descartes se encontram traduzidas para o português; destacamos as seguintes edições:

Col. "Os Pensadores", São Paulo, Abril Cultural, 1975.
DESCARTES. *Obra escolhida*. São Paulo, Bertrand, 1995, 3ª ed.
_____. *Discurso do método*. São Paulo-Brasília, Ática/Ed. UnB, 1989.

Dentre as obras sobre Descartes destacamos:

COTTINGHAM, John. *Descartes*. São Paulo, Unesp, 1999.
_____. *Dicionário Descartes*. Rio de Janeiro, Zahar, 1995.
GAUKROGER, Stephen. *Descartes: uma biografia intelectual*. Rio de Janeiro, Eduerj/Contraponto, 1999.
LANDIM, Raul. *Evidência e verdade no sistema cartesiano*. São Paulo, Loyola, 1991.
LEOPOLDO E SILVA, Franklin. *Descartes e a metafísica da modernidade*. São Paulo, Moderna, 1993.
MARQUES, Jordino. *Descartes e sua concepção de homem*. São Paulo, Loyola, 1993.
RODIS-LEWIS, Genevieve. *Descartes: uma biografia*. Rio de Janeiro, Record, 1996.
ROSENFIELD, Denis. *Descartes e as peripécias da razão*. São Paulo, Iluminuras, 1996.

QUESTÕES E TEMAS PARA DISCUSSÃO

1. Qual o objetivo principal da filosofia de Descartes?
2. Por que Descartes considera importante a fundamentação do conhecimento científico?
3. Qual o papel do método para Descartes?
4. Por que Descartes considera necessário refutar o cético?

5. Formule com suas próprias palavras o argumento do *cogito*.
6. Você considera este argumento bem-sucedido?
7. Qual o papel do "sujeito pensante" para Descartes?
8. O que significa "solipsismo"?
9. Como se pode interpretar o individualismo no pensamento de Descartes?
10. Como entender a oposição mundo interior x mundo exterior na filosofia de Descartes?
11. Por que Descartes precisa recorrer a uma prova sobre a existência de Deus?

··· **3** ·······································

A TRADIÇÃO EMPIRISTA: A EXPERIÊNCIA COMO GUIA

A. O EMPIRISMO

Em linhas gerais, "empirismo" significa uma posição filosófica que toma a experiência como guia e critério de validade de suas afirmações, sobretudo nos campos da teoria do conhecimento e da filosofia da ciência. O termo é derivado do grego *empeiria*, significando basicamente uma forma de saber derivado da experiência sensível e de dados acumulados com base nessa experiência, permitindo a realização de fins práticos.[1] O lema do empirismo é a frase de inspiração aristotélica: "Nada está no intelecto que não tenha passado antes pelos sentidos." Ou seja, todo conhecimento resulta de uma base empírica, de percepções ou impressões sensíveis sobre o real, elaborando-se e desenvolvendo-se a partir desses dados. Os empiristas rejeitam portanto a noção de ideias inatas ou de um conhecimento anterior à experiência ou independente desta.

O empirismo constituiu-se a partir do séc. XVI – juntamente com o racionalismo, que representamos pela filosofia de Descartes (ver capítulo anterior) – como uma das principais correntes formadoras do pensamento moderno em sua fase inicial (até fins do séc. XVIII). Na verdade, ambos os conceitos foram empregados pelas histórias da filosofia do séc. XIX e não eram de fato utilizados por esses filósofos, que não se identificavam dessa forma nem se filiavam a essas correntes.

Essa corrente desenvolveu-se sobretudo na Inglaterra e entre filósofos de língua inglesa. Talvez o desenvolvimento econômico desse país a partir de fins do séc. XVI, sua intensa atividade comercial, a importância de uma classe burguesa já bastante influente política e economicamente e uma situação política em que a monarquia absolutista dá lugar ao crescente papel do Parlamento possam explicar esses fatores. A queda da dinastia dos Stuarts e a chamada "Revolução Gloriosa" de 1688 seriam a consolidação do processo político e da transformação econômica que levarão um século mais tarde à Revolução Industrial.[2] O empirismo – com sua valorização da experiência humana, da realidade concreta, da atividade do indivíduo e com seu espírito contrário à metafísica especulativa e aos grandes sistemas teóricos – certamente deve ser entendido nesse contexto. A filosofia empirista está diretamente ligada à criação da Royal Society of London for the Improvement of Natural Knowledge ("Real Sociedade de Londres para o Progresso do Conhecimento Natural"), fundada em 1660 e patrocinada pelos ricos comerciantes de Londres, que tinham interesse nas possíveis aplicações técnicas desses conhecimentos, desde as questões de navegação até estudos sobre linguagens que permitiriam a comunicação com os povos das novas terras com que negociavam. Muitos desses filósofos, como John Locke, tiveram uma ligação direta com a Royal Society. A ciência experimental teve um grande desenvolvimento nesse período na Inglaterra, e certamente isso se deveu à sua interação com uma filosofia de caráter empirista. William Gilbert (1540-1603), que estudou o magnetismo, William Harvey (1587-1657), que descreveu o sistema circulatório, Robert Boyle (1627-91), físico e químico estudioso da mecânica dos gases, Robert Hooke (1635-1703), físico inventor da bomba a vácuo, e sobretudo Isaac Newton (1642-1727), o físico mais importante da época moderna, ilustram bem este grande desenvolvimento da ciência.

Na França, destacou-se Pierre Gassendi (1592-1655), filósofo e físico que retomou o atomismo antigo, adotando posições bem próximas do empirismo. Por outro lado, um empirista como John Locke sofreu em muitos aspectos influência do racionalismo cartesiano e fez críticas ao cartesianismo de Malebranche.[3] As teses empiristas de Locke sobre o processo de conhecimento, por sua vez, foram discutidas por filósofos franceses do séc. XVIII como La Mettrie, Condillac e Diderot, bem como por outros pensadores e cientistas ligados à *Enciclopédia*. Empiristas como Hobbes e Hume viveram por algum tempo na França. Portanto, o empirismo não se restringiu ao contexto de língua inglesa, nem se desenvolveu isoladamente.

Os principais filósofos empiristas do período clássico foram: Francis Bacon (1561-1626), Thomas Hobbes (1588-1679), John Locke (1632-1704), George Berkeley (1685-1753) e David Hume (1711-76). Entretanto, a filosofia escocesa do senso comum, que tem em Thomas Reid (1710-96) seu principal representante, e o pensamento do filósofo inglês John Stuart Mill (1806-73) podem também ser considerados empiristas. O empirismo influenciou também o positivismo de Auguste Comte (1798-1857) na França e o empirismo ou neopositivismo lógico do Círculo de Viena já no séc. XX. O pragmatismo americano (Charles S. Peirce, William James) e a filosofia analítica contemporânea também sofreram, em alguns aspectos, influência do empirismo clássico.

Vamos nos concentrar aqui no exame dos pontos centrais da contribuição filosófica de Bacon, Locke e Hume, os principais nomes do empirismo clássico.

B. Bacon e o método experimental

Francis Bacon (1561-1626) é considerado, juntamente com Descartes, um dos iniciadores do pensamento moderno, por sua defesa do método experimental contra a ciência teórica e especulativa clássica, por sua rejeição da escolástica, bem como por sua concepção de um pensamento crítico e do progresso da ciência e da técnica. Embora não tenha sido um cientista, Bacon teve uma grande influência enquanto defensor de uma determinada concepção de método científico que valoriza a experiência e a experimentação. A Royal Society o considerou um de seus inspiradores. e Kant dedicou-lhe a *Crítica da razão pura*.

Bacon ocupou altos cargos no governo inglês, chegando a lorde chanceler (equivalente a ministro da Justiça) do rei Jaime I. Acusado de corrupção por ter aceitado propinas para julgar determinados casos, foi afastado da vida pública, embora tenha argumentado, surpreendentemente, que as propinas não haviam influenciado o seu julgamento. Bacon teve um grande prestígio intelectual em sua época, e chegou-se a especular durante muito tempo,[4] embora aparentemente sem evidências fortes, que teria sido o verdadeiro autor das peças de seu contemporâneo William Shakespeare, que não passaria de um mero ator.

Suas principais obras são o *Novum organum* (1620), em que critica a concepção dedutiva de ciência derivada do *Órganon* aristotélico; *The Advancement of Learning* (*O progresso do saber*), de 1605, publicado em 1623 em uma versão ampliada com o título de *De augmentis*, em que defende a ideia do progresso da ciência e da técnica; e o *New Atlantis*, publicado em 1627, representando um reino utópico e contendo um modelo de instituição de pesquisa científica, a Casa de Salomão.

Podemos distinguir dois aspectos, inter-relacionados, da contribuição filosófica de Bacon, que examinaremos em seguida: 1) sua concepção de **pensamento crítico**, contida na teoria dos ídolos; e 2) sua defesa do **método indutivo** no conhecimento científico e de um modelo de ciência antiespeculativo e integrado com a **técnica**.

Assim como em Descartes, a filosofia de Bacon caracteriza-se por uma ruptura bastante explícita em relação à tradição anterior, sobretudo a escolástica de inspiração aristotélica. Tal como ocorre em Descartes, a preocupação fundamental de Bacon é com a formulação de um método que evite o erro e coloque o homem no caminho do conhecimento correto. Este é um dos sentidos primordiais do **pensamento crítico**, que marcará fortemente a filosofia moderna, vendo a tarefa da filosofia como a liberação do homem de preconceitos, ilusões e superstições. É nesse contexto que encontramos sua **teoria dos ídolos** (*Novum organum*, seçs. XXXVIII-XLIV). Os ídolos são ilusões ou distorções que, segundo Bacon, "bloqueiam a mente humana", impedindo o verdadeiro conhecimento. Os ídolos podem ser de quatro tipos: ídolos da tribo, ídolos da caverna, ídolos do foro (*idola fori,* ou *idols of the market place*) e ídolos do teatro.

Os **ídolos da tribo** resultam da própria natureza humana, "tribo" significando aí a espécie humana, e Bacon indica com isso que o homem por natureza não tem nenhuma relação com o universo que permita que o conheça tal como é: o homem não é um microcosmo que reflete em si as características do macrocosmo. Rompe assim com a concepção clássica e renascentista que dá ao homem um lugar privilegiado no mundo em função de sua própria natureza e aponta para o que será uma das questões centrais do pensamento moderno: os limites da natureza humana no processo de conhecimento do real. Segundo Bacon, "o intelecto humano é semelhante a um espelho que reflete desigualmente os raios das coisas e, dessa forma, as distorce e corrompe" (*Novum organum*, XLI).

Os **ídolos da caverna** são consequência das características individuais de cada homem, de sua constituição física e mental, das influências que sofre de seu meio etc.

Portanto, "o espírito humano – tal como se acha disposto em cada um – é coisa vária, sujeita a múltiplas perturbações, e até certo ponto sujeita ao acaso" (ibid., XLII).

Os *ídolos do foro* (ou do mercado) são resultado das relações entre os homens, da comunicação e do discurso, sendo que "as palavras forçam o intelecto e o perturbam por completo. E os homens são, assim, arrastados a inúmeras e inúteis controvérsias e fantasias" (ibid., XLIII).

Os *ídolos do teatro* são derivados das doutrinas filosóficas e científicas antigas e novas, que "figuram mundos fictícios e teatrais". O texto prossegue examinando os diferentes tipos de ídolos e desenvolvendo uma crítica dos sistemas tradicionais filosóficos e de ciência, sobretudo o aristotélico.

Bacon propõe então um modelo para a nova ciência. O homem deve despir-se de seus preconceitos, tornando-se "uma criança diante da natureza". Só assim alcançará o verdadeiro saber. O novo método científico é a indução, que, com base em observações, permite o conhecimento do funcionamento da natureza e, observando a regularidade entre os fenômenos e estabelecendo relações entre eles, permite formular leis científicas que são generalizações indutivas. É desse modo que a ciência pode progredir e o conhecimento, crescer de forma controlada e portanto segura. Este é o modelo de ciência que defende no *Novum organum* e no *De augmentis*: uma ciência aplicada, que interage com a técnica e nos possibilita o controle da natureza para o benefício do homem. "Saber é poder", diz Bacon, pois, ao conhecer as leis que explicam o funcionamento da natureza, podemos fazer previsões e tentar controlar os fenômenos de modo que nos seja proveitoso. "O homem, ministro e intérprete da natureza, faz e entende quanto constata, pela observação dos fatos ou pelo trabalho da mente, sobre a ordem da natureza; não sabe nem pode mais" (ibid., I). Os instrumentos técnicos, por sua vez, são extensões de nossos membros e faculdades que permitem o desenvolvimento da ciência aplicada e nos ajudam a superar nossas limitações (ibid., II).

Bacon é um pensador que acredita no progresso, o que fica claro pelo próprio tema do *De augmentis*. O conhecimento se desenvolve na medida em que adotamos o método correto, a experiência como guia. Os antigos representam a "infância da humanidade", e a modernidade significa uma nova fase. Sua importância e influência derivam dessa defesa da modernidade, de um modelo de ciência ativa, prática e aplicada, e de um pensamento crítico, que deve combater superstições e preconceitos, permitindo assim o progresso de nosso conhecimento e o aperfeiçoamento da condição humana. A razão instrumental defendida por Bacon e sua glorificação da técnica serão fortemente questionadas na filosofia contemporânea, em particular pela Escola de Frankfurt e por Heidegger; porém, em sua época, Bacon teve uma importância fundamental no sentido da ruptura com a tradição.

C. A TEORIA DAS IDEIAS DE LOCKE E A CRÍTICA AO INATISMO

Assim como Bacon, John Locke (1632-1704) teve uma grande influência em sua época. Sua principal obra no campo da teoria do conhecimento, o *Ensaio sobre o entendimento humano* (1690), foi elaborada ao longo de vinte anos, como ele mesmo nos esclarece, a partir de suas discussões com os cientistas membros da Royal Society, à qual era profundamente ligado.

É nesse sentido que Locke vê a filosofia como uma tarefa crítica e preparatória para a construção da ciência: "Meu trabalho é como o de um ajudante de jardinagem, preparando o terreno e removendo o entulho que atrapalha o caminho do conhecimento." (*Ensaio*, "Epístola ao leitor".)

Nessa obra, principalmente, Locke desenvolve um modelo empirista, antiespeculativo e antimetafísico de conhecimento. Conforme esclarece no prefácio, intitulado "Epístola ao leitor", embora adotando a noção cartesiana de **ideia**, afirma que todas as nossas representações do real são derivadas de percepções sensíveis, não havendo outra fonte para o conhecimento. Não há, portanto, ideias inatas, i.e., o conhecimento não é inato, mas resulta da maneira como elaboramos os dados que nos vêm da sensibilidade por meio da experiência. Examina os principais exemplos de ideias inatas segundo a tradição racionalista, como o infinito, a perfeição, Deus etc., mostrando que é perfeitamente possível derivá-las da experiência.

A mente é como uma "folha em branco", a *tabula rasa*, na qual a experiência deixa as suas marcas (*Ensaio*, II, 1, seç. 2). As ideias, diz Locke, representam (*stand for*) as coisas em nossa mente: "Os objetos externos fornecem à mente as ideias das qualidades sensíveis, que são as diferentes percepções que produzem em nós, e a mente fornece ao entendimento as ideias de suas próprias operações." (ibid., II, I, seç. 3)

Podemos conhecer, portanto, também por meio da **reflexão**, quando examinamos o funcionamento da própria mente ao produzir ideias. A reflexão depende, é claro, de uma mente que processe os dados da sensibilidade, mas revela que, se não há ideias inatas, ou seja, um conhecimento inato como queria Descartes, a mente possui uma capacidade ou disposição para trabalhar as percepções derivadas de nossa sensibilidade. Passamos assim de um modelo da mente como substância pensante, tal como encontrado em Descartes, para um modelo da mente que possui determinadas disposições que tornam possível o conhecimento: "As operações de nossas mentes consistem na outra fonte de ideias. [...] A outra fonte pela qual a experiência supre o entendimento com ideias é a percepção das operações de nossa própria mente, que se ocupa das ideias que já lhe pertencem." (*Ensaio*, II, I, seç. 4)

A famosa distinção entre **qualidades primárias** e **secundárias**, objeto de grandes discussões entre os intérpretes do pensamento de Locke, deve ser entendida nesse contexto (ibid., II, 8). As qualidades primárias – como forma, extensão, volume – seriam propriedades dos próprios objetos, ao passo que cor, odor, textura etc. seriam resultado da maneira como percebemos esses objetos. O ouro, por exemplo, é uma substância composta de propriedades como solidez, extensão, maleabilidade, divisibilidade etc. Essas propriedades pertencem ao ouro em função de serem qualidades dos corpúsculos que o constituem – uma teoria derivada do atomismo antigo e bastante aceita na época –, e por isso são consideradas qualidades primárias. Por sua vez, características como a cor amarela, o gosto, o fato de ser solúvel em ácido etc. pertencem não ao ouro como substância mas a um pedaço de ouro e, nesse sentido, são denominadas qualidades secundárias. As qualidades primárias são aquelas que uma substância deve ter para ser o que é e ter as demais qualidades (secundárias). As qualidades secundárias, por sua vez, são características dos objetos, resultantes do modo como os corpúsculos que os compõem se organizam neles, afetando-nos sensorialmente de uma determinada maneira.

Locke afirma que não podemos conhecer as coisas em sua essência; portanto, sobre o mundo natural temos apenas crenças ou opiniões, mas não conhecimento verdadeiro (*true knowledge*). Sob esse aspecto Locke pode ser considerado um cético moderado. O conhecimento demonstrativo é aquele derivado de nossa percepção da relação entre nossas ideias, restringindo-se a campos do saber como a geometria. Podemos assim ter um conhecimento demonstrativo ou dedutivo que não é derivado da experiência, mas da observação do modo de operar da mente. Este conhecimento (*knowledge*) é certo e definitivo e se distingue do conhecimento derivado das percepções sensíveis, que Locke denomina "crença" ou "opinião" (*belief*) e que é relativo a essa experiência. Nesse sentido, Locke não é um empirista radical, já que admite um conhecimento não empírico, como no caso da geometria, embora não baseado em ideias inatas.

Locke é considerado um dos primeiros filósofos do período moderno a desenvolver uma filosofia da linguagem, mais especificamente uma teoria do significado (livro III, "Sobre as palavras" [*Of Words*], do *Ensaio*). Segundo Locke, assim como as ideias são signos mentais das coisas, as palavras são signos das ideias. O significado das palavras é, portanto, a ideia correspondente a elas em nossa mente, e é por meio das ideias que as palavras se referem às coisas. Quando falamos, nossas palavras evocam na mente do ouvinte uma ideia equivalente à ideia que temos em nossa mente ao proferirmos as palavras, e é dessa forma que nos comunicamos e nos fazemos entender. A semântica de Locke é chamada de **semântica ideacional**, já que o significado das palavras depende da ideia correspondente a elas em nossa mente. Uma vez que o signo linguístico, a palavra, é convencional, é apenas por meio de sua relação com ideias que pode significar. A linguagem é assim expressão de um pensamento – uma representação mental por meio de ideias que são signos das coisas no mundo – constituído anteriormente à linguagem e independentemente dela. Essa forma de explicação do significado linguístico prevalecerá praticamente até o surgimento da filosofia da linguagem de tradição analítica com Frege, Russell, Moore e Wittgenstein ao final do séc. XIX e início do XX.

D. O CETICISMO DE HUME

O escocês David Hume (1711-76) foi, sob muitos aspectos, o mais radical dos empiristas, levando essas teses às suas últimas consequências e assumindo uma posição filosófica cética. Kant, em seus *Prolegômenos*, chega mesmo a afirmar que "a leitura de Hume despertou-me de meu sonho dogmático". As principais obras de Hume são o *Tratado sobre a natureza humana* (1739) e a *Investigação sobre o entendimento humano* (1748), uma reelaboração da obra anterior, tendo se destacado também em sua época como autor de uma monumental *História da Inglaterra*.

O ponto de partida de Hume, como o dos demais empiristas, é a tese segundo a qual nossas ideias sobre o real se originam de nossa experiência sensível. A percepção é considerada como critério de validade dessas ideias, que, quanto mais próximas da percepção que as originou, mais nítidas e fortes são, ao passo que, quanto mais abstratas e remotas, menos nítidas se tornam, empalidecendo e perdendo sua força. Tal como em Locke, a observação do modo de operar de nossa mente (as relações ou associações entre ideias) é a outra fonte de ideias que podemos ter. Trata-se para Hume de formular uma "mecânica mental", sendo as percepções os átomos e as associações as forças que os unem ou separam.

> Quando analisamos nossos pensamentos ou ideias, por mais complexos e sublimes que sejam, sempre descobrimos que se resolvem em ideias simples que são cópias de uma sensação ou sentimento anterior. Mesmo as ideias que, à primeira vista, parecem mais afastadas dessa origem mostram, a um exame mais atento, ser derivadas dela. A ideia de Deus, correspondendo a um ser infinitamente inteligente, sábio e bom, surge das reflexões que fazemos sobre as operações de nossa própria mente, aumentando sem limites essas qualidades de bondade e sabedoria. Podemos prosseguir este exame tanto quanto desejarmos, e sempre descobriremos que todas as ideias que examinamos são copiadas de uma impressão semelhante. Aqueles que afirmam que esta posição não é universalmente verdadeira nem sem exceções têm apenas um único e bastante fácil método de refutá-la: apresentar uma ideia que em sua opinião não seja derivada desta fonte. Caberá então a nós, se quisermos sustentar nossa doutrina, indicar a impressão ou percepção viva que lhe corresponda.
>
> (*Investigação sobre o entendimento humano*, seç. II, 14).

Segundo Hume, as ideias são sempre de natureza particular; é apenas ao associá-las a termos (palavras) gerais que produzimos o efeito de generalidade, podendo assim fazer referência a inúmeras coisas particulares que tenham natureza semelhante. O universal resulta assim desse processo de associação e da força de nosso hábito ou costume.

O ceticismo de Hume pode ser interpretado a partir do questionamento que dirige a dois princípios ou pressupostos fundamentais da tradição filosófica: a causalidade e a identidade pessoal.

A noção de **causalidade**, ou seja, a crença na existência de um princípio causal que relaciona os fenômenos naturais, constituindo-se em uma lei universal, explicando a própria racionalidade do real em termos da relação causa-efeito, e estabelecendo assim um nexo, um elo causal entre tudo o que acontece, é um pressuposto filosófico que remonta aos filósofos pré-socráticos, como vimos anteriormente (I, 2). Entretanto, Hume questiona a realidade objetiva desse princípio causal. De fato, se observarmos, no exemplo famoso,[5] o movimento das bolas de bilhar em uma mesa, tudo o que vemos é o impacto do taco sobre a primeira bola e, por sua vez, o impacto da primeira sobre a segunda, mas a causalidade propriamente dita não pode ser observada. Tudo o que a experiência nos revela é uma conjunção constante entre fenômenos, e não uma conexão necessária que chamamos de causalidade.

> Objetos semelhantes sempre se encontram em conexão com objetos semelhantes. Disso temos experiência. De acordo com essa experiência, podemos definir uma causa como um objeto seguido de outro, de tal forma que todos os objetos semelhantes ao primeiro são seguidos de objetos semelhantes ao segundo. Ou, em outros termos, tal que, se o primeiro objeto não existisse, o segundo também não existiria. O aparecimento de uma causa sempre traz à mente, por uma transição costumeira, a ideia de efeito. Disso também temos experiência. Podemos, assim, conforme essa experiência, formular uma outra definição de causa que chamaríamos de um objeto seguido de outro, e cuja aparição sempre conduz o pensamento à ideia desse outro objeto. [...] Ouso assim afirmar como uma proposição geral que não admite exceção que o conhecimento dessa relação não se obtém em nenhum caso pelo raciocínio *a priori*, mas que ela nasce inteiramente da experiência quando descobrimos que objetos particulares estão em conjunção uns com os outros.
>
> (*Investigação sobre o entendimento humano*, seç. VII).

Para Hume, portanto, a causalidade resulta apenas de uma regularidade ou repetição em nossa experiência de uma conjunção constante entre fenômenos que, por força do hábito, acabamos por projetar na realidade, tratando-a como se fosse algo existente. É nesse sentido que pode ser dito que a causalidade é uma forma nossa de perceber o real, uma ideia derivada da reflexão sobre as operações de nossa própria mente,[6] e não uma conexão necessária entre causa e efeito, uma característica do mundo natural.

A crítica à **identidade pessoal** segue essa mesma linha.[7] Hume questiona o modelo cartesiano de mente como substância pensante, a *res cogitans* de Descartes (ver III. 2), sustentando que não podemos ter nenhuma representação de nossa mente independente de nossa experiência, ou seja, de nossas impressões sensíveis e da maneira como as elaboramos. Não há como nos representarmos o pensamento puro, independente de qualquer conteúdo. Para Hume, jamais posso apreender a mim mesmo sem algum tipo de percepção (loc.cit.). O "eu" (*self*), portanto, nada mais é do que um feixe de percepções que temos em um determinado momento e que varia na medida em que essas percepções variam. Não somos agora o mesmo que fomos algum tempo atrás, nem o mesmo que seremos dentro em pouco, pois a cada momento novas percepções são acrescentadas ao feixe, e outras empalidecem ou desaparecem. Tudo o que temos, por conseguinte, é, mais uma vez, força do hábito, do costume, da memória, e é apenas isso que assegura a continuidade do que consideramos o "eu".

> Há alguns filósofos que imaginam que estamos a todo momento conscientes de algo a que chamamos nosso "eu" (*self*) e que sentimos sua existência contínua, tendo certeza, para além de qualquer evidência ou demonstração, de sua perfeita identidade e simplicidade. [...] Infelizmente, todas essas afirmações são contrárias a essa mesma experiência a que esses filósofos recorrem, nem temos qualquer ideia do *eu* do modo como a explicam. De que impressão poderia essa ideia ser derivada? A esta questão é impossível responder

sem absurdo e sem uma contradição manifesta. E, entretanto, é uma questão que deve necessariamente ser respondida se quisermos que a ideia de *eu* passe por clara e inteligível. Deve haver uma impressão determinada para dar origem a toda ideia real. Mas *eu* ou *pessoa* não é uma impressão determinada, mas aquilo que se supõe que nossas várias impressões ou ideias têm como referência. Se alguma impressão dá origem à ideia de *eu*, essa impressão deve manter-se invariavelmente a mesma, durante todo o curso de nossas vidas, uma vez que se considera que o eu existe desta maneira. Mas não há nenhuma impressão constante e invariável. Dor e prazer, tristeza e alegria, paixões e sensações sucedem-se umas às outras, e nunca existem todas ao mesmo tempo. Não pode ser, portanto, de nenhuma dessas impressões, nem de nenhuma outra, que a ideia de *eu* é derivada, e consequentemente esta ideia simplesmente não existe.

(*Tratado sobre a natureza humana*, I, seç.vi)

Trata-se evidentemente de uma crítica perturbadora, que encontrará forte resistência da filosofia racionalista, sobretudo de Kant (ver III. 6), que formulará sua concepção de sujeito transcendental em parte em resposta a isso. Por outro lado, levanta problemas genuínos acerca da concepção cartesiana de subjetividade, como reconhecerá o próprio Kant.

Portanto, para Hume, se todo nosso conhecimento provém de impressões sensíveis e da reflexão sobre nossas ideias, se essas impressões e ideias são assim sempre variáveis, se a causalidade e a identidade do eu resultam apenas de regularidade, repetição, costume e hábito, então, em consequência, jamais temos um conhecimento certo e definitivo; toda a ciência é apenas resultado da indução, e o único critério de certeza que podemos ter é a ***probabilidade***. Hume foi um dos filósofos que mais influenciaram, em suas origens, a concepção de uma ciência hipotética e probabilística, posição que veio a ser predominante contemporaneamente.

É nesse sentido e por esses motivos que Hume é considerado um cético. Nosso conhecimento, nossas pretensões à ciência, em última análise, não podem ser fundamentadas, justificadas ou legitimadas por nenhum princípio ou argumento racional. A maneira pela qual conhecemos e pela qual agimos no real depende apenas de nossa natureza, de nossos costumes e de nossos hábitos. Por esse motivo, tem havido divergências entre os especialistas e intérpretes do pensamento de Hume. Alguns o consideram um cético, na medida em que nega a possibilidade de um conhecimento certo, definitivo e justificado. Outros o consideram um naturalista, na medida em que o ceticismo dá lugar ao naturalismo, isto é, à posição segundo a qual é nossa natureza que nos impulsiona a julgar (formular juízos sobre o real) e a agir. Podemos considerar ainda que, sob esse aspecto, ceticismo e naturalismo não são incompatíveis, já que o apelo à natureza, ou seja, a nossos impulsos naturais, não é uma forma de fundamentar o conhecimento, mas apenas de descrevê-lo. Vejamos o que diz o próprio Hume:

Se me perguntassem [...] se sou realmente um desses céticos que sustentam que tudo é incerto e que nosso juízo não possui nenhuma medida de verdade ou falsidade a respeito de coisa nenhuma, responderia que essa questão é inteiramente supérflua e que nem eu nem ninguém jamais sustentou uma tal opinião de forma sincera e constante. A natureza nos impulsiona a julgar como a respirar e a sentir, por uma necessidade absoluta e incontrolável, e não podemos evitar que certos objetos se apresentem a nós com maior plenitude e intensidade em virtude de sua conexão habitual com uma impressão atual, assim como não podemos deixar de pensar quando estamos despertos ou de ver os corpos que nos rodeiam quando dirigimos a vista a eles à luz do Sol. Quem quer que tenha se dedicado a refutar as objeções capciosas deste ceticismo total disputou sem antagonista e tentou implantar no espírito, por meio de argumentos, uma faculdade com a qual já foi dotado pela natureza e que portanto é inelutável. (*Tratado*, I, IV, I, 183)

Parece evidente que a disputa entre céticos e dogmáticos é puramente verbal, ou ao menos diz respeito apenas aos graus de dúvida e certeza, que devemos aceitar em relação a todo o raciocínio; e tais disputas são comumente, no fundo, verbais e não admitem nenhuma determinação precisa. Nenhum filósofo dogmático nega que há dificuldades tanto em relação aos sentidos quanto a toda ciência, e que estas dificuldades são, do ponto de vista de um método lógico e regular, absolutamente insolúveis. Nenhum cético nega que permanecemos sob uma absoluta necessidade, apesar dessas dificuldades, de pensar, acreditar e raciocinar sobre toda sorte de questões, e mesmo de frequentemente assentir com confiança e segurança. A única diferença, portanto, entre estas seitas, se é que merecem este nome, é que o cético, devido ao hábito, ao capricho, ou à inclinação, insiste mais nas dificuldades; e o dogmático, pelas mesmas razões, na necessidade. (*Diálogos sobre a religião natural*; c.1752, publicação póstuma.)

QUADRO SINÓTICO

- O empirismo é, juntamente com o racionalismo, um dos paradigmas fundamentais da filosofia moderna em sua primeira fase (sécs. XVI-XVIII).
- O empirismo caracteriza-se pela valorização da experiência sensível como fonte de conhecimento.
- A concepção de conhecimento do empirismo tem como ponto de partida o método indutivo, a probabilidade, sendo que a ciência baseia-se no método empírico e experimental, i.e., na formulação de hipóteses, na observação, na verificação e teste de hipóteses com base em experimentos.
- O empirismo, levado às suas últimas consequências, pode dar origem, como em Hume, ao ceticismo e ao naturalismo.

LEITURAS ADICIONAIS

Textos de Bacon, Locke e Hume na col. "Os Pensadores" (São Paulo, Abril Cultural).

AYERS, Michael. *Locke*. São Paulo, Unesp, 1999.
BERMAN, David. *Berkeley*. São Paulo, Unesp, 2000.
JAPIASSÚ, H. *Francis Bacon: o profeta da ciência moderna*. São Paulo, Letras & Letras, 1995.

MICHAUD, Y. *Locke*. Rio de Janeiro, Zahar, 1991.

OLIVEIRA, Bernardo Jefferson. *Francis Bacon e a fundamentação da ciência como tecnologia*. Belo Horizonte, UFMG, 2002.

QUINTON, Anthony. *Hume*. São Paulo, Unesp, 1999.

ROSSI, P. *A ciência e a filosofia dos modernos*. São Paulo, Unesp, 1992. [Caps. III e VI sobre Bacon.]

SMITH, P. *O ceticismo de Hume*. São Paulo, Loyola, 1995.

YOLTON, J. *Dicionário Locke*. Rio de Janeiro, Zahar, 1996.

QUESTÕES E TEMAS PARA DISCUSSÃO

1. Qual o sentido básico de "empirismo"?
2. Discuta o lema do empirismo: "Nada está no intelecto que não tenha estado antes nos sentidos."
3. Qual a concepção de ciência de Bacon?
4. Como caracterizar o sentido e a importância da "teoria dos ídolos" de Bacon?
5. Como Locke explica a origem das ideias?
6. Para Locke e Hume todas as ideias se originam da sensação ou podem ter outra origem?
7. Que tipo de crítica Hume faz à noção tradicional de causalidade?
8. Por que Hume questiona a identidade pessoal?
9. Em que sentido o empirismo de Hume leva ao ceticismo?
10. Compare e contraste as concepções filosóficas de conhecimento do empirismo e do racionalismo (ver III. 2 sobre Descartes).

4

A TRADIÇÃO RACIONALISTA PÓS-CARTESIANA

A. A TRADIÇÃO RACIONALISTA NO SÉC. XVII

Pode-se considerar o pensamento de Descartes como influenciando de forma marcante o *racionalismo* moderno,[1] se caracterizarmos esta posição filosófica como enfatizando a centralidade da razão humana no processo de conhecimento, a aceitação da existência de ideias ou princípios inatos, i.e., pertencentes à natureza da própria mente, e o pressuposto da possibilidade de justificarmos ou fundamentarmos de modo definitivo e concludente nossos sistemas teóricos. O recurso, de inspiração cartesiana, ao "método geométrico", i.e., à dedução como forma de demonstração racional de verdades, é também um traço comum aos racionalistas do início do pensamento moderno.

A filosofia cartesiana causou um forte impacto em sua época e teve inúmeros seguidores. Filósofos como Arnold Geulincx (1624-69) e Géraud de Cordemoy (1626-84) consideraram-se seus discípulos diretos. Além disso, a influência de Descartes fez-se sentir em pensadores como Antoine Arnauld (1612-94), um dos mestres da famosa "escola de Port-Royal", que se desenvolveu na Abadia de Port-Royal Deschamps, nos arredores de Paris, e coautor do célebre tratado de Lógica (1662) de inspiração cartesiana e que influenciou o estudo de lógica na França até praticamente o séc. XIX. Um dos principais desenvolvimentos da filosofia racionalista na linha cartesiana foi elaborado por Nicolau Malebranche (1638-1715), que polemizou com Arnauld acerca da possibilidade da prova da existência de Deus e escreveu um tratado intitulado *A busca da verdade* (1674-78).

Nem todos os racionalistas desse período foram partidários da filosofia cartesiana, porém todos tomaram de alguma forma, ainda que criticamente, a filosofia de Descartes como referência e até mesmo como ponto de partida. É o caso de alguns dos pensadores mais representativos do racionalismo do séc. XVII que examinaremos em seguida, como Spinoza e Leibniz, e também, em parte, Pascal.[2]

O séc. XVII foi um período de esplendor político, artístico e cultural na França, chegando a ser conhecido como *Le grand siècle* ("o grande século"). O longo reinado de Luís XIV (1643-1715) estabiliza a situação política interna, consolida a monarquia absoluta[3] e torna a França uma das principais potências europeias. Enquanto Espanha e Portugal começam a entrar em decadência após o auge do período dos descobrimentos, a Inglaterra vê a derrubada da monarquia por Cromwell e vive uma guerra civil (1648-59), e os diversos estados alemães ainda vivem as consequências das guerras religiosas, a França, ao contrário, terá um governo estável e centralizado por um longo período. Luís XIV foi um entusiasmado patrono das artes e das letras. O palácio de Versailles, residência do rei, torna-se um modelo de arquitetura para quase todas as monarquias europeias. O teatro francês floresce com as peças clássicas de Corneille, Racine e Molière. Escritores e pensadores como Boileau, Bossuet, La Bruyère e Fénelon são os principais estilistas – juntamente com Pascal – da língua francesa, criadores de sua tradição literária e influência cultural.

O séc. XVII é também o período da famosa controvérsia entre os *antigos* e os *modernos* (ver III. l.A), um dos momentos mais significativos de ruptura explícita com a tradição clássica antiga. Os modernos defendem nas artes e nas letras o ideal de progresso, análogo ao da ciência e da técnica. O novo é considerado superior ao antigo, e, portanto, não há razão para buscar no período clássico os padrões estéticos. Os modernos contrastam o "século de Augusto" com o "século de Luís XIV", que consideram infinitamente superior. Boileau e La Bruyère defendem os clássicos, enquanto os modernos são liderados sobretudo por Fontenelle, secretário da Academia Francesa e autor de uma *Digressão sobre os antigos e os modernos* (1688). Os modernos, que obviamente estão mais de acordo com o espírito da época, acabam prevalecendo, e temos assim um dos momentos mais significativos de consolidação do projeto de modernidade, de ruptura com o passado, bem como um dos pontos de partida do Iluminismo (ver III.5).

B. PASCAL

A princípio pode parecer estranha a inclusão de Blaise Pascal (1623-62) entre os racionalistas. Pensador religioso ligado ao movimento de Port-Royal, polemista adversário dos jesuítas, autor de uma obra fragmentária, *Les pensées*,[4] que é um dos grandes clássicos da língua francesa, Pascal é também o autor da famosa afirmação: "O coração tem razões que a razão desconhece." Além disso, Pascal foi um grande geômetra, escreveu um tratado sobre as seções cônicas (1639) e obras de física (sobre o vácuo) e foi o inventor de uma "máquina de calcular". Foi também um grande defensor da autonomia da razão e da importância da experiência subjetiva, dois pontos centrais da tradição racionalista moderna.

Convertido em 1646 ao jansenismo,[5] uma corrente religiosa católica inspirada no agostinismo do bispo Cornélio Jansen, com sede na Abadia de Port-Royal, Pascal retira-se para essa abadia e dedica-se a uma apologia do cristianismo, que terá sua principal expressão nos *Pensamentos* (*Les pensées*), que começa então a redigir. Não abandona contudo seus trabalhos científicos e vê a "razão geométrica" como complementar à experiência religiosa. Pascal não é assim um místico irracionalista, mas aproxima-se de certa forma do ceticismo fideísta ao apontar os limites da razão, que só podem ser superados pela fé autêntica, e pela experiência religiosa do indivíduo. Daí a famosa distinção entre o "espírito de geometria" (*esprit de géometrie*), a demonstração racional, e o *esprit de finesse*, a intuição, vistos por ele como complementares.

Em seus escritos, Pascal elabora o tema da contradição da natureza humana, sua grandeza e sua miséria, questão presente na discussão moderna desde as suas raízes no humanismo renascentista, e retomada por ele a partir de suas leituras de Montaigne – que, segundo considera, teria valorizado apenas a miséria humana. Pascal vê no homem um ser pequeno diante da natureza e de Deus, um ser finito e limitado, porém capaz de se elevar por sua consciência e por seu pensamento, o que o destaca dos demais seres da Criação.

> O homem não é mais do que um caniço (*roseau*), o mais fraco da natureza, mas é um ca-
> niço pensante. Não é necessário que o universo inteiro se arme para esmagá-lo; um vapor,
> uma gota d'água são suficientes para exterminá-lo. Mas ainda que o universo o esmague,
> o homem será mais nobre do que aquilo que o extermina, porque sabe que morre [...] e
> o universo nada sabe. Toda nossa dignidade consiste portanto no pensar (fr. 400).

Em defesa da fé, Pascal formula seu célebre **argumento da aposta** (*le pari*), de interpretação bastante controvertida (*Pensées*, fr. 233). Trata-se de um argumento acerca da existência de Deus: diante da impossibilidade de decidirmos racionalmente sobre a existência ou não de Deus, devemos, segundo Pascal, apostar em sua existência. Esta aposta é, diz Pascal, a atitude mais racional, pois aquele que aposta na existência de Deus não tem nada a perder e tudo a ganhar, a salvação, a vida eterna. Este argumento, que recorre inclusive ao cálculo das probabilidades para defender a racionalidade da aposta, tem sido interpretado em diferentes sentidos. Voltaire, por exemplo, considerou que esta era uma questão demasiado séria para ser tratada em termos de uma aposta. Alguns autores interpretaram a aposta em um sentido existencial, como a atitude do crente diante de um Deus que não pode conhecer diretamente.[6] A aposta é interpretada também não como uma prova da existência de Deus, o que de fato não é, mas como um argumento que deve preparar o homem para a crença na existência de Deus, uma etapa que deve levar à fé.

Pascal foi um pensador e um cientista que não via oposição nem conflito entre a razão e a fé, o conhecimento e a experiência religiosa, mas para quem, de certa forma, a razão leva à fé pelo reconhecimento de seus próprios limites, embora sem demonstrar ou provar aquilo que a fé revela àquele que crê.

C. Spinoza

Baruch (Benedito) Spinoza (1632-77), filósofo nascido em Amsterdã, de família judia de origem portuguesa, foi um dos pensadores mais originais de sua época, tendo sofrido a influência da tradição religiosa e filosófica judaica na qual se formou, bem como a das filosofias escolástica, renascentista e cartesiana. Expulso da Sinagoga em 1656, tornou-se amigo de Jan de Witt, governante liberal da Holanda (de 1653 a 1672), defendendo as ideias liberais, sobretudo em seu *Tratado teológico-político* (1665). A Holanda era na época uma das principais potências europeias. Recentemente libertada do domínio espanhol, de religião predominantemente calvinista mas bastante tolerante em questões religiosas, era uma grande potência marítima e comercial, bem como financeira, sendo que o maior banco europeu naquele momento se encontrava em Amsterdã. Vivendo uma experiência republicana, a Holanda foi um tradicional refúgio para pensadores liberais. Descartes lá encontrou uma atmosfera propícia para o desenvolvimento de suas ideias, e Locke exilou-se na Holanda por um período após a Restauração monárquica na Inglaterra. Uma sociedade rica, porém austera, teve um grande desenvolvimento artístico e cultural, destacando-se os pintores Rembrandt e Vermeer, que tiveram dentre os seus principais temas cenas da vida doméstica e do cotidiano das cidades do país.

Uma das primeiras obras de Spinoza foi seu comentário a Descartes, *Os princípios da filosofia cartesiana demonstrados segundo o método geométrico* (1663). Essa obra revela seu débito inicial em relação ao pensamento de Descartes e à tradição racionalista, sua preocupação com a atitude crítica da filosofia e com a questão da fundamentação do "edifício do conhecimento", bem como o recurso, de inspiração cartesiana, ao "método geométrico", a dedução como procedimento racional de demonstração por excelência. Entretanto, já aí Spinoza começa a se afastar bastante de algumas das principais teses cartesianas, dando início à elaboração de sua filosofia, que terá sua expressão principal na *Ética* (1661-75, publicada postumamente), sua obra mais importante e que começa a redigir nessa mesma época.

A *Ética* – que tem como subtítulo "demonstrada pelo método geométrico", revelando a preocupação racionalista de Spinoza com a clareza e o rigor argumentativo – é uma obra fortemente sistemática, tomando como ponto de partida, já em suas definições iniciais, a **questão do ser**, que trata em termos da noção de substância, "aquilo cuja existência depende apenas de si mesmo". Ora, dada esta definição, só Deus pode de fato satisfazê-la perfeitamente (Livro I). Portanto Deus – que Spinoza identifica com a própria realidade, já que é a única substância – ocupa o centro deste sistema. É este o sentido da famosa fórmula *Deus sive natura* ("Deus, i.e., a natureza"), pela qual se caracteriza a concepção spinozista. Spinoza foi condenado como ateu, em função de sua concepção de Deus não ser pessoal, nem mesmo religiosa, mas metafísica, e de Deus ser compreendido não como transcendente, mas como imanente à realidade natural. Trata-se na verdade da posição filosófica que será conhecida no pensamento moderno como **teísmo**, ou seja, uma concepção essencialmente filosófica e não teológica ou religiosa de Deus, segundo a qual Deus é essencialmente um princípio metafísico.

Os modos e atributos dessa substância, i.e., suas propriedades e características, são, por sua vez, o que possibilita que a inteligência humana a apreenda, sobretudo os dois atributos centrais que nos são conhecidos, a extensão e o pensamento.

A concepção de Spinoza acerca da realidade e da natureza e o seu assim chamado panteísmo podem ser ilustrados pela seguinte passagem da *Ética* (I, prop. XXIX, esc.):

Antes de prosseguir, quero explicar, ou melhor, advertir, o que deve entender-se por natureza naturada. Do já exposto até aqui, penso estar estabelecido que deve entender-se por natureza naturante o que existe em si e é concebido por si, ou, por outras palavras, aqueles atributos da substância que exprimem uma essência eterna e infinita, isto é, Deus enquanto considerado como causa livre.

Por natureza naturada, porém, entendo tudo aquilo que resulta da necessidade da natureza de Deus, ou, por outras palavras, de qualquer dos atributos de Deus, isto é, todos os modos dos atributos de Deus, enquanto são considerados como coisas que existem em Deus e não podem existir nem ser concebidas sem Deus.

No Livro II, Spinoza trata do problema do conhecimento, cuja discussão iniciara no *Tratado da reforma do intelecto* (1661), que permaneceu inacabado. Afirma aí que "a ordem e a conexão das ideias são as mesmas que a ordem e a conexão das coisas". A interpretação dessa passagem tem sido objeto de controvérsia, pois, embora sugira um paralelismo entre pensamento e matéria, e portanto uma concepção correspondentista de verdade na linha do realismo, Spinoza tem sido, por sua vez, interpretado como um idealista que adota uma concepção coerentista de verdade. Nesse sentido, sua posição se afastaria de Descartes e do racionalismo em geral, antecipando, no entanto, certas concepções contemporâneas sobre a verdade como coerência. Descartes, com efeito, parece começar com uma posição idealista em que toma como critério de validade das ideias suas propriedades internas como clareza e distinção, chegando, contudo, ao realismo, ao constatar a necessidade de um ponto externo (Deus) que garanta a correspondência entre as ideias da substância pensante (o sujeito) e as coisas no mundo exterior de que são ideias, evitando assim o solipsismo (o isolamento do sujeito), e recorrendo, finalmente, ao princípio de correspondência entre a mente e o real (ver III. 2) como critério de verdade. Spinoza, ao contrário, parece identificar a substância pensante e a substância extensa (*Ética*, II, esc. 7) como formando uma unidade. Este princípio tornaria possível interpretar a verdade de uma ideia não através de sua correspondência com uma realidade externa independentemente determinada, mas sim como coerência com a racionalidade do sistema a que pertence.[7]

O Livro III contém o que podemos considerar o núcleo da ética spinozista, desenvolvida nos livros seguintes. Spinoza questiona aí as acepções tradicionais de "bem" e "mal" e de "vício" e de "virtude", partindo de uma análise da natureza humana e de suas paixões e encontrando um caminho para a ética no conhecimento. Daí afirmar que: "Não sabemos com certeza que alguma coisa é boa ou má senão enquanto leva realmente ao conhecimento ou pode impedir nosso conhecimento."

Na realidade, Spinoza define o "bem" e o "mal", a "virtude" e o "vício" em relação à natureza humana e ao que lhe é útil, i.e., aquilo que contribui para a conservação de seu ser. "Entendo por *bom* aquilo que sabemos com certeza que nos é útil. Já por *mau* entendemos aquilo que sabemos com certeza que nos impede de possuir o bem."

O homem livre se caracteriza, por sua vez, como aquele que ao contemplar a substância infinita reconhece a necessidade do curso natural das coisas, i.e., a razão reconhece e aceita o determinismo, e a ação livre é aquela que está de acordo com a determinação das coisas. Quando isto se dá, a alma humana atinge a serena tranquilidade, a beatitude, que consiste para Spinoza no *amor Dei intellectualis* ("o amor intelectual a Deus"). Ética, metafísica e epistemologia, razão e ação possuem assim uma unidade na filosofia spinozista.

Spinoza teve alguns seguidores, porém sua obra não foi muito influente em sua época. Tanto os cartesianos quanto os racionalistas, como Leibniz, o criticaram, não vendo nele um representante típico do racionalismo moderno. Pensador de origem judaica em um contexto de conflitos internos no cristianismo, sua obra foi, entretanto, condenada por judeus e cristãos. Só no contexto do séc. XIX, com a crise do racionalismo clássico e do projeto filosófico da modernidade, o interesse por seu pensamento será retomado devido a seu caráter bastante original, que aparece assim como uma alternativa ao desenvolvimento da tradição moderna.

D. Leibniz

Gottfried Wilhelm Leibniz (1646-1716) foi um racionalista bastante peculiar. Crítico de Descartes, de Spinoza e dos empiristas, sobretudo de Locke,[8] afasta-se do subjetivismo característico do pensamento moderno em suas origens. É antes de tudo um metafísico que dá mais valor à lógica na fundamentação da ciência do que à epistemologia, ao contrário de Descartes e dos empiristas. Por suas formulações teóricas nos campos da lógica e da linguagem, Leibniz antecipa em muitos aspectos o desenvolvimento da lógica matemática e da filosofia da linguagem no pensamento contemporâneo, tendo servido de fonte de inspiração para lógicos e filósofos como Gottlob Frege e Bertrand Russell (ver IV).

Nascido em Leipzig, na Alemanha, Leibniz foi um homem de múltiplos interesses. Filósofo, jurista, linguista, matemático, historiador, diplomata, suas contribuições vão desde a descoberta do cálculo infinitesimal até o esforço pelo ecumenismo e pela superação dos conflitos religiosos na Europa da época. Autor de uma obra assistemática, dispersa em inúmeros tratados, opúsculos e artigos em periódicos científicos, foi também fundador da Academia Real da Prússia em Berlim e escreveu uma história da Casa de Hanover, os príncipes alemães a quem se ligou durante toda a sua vida. Suas principais obras foram *O discurso de metafísica* (1686), a *Teodiceia* (1710) e a *Monadologia* (1714).

Contra a dúvida cartesiana, Leibniz sustenta que, em vez de duvidar de tudo que possa parecer incerto, é preciso considerar os **graus** de aceitação ou discordância que cada afirmação pode produzir, ou seja, examinar suas razões. Contra Locke, e o lema do empirismo "Nada está no intelecto que não tenha estado antes nos sentidos", acrescenta "exceto o próprio intelecto".

Toda verdade deve ter uma razão segundo a qual ela é verdade. O projeto filosófico de Leibniz se caracteriza por seu universalismo. A tarefa da filosofia consiste na integração da totalidade do conhecimento humano. Leibniz revela mesmo uma preocupação em aproximar a tradição filosófica, o que denomina de *philosophia perennis* (as questões filosóficas permanentes, ou "eternas") das teorias dos *philo-*

sophi novi (os "novos filósofos", os pensadores modernos), procurando mostrar a sua integração.

Em oposição ao subjetivismo predominante entre os cartesianos e empiristas, Leibniz defende a lógica como chave para o desenvolvimento sistemático e racional da totalidade do conhecimento humano, a única capaz de promover a unidade e integração desse conhecimento em uma visão unificada de ciência. Isso explica, em grande parte, o interesse de Leibniz por questões de linguagem, como parte do projeto de formulação de uma linguagem única, precisa e rigorosa, que fosse a linguagem da ciência, a expressão de um conhecimento perfeito, a *mathesis universalis*, em um sistema lógico-simbólico perfeito, a *characteristica universalis*. No opúsculo "Sobre a conexão entre as coisas e o mundo", ele diz: "O pensamento não pode existir sem a linguagem. Sem um signo ou outro. Basta nos interrogarmos se podemos fazer algum cálculo aritmético sem usar um signo numérico. Quando Deus calcula e exerce seu pensamento, o mundo é criado."

O forte racionalismo de Leibniz se expressa em sua concepção de que todo conhecimento é, em última análise, a priori, "*Tout est déjà connu*" ("Tudo já é conhecido previamente"). Segundo ele, a percepção e o pensamento se distinguem apenas quanto a graus de clareza e distinção. Todas as verdades são, em última instância, analíticas; é apenas a finitude da mente humana que nos impede de considerá-las como tais. Uma linguagem universal, no entanto, seria capaz de exprimir qualquer pensamento e testar a validade de qualquer inferência através do cálculo.

Leibniz critica no empirismo de Locke a redução do racional ao factual, empírico, fenomênico, já que o factual é contingente, sem razão última de ser; o racional, ao contrário, deve ser aquilo que não pode deixar de ser, que expressa a necessidade do real. Portanto, Leibniz se afasta do psicologismo, da consideração do pensamento como experiência psicológica de um sujeito pensante, de uma consciência individual.

A concepção de realidade em Leibniz se encontra desenvolvida sobretudo na teoria, bastante peculiar, da *Monadologia*. Se em Spinoza encontramos um monismo que chega mesmo a unificar Deus e a realidade, em Leibniz temos uma concepção de realidade constituída por uma diversidade de **mônadas**. As mônadas (unidades dinâmicas e autocontidas) são ordenadas por Deus em uma harmonia preestabelecida hierarquicamente desde a matéria inanimada, o grau mais inferior, até Deus, a Suprema Mônada. Esta ordem constitui o **melhor dos mundos possíveis**, já que consiste na concretização de uma dentre várias possibilidades de ordenação e relação entre as mônadas.

Leibniz postula a necessidade de distinguir entre **verdades da razão**, que são **necessárias** (não podem ser negadas sem autocontradição), tais como "todo triângulo tem três ângulos", e **verdades de fato**, que são **contingentes**, tais como "o calor dilata os corpos". As verdades da razão não podem se originar da experiência porque esta é sempre contingente, acidental. São, portanto, inatas, a priori, antecedem a experiência, existem virtualmente na mente, representando a possibilidade de se aprenderem verdades. Verdades de fato são provenientes da experiência, porém mesmo elas se sustentam em um princípio da razão, o **princípio da razão suficiente**, segundo o qual se pode sempre explicar a razão de sua existência.

O ideal de conhecimento é o **conhecimento necessário**. Levada às suas últimas consequências, a razão suficiente deve chegar a uma razão necessária, que não necessitasse, por sua vez, de explicação. Trata-se assim de um ideal de pura racionalidade, que visa converter o conhecimento de fato em conhecimento necessário, pressupondo a continuidade entre a verdade de fato e a razão. O modelo matemático desse ideal é o cálculo infinitesimal, formulado por Leibniz ao mesmo tempo que por Newton, segundo o qual, por exemplo, uma reta é uma curva de raio infinito e um ponto é um círculo de raio infinitamente pequeno.

A filosofia de Leibniz virá a ter grande influência através da interpretação e da sistematização que lhe serão dadas por Christian Wolff (1679-1754), em sua formulação teórica de um racionalismo considerado por Kant como fortemente dogmático, que será conhecido como "sistema Leibniz-Wolff". Esse sistema, devido à elaboração de Wolff, terá um grande sucesso, vindo a ser quase que uma "filosofia oficial" no meio acadêmico alemão em meados do séc. XVIII.

Por outro lado, Voltaire (1694-1778) questionou o que considerava o otimismo excessivo de Leibniz, expresso em sua ideia de que vivemos no melhor dos mundos possíveis, em seu "conto filosófico", *Cândido, ou o otimismo* (1759), através da figura caricata do dr. Pangloss.

E. Conclusão

Pelo que vimos brevemente acima, o racionalismo não tem um desenvolvimento simplesmente linear a partir de Descartes e de seus seguidores mais imediatos no contexto do séc. XVII. Pascal busca de certa forma conciliar a razão e a experiência religiosa, dando, no entanto, mais ênfase e centralidade a esta última. Spinoza e Leibniz são racionalistas que colocam, contudo, a questão metafísica como mais central que a questão epistemológica, ao contrário de Descartes. Spinoza, em uma concepção monista, enfatiza a substância única, aproximando o problema do conhecimento e do ser do problema ético, em um sistema integrado. Leibniz valoriza a lógica na fundamentação do conhecimento em termos da busca de critérios para a determinação de verdades necessárias, bem como formula uma concepção de realidade baseada no pluralismo de mônadas, entendidas como substâncias autônomas e autocontidas.

Isso nos mostra que os grandes desenvolvimentos do racionalismo a partir de Descartes seguiram caminhos próprios em linhas sob muitos aspectos divergentes. Isso explica em grande parte a preocupação unificadora de Kant em seu *racionalismo crítico* ou *filosofia transcendental*, que visa formular um sistema integrado, superando essas divergências internas do racionalismo, assim como sua oposição ao empirismo (ver III.5.E).

QUADRO SINÓTICO

- O racionalismo se desenvolve a partir de Descartes com seus seguidores, como Geulincx, Cordemoy e, principalmente, Malebranche e a Escola de Port-Royal, destacando-se Arnauld.
- Pascal, profundamente ligado a Port-Royal, busca conciliar a *razão* e a *experiência religiosa*, dando um lugar central às noções de "pensamento" e de "razão".
- Spinoza formula uma *metafísica monista* baseada na noção de substância, integrando *metafísica*, *epistemologia* e *ética*.
- Leibniz vê na *lógica* o caminho da fundamentação do conhecimento, afastando-se da epistemologia subjetivista do racionalismo e o psicologismo do empirismo.

LEITURAS ADICIONAIS

Há poucos estudos críticos especializados sobre as obras destes autores traduzidos para o português. Recomendamos, assim, os capítulos nas histórias da filosofia sobre estes filósofos.

Textos de Pascal, Spinoza e Leibniz encontram-se nos volumes sobre estes autores na col. "Os Pensadores" (São Paulo, Abril Cultural).

ATTALI, Jacques. *Blaise Pascal, ou o gênio francês*. Bauru, Editora USC, 2003.

CHAUÍ, Marilena. *Espinosa: uma filosofia da liberdade*. São Paulo, Moderna, 1995.

_____. *A nervura do real*. São Paulo, Companhia das Letras, 2000.

DELEUZE, Giles. *Espinosa*. São Paulo, Escuta, 2002.

MOREIRA, Vivianne de Castilho. *Leibniz e a linguagem*. Rio de Janeiro, Zahar, 2005.

RUSSEL, Bertrand (1900). *A filosofia de Leibniz*. São Paulo, Companhia Editora Nacional, 1968. [Sobre Leibniz.]

SCRUTON, Roger. *Espinosa*. Rio de Janeiro, Unesp, 2000.

QUESTÕES E TEMAS PARA DISCUSSÃO

1. Quais as principais características do racionalismo no séc. XVII?
2. Em que sentido podemos considerar Pascal como um racionalista?
3. Qual a importância e o sentido da experiência religiosa para Pascal?
4. Como podemos entender a caracterização em Pascal do homem como um "caniço pensante"?
5. Em que sentido pode-se dizer que metafísica, epistemologia e ética se integram no sistema de Spinoza?
6. Qual o conceito fundamental da ética de Spinoza?
7. Em que aspectos a filosofia se afasta do racionalismo cartesiano e do empirismo?
8. Qual a importância da lógica para Leibniz?

5

A FILOSOFIA POLÍTICA DO LIBERALISMO E A TRADIÇÃO ILUMINISTA

A. O LIBERALISMO POLÍTICO

O liberalismo, no início da Modernidade, é o correlato, na política, do ***individualismo*** e do ***subjetivismo*** na teoria do conhecimento que examinamos anteriormente em Descartes e nos empiristas. A concepção da existência de direitos naturais ao homem corresponde do ponto de vista epistemológico à concepção de ideias inatas e de faculdades da mente que tornam possível o conhecimento. A valorização da ***livre-iniciativa*** e da ***liberdade individual*** no campo da política e da economia equivale no campo do conhecimento à valorização da experiência individual, tanto intelectual (racionalismo) quanto sensível (empirismo).[1]

A importância da natureza – que pode ser ilustrada pela afirmação de Descartes de que devemos "ler o grande livro do mundo", bem como a de Bacon, de que "o homem deve ser como uma criança diante da natureza" – representa a necessidade de ruptura com a tradição, com o saber adquirido, com as instituições desacreditadas. O mesmo vai se dar na teoria política em que a natureza humana é considerada a base dos direitos e liberdades do indivíduo e o ponto de partida da construção de uma nova ordem social em oposição ao mundo feudal, à ordem teocrática medieval e à monarquia absoluta. Temos aí, nessa concepção de natureza, o novo fundamento tanto do conhecimento quanto da moral e da política. É nesse sentido que o "homem natural" terá um papel central no pensamento de Rousseau.

A visão, inaugurada com a ***revolução científica***, de uma ciência experimental, integrada com a técnica e tendo uma preocupação prática, que encontramos por exemplo em Bacon, é assim bastante representativa da visão de mundo que começa a se articular nesse período em algumas regiões da Europa, sobretudo nas cidades-Estado italianas, na Inglaterra, nos Países Baixos e, em parte, também na França. O subjetivismo epistemológico, o liberalismo político, a ética individualista e o mercantilismo econômico são as várias faces de uma nova realidade que começa a surgir a partir de meados do séc. XV. Nesse sentido, o humanismo renascentista e a Reforma protestante estão também na raiz dessas novas ideias.

O problema central do liberalismo e da discussão política desse período parece ser assim a necessidade de conciliar as liberdades e os direitos individuais, concebidos como inerentes à própria natureza humana, com as exigências da vida em comunidade e, portanto, com o respeito ao direito do outro, imprescindível para o equilíbrio da vida social, bem como com a determinação de interesses e rumos comuns essenciais à vida social. No início do período moderno, a dissolução da ordem feudal, a contestação do poder temporal da Igreja e o combate à monarquia absoluta e ao Estado centralizado, surgido principalmente na França do séc. XVII, criam a necessidade da busca e discussão de um novo modelo de ordem social, de organização política, de legitimação do exercício do poder, representado pelas teses dos teóricos do liberalismo e do contrato social. Essa discussão leva, em última análise, ao surgimento da democracia representativa e do sistema parlamentar, ao estabelecimento de constituições e cartas de direitos civis. O primeiro passo se dá com a Revolução Gloriosa na Inglaterra, em 1688, após a deposição de Jaime II, logo se seguindo a Revolução Americana (1776) e a Revolução Francesa (1789).

Examinaremos adiante alguns dos pensadores mais representativos desse período, procurando distinguir diferentes sentidos de liberalismo e analisar o desenvolvimento dessas ideias políticas desde o seu surgimento no início do séc. XVII, passando pelo Iluminismo do séc. XVIII, até os seus desdobramentos mais significativos do ponto de vista histórico, como a Declaração de Independência dos Estados Unidos (1776), a Constituição Americana e a Declaração dos Direitos Humanos na Revolução Francesa (1789). Vivemos até hoje os efeitos e consequências de muitas dessas ideias, tanto em sua defesa quanto questionando-as ou buscando superá-las.

B. HOBBES

O filósofo inglês Thomas Hobbes (1588-1679) não pode ser considerado propriamente um pensador liberal, embora seja fortemente individualista. Sua obra, no entanto, teve uma influência marcante no desenvolvimento da discussão sobre as relações entre indivíduo e Estado em todo o período moderno. Seus principais livros foram *Do cidadão* (1642), *Elementos do direito natural e político* (1650) e o mais célebre, um clássico da teoria política moderna, o *Leviatã* (1651), que chegou a ser censurado pelo Parlamento inglês.

Hobbes tem uma concepção da natureza humana que pode ser considerada negativa ou pessimista. Não propriamente no sentido do tema da *miseria hominis* que encontramos no pensamento medieval e mesmo na tradição humanista, mas por considerar o homem como naturalmente agressivo e belicoso. O "estado de natureza, ou natural" em que o homem se encontraria, abstração feita da constituição da sociedade organizada e do governo, é o estado de "guerra de todos contra todos". O homem é "o lobo do homem" e movido por suas paixões e desejos não hesita em matar e destruir o outro, seu semelhante. O estado de natureza não descreve o homem primitivo, ou o homem anteriormente a qualquer organização social, mas sim como o homem se comportaria, dada a natureza humana, caso se suspendesse a obrigação de cumprir as leis e contratos imposta pela sociedade.[2] Teríamos então uma luta incessante dos indivíduos uns contra os outros, uma luta de cada um pelo poder sobre o outro. Trata-se, portanto, de uma hipótese teórica, deduzida de sua teoria sobre a natureza humana, e não de uma consideração histórica de um período anterior à formação da sociedade, embora pudesse existir em alguns lugares como entre "os povos selvagens da América" (*Leviatã*, cap. 13). No entanto, isso não poderia ser concebido como prevalecendo universalmente.

Hobbes analisa a natureza humana em uma perspectiva mecanicista: o homem é como uma máquina que age sozinha, na linha da concepção mecanicista de mundo típica da física da época,[3] cujo problema central consistia em entender a natureza dos corpos e de seus movimentos. O homem é movido por suas paixões, que o impelem a agir; a vontade e a deliberação resultam apenas da soma dessas paixões em um sentido mais complexo, sendo que a liberdade nada mais é do que "a ausência de impedimento" para a ação.

A filosofia política consiste no estudo do "corpo social", buscando entender suas causas e consequências. Segundo Hobbes, os homens são essencialmente iguais, as diferenças entre os indivíduos sendo consideradas irrelevantes, já que "mesmo o mais fraco tem poder de matar o mais forte". O poder soberano existe assim para impedir o estado de natureza e permitir a coexistência entre os homens, já que nesse estado os indivíduos acabariam por se exterminar uns aos outros. A constituição e o funcionamento da sociedade pressupõem que os indivíduos cedam uma parte de seus direitos e os transfiram a um soberano. Essa cessão e transferência de direitos e poderes consiste em um contrato social, por meio do qual se institui a sociedade civil organizada e se evita "a guerra de todos contra todos". Por que isso ocorre? Porque, em última análise, o homem deseja sobreviver e a sobrevivência é também uma lei natural, sendo em nome dela que o homem estabelece este contrato. O poder passa a ser exercido, portanto, por um soberano, que pode ser tanto uma Assembleia ou parlamento quando um indivíduo, um rei. As assembleias tendem, contudo, a reviver o conflito, devido às disputas entre as várias facções ou partidos. Hobbes dá assim preferência à monarquia. De fato, durante a guerra civil inglesa, defendeu o partido monárquico contra Cromwell, teve sua obra censurada, indo exilar-se na França, período em que teve contato com Mersenne e Descartes. Após a restauração da monarquia, retornou à Inglaterra e recuperou o seu prestígio.

Na verdade, Hobbes não defende propriamente a monarquia absolutista, baseado nas teorias tradicionais do direito divino dos reis, mas sim a ideia de que o poder, para ser eficaz, deve ser exercido de forma absoluta. Este poder absoluto resulta, no entanto, da transferência dos direitos dos indivíduos ao soberano, e é em nome desse contrato que deve ser exercido, e não para a realização da vontade pessoal do soberano. É nesse sentido que Hobbes é um contratualista – a sociedade civil organizada resulta de um pacto entre os indivíduos – sem ser um liberal, já que defende o poder absoluto, poder considerado legítimo enquanto assegura a paz civil. É a esse soberano todo-poderoso que Hobbes denomina "Leviatã", recorrendo ao nome de um monstro bíblico.

Sua concepção sobre a origem e a legitimidade do Estado pode ser ilustrada assim:

> A única maneira de instituir um tal poder comum, capaz de defendê-los [os indivíduos] das invasões dos estrangeiros e das injúrias uns dos outros, garantindo-lhes assim uma segurança suficiente para que, mediante seu próprio labor e graças aos frutos da terra, possam alimentar-se e viver satisfeitos, é conferir toda a sua força e poder a um homem, ou a uma assembleia de homens, que possam reduzir suas diversas vontades, por pluralidade de votos, a uma só vontade. O que equivale a dizer: designar um homem ou uma assembleia de homens como representante de suas pessoas, considerando-se e reconhecendo-se cada um como autor de todos os atos que aquele que representa sua pessoa praticar ou levar a praticar, em tudo que disser respeito à paz e segurança comuns; todos submetendo, assim, suas vontades à vontade do representante, e suas decisões à sua decisão. Isso é mais do que consentimento ou concórdia, é uma verdadeira unidade de todos eles, numa só e mesma pessoa, realizada por um pacto de cada homem com todos os homens, de um modo que é como se cada homem dissesse a cada homem: *cedo e transfiro meu direito de governar a mim mesmo a este homem, ou a esta assembleia de homens, com a condição de transferires a ele teu direito, autorizando de maneira semelhante todas as suas ações.* Feito isso, à multidão assim unida numa só pessoa se chama *Estado*, em latim, *civitas.* (*Leviatã*, parte II, cap. XVII)

C. LOCKE

John Locke (1632-1704), ao contrário de Hobbes, pode ser visto como um otimista em relação à natureza humana e ao convívio entre os indivíduos (ver III.3, sobre a teoria do conhecimento), considerando como princípio básico da existência da sociedade o entendimento racional entre os homens. Locke se contrapõe assim tanto à concepção de Hobbes de um soberano absoluto quanto à dos defensores dos direitos divinos dos reis, como seu contemporâneo Sir Robert Filmer (1588-1653), autor do *Patriarca, ou sobre o poder natural dos reis*,[4] contra o qual Locke dirige seus *Dois tratados sobre o governo* (1690), dos quais o *Segundo tratado* é considerado o mais importante, devido à sua grande influência no desenvolvimento das ideias liberais no séc. XVIII.

Segundo a concepção de Locke, a sociedade resulta de uma reunião de indivíduos, visando garantir suas vidas, sua liberdade e sua propriedade, ou seja, aquilo que pertence a cada um. É em nome dos direitos naturais do homem que o contrato social entre os indivíduos que cria a sociedade é realizado, e o governo deve portanto comprometer-se com a preservação destes direitos. O poder é então delegado a uma assembleia ou a um soberano para exercer essa função em nome da união voluntária e consentida entre os indivíduos. A legitimidade desse poder reside, em sua origem, no consentimento dos indivíduos que o constituíram, e que podem portanto retirá-lo daqueles que não governam no interesse da maioria ou que ameaçam a liberdade e os direitos dos indivíduos.

No *Segundo tratado* (cap. VIII, seç.97), diz Locke a propósito da constituição e legitimação do Estado, na mesma linha de Hobbes:

> E, assim, cada indivíduo, ao consentir com os outros em formar um corpo político com um governo, coloca-se a si próprio sob a obrigação em relação a todos os demais membros dessa sociedade de se submeter à determinação da maioria e de aceitar suas decisões. Caso contrário, esse pacto original, pelo qual ele e os outros formam uma sociedade, não significaria nada, e não seria um pacto se ele permanecesse tão livre e tão sem obrigações quanto quando se encontrava no estado de natureza.

É significativo que nesse período na Inglaterra tenha sido aprovada pelo Parlamento a lei do *habeas corpus* (1679), que restringe o poder de prisão, refletindo a discussão de ideias liberais e da natureza do governo após a Guerra Civil e a Commonwealth de Cromwell (1649-60), processo que culmina na Revolução Gloriosa (1688) e no estabelecimento do sistema parlamentar.

D. ROUSSEAU

Jean-Jacques Rousseau (1712-78), nascido em Genebra, foi um dos mais importantes pensadores franceses do séc. XVIII no campo da política, da moral e da educação, influenciando os ideais do Iluminismo e da Revolução Francesa (1789). Rousseau foi um leitor de Locke, desenvolvendo uma concepção de origem da sociedade no contrato social na mesma linha que examinamos acima.

Suas principais obras foram o *Discurso sobre a origem da desigualdade entre os homens* (1755), *Emílio* (1762), em que trata dos princípios básicos da educação do indivíduo, o *Contrato social* (1762) e as *Confissões* (1764-70), um autoexame, uma reflexão sobre sua vida, no espírito do subjetivismo característico do pensamento moderno. Além disso, colaborou com a *Enciclopédia* (verbete "Economia política", 1755) editada por Diderot, correspondeu-se com intelectuais da época, como Voltaire ("Carta sobre a Providência") e D'Alembert ("Carta sobre os espetáculos"), compôs peças musicais, dentre elas a ópera *O adivinho da aldeia* (1752), e dedicou-se, já no fim da vida, a pesquisas em botânica. Ao mesmo tempo, devido às suas críticas à sociedade da época, seu forte individualismo e seu espírito contestador, Rousseau foi muitas vezes perseguido e teve de viver por longo tempo no exílio. Sua sorte frequentemente oscilou entre o sucesso intelectual e social e a perseguição política.

O ponto de partida de sua filosofia é uma concepção de natureza humana representada pela famosa ideia segundo a qual "O homem nasce bom, a sociedade o corrompe" (*Contrato social*, livro I, cap. l), à qual se acrescenta a ideia de que "o homem nasce livre e por toda parte se encontra acorrentado". Porém, não é toda e qualquer sociedade que Rousseau condena, mas sim aquela que acorrenta e aprisiona o homem, chegando a adotar como modelo de sociedade justa e virtuosa a Roma republicana do período anterior aos césares. É possível portanto formular um ideal de sociedade em que os homens seriam livres e iguais, ideal este que servirá de inspiração à Revolução Francesa.

A grande questão para Rousseau consiste em saber como preservar a liberdade natural do homem e ao mesmo tempo garantir a segurança e o bem-estar que a vida em sociedade pode lhe dar. Sua resposta se encontra fundamentalmente no *Contrato social*, mas também em outros textos como as *Considerações sobre o governo da Polônia* (1771-72), um de seus últimos escritos.

Segundo a **teoria do contrato social**, a soberania política pertence ao conjunto dos membros da sociedade. O fundamento dessa soberania é a **vontade geral**, que não resulta apenas na soma da vontade de cada um. A vontade particular e individual de cada um diz respeito a seus interesses específicos, porém, enquanto cidadão e membro de uma comunidade, o indivíduo deve possuir também uma vontade que se caracteriza pela defesa do **interesse coletivo**, do **bem comum**. É papel da educação a formação dessa vontade geral, transformando assim o indivíduo em cidadão, em membro de uma comunidade.

Isso fica claro em uma famosa passagem do *Contrato social* (livro II, cap. 7):

> Aquele que ousa empreender a instituição de um povo deve se sentir com capacidade para, por assim dizer, mudar a natureza humana, transformar cada indivíduo, que por si mesmo é um todo completo e solitário, em parte de um todo maior, do qual de certo modo este indivíduo recebe sua vida e seu ser; alterar a constituição do homem para fortificá-la; substituir a existência física e independente, que todos nós recebemos da natureza, por uma existência participativa e moral. Em uma palavra, é preciso que se destitua o homem de suas próprias forças para lhe dar outras, não próprias, das quais não possa fazer uso sem socorro alheio.[5]

O culto à natureza, a valorização da experiência individual, a importância dos sentimentos e das emoções, a relação entre a arte e a filosofia que encontramos em Rousseau fizeram dele um dos pensadores que mais diretamente influenciaram o espírito romântico do início do séc. XIX.

E. O ILUMINISMO

O **Iluminismo**, ou **Século das Luzes**,[6] foi um movimento do pensamento europeu característico basicamente da segunda metade do séc. XVIII. Abrange não só o pensamento filosófico, mas também as artes, sobretudo a literatura, as ciências, a teoria política e a doutrina jurídica. Trata-se, portanto, de um movimento cultural amplo, que reflete todo um determinado contexto político e social da época, embora adquira características próprias em países e momentos diferentes, não consistindo assim em uma doutrina filosófica ou teórica específica, mas sim em um conjunto de ideias e valores compartilhados por diferentes correntes e tendo diferentes formas de expressão nas ciências, nas letras e nas artes.

Seus principais representantes são: na França, Jean-Jacques Rousseau, Voltaire (1694-1778), Fontenelle (1657-1757), Helvétius (1715-71), Montesquieu (1689-1755), Holbach (1723-89), La Mettrie (1709-51); os enciclopedistas: Diderot

(1713-84), D'Alembert (1717-83) e Condorcet (1743-94); na Alemanha, J. Herder (1744-1803), o poeta Lessing, Kant, que escreve sobre a ideia de Iluminismo, e, em um primeiro momento de sua obra, o próprio Goethe; na Inglaterra, Hume, o poeta Alexander Pope, o jurista e cientista político Jeremy Bentham (1748-1832), o historiador Edward Gibbon (1737-94), o economista Adam Smith (1723-90); na Itália o jurista Beccaria (1738-94), apenas para citar os mais conhecidos e influentes.

A própria noção de *Iluminismo, Ilustração*, ou ainda *Esclarecimento*, como o termo é por vezes traduzido, indica, através da metáfora da luz e da claridade, uma oposição às trevas, ao obscurantismo, à ignorância, à superstição, ou seja, à existência de algo oculto, enfatizando, ao contrário, a necessidade de o real, em todos os seus aspectos, tornar-se transparente à razão. O grande instrumento do Iluminismo é a consciência individual, autônoma em sua capacidade de conhecer o real; suas armas são, portanto, o conhecimento, a ciência, a educação. Neste sentido, o *projeto enciclopedista* de sintetizar em uma obra – a *Enciclopédia*, cuja publicação se iniciou em 1751 – todo o saber da época, tornando-o potencialmente acessível a todos os indivíduos, é bastante representativo dessa concepção, uma vez que atribui ao conhecimento a capacidade de, precisamente, *libertar* o homem dos grilhões que lhe são impostos pela ignorância e pela superstição, tornando-as facilmente domináveis.

O pressuposto básico do Iluminismo afirma, portanto, que todos os homens são dotados de uma espécie de *luz natural*, de uma *racionalidade*, uma capacidade natural de aprender, capaz de permitir que conheçam o real e ajam livre e adequadamente para a realização de seus fins. A tarefa da filosofia, da ciência e da educação é permitir que essa luz natural possa ser posta em prática, removendo os obstáculos que a impedem e promovendo o seu desenvolvimento. O Iluminismo possui assim um caráter pedagógico enquanto projeto de formação do indivíduo, podendo ser visto também como herdeiro do humanismo iniciado no Renascimento. Isso pode ser ilustrado pelo famoso verso do poeta inglês Alexander Pope: "*The proper study of mankind is man*" ("O objeto de estudo apropriado para o ser humano é o homem").

A noção de *progresso* racional da humanidade é assim característica desse tipo de concepção. Em contrapartida, devem ser igualmente identificados os elementos que impedem tal progresso, que se opõem à razão. Dentre esses elementos encontra-se a religião, na medida em que subordina o homem a crenças irracionais e a uma autoridade, a Igreja, baseada na submissão e nas superstições.[7] O pensamento iluminista é assim fortemente laico e secular e até mesmo, em alguns casos, abertamente anticlerical. As obras de Voltaire e Diderot são exemplos disso.

A questão básica desse período pode ser, portanto, assim explicitada: por que o homem, dotado dessa luz natural, dessa capacidade racional de conhecer, não consegue pura e simplesmente obter o conhecimento do real necessário à sua ação no mundo da melhor forma possível? O que o impede?

No prefácio à 1ª edição da *Crítica da razão pura* (1781), Kant (ver III. 6) responde de certa forma a essa questão:

> Nossa época é propriamente a época da crítica, à qual tudo tem de submeter-se. A *religião*, por sua *santidade*, e a *legislação*, por sua *majestade*, querem comumente esquivar-se dela. Mas desse modo suscitam justa suspeita contra si e não podem ter pretensões àquele

respeito sem disfarce que a razão somente outorga àquilo que foi capaz de sustentar seu exame livre e público.

O Iluminismo volta-se assim contra toda **autoridade** que não esteja submetida à razão e à experiência, que não possa justificar-se racionalmente, que recorra ao medo, à superstição, à força, à submissão. O pensamento deve ser autônomo, não tutelado. Só assim o homem poderá atingir o que Kant chama de sua "maioridade", ou seja, a possibilidade de pensar por si mesmo, de modo independente. Há, nesse sentido, sempre um caráter **ético** e **emancipador** no projeto iluminista. Em seu texto "Resposta à questão: Que é Esclarecimento?" (1783), Kant afirma que:

> Esclarecimento (*Aufklärung*) é *a saída do homem de sua menoridade, da qual ele próprio é culpado*. A *menoridade* é a incapacidade de fazer uso de seu entendimento sem a direção de outro indivíduo. O *homem é o próprio culpado* dessa menoridade se a causa dela não se encontra na falta de entendimento, mas na falta de decisão e coragem de *servir-se de si mesmo* sem a direção de outrem. *Sapere aude!* Tem coragem de fazer uso de teu próprio entendimento, tal é o lema do Esclarecimento.

A filosofia crítica, que é o pano de fundo do Iluminismo, caracteriza-se por três pressupostos básicos: 1) a **liberdade**, exemplificada pela defesa da livre-iniciativa no comércio, segundo o pensamento liberal e opondo-se ao absolutismo (ainda vigente no final do séc. XVIII em várias monarquias europeias, como França, Prússia, Áustria e Espanha, mas não mais na Inglaterra); 2) o **individualismo**, que se baseia na existência do indivíduo livre e autônomo, consciente e capaz de se autodeterminar; 3) a **igualdade jurídica**, que visa garantir a liberdade do indivíduo contra os privilégios.

Nesse sentido, a Revolução Francesa (1789) pode ser considerada uma tentativa de concretização desses ideais, o que pode ser ilustrado por seu famoso lema, "Liberdade, Igualdade, Fraternidade". A Declaração dos Direitos do Homem expressa essa concepção, ao afirmar em seu preâmbulo: "Os representantes do povo francês constituídos em assembleia nacional, considerando que a ignorância, o esquecimento e o desprezo pelos direitos do homem são as únicas causas dos males públicos e da corrupção dos governos, resolvem estabelecer em uma declaração solene os direitos naturais inalienáveis e sagrados do homem." E em seu artigo primeiro, "Os homens nascem e permanecem livres e iguais em seus direitos [...]." É importante notar aí, no espírito do liberalismo e do Iluminismo, a referência aos direitos **naturais** e à **natureza humana**, à liberdade e à igualdade como **inerentes ao homem**, bem como ao fato de que os males resultam da ignorância e da obscuridade que causam a opressão e a corrupção.

Na Declaração de Independência dos Estados Unidos (1776), redigida por Thomas Jefferson e que antecede a declaração francesa em treze anos, fica clara a inspiração nas teorias liberais quando se afirma que: "Consideramos autoevidentes as seguintes verdades: todos os homens foram criados iguais, e dotados por seu criador de determinados direitos inalienáveis, dentre os quais se incluem a vida, a liberdade e a busca da felicidade, e é para assegurar estes direitos que os governos foram instituídos." A concepção da igualdade humana, a crença nos direitos naturais, a ideia de que estas verdades são autoevidentes e a definição do papel do governo correspondem precisamente à visão de liberalismo e racionalismo aqui ilustrada pelo pensamento de Locke.

O racionalismo iluminista estabelece que o homem, o indivíduo dotado de consciência autônoma, deve ser livre em relação à autoridade externa, política e religiosa que o domina e oprime, mas também em relação às suas próprias paixões, emoções e desejos. O homem livre é senhor de si também no sentido de que deve exercer controle sobre si e agir sempre de acordo com sua vontade e decisão racional.

É claro, no entanto, conforme sustenta Kant em seu célebre texto "Resposta à questão: Que é o Esclarecimento?", que não vivemos ainda (e talvez nem possamos realmente viver) em uma época plenamente ilustrada; porém, podemos saber o que é a Ilustração e o que é necessário para promovê-la, realizá-la, e esta é basicamente a tarefa da filosofia nesta concepção. A discussão em torno do projeto do Iluminismo – seu sentido e sua validade, bem como a possibilidade e as condições de realizá-lo – é ainda um tema atual no debate filosófico contemporâneo.[8]

F. A ENCICLOPÉDIA

A *Enciclopédia* talvez seja a obra mais representativa do Iluminismo e de sua concepção do papel da filosofia, das artes e da ciência, i.e., do saber em geral. Este monumental projeto editorial e pedagógico pretendia ser uma espécie de grande síntese do saber da época, visando colocá-lo ao alcance do público em geral, de todo e qualquer indivíduo que fosse capaz de ler e, por conseguinte, de se instruir. Inclui assim verbetes que vão desde "Filosofia", de autoria do próprio Diderot, até "Economia política", elaborado por Rousseau; desde "Rio de Janeiro" até "Genebra".

Sua publicação foi iniciada em 1751 sob a liderança de Denis Diderot, mas reunindo escritos dos principais pensadores, filósofos e cientistas da época, sobretudo franceses, como Voltaire, D'Alembert, Condorcet e Rousseau. Sua edição completa chegou a vinte e quatro volumes *in folio*, tendo sido censurada pelo Parlamento francês (1759), temeroso das repercussões desse projeto, e pela Igreja, em virtude da visão materialista e anticlerical de muitos de seus autores. Posteriormente, já nos anos 1770, foram publicados volumes *in quarto* e *in octavo*, formatos menores que tornavam a obra mais barata e acessível, e no reinado de Luís XVI ela acabou por receber a aprovação oficial da Coroa.

A *Enciclopédia*, ou *Dictionnaire raisonné des sciences, des arts et des métiers*, consiste fundamentalmente em uma súmula das grandes descobertas científicas e técnicas da época, bem como dos grandes desenvolvimentos filosóficos e artísticos que marcaram o progresso da humanidade no período moderno. O termo *enkyklios paideia* significa literalmente "ciclo completo do aprendizado" e reflete a pretensão pedagógica e reformista de seus idealizadores, que pretendiam com isso tornar o saber acessível, libertando o homem da ignorância e das superstições e, dessa forma, transformando a sociedade; uma sociedade de homens cultos, dominando os princípios básicos do conhecimento técnico e científico, seria forçosamente mais livre e igualitária.

Esses ideais tiveram grande influência na Revolução Francesa e contribuíram para a contestação da monarquia absoluta e do poder da Igreja, sobretudo no Estado francês da época. Por outro lado, o ideal de transformação da sociedade pela educação de seus membros será duramente contestado por Marx em sua crítica da ideologia (ver III. 8).

QUADRO SINÓTICO

- O *liberalismo* pode ser visto como correlato *político* do *subjetivismo epistemológico* característico dos sécs. XVII-XVIII.
- Sua problemática central consiste na necessidade de conciliar os *direitos individuais*, considerados como naturais, com a necessidade da *vida social*.
- Hobbes, Locke e Rousseau são os pensadores mais importantes que discutiram essa problemática, concordando quanto à concepção de um *contrato social* como fundamento da sociedade organizada racionalmente, embora divergindo sobre a natureza humana e as características do Estado.
- O *Iluminismo* valoriza o conhecimento como instrumento de libertação e progresso da humanidade, levando o homem à sua autonomia e a sociedade à democracia, ou seja, ao fim da opressão.
- A *Enciclopédia* representa os ideais de conhecimento da época e do papel pedagógico e emancipador do saber.

LEITURAS ADICIONAIS

KANT, Immanuel. "Resposta à pergunta: Que é Esclarecimento?", in Danilo Marcondes, *Textos básicos de ética*. Rio de Janeiro, Zahar, 2007.

LOCKE, John. *Segundo tratado do governo*. São Paulo, Ibrasa, 1963.

ROUSSEAU, Jean-Jacques. *O contrato social*. São Paulo, Cultrix, 1980.

_____. *Discurso sobre a origem da desigualdade*. Brasília-São Paulo, Ed. UnB/Ática, 1989.

Obras críticas:

BERNARDES, Júlio. *Hobbes e a liberdade*. Rio de Janeiro, Zahar, 2002.

CHÂTELET, François (org.). *História da filosofia*, vol. 4: *O Iluminismo*. Rio de Janeiro, Zahar, 1974.

CASSIRER, Ernst. *A filosofia do Iluminismo*. Campinas, Unicamp, 1992.

DARNTON, Robert. *O Iluminismo como negócio*. São Paulo, Companhia das Letras, 1996. [Sobre a produção, edição e circulação da *Enciclopédia*.]

DENT, N.J.H. *Dicionário Rousseau*. Rio de Janeiro, Zahar, 1996.

FILHO, Edgard José Jorge. *Moral e história em Locke*. São Paulo, Loyola, 1992.

LIMONGI, Maria Isabel. *Hobbes*. Rio de Janeiro, Zahar, 2002.

MACPHERSON, C.B. *A teoria política do individualismo possessivo*: de Hobbes a Locke. Rio de Janeiro, Paz e Terra, 1979.

RIBEIRO, Renato Janine. *Ao leitor sem medo: Hobbes escrevendo contra o seu tempo.* São Paulo, Brasiliense, 1984.

ROUANET, Sergio Paulo. *As razões do Iluminismo.* São Paulo, Companhia das Letras, 1987.

TORRES FILHO, Rubens Rodrigues. *Ensaio de filosofia ilustrada.* São Paulo, Brasiliense, 1987.

QUESTÕES E TEMAS PARA DISCUSSÃO

1. Qual o sentido do projeto filosófico do **liberalismo** no contexto da **modernidade**?
2. Compare o **liberalismo político** com o **subjetivismo epistemológico**.
3. Qual a importância da noção de **contrato social** para as teorias políticas deste período?
4. Como se pode entender a relação entre **natureza humana** e **vida social** segundo essas teorias políticas?
5. O que significa "Iluminismo"? Qual o sentido e a importância desse movimento?
6. Em que sentido podemos considerar a *Enciclopédia* como representativa das ideias e dos ideais do liberalismo e do Iluminismo?

A CRISE DA MODERNIDADE

·························· **6** ··························

KANT E A FILOSOFIA CRÍTICA

A. A CONCEPÇÃO KANTIANA DE FILOSOFIA

A obra de Immanuel Kant (1724-1804) pode ser vista como um marco na filosofia moderna.[1] Seu pensamento é geralmente dividido em duas fases: a ***pré-crítica***, que vai até a *Dissertação* de 1770, e a ***crítica***, a partir da publicação da *Crítica da razão pura* (1ª ed. 1781). Em sua fase pré-crítica, Kant pode ser considerado um representante típico do chamado "racionalismo dogmático", caracterizado pela forte influência do "sistema Leibniz-Wolff", isto é, do predomínio, sobretudo no contexto alemão, da filosofia racionalista inspirada em Leibniz e desenvolvida e sistematizada por Christian Wolff (1679-1754).[2] Segundo ele mesmo nos relata em seus *Prolegômenos*, foi a leitura de Hume que o despertou de seu "sonho dogmático". Os questionamentos céticos de Hume abalaram profundamente Kant, que visava empreender uma defesa do racionalismo contra o empirismo cético. Percebeu, no entanto, a importância das questões levantadas pelos empiristas, destacadamente Hume, e acabou por elaborar uma filosofia que caracterizou como racionalismo crítico, pretendendo precisamente superar a dicotomia entre racionalismo e empirismo. É significativo que Kant, formado no contexto do racionalismo alemão, tenha dedicado a *Crítica da razão pura* a Bacon, o iniciador do empirismo.

Em sua *Lógica* (Jäsche) (Intr. cap. III, Ak25), Kant define a filosofia como "a ciência da relação de todo conhecimento e de todo uso da razão com o fim último da razão humana", caracterizando-se pelo tratamento de quatro questões fundamentais:

1. *O que posso saber?* Questão que diz respeito à metafísica, no sentido kantiano de investigação sobre a possibilidade e legitimidade do conhecimento.
2. *O que devo fazer?* Cuja resposta é dada pela moral.
3. *O que posso esperar?* O problema da esperança, de que trata a religião.
4. *O que é o homem?* Objeto da antropologia, à qual em última análise se reduzem as outras três e que é na verdade a mais importante das quatro.

Tendo em vista estas questões, o filósofo deve determinar:

1. As fontes do saber humano;
2. A extensão do uso possível e útil de todo saber;

3. Os limites da razão.

Sendo este último item o mais difícil, porém o mais necessário, na perspectiva da filosofia crítica.

No Prefácio à segunda edição (1787) da *Crítica da razão pura*, Kant se refere ao "escândalo" das disputas entre as várias correntes e doutrinas filosóficas, que, segundo ele, só podem ser superadas pela introdução da *crítica*. Um dos objetivos fundamentais da filosofia na *Crítica da razão pura*, que trata da razão teórica, isto é, do uso da razão no conhecimento da realidade, é precisamente estabelecer critérios de demarcação entre o que podemos legitimamente conhecer e as falsas pretensões ao conhecimento, que nunca se realizam. Na visão de Kant (id.), a *crítica* se opõe ao *dogmatismo*, "à pretensão de progredir apenas com um conhecimento puro baseado em conceitos (o filosófico), segundo princípios há tempos usados pela razão, sem se indagar contudo de que modo e com que direito ela chegou a eles. Dogmatismo é, portanto, o procedimento dogmático da razão *sem uma crítica precedente de seu próprio poder*." A tarefa da crítica consiste assim em examinar os limites da razão teórica e estabelecer os critérios de um conhecimento legítimo. Vejamos os argumentos de Kant a este propósito.

B. A CRÍTICA DA RAZÃO PURA

É na *Crítica da razão pura* que Kant formula sua concepção de uma *filosofia transcendental*, i.e., uma investigação que, "em geral, se ocupa não tanto com objetos, mas com o nosso modo de conhecimento de objetos" (Introdução, seç. VII); a filosofia transcendental, portanto, contém a teoria do conhecimento de Kant, ou seja, sua análise das condições de possibilidade do conhecimento, por meio da qual se pode delimitar a ciência da pseudociência, distinguindo o uso cognitivo da razão, que efetivamente produz conhecimento do real, de seu uso meramente especulativo, em que ao pensamento não correspondem objetos. Pode-se dizer que essa obra consiste, por um lado, no exame da constituição interna da razão; por outro lado, no exame de seu funcionamento.

Kant parte da distinção tradicional entre *juízos analíticos* e *juízos sintéticos*. Os *analíticos* são de caráter lógico, aqueles em que o predicado está contido no sujeito, i.e., não produzem conhecimento, mas simplesmente explicitam a definição do sujeito do juízo, como p.ex.: "Todo triângulo tem três ângulos." São, portanto, *a priori*, ou seja, independentes da experiência, universais e necessários, mas não cognitivos. Os *juízos sintéticos* são a posteriori, dependem da experiência e constituem uma ampliação de nosso conhecimento, tais como "A água ferve a 100 graus centígrados." Produzem conhecimento, mas não são universais nem necessários, pois baseiam-se na experiência e, no máximo, resultam de generalizações empíricas. Kant considera, entretanto, que a distinção analítico (a priori) / sintético (a posteriori) é insuficiente para explicar a possibilidade da ciência, pois precisamos dar conta de juízos universais e necessários que ampliem o conhecimento: os *juízos sintéticos a priori*. Este último tipo de juízo é caracterizado por Kant como independente da experiência, porém relacionado a ela, já que diz respeito às suas condições de possibilidade. Os princípios mais gerais da ciência, os fundamentos da física e da matemática e os juízos filosóficos da teoria do conhecimento que Kant pretende estabelecer, pertenceriam a esta nova classe de juízo.

No Prefácio à segunda edição (1787), Kant formula a famosa metáfora da *revolução copernicana* na filosofia, que pretende empreender. Assim como Copérnico teria invertido o modelo tradicional de cosmo em que o Sol girava em torno da Terra, mostrando ser a Terra que girava em torno do Sol, do mesmo modo, na relação de conhecimento, não é o sujeito que se orienta pelo objeto (o real), como quis a tradição, mas o objeto que é determinado pelo sujeito.

A *Crítica da razão pura* visa, assim, investigar as condições de possibilidade do conhecimento, ou seja, o modo pelo qual, na experiência de conhecimento, *sujeito* e *objeto* se relacionam e em que condições esta relação pode ser considerada legítima. "Sujeito" e "objeto" são, portanto, para Kant, termos relacionais, que só podem ser considerados como parte da relação de conhecimento, e não autonomamente. Só há objeto para o sujeito, só há sujeito se este se dirige ao objeto, visa apreendê-lo.

Na concepção kantiana, o conhecimento do objeto resulta da contribuição de duas faculdades de nossa mente, ou de nossa razão, a *sensibilidade* e o *entendimento*. A primeira parte da *Crítica da razão pura*, a Estética Transcendental, trata da contribuição das formas puras da sensibilidade, as *intuições* de espaço e tempo, para o conhecimento. A segunda parte, a Analítica Transcendental, examina a contribuição dos conceitos puros do entendimento, as *categorias*, para o conhecimento, considerando ainda, nas seções relativas à *unidade sintética da apercepção* e ao *esquematismo* da razão pura, como sensibilidade e entendimento se unem para constituir a experiência cognitiva. Trata-se, portanto, da formulação de um modelo do uso da razão no conhecimento que procura dar conta de como se constitui este conhecimento de forma legítima, buscando assim evitar e superar as dificuldades e os impasses que o empirismo e o racionalismo, o materialismo e o idealismo enfrentavam em sua época.

Kant emprega o termo "estética" ainda no sentido tradicional de análise da sensibilidade (do grego *aisthesis*)[3] do ponto de vista do conhecimento. Sua teoria da sensibilidade, entretanto, não é uma teoria das sensações, ou da percepção sensível, como encontramos em Locke e Hume. Ao contrário, a Estética Transcendental pretende investigar as formas puras da sensibilidade, as *intuições de espaço e tempo*, precisamente como condições de possibilidade da experiência sensível, como elementos constitutivos portanto de nossa relação com objetos enquanto determinados espaço-temporalmente. Kant rejeita a noção de uma intuição intelectual, que poderia nos dar acesso direto à essência das coisas, tal como encontramos na metafísica tradicional. Por definição, a essência é o incondicionado, conhecê-la seria entrar numa relação com a essência, a partir do quê esta deixaria de ser incondicionada. A intuição é sempre sensível, é o modo como os objetos se apresentam a nós no espaço e no tempo, condição de possibilidade para que sejam objetos. O que conhecemos não é o real, "a coisa-em-si" (*Ding an sich*), mas sempre o real em relação com o sujeito do conhecimento, i.e., o real enquanto objeto. Kant distingue assim o mundo dos *fenômenos*, a realidade de nossa experiência, do mundo do *númeno*, a realidade considerada em si mesma, a qual podemos pensar, mas não conhecer. Segundo a Analítica Transcendental (§ 27): "Não podemos pensar nenhum objeto senão mediante categorias; não podemos conhecer nenhum objeto pensado senão mediante intuições que correspondam àqueles conceitos." E, em uma passagem famosa da Introdução, "a intuição sem conceitos é cega, os conceitos sem intuição são vazios". Eis o sentido do que se poderia denominar o "construtivismo" de Kant, a ideia de que "só conhecemos a priori das coisas o que nós mesmos colocamos nelas" (Prefácio à 2ª edição).

Temos assim a seguinte relação:

sujeito ↔ objeto (fenômeno) / real (coisa-em-si)

A este respeito há uma passagem ilustrativa nos *Prolegômenos* (§ 13, Observação II):

O idealismo consiste apenas na afirmação de que não existe outro ser senão o pensante; as demais coisas, que acreditamos perceber na intuição, seriam apenas representações nos seres pensantes, às quais não corresponderia, de fato, nenhum objeto fora deles. Eu afirmo, ao contrário: são-nos dadas coisas como objetos de nossos sentidos, existentes fora de nós, só que nada sabemos do que eles possam ser em si mesmos, mas conhecemos apenas seus fenômenos, isto é, as representações que produzem em nós ao afetarem nossos sentidos.

Na Analítica Transcendental, encontramos uma consideração da contribuição dos conceitos puros do entendimento (as categorias) para o conhecimento. Kant apresenta aí uma tabela das categorias, as formas puras do entendimento, que nos permitem pensar objetos. No § 10 lemos que:

O primeiro elemento, que nos deve ser dado a priori para o conhecimento de todos os objetos, é o múltiplo da intuição pura; a síntese deste múltiplo, mediante a capacidade da imaginação, constitui o segundo elemento, mas sem fornecer ainda um conhecimento. Os conceitos, que dão unidade a esta síntese pura e consistem apenas na representação desta unidade sintética necessária, constituem o terceiro elemento para o conhecimento de um objeto, que aparece, e repousam sobre o entendimento.

TABELA DOS JUÍZOS E CATEGORIAS[4]

Juízos (quanto à sua forma)	Categorias
1. Quantidade: universal: "Todo homem é mortal." particular: "Algum homem é mortal." singular: "Sócrates é mortal."	unidade pluralidade totalidade
2. Qualidade: afirmativo: "Todo homem é mortal." negativo: "Não é o caso que Sócrates é mortal." limitativo: "Sócrates é não mortal."	realidade negação limitação

Juízos (quanto à sua forma)	Categorias
3. Relação: categórico: "Sócrates é mortal." hipotético: "Se..., então..." disjuntivo: "ou..., ou..."	substância e acidente causalidade e dependência comunidade e interação
4. Modalidade: problemático: "É possível que..." assertórico: "Sócrates é mortal." apodítico: "É necessário que..."	possibilidade existência e inexistência necessidade e contingência

Os juízos e categorias deles derivados constituem as formas mais básicas e gerais de formulação de nosso pensamento. As tabelas apresentam assim uma espécie de "mapa" de nossas possibilidades de pensar. Os exemplos não se encontram em Kant, sendo meramente ilustrativos.

Kant deriva os conceitos dos juízos, dando com isso prioridade aos juízos sobre os conceitos. Não pode haver nenhuma combinação de conceitos se não houver uma unidade originária que a permita. Dado o caráter predicativo dos conceitos, estes só podem ser entendidos a partir de seu papel nos juízos. Os juízos possuem uma unidade, ou seja, uma forma lógica que independe de seu conteúdo. Os conceitos enquanto predicados de juízos possíveis relacionam-se a uma representação de um objeto ainda não determinado. Assim, o conceito de corpo significa algo, p.ex., um metal, que só pode ser conhecido a partir do conceito. É portanto um conceito apenas por compreender outras representações através das quais se relaciona com objetos. É nesse sentido que é considerado predicado de um juízo possível, p.ex.: "Todo metal é um corpo."

A sensibilidade nos fornece os dados da experiência (o múltiplo), a imaginação completa estes dados e os unifica, e o entendimento lhes dá unidade conceitual, permitindo-nos pensá-los. O conhecimento resulta da contribuição desses três elementos. A Dedução Transcendental (§ 13) visa fundamentar ou legitimar o conhecimento a partir do uso dos conceitos. "Denomino *dedução transcendental* a explicação da maneira como conceitos *a priori* podem relacionar-se com objetos, distinguindo-a da dedução *empírica*, que indica a maneira como um conceito foi adquirido mediante experiência e reflexão sobre a mesma, e diz respeito, portanto, não à legitimidade, mas ao fato pelo qual obtivemos o conceito."

Podemos ilustrar isso da seguinte maneira.[5] Em um juízo empírico objetivo, "Esta pedra é pesada", nós unificamos aparições através de conceitos explicitamente usados e da categoria inerente à sua forma lógica (neste caso, afirmativo, singular, assertórico etc.). Esta unificação ou síntese caracteriza-se por: a) um múltiplo ou diverso de manifestações, percepções (dados), lembranças, imaginações; b) essas manifestações são reunidas e completadas pela imaginação; c) através da aplicação dos conceitos – "pedra", "pesado" – e da categoria correspondente, essa coleção adquire unidade sintética, referência objetiva.

Na seção (§ 16) sobre a **unidade sintética originária da apercepção** Kant mostra como nossas experiências devem ser sempre remetidas a um "eu penso" que lhes dá unidade. "Portanto, somente pelo fato de que posso conectar, *em uma consciência*, um múltiplo de representações dadas, é possível que eu próprio me represente, nessas representações, *a identidade da consciência*". Ao contrário do que encontramos em Descartes,[6] o "eu penso" kantiano não é puro, nem anterior às experiências da consciência, mas precisamente o que lhes dá unidade e não pode ser considerado independentemente delas. Do mesmo modo, Kant afasta-se da questão de Hume sobre a identidade pessoal, que o teria levado a afirmar que o "eu" é apenas um "feixe de percepções";[7] ao contrário, para que haja experiências, estas têm de ser remetidas a um "eu" de que são experiências. Se o "eu" não é a substância pensante de Descartes, tampouco o é o "feixe de percepções" de Hume, mas consiste na unidade originária da consciência.

A Dialética Transcendental trata do uso especulativo da razão, em que esta não produz conhecimento porque não remete a objetos de uma experiência possível. É nesse sentido que, para Kant, a metafísica tal como tradicionalmente concebida não pode ser uma ciência, não produzindo conhecimento efetivo do real porque não tem objetos. As questões de que trata – a infinitude do cosmo, a perfeição de Deus e a imortalidade da alma – não podem ser respondidas da mesma maneira como são respondidas as questões da física e da matemática. A metafísica não tem objetos porque, por definição, Deus, o cosmo e a alma não podem ser objetos de minha experiência espaço-temporal, pois não se manifestam no espaço e no tempo. São portanto transcendentes, resultando de usos de conceitos aos quais não correspondem intuições. Kant examina nas *antinomias* e nos *paralogismos* da razão pura exatamente este uso indevido da razão, quando pretende tratar as ideias de Deus, do cosmo e da alma como se fossem objetos do conhecimento, produzindo conflitos e questões insolúveis (antinomias) e raciocínios defeituosos (paralogismos). A Estética e a Analítica, que contêm a teoria kantiana do conhecimento, fornecem os critérios que permitem demarcar os usos legítimos dos usos ilegítimos da razão teórica no campo do conhecimento. Ao passo que as intuições e os conceitos puros são constitutivos do conhecimento, as ideias podem ter apenas um uso regulativo, estabelecendo metas e diretrizes para a investigação humana. Não são objetos do conhecimento, mas agimos ***como se*** (*als ob*) o fossem, no sentido daquilo que visamos, ou a que tendemos, mesmo que não possamos efetivamente conhecer.

Contudo, já no Prefácio à primeira edição da *Crítica da razão pura*, Kant admitia que a razão humana se coloca questões que não pode evitar, porque provêm de sua própria natureza, mas que tampouco pode responder, porque ultrapassam totalmente sua capacidade cognitiva. Por isso, diz Kant, tive de suprimir o saber para dar lugar à *fé* (Pref. à 2ª ed.). Essas questões são, no entanto, remetidas ao âmbito da razão prática. É o que veremos em seguida.

C. A FILOSOFIA MORAL DE KANT

As três principais obras de Kant sobre questões éticas, que para ele pertencem a outra dimensão de nossa racionalidade, à razão prática e não à razão teórica, são:

Fundamentação da *metafísica dos costumes* (1785), *Crítica da razão prática* (1788), que tratam da ética no sentido puro, e *Metafísica dos costumes* (1797), que consiste numa tentativa de aplicação dos princípios éticos. Pretende considerar, portanto, o homem não como sujeito do conhecimento, mas como agente livre e racional.

É no domínio da razão prática, na visão de Kant, que somos livres, isto é, que se põe a questão da liberdade e da moralidade, enquanto no domínio da razão teórica, do conhecimento, somos limitados por nossa própria estrutura cognitiva. Segundo essa concepção, a ética é, no entanto, estritamente racional, bem como universal, no sentido de que não está restrita a preceitos de caráter pessoal ou subjetivos, nem a hábitos e práticas culturais ou sociais. Os princípios éticos são derivados da racionalidade humana. A moralidade trata assim do uso prático e livre da razão. Os princípios da razão prática são leis universais que definem nossos deveres. Portanto, os princípios morais resultam da razão prática e se aplicam a todos os indivíduos em qualquer circunstância. Pode-se considerar assim a ética kantiana como uma **ética do dever**, ou seja, uma ética prescritiva.

No mundo dos fenômenos, da realidade natural, tudo depende de uma determinação causal. Ora, se o homem é parte da natureza e as ações humanas ocorrem no mundo natural, então suas ações seguem uma determinação causal e o homem não é livre nem responsável por seus atos. Porém, o homem é essencialmente um ser racional e por isso se distingue da ordem natural, não estando, no campo do agir moral, submetido às leis causais, mas sim aos princípios morais derivados de sua razão, ao dever, portanto. É este o sentido da liberdade humana no plano moral. A moral é assim independente do mundo da natureza. No campo do conhecimento, Kant parte da existência da ciência para investigar suas condições de possibilidade; no campo da ética, parte da existência da consciência moral para estabelecer seus princípios.

O objetivo fundamental de Kant é, portanto, estabelecer os princípios *a priori*, ou seja, universais e imutáveis, da moral. Seu foco é o agente moral, suas intenções e motivos. O dever consiste na obediência a uma lei que se impõe universalmente a todos os seres racionais. Eis o sentido do **imperativo categórico** (ou **absoluto**): "Age de tal forma que sua ação possa ser considerada como norma universal." Toda ação exige a antecipação de um fim, o ser humano deve agir **como se** (*als ob*) este fim fosse realizável. Daí a acusação de "formalismo ético" frequentemente lançada contra Kant, já que este princípio não estabelece o que se deve fazer, mas apenas um critério geral para o agir ético, sendo este precisamente o seu objetivo. Os **imperativos hipotéticos**, por sua vez, têm um caráter prático, estabelecendo uma regra para a realização de um fim, como: "Se você quiser ter credibilidade, cumpra suas promessas" (sobre esta distinção, ver *Fundamentação da metafísica dos costumes*, seç. II).

Segundo Kant, a noção de busca da felicidade, que fundamenta por exemplo as éticas do período helenístico, como a estoica e a epicurista, é insuficiente como fundamento da moral, porque o conceito de felicidade é variável, dependendo de fatores subjetivos, psicológicos, ao passo que a lei moral é invariante, universal; por isso seu fundamento é o dever.

Na concepção kantiana, a razão prática pressupõe uma crença em Deus, na liberdade e na imortalidade da alma, que funcionam como ideais ou princípios regulativos. A crença em Deus é o que possibilita o supremo bem, recompensar a virtude com a felicidade. A imortalidade da alma é necessária, já que neste mundo virtude e felicidade não coincidem, e a liberdade é um pressuposto do imperativo categórico, libertando-nos de nossas inclinações e desejos, uma vez que o dever supõe o poder fazer algo.

Na terceira crítica, a *Crítica do juízo* (ou *Da faculdade de julgar*, 1790), Kant pretende analisar os juízos de gosto, fundamento da estética (no sentido de arte), e os juízos teleológicos (de finalidade). Porém, na realidade, seu objetivo principal é superar a dicotomia anterior entre razão teórica (ou cognitiva) e prática (ou moral), considerando a faculdade do juízo como uma faculdade intermediária. Kant examina nessa obra a ideia da natureza como dotada de um propósito ou finalidade. A beleza, na medida em que tem um sentido estético, é definida como "uma finalidade sem fim". Porém, Kant considera que o juízo estético, ou seja, o juízo de gosto, não pode ser simplesmente subjetivo, devendo ser, em princípio, dotado de objetividade e universalidade. Como é possível, entretanto, a objetividade e universalidade do juízo estético? Como conciliar o sentimento de beleza com o caráter conceitual de um juízo? Segundo a *Crítica do juízo*, o juízo estético tem como objeto algo de particular, considerado em si mesmo, sem nenhum interesse específico por parte do sujeito além da consideração do próprio particular. É esta ausência de interesse que garante sua objetividade e universalidade.

Foi grande a influência da filosofia kantiana. O período que se segue à sua morte na Alemanha foi conhecido pela história da filosofia como **idealismo alemão pós-kantiano**, devido ao desenvolvimento de sua filosofia por pensadores como Fichte e Schelling, em um sentido essencialmente idealista. A *Crítica do juízo* exerceu uma forte influência sobre a estética do romantismo alemão. Hegel criticou a concepção kantiana de consciência e subjetividade, procurando, no entanto, levar adiante seu projeto de uma filosofia crítica. A *Crítica da razão pura* foi talvez sua obra mais influente ao longo do séc. XIX e início do séc. XX, pelo modelo de uma teoria do conhecimento que propõe, por sua formulação da questão da possibilidade da fundamentação da ciência e pela demarcação entre o conhecimento e a metafísica, pontos estes que serão desenvolvidos sobretudo pelos neokantianos da escola de Marburgo, dentre os quais se destacou Ernst Cassirer (1874-1945).

QUADRO SINÓTICO

- Kant formula um projeto de **filosofia crítica** que visa dar conta da possibilidade de o homem conhecer o real e de agir livremente.
- A *Crítica da razão* pura contém os princípios básicos da teoria do conhecimento kantiana.
- O conhecimento resulta da contribuição das faculdades da **sensibilidade** e do **entendimento** que constituem o sujeito do conhecimento.

- A sensibilidade possibilita que o objeto pensado por conceitos (entendimento) seja determinado espaço-temporalmente como objeto de uma experiência possível.
- Kant estabelece uma *moral do dever* que se fundamenta na racionalidade humana e tem como princípio básico o *imperativo categórico*.

LEITURAS ADICIONAIS

Seleção de textos do volume *Kant* (inclui passagens da *Crítica da razão pura* e dos *Prolegômenos* citados acima) na col. "Os Pensadores" (São Paulo, Abril Cultural).

KANT, Immanuel. *Crítica da razão pura*. Lisboa, Gulbenkian, 1989.
_____. *Crítica da razão prática*. Lisboa, Edições 70, 1987.
_____. *Crítica da faculdade de julgar*. Rio de Janeiro, Forense, 1993.
_____. *Ideia de uma história universal de um ponto de vista cosmopolita* (ed. bilíngue). São Paulo, Brasiliense, 1986.
_____. *Lógica*. Rio de Janeiro, Tempo Brasileiro, 1993.
_____. *Textos seletos*. Petrópolis, Vozes, 1974.

Sobre Kant:

CAYGILL, Howard. *Dicionário Kant*. Rio de Janeiro, Zahar, 2000.
CRAMPE-CASNABET, Michelle. *Kant*. Rio de Janeiro, Zahar, 1994.
DELEUZE, Gilles. *Para ler Kant*. Rio de Janeiro, Francisco Alves, 1976.
LÉBRUN, Gérard. *Kant e o fim da metafísica*. Rio de Janeiro, Martins Fontes, 1993.
PASCAL, Georges. *O pensamento de Kant*. Petrópolis, Vozes, 1977.
TERRA, Ricardo. *Kant e o direito*. Rio de Janeiro, Zahar, 2004.
WALKER, Ralph. *Kant e a lei moral*. São Paulo, Unesp, 1999.

QUESTÕES E TEMAS PARA DISCUSSÃO

1. Qual o sentido de *crítica* para Kant?
2. Como Kant pretende superar a dicotomia entre empirismo e racionalismo?
3. Por que a possibilidade do conhecimento deve ser explicada pela contribuição da sensibilidade e do entendimento?
4. Como entender a afirmação kantiana "A intuição sem conceitos é cega, os conceitos sem intuição são vazios"?
5. Como Kant caracteriza o *objeto do conhecimento*?
6. Qual o sentido da distinção kantiana entre o *objeto* e a *coisa-em-si* na *Crítica da razão pura*?
7. Qual o princípio básico da ética kantiana?
8. O que significa para Kant o *imperativo categórico*?

7

HEGEL E A IMPORTÂNCIA DA HISTÓRIA

Georg Wilhelm Friedrich Hegel, talvez o mais importante filósofo alemão do séc. XIX, nasceu em Stuttgart em 1770, estudou no seminário protestante de Tübingen, mas logo abandonou a pretensão de se tornar pastor; porém, uma de suas primeiras obras foi uma *Vida de Jesus* (1795) e entre 1798-99 escreveu *O espírito do cristianismo e seu destino*. Professor na Universidade de Iena, assistiu ao assédio da cidade pelas tropas de Napoleão (1806) e durante esse período redigiu a *Fenomenologia do espírito* (1806-7). Enquanto diretor do Liceu de Nuremberg, escreveu a *Ciência da lógica* (1812-16). Em seguida, tornou-se catedrático na Universidade de Heidelberg, quando redige a *Enciclopédia das ciências filosóficas* (1817). Sucede a Fichte (ver III. 9.B) como catedrático na Universidade de Berlim, o coroamento de sua carreira acadêmica, ministra uma série de cursos, frequentados por numeroso público, que serão posteriormente publicados como as *Lições de história da filosofia*, *Lições de estética*, *Lições de filosofia da religião* e *Lições de filosofia da história*, bem como escreve os *Princípios da filosofia do direito*. Em 1829, no auge de seu prestígio intelectual, torna-se reitor da Universidade de Berlim, e em 1831 morre de cólera.

A obra de Hegel é fortemente sistemática, procurando incluir em um sistema integrado todos os grandes temas e questões da tradição filosófica, da ética à metafísica, da filosofia da natureza à filosofia do direito, da lógica à estética. Pode-se dizer também que se trata do último grande sistema filosófico. Depois de Hegel a concepção de uma filosofia sistemática entra em crise, em grande parte devido às críticas à pretensão hegeliana feitas ao longo do séc. XIX por filósofos como Schopenhauer, Kierkegaard, Marx e Nietzsche, dentre outros. Tentar compreender o sistema hegeliano exige portanto entender sua linguagem própria, altamente técnica, já que Hegel usa um vocabulário técnico (e, segundo alguns desses críticos, *abusa* mesmo dele) que possui um sentido específico no interior de sua obra. Além disso, as questões discutidas por ele são sucessivamente retomadas em diferentes obras, sob diferentes perspectivas, que se integram e se complementam. É como se entender uma obra, ou até mesmo um conceito, exigisse que se entendesse todo o sistema. É claro que não podemos pretender isso aqui, mas destacaremos alguns aspectos do pensamento de Hegel que consideramos representativos de sua filosofia e de sua influência na tradição filosófica até o período contemporâneo, que foi imensa.

A. A CRÍTICA DE HEGEL A KANT[1]

Podemos entender a crítica de Hegel a Kant dentro da mesma linha de desenvolvimento do racionalismo moderno, inaugurado pela tentativa de Descartes de encontrar um ponto de partida radical e de fundamentar a possibilidade do conhecimento na consciência, no sujeito pensante. Kant critica o sujeito cartesiano, o caráter psicológico da experiência desse sujeito e os pressupostos metafísicos de uma consciência entendida como uma substância pensante. Hegel, por sua vez, critica a concepção kantiana de um sujeito transcendental como excessivamente formal, a consciência considerada como dada, como originária, sem que Kant jamais se pergunte pela sua origem, pelo processo de formação da subjetividade. Questiona também a dicotomia kantiana entre razão teórica e razão prática.

A esse propósito, diz Hegel,

> Se a preocupação em evitar que se caia em erro produz desconfiança em relação à ciência de forma tão radical, então não há por que também não desconfiar desta própria desconfiança, e não há portanto por que não supor que este receio de errar não seja ele próprio um erro. Na realidade este receio pressupõe muitas crenças como verdadeiras e baseia suas conclusões nelas. É a verdade destes pressupostos que deve ser examinada. (*Fenomenologia do espírito*)

Hegel pretende substituir o problema epistemológico da fundamentação do conhecimento pela autorreflexão fenomenológica da mente, entendendo a ***fenomenologia*** como a "ciência dos atos da consciência". Segundo a tradição racionalista de Descartes e Kant, só a partir de critérios seguros sobre a validade de nossos juízos é que podemos determinar se temos certeza de nosso conhecimento. Mas, diz Hegel, esta crítica deve ser ela própria conhecimento. Como podemos investigar criticamente a faculdade cognitiva anteriormente ao conhecimento? É como querer nadar antes de cair n'água. A investigação da faculdade cognitiva é ela própria conhecimento, e não se pode chegar a este objetivo porque este objetivo já é pressuposto desde o início. Questiona assim a visão da filosofia crítica como propedêutica, i.e., como introdução, como preparação. A filosofia não pode ser entendida pura e simplesmente como um *órganon* que trata do instrumento do saber antes do saber, nem um amor à verdade que não é a própria posse da verdade.

Hegel considera que Kant identifica ***conhecimento*** com ***ciência***, a partir do paradigma das ciências naturais, sobretudo da física de Newton, que Kant admirava[2] e que toma como ideal normativo de conhecimento, derivando dela um critério da ciência possível em geral. Hegel é contrário a esse privilégio da ciência, que considera um pressuposto não justificado. A ciência é uma manifestação do conhecimento como qualquer outra. A concepção kantiana da teoria do conhecimento como um *órganon* da razão (*Crítica da razão pura*, Analítica Transcendental), i.e., como um exame dos meios de conhecimento, parte de um modelo de conhecimento que enfatiza ou a atividade do sujeito conhecedor ou a passividade do processo cognitivo, ou seja, do instrumento através do qual constituímos objetos e do meio pelo qual "a luz do mundo penetra em nós". O instrumento supõe sujeito e objeto como separados, enquanto o meio altera o objeto segundo a própria natureza do meio intermediário; com isso não há possibilidade de um saber absoluto, o que Hegel defende como objetivo último. Para Hegel, a crítica do conhecimento deve abandonar este pressuposto, deixando que o critério da crítica emerja da própria experiência da reflexão. A consciência crítica deve portanto se autorrefletir, reconstruindo seu processo de formação.

Hegel questiona igualmente a separação kantiana entre razão teórica e razão prática. Segundo esse questionamento, a *Crítica da razão pura* pressuporia uma concepção de "eu" diferente da encontrada na *Crítica da razão prática*. Na primeira, o "eu" se caracterizaria pela unidade da autoconsciência; na segunda, pela vontade livre (ver III. 6).

Ao mesmo tempo em que critica o projeto filosófico de Kant, Hegel preocupa-se em não ser confundido com os filósofos românticos, que valorizam o sentimento, ou seja, os intuicionistas e irracionalistas.[3] Sua crítica, ao contrário, deve ser situada dentro de uma concepção racionalista, mas que permita alcançar o Absoluto.

B. Consciência e história[4]

No prefácio à *Filosofia do direito* (1821), lemos:

> O que quer que aconteça, cada indivíduo é sempre filho de sua época; portanto, a filosofia é a sua época tal como apreendida pelo pensamento. É tão absurdo imaginar que a filosofia pode transcender sua realidade contemporânea quanto imaginar que um indivíduo pode superar seu tempo, saltar sobre Rodes.

A reflexão filosófica deve partir, portanto, de um exame do processo de formação da consciência. Na verdade, através da consciência crítica de nossa situação histórica, podemos entender o próprio processo histórico, as "leis da história", seu sentido e sua direção e, apenas desta forma, podemos ir além da consciência de nosso tempo.

Há em Hegel um compromisso com a ideia de progresso humano, mas este progresso é sempre julgado do ponto de vista dos que o alcançaram, i.e., de um ponto de vista específico.

Se a razão fosse apenas um resultado da mente humana, não poderíamos explicar como corresponde aos fatos, a menos que ambos fossem criados por uma divindade transcendente, como ocorre afinal em Descartes. A explicação para a historicidade no pensamento de Hegel consiste em que é apenas ao traçar o caminho pelo qual a razão humana se desenvolveu que podemos entender o que somos hoje. Explicitamos assim o sentido da história, sua direção.

Já nas *Lições de Iena*, que contêm material posteriormente desenvolvido e reelaborado na *Fenomenologia do espírito*, Hegel formula sua concepção do processo de formação da consciência. Trata-se de um tríplice processo, ou de uma tríplice dialética, consistindo em três elementos básicos: 1) as "relações morais", isto é, a família, ou a vida social; 2) a linguagem, ou os processos de simbolização; e 3) o trabalho, ou a maneira como o homem interage com a natureza para dela extrair seus meios de subsistência, elemento que será valorizado fundamentalmente por Marx.[5]

Enquanto Kant partia da unidade transcendental da consciência como originária, com base em sua noção de autoconsciência, Hegel, ao contrário, considera que a unidade da autoconsciência não é originária, só podendo ser concebida como resultado de um processo de desenvolvimento que se caracteriza por essas três dimensões básicas. As relações morais explicam o papel do outro na formação da consciência de um indivíduo. Ele só se torna um sujeito na medida em que é reconhecido como tal pelo outro, ou seja, pelas outras consciências. Este reconhecimento se dá inicialmente na família e posteriormente na vida social. A identidade da consciência individual subjetiva depende portanto desse reconhecimento, i.e., a identidade do eu é possível apenas através da identidade do outro que me reconhece e que por sua vez depende de que eu o reconheça. Este tema será reelaborado posteriormente na dialética do senhor e do escravo na *Fenomenologia do espírito*, que veremos adiante (III. 7.C). O trabalho mostra como a consciência é formada igualmente pelo modo como o homem interage com a natureza e a considera como objeto do qual pode extrair os meios de sua subsistência. A linguagem, i.e., os sistemas de representação, as relações simbólicas, revela como a síntese do múltiplo de nossa experiência sensível depende do emprego de símbolos que nós próprios produzimos. Assim, a identidade da consciência que nomeia e dessa forma identifica os objetos não pode ser anterior ao processo de conhecimento, como, segundo Hegel, pensava Kant; ao contrário, é formada no mesmo processo através do qual a objetividade do mundo toma forma na linguagem.

Podemos nos perguntar se, nesse caso, Hegel não deveria atribuir um privilégio ou uma centralidade à linguagem, já que os processos de simbolização permeiam os outros dois casos e subjazem a eles – as relações sociais e a relação com a natureza supõem de alguma maneira a representação linguística. Porém, Hegel claramente não é um filósofo da linguagem e considera nesse texto inicial as três dimensões em um mesmo plano.

A questão do processo histórico de formação da consciência terá seu tratamento mais elaborado na *Fenomenologia do espírito*, que pretende ser, conforme diz seu próprio subtítulo. "Uma ciência da experiência da consciência".[6] Essa obra se propõe a ser uma teoria universal do conhecimento, uma descrição do fenômeno tal como aparece à consciência. Trata-se assim da autoapreensão da consciência em suas transformações a partir da apreensão das transformações do objeto da mesma consciência. As formas fenomênicas do objeto são ao mesmo tempo formas fenomênicas do sujeito. Hegel visa assim acompanhar o sujeito em seus diversos graus de captação do objeto, considerando toda e qualquer experiência que o sujeito tem de seu objeto e, por isso, também de si mesmo. A experiência que a consciência tem de si mesma corresponde à existência, na marcha da própria consciência, de uma lei interna do progresso em direção a um novo conhecimento e ao fato de ela seguir esta lei ao transformar-se a si mesma para se dirigir ao objeto.

A experiência da consciência não é apenas uma experiência teórica, um saber sobre o objeto, mas sim toda e qualquer experiência, a vida da consciência enquanto conhece o mundo como objeto da ciência, enquanto conhece a si mesma como vida, enquanto se propõe fins e objetivos. É este, segundo Hegel, o caminho da alma, o percurso da série de etapas de sua formação (*Bildung*) prescritas por sua própria natureza. A partir da experiência completa de si mesma, pode chegar ao conhecimento daquilo que é em si mesma. A fenomenologia descreve o itinerário da alma que se eleva a espírito por meio da consciência.

A fenomenologia trata da experiência que a consciência tem de si mesma, não só a consciência individual, mas a experiência que o gênero humano, em sua vida espiritual, tem de si mesmo. Isso envolve duas séries de fenômenos, individual e histórica, considerando o indivíduo particular e o indivíduo universal, o que há de comum a todos os indivíduos. Mas as formas da consciência que o indivíduo percorre não lhe são conscientes como tais, só a ciência as descobre e revela.

O modo de compreensão do sujeito é assim necessariamente histórico. Hegel pretende incorporar centralmente à filosofia uma reflexão sobre o seu tempo. Cada consciência é sempre consciência de seu tempo, mas, ao compreender sua situação histórica, ao situar-se historicamente, compreende seu lugar na história, o momento em que se situa e, dessa forma, compreende-se como resultado desse processo histórico. Ao compreender o processo histórico, não compreende apenas o seu momento, mas a própria lógica interna do processo histórico, sua direção e seu sentido, sua lei, e assim compreende o desenvolvimento desse processo, podendo transcender o seu momento determinado. Daí a importância das *Lições de filosofia da história*, em que Hegel analisa a própria história da humanidade e da cultura, desde os seus primórdios com os assírios e babilônios até a época contemporânea.

Por sua vez, as *Lições de história da filosofia*, que mencionamos anteriormente a propósito do conceito de modernidade, procuram reconstruir a constituição e desenvolvimento da tradição filosófica desde Tales de Mileto até o período de Hegel, estabelecendo elos entre as diferentes correntes e períodos, que são entendidos dialeticamente como apresentando visões parciais do todo, que, no entanto, não se reconhecem como tal. A análise histórica da tradição filosófica mostra a necessidade de superação da oposição entre as correntes, uma preocupação que já encontramos em Kant, o que porém só pode ser obtido por um sistema como o hegeliano, que integre as demais perspectivas em uma visão do Absoluto.

Podemos considerar que a *Fenomenologia do espírito* tem como objetivo traçar a "história" do espírito humano, a elevação da consciência do conhecimento sensível ao saber absoluto. O progresso da consciência é um produto da evolução histórica, cujo sentido só será conhecido no "fim da história" pelo filósofo que interioriza este devir em seu pensamento. Hegel estabelece um paralelo entre a consciência individual e o espírito (*Geist*) que, em termos mais contemporâneos, poderíamos denominar "cultura".

A experiência que a consciência tem de si mesma corresponde à existência, na marcha da própria consciência, de uma lei interna do progresso em direção a um novo conhecimento e ao fato de a consciência seguir esta lei ao transformar-se a si mesma para se dirigir ao objeto.[7] Esta experiência tem uma **estrutura dialética** que se caracteriza pela diferença entre o ser-em-si (essência) e o ser-para-nós (isto é, para o saber, a manifestação). Todo objeto possui ambos, e a verdade consiste na coincidência entre ambos. Mas como pode o objeto variar? Pela diferença entre o em-si e o para-nós. A consciência experimenta que aquilo que ela considera como coisa-em-si não é simplesmente em-si, mas só é em-si na medida em que é para-nós. Fica clara assim a oposição de Hegel à distinção kantiana entre objeto e coisa-em-si (ver III.6 sobre Kant). O objeto da consciência não é o que parecia ser, não pode sê-lo enquanto não manifestar-se à consciência como é em-si, idêntico ao sujeito ou espírito a que se manifesta. Isso significa que o objeto não pode ser verdadeiramente conhecido enquanto o seu conhecimento não coincidir com o conhecimento do espírito pelo espírito, ou seja, enquanto o seu ser-em-si não coincidir com o seu ser-para-si, mostrando-se ao mesmo tempo como "o que é em-si e para-si". "O todo é o verdadeiro", segundo Hegel. A consciência não é o ponto de partida ou de chegada desse processo, mas o próprio processo. O processo é dialético na medida em que as fases justapõem-se negativamente. O superior anula o inferior, mas o processo deve incluir tanto o negativo quanto o positivo. O negativo tem de ser também de algum modo positivo, já que as fases não se aniquilam ao se superarem, mas se conservam. A negatividade é o motor do processo, no sentido da experiência que em cada grau a consciência tem, que é a experiência de não ter no objeto o que ela pensava ter. A negação conduz assim a um novo ato de apreensão.

Hegel procura mostrar, portanto, como se passa do saber fenomênico, da consciência comum, ao saber absoluto. A consciência comum é já um saber absoluto que não se reconhece ainda como tal. A fenomenologia pretende assim ser um conhecimento do Absoluto, "só o Absoluto é verdadeiro, só o verdadeiro é absoluto". Para Hegel o Absoluto não é apenas substância, mas sujeito. O Absoluto não é algo inacessível ao saber (conhecimento), mas é o saber de si mesmo no saber da consciência, a autorreflexão. O saber fenomênico é o saber progressivo que o Absoluto tem de si mesmo. Por isso, Hegel parte da consideração do saber tal qual está na consciência, o saber fenomênico, o qual, se autocriticando, chega ao saber absoluto. A manifestação e o fenômeno são revelação da essência, e não algo estranho a ela. Não há mais separação entre a reflexão e o Absoluto (a epistemologia e a ontologia, como em Kant), a reflexão devendo ser vista como um momento do Absoluto. Faz parte da essência do Absoluto manifestar-se à consciência, e é nisso que consiste a consciência de si.

A *Fenomenologia do espírito* examina assim as etapas do progresso da consciência. A primeira etapa é a **consciência sensível**, que pensa apreender o concreto na sensação. Porém, atinge apenas um universal abstrato indeterminado, um aqui e agora de qualidades que sempre se alteram. No entanto, segundo Hegel, que assume uma posição racionalista, o objeto só pode ser apreendido na percepção a partir do conceito, que permite identificar qualidades sensíveis como propriedades de um objeto determinado. A segunda etapa consiste no ***entendimento***, que pretende chegar à essência dos fenômenos, ao sistema de forças que constitui sua interioridade. O mundo supra-sensível, o reino das leis que governam essas forças, é, por sua vez, um produto do entendimento. Diz Hegel: "Ao retirar o véu que cobre o real, procurando penetrar nas coisas, encontramos apenas a nós mesmos." A consciência torna-se, com isso, ***consciência de si***, descobrindo nela própria o ser que julgava encontrar fora dela. Descobre portanto em si o desejo que a faz adquirir uma certeza de si, opondo-se ao objeto, àquilo que é outro, destruindo-o se for preciso. Trata-se do tema da alteridade, fundamental na explicação hegeliana do processo de formação da consciência, a luta pelo reconhecimento. Não podemos entender a estruturação da consciência apenas pela consideração da individualidade, mas sim como parte de um processo de interação com o outro.

Temos então a ***consciência infeliz***. A infelicidade na tomada de consciência de si é a expressão de um dilaceramento no interior do próprio ser. A consciência se vê em luta contra a natureza, sente-se solitária, melancólica, devido à sua separação da realidade, do objeto que vê como distante de si, a partir de uma dicotomia entre o sujeito e o objeto. Eis o começo da filosofia: a insatisfação de uma consciência dilacerada por seu estado de divisão interna. É preciso, no entanto, superar as falsas oposições que produzem a infelicidade, o mal-estar, mas é também preciso passar pela infelicidade para se chegar à felicidade.

Passamos assim à razão observadora e ativa que envolve uma mudança de atitude em relação ao mundo, do qual não mais se afasta, mas busca observá-lo para atuar nele. É assim que o conceito se estabelece a partir da natureza. É a ação que eleva a consciência do ***em si*** ao ***para si***, por meio da dialética do interior e do exterior. A consciência só pode saber o que é após realizar-se efetivamente por seus atos.

O Espírito Subjetivo dá assim lugar ao Espírito Objetivo, que se manifesta através da moral, do direito e da história, e finalmente ao Espírito Absoluto, através da religião, da arte e, por fim, da filosofia. É nesse sentido que, como dissemos, ao atingir o saber absoluto, o filósofo interioriza aquilo que lhe era exterior. O saber absoluto se eleva acima da temporalidade, reconciliando os aspectos históricos com uma verdade atemporal. Eis o significado do "fim da história".[8]

C. A DIALÉTICA DO SENHOR E DO ESCRAVO[9]

Um dos textos mais fundamentais da análise hegeliana do processo de formação da consciência é a dialética do senhor (*Herr*) e do escravo (*Knecht*), uma imagem que Hegel faz da importância da relação com o outro na constituição da identidade.[10] Esse texto teve uma influência marcante, tanto na análise da consciência alienada em Marx como, mais contemporaneamente, nas teorias sobre a formação da consciência que encontramos em Jean-Paul Sartre e na teoria psicanalítica de Jacques Lacan.

Através dessa metáfora, Hegel procura retratar o processo de constituição da identidade da consciência em sua luta pelo reconhecimento pelo outro, a outra consciência. "A consciência-de-si é em-si e para-si quando e porque é em-si e para uma Outra, quer dizer, só é como algo reconhecido." (§ 178). Inicialmente uma consciência visa submeter a outra, ao apreendê-la como objeto. Porém, precisa ser reconhecida pela outra, ou seja, precisa considerá-la como sujeito. Assim, a outra consciência é ao mesmo tempo sujeito e objeto. "Mas o Outro é também uma consciência-de-si; um indivíduo se confronta com outro indivíduo." (§ 186). "Enquanto agir do Outro, cada um tende, pois, à morte do Outro [...] a relação das duas consciências-de-si é determinada de tal modo que elas se provam a si mesmas e uma a outra através de uma luta de vida ou morte." (§ 187).

É a seguinte a definição hegeliana do senhor e do escravo (§ 189):

> Mediante essa experiência se põem uma pura consciência-de-si e uma consciência que não é puramente para si, mas para um outro. [...] São essenciais ambos os momentos; porém, como de início são desiguais e opostos, e ainda não resultou sua reflexão na unidade, assim os dois momentos são como duas figuras opostas da consciência: uma, a consciência independente, para a qual o ser-para-si é a essência; outra, a consciência dependente, para a qual a essência é a vida, ou o ser para um Outro. Uma é o senhor, outra é o escravo.

O senhor submete o escravo; contudo, uma vez que a relação é dialética, dependendo ele próprio de que o escravo o reconheça como senhor, assim o superior depende de que o inferior o reconheça como superior. Trata-se de um reconhecimento desigual (§ 191). Por outro lado, o senhor reconhece implicitamente o escravo como outra consciência, já que sabe que este não é uma coisa, uma pedra ou uma árvore, e se dirige a ele como a outro sujeito. O escravo, por sua vez, na medida em que trabalha, interage com a natureza, "encontra a si mesmo"; "a consciência trabalhadora", diz Hegel (§ 195), "chega assim à intuição do ser independente como intuição de si mesma". Portanto, através do trabalho, o escravo supera sua condição de "consciência submetida" à do senhor, enquanto o senhor, na medida em que depende do reconhecimento do escravo e de seu trabalho, se rebaixa a uma condição inferior. Assim, dialeticamente, as posições se invertem.

A dialética do senhor e do escravo descreve uma relação assimétrica entre duas consciências que se tratam como sujeito e objeto, e não uma relação entre dois sujeitos, como deveria ser, uma relação de reconhecimento mútuo e recíproco. Só ao atingir o saber absoluto a consciência será capaz do reconhecimento universal.

D. Os hegelianos

A filosofia de Hegel teve grande influência em sua época e tornou-se uma das correntes formadoras do pensamento contemporâneo através de sua leitura pelos marxistas, pelos existencialistas, pela hermenêutica e, em especial, pela teoria crítica da Escola de Frankfurt.

A principal influência de Hegel deveu-se sobretudo à sua concepção de história e à sua interpretação da história da filosofia. Hegel foi efetivamente o primeiro a elaborar uma filosofia da história e, na verdade mesmo, uma filosofia da história da filosofia.

Nesse sentido, todas as histórias da filosofia desde então tornaram-se tributárias de sua concepção de história da filosofia, da periodização que estabelece, dos critérios que utiliza para tal e dos conceitos que introduz. Grandes historiadores da filosofia no séc. XIX, como Eduard Zeller (1814-1908) na Alemanha e Victor Cousin (1792-1867) na França, inspiram-se diretamente em Hegel ou por ele foram influenciados. Teve também seguidores na Inglaterra, destacando-se o idealismo absoluto de F.H. Bradley (1846-1924), e na Itália, onde encontramos a dialética e a filosofia da cultura de Benedetto Croce (1866-1952).

A filosofia de Hegel, embora alvo de críticas violentas por filósofos como Schopenhauer, Kierkegaard e Nietzsche ao longo do séc. XIX (ver III. 9), teve importantes seguidores como Wilhelm Dilthey (1833-1911), que se inspirou em Hegel ao tentar complementar a crítica da razão teórica kantiana com uma crítica da razão histórica e ao defender a noção de ciências humanas ou culturais, "as ciências do espírito" (*Geisteswissenschaften*), no sentido hegeliano, igualmente como complementares às ciências naturais (*Naturwissenschaften*). O sentido e os critérios dessa distinção são uma questão discutida até nossos dias no campo da epistemologia.

Foi, no entanto, sobretudo nos campos da filosofia política e da filosofia do direito que a influência de Hegel na Alemanha foi marcante, com a famosa distinção entre os "velhos" e os "jovens hegelianos", também conhecidos respectivamente como "hegelianos de direita" e de "esquerda". Os hegelianos de direita inspiram-se no racionalismo de Hegel e dão uma interpretação basicamente conservadora à sua teoria do direito e do Estado, defendendo também o nacionalismo germânico. Destacam-se dentre estes, ao longo do séc. XIX, D.F. Strauss, Kuno Fischer, Karl Friedrich Rosenkranz, autor de uma biografia de Hegel, e Karl Prantl. Os hegelianos de esquerda foram, ao contrário, críticos do Estado e da religião institucional, enfatizando a importância da dialética. Os mais importantes dentre estes, cuja obra foi criticada por Marx e Engels (ver III. 8), foram Ludwig Feuerbach, Bruno Bauer e Max Stirner, destacando-se também o socialista Ferdinand Lassalle.

QUADRO SINÓTICO

- O *sistema* filosófico de Hegel é o último grande sistema da tradição moderna.
- Hegel coloca a *história* no centro de seu sistema, mostrando que o modo de compreensão filosófico é necessariamente histórico.
- Critica a filosofia de *Kant* por não se perguntar nem pela origem nem pelo processo de formação da consciência subjetiva, considerada de um ponto de vista formal e abstrato.
- Questiona a *dicotomia* kantiana entre *razão teórica* e *razão prática*, defendendo a unidade da razão.
- Em sua interpretação do processo de formação da consciência e da marcha do Espírito até o saber absoluto adota um *método dialético*.

LEITURAS ADICIONAIS

Textos de Hegel na col. "Os Pensadores" (São Paulo, Abril Cultural).

HEGEL, G.W.F. *A fenomenologia do espírito*. Petrópolis, Vozes, 1992, 2 v.

_____. *Filosofia da história*. Brasília, Ed. UnB, 1995.

Sobre Hegel:

CHÂTELET, François. *Hegel*. Rio de Janeiro, Zahar, 1996.

GARAUDY, Roger. *Para conhecer o pensamento de Hegel*. Porto Alegre, L&PM, 1983.

HARTMANN, Nicolai. "Hegel", in *A filosofia do idealismo alemão*. Lisboa, Gulbenkian, 1976.

INWOOD, Michael. *Dicionário Hegel*. Rio de Janeiro, Zahar, 1997.

KONDER, Leandro. *Hegel, ou a razão quase enlouquecida*. Rio de Janeiro, Campus, 1989.

MENESES, Paulo. *Hegel e a Fenomenologia do Espírito*. Rio de Janeiro, Zahar, 2003.

_____. *Para ler a* Fenomenologia do espírito. São Paulo, Loyola, 1992.

PLANT, Raymond. *Hegel*. São Paulo, Unesp, 1999.

RÖD, Wolfgang. "Os fundamentos da dialética hegeliana", in *A filosofia dialética moderna*. Brasília, Ed. UnB, 1984.

WEBER, Tadeu. *Hegel: Estado, liberdade, política*. Petrópolis, Vozes, 1993.

QUESTÕES E TEMAS PARA DISCUSSÃO

1. Quais os pontos fundamentais da **crítica** de Hegel a Kant?
2. Qual o sentido e a importância filosófica da **história** para Hegel?
3. Como Hegel vê o processo de **formação da consciência**?
4. Como se pode entender a concepção hegeliana de **subjetividade**?
5. Qual o papel da **dialética do senhor e do escravo** na *Fenomenologia do espírito*?

8

MARX E A CRÍTICA DA IDEOLOGIA

Karl Marx (1818-83) nasceu em Trier, na região do Reno, na Alemanha, de família de origem judaica. Estudou Direito na Universidade de Bonn e doutorou-se (1841) em filosofia na Universidade de Berlim, com uma tese sobre a diferença entre as filosofias da natureza de Demócrito e de Epicuro, filósofos materialistas da Antiguidade. Em Berlim, entrou em contato com os discípulos de Hegel conhecidos como "jovens hegelianos", ou "hegelianos de esquerda" (ver III.7.D). Logo em seguida, tomou conhecimento dos socialistas utópicos franceses como Proudhon e Fourier e, em 1844, foi para Paris, onde conheceu Friedrich Engels, seu amigo e colaborador de toda a vida, e leu a obra do socialista Saint-Simon (1760-1825). Por problemas políticos, teve de se transferir de Paris para Bruxelas. Em 1847 fundou com Engels o Partido, ou Liga (*Bund*), Comunista, cujo programa publicaram em 1848, o *Manifesto do Partido Comunista*. Perseguido, exilou-se em Londres, onde viveu o resto de sua vida escrevendo na Biblioteca do Museu Britânico, tendo em 1864 participado da organização da I Internacional dos trabalhadores.

Marx não foi estritamente um filósofo, embora tenha uma obra filosófica importante; sua filosofia, bem como suas ideias revolucionárias, foram forças teóricas e políticas fundamentais do séc. XX. Historiador, cientista político, sociólogo, economista, jornalista, ativista político e revolucionário, além de filósofo, Marx via sua obra superando os limites estritos e os rumos tradicionais da filosofia teórica moderna. Suas obras cobrem todos esses campos. Em história, destaca-se o *18 Brumário de Luís Bonaparte* (1852). Em economia, seus trabalhos mais influentes foram os *Manuscritos econômicos-filosóficos de 1844*, a *Crítica da economia política* (1859) e *O capital* (1876), uma das obras mais célebres e influentes do período moderno. Como jornalista, escreveu em diversos periódicos e revistas socialistas e revolucionários durante toda a sua vida. Em filosofia suas obras principais foram *A sagrada família* (1845), em que critica os hegelianos e sua filosofia especulativa, *A ideologia alemã* (1845-46), que comentaremos adiante, e *A miséria da filosofia* (1847), em que ataca o socialismo utópico de Proudhon.

A. Marx filósofo: a radicalização da crítica

Embora Marx considere a filosofia teórica da tradição como uma simples forma de idealismo, desvinculada da realidade social concreta e, nesse sentido, inútil – como diz na famosa *XI tese sobre Feuerbach*: "Os filósofos se limitaram a *interpretar* o mundo de diferentes maneiras; o que importa é *transformá-lo*" –, podemos situar seu próprio pensamento como parte da tradição moderna da filosofia crítica.

Nos capítulos anteriores sobre Descartes, Kant e Hegel, procuramos traçar um determinado itinerário de desenvolvimento da ideia de crítica no pensamento moderno. No início da modernidade, a crítica consistia na necessidade de examinar o próprio processo de conhecimento para evitar os erros e ilusões das antigas filosofias e teorias pseudocientíficas, combatendo os preconceitos, as superstições, o falso saber. Filósofos como Descartes e Bacon preocupam-se, como mostramos, com as ilusões da consciência e com a importância de se encontrar um método que as evitasse. Em Bacon temos o método experimental, a observação da natureza. Em Descartes, o racionalismo subjetivista que encontra os critérios de certeza na própria subjetividade. O indivíduo torna-se assim o ponto de partida da crítica, aquele que julga e avalia as pretensões ao conhecimento e que decide sobre sua legitimidade. Com a perda de autoridade da Igreja, devido às lutas da Reforma e da Contrarreforma, e com a perda de credibilidade da ciência antiga devido à revolução científica, o indivíduo passa a ser então a única autoridade digna de crédito. A experiência individual para os empiristas e a razão natural para os racionalistas passam a cumprir este novo papel, antes atribuído às escolas filosóficas, às teorias clássicas, à tradição. A filosofia de Kant procede na mesma linha, elaborando e desenvolvendo o próprio conceito de crítica como "o tribunal da razão". Também em Kant é o sujeito – agora considerado "sujeito transcendental", a estrutura universal da subjetividade – que desempenha este papel. Estabelecido o modelo de conhecimento que Kant formula, uma pretensão ao conhecimento será legítima na medida em que estiver de acordo com tal modelo, que fornece assim os critérios para a crítica e a fundamentação do conhecimento. Algo análogo se dá no campo do agir moral.

Hegel talvez seja o primeiro a mudar os rumos dessa questão. Assim como Kant pretendeu radicalizar a concepção de crítica dos empiristas e dos racionalistas, buscando superar a oposição entre ambos e estabelecer um princípio ainda mais fundamental que o *cogito* ou a experiência, em seu caso o "sujeito transcendental", Hegel igualmente fará uma crítica a Kant, buscando, mais uma vez, radicalizar a crítica e encontrar algo de mais fundamental. Para ele, trata-se agora da questão sobre a origem e a formação (*Bildung*) da consciência através de um processo histórico. Só através de uma consideração da história, da marcha do Espírito para o Absoluto e a Liberdade, pode, de fato, a filosofia ser radicalmente crítica. Hegel rompe assim definitivamente com o privilégio da individualidade e da subjetividade. Na primeira fase do pensamento moderno, o indivíduo concebido como sujeito, dotado de uma razão natural, ou da capacidade de ter experiências, é visto como autônomo e originário exatamente porque só dessa maneira se pode rejeitar a autoridade institucional, a cultura e a tradição, vistas como lugar do erro e da incerteza. Hegel mostra, por meio da consideração da historicidade da consciência individual, que isso é impossível, sendo pura ingenuidade tentar considerar o indivíduo como desvinculado da tradição, da cultura e da sociedade a que inevitavelmente pertence. "Toda consciência é consciência de seu tempo." A consciência individual – que se vê como separada e até mesmo em oposição às outras consciências – é uma consciência alienada. Trata-se na verdade de mais uma forma de ilusão. Portanto, as primeiras tentativas de constituir uma teoria crítica pelos modernos foram em vão. A crítica, ao contrário, supõe a visão do próprio processo de formação da consciência, a interpretação do sentido da história, que, olhando para o passado, pode compreender o presente como resultado desse processo e, assim, ver o futuro, apreendendo a totalidade.

Podemos situar o pensamento de Marx precisamente nessa linha que se inaugura no início da modernidade, com a busca de um método filosófico para combater as ilusões da consciência e assim libertar o homem. Marx pode ser visto, portanto, também como um filósofo crítico, que procura radicalizar ainda mais o projeto de crítica da modernidade. Assim como Hegel criticou Kant por não considerá-lo suficientemente crítico, Marx, igualmente, criticará Hegel por não considerá-lo tampouco suficientemente crítico. A crítica de Marx a Hegel e aos hegelianos diz respeito fundamentalmente a seu *idealismo*. A interpretação hegeliana do processo histórico e da formação da consciência restringe-se ao plano das ideias e representações, do saber e da cultura, não levando em conta as bases materiais da sociedade em que este saber e esta cultura são produzidos e em que a consciência individual é formada. Por isso, esse exame crítico não é suficientemente radical, não chegando a examinar as causas últimas, os pressupostos mais fundamentais. Segundo a análise de J. Habermas (ver III. 7.B), Hegel teria, em suas *Lições de Iena*, levado em conta três dimensões da formação da consciência: a vida moral, as formas de simbolização (linguagem) e o trabalho, sendo que Marx viria a privilegiar o trabalho como a mais fundamental.

O próprio Marx diz que seu objetivo é "inverter o homem de Hegel", que tem os pés na terra e a cabeça nas nuvens, mostrando que sua cabeça, i.e., suas ideias são determinadas pela "terra", ou seja, pelas condições materiais de sua vida. A consciência que é considerada livre e autodeterminada passa a ser vista como condicionada pelo trabalho. Hegel, ao contrário de Kant, já admitia o conhecimento como socialmente determinado, existindo formas de consciência que correspondem a momentos históricos determinados. Só a partir da consideração da totalidade pode-se fazer a reconstrução dessas diferentes formas. A alienação consiste em uma visão parcial, a partir de uma única forma, ou de um único momento. Isto, no entanto, segundo Marx, é ainda manter-se exclusivamente no plano das ideias e da cultura, o que consiste também em uma forma de alienação.

> Minha pesquisa me levou à conclusão de que as relações legais e as formas políticas não poderiam ser explicadas, seja por si mesmas seja como provenientes do assim chamado desenvolvimento geral da mente humana, mas que, ao contrário, elas se originam das condições materiais da vida ou da totalidade que Hegel, segundo o exemplo dos pensadores

... do séc. XVIII, engloba no termo "sociedade civil". (*Contribuição à crítica da economia política*, 1859, apud Santos [1990, p.135-6])

A questão central da análise de Marx passa a ser portanto o **trabalho**, questão, aliás, praticamente ausente da análise dos filósofos desde a Antiguidade. O trabalho é uma relação invariante entre a espécie humana e seu ambiente natural, uma perpétua necessidade natural da vida humana. Esse sistema de ação, instrumental, contingente, surge na evolução da espécie, mas condiciona nosso conhecimento da natureza ao interesse no possível controle técnico dos processos naturais. O processo autoformativo da espécie humana é condicionado, o que vai contra a ideia hegeliana de um movimento do Absoluto. Depende assim de condições contingentes da natureza. O Espírito não é, como queria Hegel, o fundamento absoluto da natureza, mas, ao contrário, a natureza é o fundamento do "*Espírito*", no sentido de um processo natural que dá origem ao ser humano e ao meio ambiente em que vive. Ao reproduzir a vida nessas condições naturais, a espécie humana regula sua relação material com a natureza através do trabalho, constituindo assim o mundo em que existimos. As formas específicas segundo as quais a natureza é objetificada mudam historicamente, dependendo da organização social do trabalho. Só temos acesso à natureza através de categorias que refletem a organização de nossa vida material. No processo de trabalho não só a natureza é alterada, mas o próprio homem que trabalha, não havendo assim uma essência humana fixa. "A História é a verdadeira história natural do homem", diz Marx. Seu **materialismo histórico**, portanto, pretende ser uma teoria científica da história. Marx analisa então os diferentes estágios, caracterizados através da noção de "relações de produção", que levaram a humanidade, desde a sociedade primitiva, passando pela sociedade escravocrata e pela sociedade feudal, até a sociedade burguesa de sua época.

Podemos considerar, de certa forma, a filosofia de Marx como uma "filosofia do fim da filosofia". Isto quer dizer que a filosofia, tal como concebida tradicionalmente, está esgotada e é incapaz de realizar efetivamente a crítica a que se propõe. Para Marx, a filosofia indica a necessidade da prática revolucionária, de "transformar o mundo", nas palavras da *XI tese sobre Feuerbach*, citada acima. A análise filosófica tradicional deve dar lugar assim a uma análise econômica, política, histórica, sociológica. E a reflexão filosófica teórica deve dar lugar a uma prática revolucionária transformadora, através de uma concepção de unidade entre teoria e prática.

B. A CRÍTICA DA IDEOLOGIA

A análise crítica da tradição filosófica racionalista, sobretudo de Hegel e dos hegelianos, é encontrada principalmente no texto da *Ideologia alemã* de Marx e Engels, sendo que a noção de ideologia aí definida tornou-se central no desenvolvimento da filosofia contemporânea e na definição mesma de uma **teoria** e de um **método crítico**, em todos os campos das ciências humanas e sociais. Examinemos com mais detalhe essa noção.

Essa obra, publicada postumamente, dedica-se a uma crítica da concepção filosófica dos "hegelianos de esquerda", em especial Ludwig Feuerbach, Bruno Bauer e Max Stirner, procurando mostrar como esses filósofos, embora se pretendendo críticos da sociedade da época e fiéis aos ideais modernos e iluministas, se mantêm dentro do quadro conceitual da filosofia tradicional idealista e assim, na verdade, contribuem para preservar a estrutura social que condenam. Feuerbach (1804-72), a quem é dedicada a parte da obra que examinaremos, pode ser tomado como um bom exemplo disso. Em sua obra *A essência do cristianismo* (1841), critica, na linha da tradição iluminista, a religião como opressora e produtora de superstições que impedem o acesso dos homens ao saber, e portanto à emancipação, considerando-a uma barreira contra a autocompreensão do homem e a sua liberdade. Entretanto, conforme mostra Marx, a religião, ela própria, é um instrumento das classes dominantes para preservar o seu poder político e econômico, e não a causa dessa dominação.

O conceito de **ideologia**[1] origina-se da obra do pensador iluminista francês Antoine Destutt de Tracy, autor do tratado *Les élements de l'idéologie* (1754-1836) e que pertenceu a um grupo de pensadores que incluía o filósofo Dégerando, o médico Cabanis e o matemático Condorcet, que passaram a ser conhecidos nesse período como "ideólogos" (*idéologues*). A proposta desses pensadores era formular uma ciência das ideias como uma espécie de história natural das ideias, examinando a origem e o processo de formação das ideias no homem. Esse projeto foi influenciado diretamente pelo sensualismo da teoria do conhecimento e da psicologia do filósofo Condillac, cujo *Tratado das sensações* (1754) inspira-se por sua vez no empirismo de Locke. Além disso, a "ciência das ideias" dos ideólogos pretendia ter também uma preocupação normativa, derivando as normas da vida social do estudo da natureza humana. Já no tratado *De l'ésprit* (1758), de Helvétius, encontramos a seguinte concepção: "Nossas ideias são a consequência necessária da sociedade em que vivemos." As teorias dos ideólogos deveriam servir assim como fundamento da educação, fornecendo em última análise as bases para uma reforma da sociedade no espírito iluminista.

O sentido negativo do termo "ideologia" deriva de fato da obra de Marx e Engels, que o entendem como "falsa consciência", em sua crítica aos hegelianos de esquerda, sobretudo Feuerbach e sua análise da religião, já mencionada. Segundo Marx e Engels, a interpretação de Feuerbach acaba por ser ideológica e não verdadeiramente crítica, porque não chega às verdadeiras causas do fenômeno religioso. Não é porque os homens são crédulos e supersticiosos que se tornam presas fáceis da dominação, mas porque existe a necessidade de manter a dominação que surgem as superstições.

De acordo com esse **sentido crítico**, a ideologia é uma visão distorcida, é o mascaramento da realidade – de uma realidade opressora, que faz com que seu caráter negativo seja ocultado –, tornando-se assim mais aceitável e vindo a ter uma justificativa aparente.[2] Isso pode ser ilustrado pelas seguintes passagens da *Ideologia alemã*:

> ... em toda ideologia, os homens e suas relações aparecem invertidos como numa câmara escura; tal fenômeno decorre de seu processo histórico de vida, do mesmo modo que a inversão dos objetos na retina decorre de seu processo de vida diretamente físico. (p.27)

Não é a consciência que determina a vida, mas a vida que determina a consciência. (p.37)

As ideias da classe dominante são, em cada época, as ideias dominantes, isto é, a classe que é a força material dominante da sociedade é, ao mesmo tempo, sua força espiritual dominante. A classe que tem à sua disposição os meios de produção material dispõe, ao mesmo tempo, dos meios de produção espiritual, o que faz com que a ela sejam submetidas ... as ideias daqueles aos quais faltam os meios de produção espiritual. As ideias dominantes nada mais são do que a expressão ideal das relações materiais dominantes concebidas como ideias; portanto, a expressão das relações que tornam uma classe a classe dominante; portanto, as ideias de sua dominação. (p.72)

A ideologia é, assim, uma forma de dominação, gerando uma falsa consciência, uma consciência ilusória, que se produz através de mecanismos pelos quais se objetificam certas representações (as da classe dominante) como sendo a verdadeira realidade, tudo isso produzindo uma aparente legitimação das condições existentes numa determinada sociedade em um período histórico determinado. Produz-se com isso uma forma de alienação da consciência humana de sua situação real de existência (as relações de produção). A ideologia é produto de uma estrutura social profundamente desigual, e portanto não transparente, já que esta desigualdade não pode explicitar-se no nível da consciência. Evitar que isso aconteça é tarefa da ideologia.

A tarefa da filosofia crítica é desmascarar a ideologia, revelar o processo pelo qual se produz, fazendo com que perca seus efeitos, desfazendo as ilusões que gera. Se, no entanto, a filosofia não leva em conta as origens materiais da ideologia na relação de dominação existente na sociedade, a análise filosófica passa a ser inócua, tornando-se ela própria parte da ideologia. É o que, segundo Marx, acontece com Feuerbach: "Feuerbach dissolve a essência religiosa na essência humana. Mas a essência humana não é uma abstração inerente ao indivíduo singular. Em sua realidade é o conjunto das relações sociais. Feuerbach ... não empreende a crítica dessa essência real" (*VI tese sobre Feuerbach*).

Podemos dizer que o conceito de ideologia, no sentido crítico que lhe dá Marx, relaciona-se diretamente com a distinção – fundamental em grande parte dos sistemas filosóficos clássicos, sobretudo na tradição racionalista – entre **aparência** e **realidade** (encontrada primeiramente talvez em Parmênides. Ver 1.2 sobre os pré-socráticos). O efeito produzido pela ideologia, ou por uma concepção ideológica do real, é o de tomar a aparência, em um sentido socialmente construído e motivado por interesses de dominação, pela realidade material concreta das condições de existência do homem nesta sociedade. A tarefa crítica da filosofia corresponde portanto a uma tentativa de penetrar na verdadeira realidade no que esta tem de mais básico (a estrutura social, as relações de produção, segundo Marx), para além das aparências (as representações ideológicas, i.e., parciais, idealizadas, falsamente justificadas). Isso pressupõe a não transparência dessa realidade, que só se revela a um instrumento crítico particularmente afiado.

É nesse sentido que Marx conclui, ao contrário da visão dos iluministas, que o homem não deve libertar-se da religião para adquirir liberdade política: ele se libertará da religião quando conquistar a liberdade política. Isso só pode ocorrer na medida em que, no processo histórico da luta de classes em uma sociedade determinada, os conflitos e as contradições internas do próprio processo de dominação levem à crise dos sistemas econômicos e políticos, tornando possível a transformação da sociedade pela via da revolução. Diz Marx: "A crítica não retira as flores imaginárias que cobrem as algemas para que os homens as suportem sem fantasias nem consolo, mas para que se libertem e colham a flor viva." E, no *Manifesto do Partido Comunista*: "Em lugar da velha sociedade burguesa, com suas classes e seus antagonismos de classe, teremos uma ***associação***, na qual o livre desenvolvimento de cada um é a condição para o livre desenvolvimento de todos."

C. O MARXISMO

A filosofia de Marx teve uma imensa influência desde o final do séc. XIX até o presente, não só no plano teórico, mas também no plano político, sobretudo devido ao marxismo-leninismo, doutrina oficial do Partido Comunista que governou a União Soviética de 1917 a 1990 e que desde então inspirou os diversos partidos comunistas em todo o mundo. A dissolução da União Soviética e o fim desses partidos em muitos países, devido ao fracasso de seu projeto econômico e político, trouxe um recuo expressivo no interesse pelo marxismo; porém é necessário distinguir o marxismo-leninismo enquanto doutrina política do desenvolvimento teórico e filosófico do marxismo no séc. XX, que examinaremos brevemente em seguida. Procuraremos levar em conta apenas alguns dos principais desenvolvimentos e interpretações do pensamento de Marx, que veio a formar uma das mais importantes correntes teóricas na filosofia, na ciência política, na história e na economia no período contemporâneo.

a. O marxismo-leninismo

Desenvolvido por Vladimir Ilich Ulianov (1870-1924) – conhecido como Lenin, um dos principais líderes da Revolução de Outubro de 1917 que tomou o poder na Rússia após a queda do czar –, o marxismo-leninismo foi a doutrina oficial do Partido Comunista que passou a governar a União Soviética.

A interpretação leninista do pensamento de Marx e Engels é indissociável de seu projeto político de tomada do poder e conquista do Estado pelo proletariado. Nessa perspectiva, Lenin enfatiza o papel do indivíduo, do intelectual revolucionário e do partido como vanguarda do proletariado, rompendo assim de certa forma com a herança hegeliana do forte determinismo histórico que encontramos em Marx. Isso explica, por exemplo, que – enquanto Marx acreditava que a revolução ocorreria na Inglaterra, o país capitalista mais avançado na época e, portanto, com um proletariado mais organizado e consciente e com crises internas mais explícitas

238 INICIAÇÃO À HISTÓRIA DA FILOSOFIA

– Lenin tenha acreditado na possibilidade de implantar o socialismo na Rússia, um país essencialmente agrícola, sem um proletariado forte.

b. Georg Lukács (1885-1971)

Pensador húngaro, nascido em Budapeste, Lukács estudou na Alemanha, desenvolvendo uma interpretação própria e original do marxismo, aproximando-o de suas raízes hegelianas. Foi comissário da instrução pública no breve governo socialista de Béla Kun na Hungria em 1919. Mais tarde, viveu na União Soviética e após a Segunda Guerra Mundial, quando a Hungria tornou-se parte do bloco comunista, lecionou estética na Universidade de Budapeste, vindo também a ser ministro da Cultura do governo de Imre Nágy por um curto período (1956), retirando-se depois da vida pública.

Sua principal obra foi *História e consciência de classe* (1923), em que valoriza o materialismo histórico contra as interpretações dogmáticas do pensamento de Marx. Sua obra teve grande influência no desenvolvimento do assim chamado "marxismo ocidental" – as interpretações de Marx desenvolvidas fora da influência do Partido Comunista Soviético. Introduz aí a distinção fundamental entre **origem de classe** e **consciência de classe**, procurando mostrar como a consciência de classe de um indivíduo nem sempre reflete necessariamente a sua origem, sendo que o intelectual de origem burguesa pode identificar-se com a luta do proletariado pela emancipação. Para Lukács a história deve ser vista como processo total de constituição da realidade, aproximando-se nesse sentido de Hegel e enfatizando a influência deste no assim chamado "jovem Marx", cuja obra valoriza.

Destacam-se, nessa linha, suas contribuições à sociologia do conhecimento e à teoria literária, analisando o romance e a novela no período moderno em relação a seu contexto histórico e social. Sua obra não foi bem recebida pelas correntes mais ortodoxas, por não considerar o marxismo como uma doutrina acabada, mas como uma filosofia em desenvolvimento. Isto o levou a se retratar durante o período em que viveu na União Soviética. Influenciou pensadores contemporâneos que procuraram levar adiante sua interpretação sociológica do conhecimento, como Lucien Goldmann na França e Karl Mannheim na Alemanha.

c. As origens da Escola de Frankfurt

Denomina-se "Escola de Frankfurt" o grupo de intelectuais, sociólogos, filósofos e cientistas políticos que se reuniram em torno do Instituto de Pesquisas Sociais fundado em Frankfurt em 1924. Seus principais líderes nesse período foram Theodor Adorno (1903-69) e Max Horkheimer (1895-1973), autores, em conjunto, da *Dialética do esclarecimento* (1947). Com a ascensão do nazismo e o início da Segunda Guerra

Mundial, refugiaram-se nos Estados Unidos, voltando à Alemanha no início dos anos 1950 e reorganizando o Instituto. A partir desse período destacam-se sobretudo as obras de Herbert Marcuse (1898-1979), que, em seu *Eros e civilização* (1955), aproxima Marx de Freud, relacionando a repressão social com a repressão sexual, seu pensamento tendo grande repercussão nos movimentos libertários do final da década de 1960 nos Estados Unidos e na Europa; e de Jürgen Habermas (1929-), o principal representante contemporâneo desta corrente de pensamento, com sua teoria da ação comunicativa (ver IV).

Os pensadores da Escola de Frankfurt procuraram desenvolver uma teoria crítica do conhecimento e da sociedade inspirados na obra de Marx e em suas raízes hegelianas, relacionando o marxismo com a tradição crítica moderna. O principal aspecto dessa crítica diz respeito à racionalidade técnica e instrumental que teria dominado a sociedade moderna com a Revolução Industrial. Essa racionalidade instrumental acaba por ser incorporada pela doutrina marxista ortodoxa e por correntes filosóficas como o positivismo. Contra essa tendência, dominante em nossa época, é necessário desenvolver a razão emancipatória, com base na crítica da dominação e em nome da comunicação e do consenso entre indivíduos racionais e livres.

Alguns dos aspectos centrais dessa dominação da técnica são a indústria cultural e a massificação do conhecimento, da arte e da cultura que produzem, diluindo assim sua força expressiva, seu significado próprio, transformando tudo em objeto de consumo. Um dos primeiros pensadores da escola a problematizar tais questões foi Walter Benjamin (1892-1940), filósofo de origem judaica, de pensamento extremamente original, que se dedicou, sobretudo, a questões de linguagem e cultura, notabilizando-se seus estudos sobre o drama barroco alemão, sobre a teoria da tradução e a filosofia da história.

Considera-se com frequência que a Escola de Frankfurt se filia apenas remotamente à filosofia marxista e que seu pensamento, de caráter eminentemente teórico, afasta-se das propostas mais políticas e revolucionárias do pensamento de Marx. Contudo, os "frankfurtianos", como por vezes são conhecidos, não se pretendem realmente comentadores ou intérpretes do pensamento de Marx, sua proposta caracterizando-se mais no sentido de buscar uma inspiração no marxismo para uma análise da sociedade contemporânea, além de desenvolver o conceito de teoria crítica e de crítica da ideologia em uma perspectiva filosófica e sociológica.

d. Louis Althusser (1918-90)

Althusser foi um dos mais originais e influentes intérpretes do pensamento de Marx na França na segunda metade do século XX. Inspirou-se no estruturalismo para desenvolver uma interpretação de Marx oposta ao humanismo e ao existencialismo, então em voga devido à influência de Jean-Paul Sartre (ver IV). Professor no College de France, em Paris, Althusser se propôs fazer uma leitura de Marx, analisando seu pensamento em suas diversas fases, afastando-se da obra do "jovem Marx", ainda, segundo ele, fortemente marcado pela filosofia de Hegel. Sua interpretação valoriza sobretudo *O capital*, tratando o marxismo como ciência e buscando no materialismo dialético os fundamentos epistemológicos da teoria marxista. Nessa linha, destacam-se duas obras: *Ler "O capital"* (1965-68) e *Em favor de Marx* (1966), ambas muito influentes na década de 1970. Althusser busca "preencher as lacunas teóricas" do pensamento de Marx, considerando o marxismo como discurso teórico, i.e., visando ao conhecimento de um objeto, o modo de produção do conhecimento. Seu artigo "Ideologia e aparelhos ideológicos de Estado" (1970), em que analisa, em uma perspectiva estruturalista, o papel da ideologia, teve também grande influência.

QUADRO SINÓTICO

- Inicialmente influenciado pelo pensamento de Hegel e dos "hegelianos de esquerda", Marx desenvolve sua filosofia a partir de uma crítica ao idealismo desses pensadores através de seu ***materialismo histórico***.
- A filosofia como interpretação do mundo deve dar lugar a um ***pensamento revolucionário*** que leve à sua transformação.
- A ***tarefa crítica*** da filosofia só pode ser exercida através de um pensamento que inclua uma análise sociológica, política, histórica e econômica da realidade.
- Essa tarefa crítica consiste, principalmente, no desmascaramento da ***ideologia***, ou "falsa consciência".
- A filosofia de Marx teve grande influência na formação do pensamento contemporâneo, dando origem a várias correntes de ***pensamento marxista***.

LEITURAS ADICIONAIS

Textos de Marx e Engels na col. "Os Pensadores" (São Paulo, Abril Cultural).

MARX, Karl & Friedrich Engels. *A ideologia alemã*. São Paulo, Ciências Humanas, 1979.

_____. *Manifesto do partido comunista*. Petrópolis, Vozes, 1990.

_____. *A miséria da filosofia*. São Paulo, Ciências Humanas, 1981.

_____. *O capital*. Rio de Janeiro, Civilização Brasileira, 1980, 3v.

Sobre o marxismo e a filosofia marxista:

ADORNO, T. & M. Horkheimer. *Dialética do esclarecimento*. Rio de Janeiro, Zahar, 1985.

BALIBAR, Étienne. *A filosofia de Marx*. Rio de Janeiro, Zahar, 1995.

BOTTOMORE, T (org.). *Dicionário do pensamento marxista*. Rio de Janeiro, Zahar, 1988.

EAGLETON, Terry. *Marx e a liberdade*. São Paulo, Unesp, 1999.

KONDER, L. *Marx: vida e obra*. São Paulo, Paz e Terra, 1981.

LABICA, Georges. *As "Teses sobre Feuerbach" de Karl Marx*. Rio de Janeiro, Zahar, 1990.

LUKÁCS, G. *Ontologia do ser social*. São Paulo, Ciências Humanas.

MARCUSE, Herbert. *Eros e civilização*. Rio de Janeiro, Zahar, 1968.

MERQUIOR, J.G. *O marxismo ocidental*. Rio de Janeiro, Nova Fronteira, 1987.

RÖD. W. "De Marx a nossos dias", in *Filosofia dialética moderna*. Brasília, Ed. UnB, 1984.

SANTOS, F. de Araújo. "O modelo de Rousseau e de Marx", in *A emergência da modernidade*. Petrópolis, Vozes, 1990.

QUESTÕES E TEMAS PARA DISCUSSÃO

1. Como se pode entender a relação entre o pensamento de Marx e a filosofia hegeliana?
2. Situe a filosofia de Marx no contexto da tradição crítica moderna.
3. Qual o sentido de "filosofia crítica" para Marx?
4. Comente a *XI tese sobre Feuerbach*.
5. Em que sentido pode-se dizer que a filosofia de Marx é uma "filosofia do fim da filosofia"?
6. Qual o sentido e a importância da noção de ideologia?
7. Como se pode entender o desenvolvimento do marxismo no pensamento contemporâneo?

9

A RUPTURA COM A TRADIÇÃO RACIONALISTA

A. INTRODUÇÃO

No desenvolvimento da discussão filosófica ao longo do séc. XIX encontramos como um de seus principais eixos um movimento de ruptura com a tradição racionalista moderna inaugurada pela filosofia cartesiana e que tem seu ponto culminante nos sistemas de Kant e de Hegel.[1] A centralidade da razão, a valorização do conhecimento, a ênfase na problemática do método e da fundamentação da ciência, o recurso à lógica, a preocupação com a crítica vão ser considerados por muitos desses filósofos do séc. XIX fatores limitadores e mesmo aprisionantes, não dando conta da totalidade da experiência humana e não sendo a melhor forma de entender a relação do homem com o real e de considerar o desenvolvimento da sociedade e da cultura. Esse novo pensamento resulta assim de uma reação contra o racionalismo e a filosofia crítica, em busca de outras alternativas, de uma nova forma de expressão.

Podemos considerar que esse movimento tem seu início nos questionamentos à filosofia kantiana pelos pensadores do período conhecido como *idealismo alemão pós-kantiano* que, de certa forma, inclui o próprio Hegel, desenvolvendo-se a partir daí na elaboração do pensamento romântico, com o qual, no entanto, Hegel não se identifica, e chegando, por sua vez, às filosofias de Schopenhauer, Kierkegaard e Nietzsche, que rompem, cada um à sua maneira, tanto com a visão kantiana quanto com a hegeliana, em uma direção diferente, contudo, da obra de Marx.

É claro que o racionalismo, a filosofia crítica e mesmo a tradição empirista terão também os seus seguidores, que continuarão a trabalhar na linha das questões que indicamos acima, sobretudo acerca do conhecimento e da ciência. Porém, interessa-nos agora examinar essa nova tendência que surge e que abre caminho para alguns dos mais importantes desenvolvimentos da filosofia contemporânea.

B. O IDEALISMO ALEMÃO PÓS-KANTIANO

Os principais representantes do *idealismo alemão pós-kantiano* são Johann Fichte (1762-1814) e Friedrich Schelling (1775-1854). A própria expressão "idealismo alemão pós-kantiano" indica que esses filósofos têm como ponto de partida de sua reflexão a obra de Kant, embora sob muitos aspectos se afastem e até mesmo rompam com a filosofia kantiana. De fato, Otto Liebmann, um dos principais representantes do kantismo no séc. XIX, dirá mesmo que "pode-se fazer filosofia com Kant, pode-se fazer filosofia contra Kant, mas não se pode fazer filosofia sem Kant".

Kant teve com efeito, já no início do séc. XIX, importantes seguidores como K.L. Reinhold, J. Beck e adversários como F.H. Jacobi. Porém, é o desenvolvimento filosófico que encontramos sobretudo em Fichte e Schelling que aponta para os novos rumos do idealismo nesse período. Trata-se, em grande parte para estes filósofos, de evitar o caráter excessivamente crítico da filosofia kantiana, considerando a crítica como tarefa meramente negativa da razão, ou seja, tendo um papel apenas propedêutico, preparatório. Esses filósofos visam, ao contrário, dar à filosofia uma elaboração que signifique de fato a produção de um saber. Entretanto, a concepção kantiana de estética na *Crítica do juízo* e sua tentativa nesta mesma obra de superação da dicotomia entre razão teórica e razão prática têm uma influência direta na visão desses filósofos.

Há duas saídas principais que encontramos no desenvolvimento desse idealismo: 1) a saída **sistemática**, que se opõe à crítica, dos filósofos que ainda crêem na onipotência da razão, como Fichte, levando assim a um ressurgimento da metafísica especulativa, questionada por Kant; e 2) a saída que podemos chamar de "**irracional**", adotada pelos românticos e que tem sua inspiração em Schelling.

Johann Fichte foi um dos mais influentes filósofos de sua época. Professor em Iena e mais tarde em Berlim, de cuja universidade foi o primeiro reitor, sucedido por Hegel, sua obra mais importante, a *Teoria da ciência* (*Wissenschaftlehre*),[2] visa exatamente partir de onde Kant havia parado, isto é, elaborar um **sistema da razão** que fosse além da mera **crítica da razão**, teórica e prática. Além disso, seus *Discursos à nação alemã* (1807-8), proferidos na Berlim ocupada pelas tropas de Napoleão, tiveram uma grande influência no desenvolvimento do nacionalismo germânico e no projeto de formação do Estado alemão sob a hegemonia da Prússia, então em curso.

Seu propósito principal é formular uma *Doutrina da ciência*, que começa a elaborar desde o início do século, consistindo em uma filosofia teórica e especulativa, procurando superar a dicotomia sujeito-objeto. Fichte parte de uma teoria do conhecimento que pretende unificar o mundo do sensível e o mundo do inteligível. Seu objetivo final, uma pretensão que terá forte influência sobre Hegel, é atingir o saber absoluto. O modo de acesso ao absoluto é uma intuição intelectual que resulta basicamente de um ato de vontade, anterior ao saber e ao próprio pensamento. Fichte rejeita assim a dicotomia kantiana entre objeto e coisa-em-si e a inacessibilidade à essência, restaurando dessa forma o papel da intuição intelectual, problematizada por Kant, e revalorizando o pensamento especulativo. Este recurso à intuição como modo privilegiado de acesso ao real terá grande influência nos pensadores românticos e é uma das características centrais do idealismo transcendental.

Schelling, um dos pensadores mais originais desse período, busca igualmente romper com o pensamento kantiano, procurando também superar o de Fichte, embora fortemente marcado pela obra destes dois filósofos. Já em uma aula em Iena, no verão de 1802, sobre o *Método de estudo acadêmico*, afirma: "O medo da especulação, a fuga ostensiva do teórico para o prático, produz a mesma superficialidade na ação e no conhecimento. É através do estudo de uma filosofia estritamente teórica que nós nos tornamos imediatamente familiarizados com ideias, e só ideias podem dar à ação energia e significação ética."

Suas principais obras são as *Ideias para uma filosofia da natureza* (1797), o *Sistema do idealismo transcendental* (1800) e o *Sistema total da filosofia e da filosofia da natureza em particular* (1804). Professor em Iena, onde sucedeu a Fichte, e posteriormente em Munique e Berlim, Schelling foi colega de Hegel na juventude e de Hölderlin no seminário luterano de Tübingen. Ligou-se aos círculos românticos, sobretudo aos irmãos Schlegel, rompendo posteriormente com Hegel. Seu pensamento aproxima-se bastante do romantismo, valorizando a sensibilidade e a relação com a natureza e preocupando-se centralmente com a estética.

Sua elaboração inicial da filosofia da natureza dá lugar a seu idealismo transcendental e à sua filosofia da identidade, culminando em um sistema centrado na religião e na arte. Para Schelling, tal como para Fichte, a intuição intelectual permite superar os limites do conhecimento teórico e alcançar o absoluto. Sua filosofia da natureza, seguindo a tendência da época, rompe com o mecanicismo típico do início da modernidade, passando a considerar a natureza como um organismo vivo, dotado de um princípio vital. A arte tem para ele um papel unificador, superando a oposição sujeito-objeto, espírito e natureza, e tornando possível uma integração com o real através do elemento estético. A filosofia da identidade tem aí seu ponto de partida, unificando espírito e natureza, o absoluto sendo entendido como unidade e identidade.

A obra desses filósofos é fortemente sistemática e doutrinária, abandonando deliberadamente a preocupação com a crítica e a fundamentação do conhecimento característicos do racionalismo moderno; procura, ao contrário, construir uma visão ampla e abrangente do real que rompa com os limites estritos que as preocupações críticas e metodológicas do racionalismo, e mesmo do empirismo, impunham à consideração da experiência humana. Nesse sentido, esses filósofos estão mais próximos de Spinoza, e talvez de Leibniz, do que de Descartes, Kant, Locke ou Hume. Trata-se não de reconhecer limites, mas sim de superá-los, pela intuição, pela experiência estética, pela busca de formas de identidade entre a consciência e o real, o que sempre foi considerado problemático pelo racionalismo e pelo empirismo da primeira fase da modernidade. É esta tentativa que os aproxima do pensamento romântico.

C. O ROMANTISMO

Talvez seja de fato mais adequado falar em **pensamento romântico** do que em **filosofia do romantismo**, já que pensadores como Hölderlin, Novalis, Schiller e Schlegel não se consideraram propriamente filósofos no sentido tradicional, embora tenham utilizado o termo "romântico" para descrever este movimento.[3] O romantismo foi assim muito mais uma atitude e um estilo de pensamento do que uma teoria ou uma doutrina filosófica. A preocupação desses poetas e escritores não era tanto com o conhecimento dos primeiros princípios ou a explicação da realidade, não era voltada para a fundamentação de um conhecimento ou a validação de uma ética, não tinha um caráter lógico-argumentativo, traços estes, de uma forma ou de outra, característicos do pensamento filosófico que temos examinado aqui desde o seu surgimento com os filósofos pré-socráticos. Sua obra possui uma determinada forma de expressão estética que valoriza as emoções e sentimentos, tendo como ponto de partida a experiência individual de uma relação intuitiva com a realidade, sobretudo com a natureza, que recorre ao mito e à tradição religiosa, inclusive pagã, para formular suas metáforas e imagens poéticas.

No entanto, sob muitos aspectos, o movimento romântico surgiu de uma profunda insatisfação com os rumos da filosofia moderna, com a ideia de crítica e de fundamentação teórica do conhecimento e da prática, com a ciência natural na concepção mecanicista como modelo de conhecimento. Sua busca da liberdade, da superação de limites, de verdades eternas, da relação do finito e do infinito possui antecedentes nas filosofias de Plotino, dos neoplatônicos do Renascimento como Giordano Bruno, da mística religiosa dos sécs. XVI-XVII, de Spinoza. E, por sua vez, influenciará decisivamente filósofos do séc. XIX que examinaremos em seguida, como Kierkegaard e Nietzsche.

Os românticos desenvolveram sobretudo uma *estética*, não apenas no sentido de uma área tradicional da filosofia, mas sim de uma *filosofia estética*, ou seja, da estética como central à experiência humana da realidade, representada pelas *Cartas sobre a educação estética do homem* de Schiller (1795) e pela obra filosófica de Schlegel (suas *Lições filosóficas*, editadas postumamente).

A filosofia pode ser encontrada também em outras formas de expressão e de discurso que não consideramos, de imediato, filosóficas. A poesia, o drama, o romance tratam frequentemente de temas filosóficos e suscitam questões que são filosoficamente relevantes. Há filosofia nos poetas gregos como Homero e Hesíodo, assim como nos tragediógrafos como Ésquilo e Sófocles, quando discutem o destino, a natureza humana, a morte, a justiça, o amor e a virtude. Há filosofia em Shakespeare, em Miguel de Cervantes e em Goethe. Filósofos também usaram a poesia e o romance para expressar suas ideias, como Parmênides na Antiguidade, Voltaire, Diderot e Rousseau no pensamento moderno. Isso revela que o estabelecimento da tradição filosófica e a definição do que é uma obra de filosofia ou qual o estilo próprio do filosofar são muitas vezes arbitrários, as fronteiras nem sempre sendo claras, havendo momentos de ruptura e transição. O séc. XIX, principalmente devido aos românticos, é um desses períodos, e as ideias e escritos desses pensadores provocaram a necessidade de se repensar a filosofia, até mesmo para os que quiseram combatê-los, e reafirmar o primado da razão, da ciência e do discurso argumentativo.

D. Schopenhauer

Arthur Schopenhauer (1788-1860), embora não seja propriamente um filósofo romântico, foi contudo um crítico do racionalismo iluminista. Sua obra possui um caráter fortemente pessoal e não se filia claramente a nenhum movimento ou escola. Adversário de Hegel, o qual considerava um charlatão, foi professor em Berlim, decepcionando-se com o sucesso de Hegel, enquanto suas aulas permaneciam vazias. Inicialmente dedicou-se ao comércio, depois estudou em Berlim, onde foi aluno de Fichte. Após a peste de 1831, da qual morreu Hegel, retirou-se para Frankfurt, onde passou a dedicar-se a seus escritos. Dentre suas obras destacam-se *O mundo como vontade e representação* (1819, segunda edição com suplementos em 1844) e os *Parerga und Paralipomena* [*Trabalhos menores e acréscimos*] (1851).

Embora crítico de Hegel e Fichte, Schopenhauer se mantém na linha do idealismo transcendental e de sua herança kantiana. Segundo essa visão, o mundo empírico existe para a subjetividade apenas como representação (*Vorstellung*): "Todo objeto, seja qual for a sua origem, é, enquanto *objeto*, sempre condicionado pelo sujeito, e assim essencialmente apenas uma *representação* do sujeito." A representação é um estado subjetivo que resulta da contribuição das formas da sensibilidade, espaço e tempo e do entendimento, como a causalidade, o que possui ecos obviamente kantianos. O real, enquanto coisa-em-si, é, portanto, impenetrável a nosso conhecimento, que atinge apenas as representações. Essas representações se interpõem entre nós e o real como um véu que o encobre. Entretanto, trata-se apenas de um véu, de caráter, em última análise, ilusório, e podemos penetrá-lo por outros meios. Schopenhauer é um dos primeiros filósofos ocidentais modernos a valorizar o pensamento oriental,[4] vendo no hinduísmo e em sua concepção da realidade empírica como ilusória ("o véu de Maia") afinidades com sua teoria das representações.

Porém, temos acesso direto à nossa subjetividade através da reflexão e do autoconhecimento, e nesse sentido o sujeito conhece a si mesmo não como aparência, já que é ele próprio, enquanto sujeito transcendental, a origem de toda a aparência. O sujeito conhece a si mesmo como sujeito, e não como objeto, de modo direto e não conceitual, enquanto vontade (*Wille*).

Schopenhauer é assim um "filósofo da vontade", considerada como a própria essência da subjetividade, do "eu". Essa vontade não pode ser objeto de conhecimento, mas se revela ao eu. Ao mesmo tempo, a "vontade de viver" de cada indivíduo é apenas parte da vontade em um sentido geral, eterno e imutável. Começa, portanto, a afastar-se de Kant, cuja teoria do conhecimento conserva em grande parte, na medida em que elabora sua "metafísica da vontade", deixando de lado a preocupação com a filosofia crítica tal como ocorre em geral no idealismo transcendental.

Nesse sistema, a existência individual não tem importância, uma vez que o indivíduo é apenas parte de um todo, e a natureza lhe é indiferente. Na medida em que o intelecto descobre isso, pode superar o medo da morte característico da "vontade de viver" do indivíduo, já que a morte não extingue a vontade. Embora o que sobreviva à morte não seja o indivíduo, mas a vontade universal, isso não importa, uma vez que a existência do indivíduo, finito e limitado, é sempre dor e sofrimento. Schopenhauer acaba assim justificando uma "ética do suicídio", do fim da individualidade.

O pessimismo de Schopenhauer é caracterizado exatamente por essa concepção negativa do indivíduo e das limitações de sua experiência. Há apenas uma maneira de superá-las, segundo ele: através da arte e da experiência estética, sobretudo da música, que Schopenhauer valorizava particularmente. Na música se ouve a vontade se expressando, não a vontade particular do indivíduo, mas a vontade, e desse modo podemos experimentar a eternidade. Nesse aspecto, em especial, sua filosofia está bastante próxima da dos românticos.

Apesar de seu pessimismo, de sua excentricidade e de seu isolamento, Schopenhauer foi bastante influente na filosofia do séc. XIX, e a importância que dá à vontade terá forte impacto em várias correntes do final do século, inclusive em Nietzsche.

E. KIERKEGAARD

O dinamarquês Soren Kierkegaard (1813-55) é considerado o primeiro existencialista, tendo sido um grande pensador religioso na linha de Pascal. Estudante de teologia e filosofia na Universidade de Copenhague, onde se tornou mestre em teologia com uma tese sobre o *Conceito de ironia constantemente referido a Sócrates* (1841), tendo estudado também com Schelling, em Berlim, Kierkegaard teve uma vida conturbada. Polêmico e contestador, foi um crítico da sociedade dinamarquesa da época e da Igreja oficial, embora irmão de um bispo luterano. Noivo de Régine Olsen, não se decidiu pelo casamento até que sua noiva casou-se com Friederich von Schlegel, o que o mergulhou em profunda depressão. Seu estilo é fortemente pessoal, escrevendo diários e textos sob vários pseudônimos (o mais famoso, Johannes Climacus), bem como fragmentos (p.ex., as *Migalhas filosóficas*, 1844). Suas obras mais conhecidas e influentes foram *Ou isso/ou aquilo (Enten/eller)* (1843), *Temor e tremor* (1843), e *O conceito de angústia* (1844).

Seu pensamento é marcado pelo subjetivismo, pela ênfase na experiência pessoal, considerada como o que dá autenticidade à filosofia, e pelo sentimento do trágico. Seu estilo é polêmico, irônico, sobretudo em seus comentários a Descartes e Hegel, e poético em sua análise dos mais profundos sentimentos humanos: o amor, o medo, a angústia, o sem sentido da existência.

A problemática central de Kierkegaard consiste exatamente na irracionalidade de nossa experiência do real, na impossibilidade de escolhermos racionalmente, ou de justificarmos nossas ações do ponto de vista ético. É necessário darmos um "salto no escuro", que consiste na fé. A história de Abraão, a quem Deus, no Velho Testamento, ordena que sacrifique seu filho Isaac, é tomada em *Temor e tremor* como representativa disso. Abraão, ao sacrificar seu filho, está disposto a dar o "salto da fé" que leva da atitude ética à religiosa. Não busca entender a ordem de Deus, não pede razões, mas simplesmente obedece cegamente a algo que está além de seu entendimento, porque tem fé. Nossa angústia resulta do reconhecimento da finitude e da morte, bem como do "silêncio de Deus", da impossibilidade de sabermos se nos salvaremos. A fé, ela própria, não nos dá garantias, porque Deus não nos responde.

Diferentemente dos idealistas transcendentais como Fichte e Schelling, a obra de Kierkegaard não é sistemática nem tem pretensões teóricas e doutrinárias; diferentemente dos românticos, não dá à estética um valor central, considerando-a apenas uma etapa da existência. Contudo, seu questionamento da razão, seu estilo poético e ensaístico, sua valorização da experiência religiosa fazem dele um dos mais característicos pensadores desse período no sentido da ruptura com o racionalismo moderno, influenciando tanto o existencialismo contemporâneo como o pensamento teológico.

F. Nietzsche

Friedrich Nietzsche (1844-1900) pode ser considerado o pensador cuja crítica à tradição filosófica, clássica e moderna foi mais marcante. Nietzsche estudou nas universidades de Bonn e de Leipzig, onde cursou filologia. Em 1870, tornou-se professor de filologia clássica na Universidade de Basileia na Suíça, de onde licenciou-se por motivos de doença em 1878. Levou então uma vida errante, viajando pela França, Itália e Alemanha, e dedicando-se a escrever. Em 1890, sofreu uma crise e passou o resto de sua vida em hospitais psiquiátricos.

Suas obras de caráter polêmico e irreverente, escritas frequentemente sob a forma de aforismos e fragmentos, são voltadas contra a tradição filosófica, mas também em defesa do que considera uma "filosofia afirmativa da vida". Dentre as principais se destacam: *A origem da tragédia* (1872) e *O nascimento da filosofia na época trágica dos gregos* (1874), *Humano, demasiado humano* (1876-80), *Aurora* (1881), *A alegre ou gaia (fröhliche) ciência* (1882), *Assim falou Zaratustra* (1883), *A genealogia da moral* (1887), *Além do bem e do mal* (1889), *O crepúsculo dos ídolos* (1889) e a *Vontade de poder,* sua última obra, que permaneceu inacabada.

O ponto de partida do questionamento da tradição filosófica em Nietzsche é sua discussão do próprio momento de surgimento da filosofia na Grécia clássica. Recorrendo a seus conhecimentos filológicos, Nietzsche procura subverter – o que fará com frequência – a imagem tradicional que temos da filosofia surgindo na passagem do pensamento mítico para o lógico-científico (ver I. 1). Ao analisar, se é que se pode usar este termo em relação a Nietzsche, a mitologia, a tragédia, os rituais dionisíacos, a música grega na transição do período arcaico para o clássico, procura mostrar que algo de essencial se perde aí. A filosofia, segundo ele representada por Sócrates, o "homem de uma visão só", instaura o predomínio da razão, da racionalidade argumentativa, da lógica, do conhecimento científico, da demonstração. Com isso, o homem perde a proximidade com a natureza e suas forças vitais, que mantinha no período anterior e que encontra sua expressão nos rituais dionisíacos, na dança, na embriaguez. A tragédia expressa esse elemento vital no confronto entre os homens e os deuses, no confronto entre o homem e seu destino, no herói que visa superar seus limites, como Prometeu no ciclo de tragédias de Ésquilo. Dioniso seria assim o deus da música e da embriaguez, o deus que não habita o Olimpo, mas a natureza; a força vital, a alegria, o excesso. O surgimento da filosofia representa o predomínio do que Nietzsche chama o "espírito apolíneo", derivado de Apolo, o severo deus da racionalidade, da medida, da ordem e do equilíbrio. No período que antecede a filosofia, o "espírito apolíneo" e o "espírito dionisíaco" se contrabalançavam, completando-se mútua e dialeticamente. Com o desenvolvimento da razão filosófica e científica, o espírito apolíneo irá prevalecer, e o espírito dionisíaco, o desejo, a "afirmação da vida", será progressivamente reprimido. A história da tradição filosófica é a história do triunfo do espírito apolíneo em detrimento do dionisíaco. O advento do cristianismo reforçará essa direção com o espírito do sacrifício e da submissão, com o pecado e a culpa, com o supremo paradoxo do "deus morto", Cristo, o "crucificado", como Nietzsche se refere a ele. Nossa cultura seria fraca e decadente devido ao predomínio das "forças reativas" que a construíram. A verdade e a moral são os instrumentos que os fracos inventaram para submeter e controlar os fortes, os guerreiros. A tradição ocidental é o resultado desse processo.

O objetivo de Nietzsche é, assim, duplo: revelar, e criticar, esse processo e restaurar os valores primitivos perdidos. Seu estilo iconoclasta e irônico – "fazer filosofia com um martelo" – é a forma pela qual pretende escapar da maneira tradicional de filosofar, criando um novo estilo filosófico. Seu interesse pela música de Wagner, com quem depois rompeu, pela poesia épica, pelos mitos germânicos visa contrapor-se à racionalidade filosófica e à moral cristã.

Em *A genealogia da moral* procura estabelecer a gênese dos conceitos éticos tradicionais, revelando sua fraqueza e arbitrariedade, a "moral do rebanho", daqueles que apenas se submetem e obedecem, anulando sua vontade e reprimindo seus desejos. Em *Além do bem e do mal,* busca a "transmutação de todos os valores", questionando a dicotomia bem/mal, o maniqueísmo inerente em nossa cultura, em busca de novos valores "afirmativos da vida", como a vontade – herança de Schopenhauer –, a criatividade e o sentimento estético, heranças do romantismo do início do século.

Nietzsche zomba do racionalismo crítico moderno, de sua pretensão de fundamentar nosso conhecimento e nossas práticas. Um de seus alvos prediletos é Kant. A passagem a seguir é ilustrativa de seu estilo e de sua atitude (*Além do bem e do mal,* aforismo 11, primeiro capítulo, significativamente intitulado "Sobre os preconceitos dos filósofos").[5]

> [...] Kant se orgulhava, antes de tudo e em primeiro lugar, de sua tábua de categorias; ele dizia, com essa tábua nas mãos: "isto é mais difícil do que jamais pôde ser empreendido pela causa da metafísica". Mas entenda-se esse "pôde ser"! Ele se orgulhava de ter descoberto no homem uma nova faculdade, a faculdade dos juízos sintéticos *a priori*. Digamos que se enganou nisso: mas o desenvolvimento e brusco florescimento da filosofia alemã decorrem desse orgulho e da competição de todos os mais jovens para, onde possível, descobrir algo ainda mais orgulhoso – e, em todo caso, "novas faculdades"! Mas prestemos atenção; já é tempo. *Como os juízos sintéticos a priori são possíveis?* – perguntou-se Kant –, e o que respondeu ele propriamente? Em virtude de uma faculdade: mas infelizmente não assim em três palavras, mas de um modo tão circunstanciado, tão respeitável, e com um tal dispêndio do senso alemão de profundeza e de encaracolado, que não se percebeu a cômica *niaiserie allemande*[6] que se esconde em uma tal resposta. Ficou-se até mesmo fora de si com essa nova faculdade, e o júbilo chegou ao auge quando Kant descobriu ainda por cima também uma faculdade moral no homem. [...] todos os jovens teólogos do Instituto de Tübingen[7] correram mais do que depressa para as moitas, todos à caça de

"faculdades". [...] Chegou um tempo em que esfregaram os olhos: e hoje ainda os esfregam. Tinham sonhado: e antes de todos, em primeiro lugar – o velho Kant. "Em virtude de uma faculdade" – ele havia dito, ou pelo menos pensado. Mas isso é uma resposta? Uma explicação? Ou não é, em vez disso, apenas uma repetição da pergunta? Como o ópio faz dormir? "Em virtude de uma faculdade", ou seja, da *virtus dormitiva,* responde aquele médico em Molière. [...]

Este texto, profundamente irônico, e mesmo sarcástico, representa bem o tipo de crítica de Nietzsche à tradição filosófica do idealismo alemão, ao que chama de "filosofia séria" ou "grave". Ironiza suas pretensões à descoberta de algo profundo, dos fundamentos de nosso conhecimento e de nosso agir moral. Entretanto, as pretensões dos filósofos são circulares, a resposta é uma mera repetição da pergunta, seu saber é ilusório e serve apenas para impressionar os tolos. Segundo Nietzsche, trata-se mais de recusar a pergunta do que de procurar uma resposta melhor: "Mas essa é uma resposta de comédia, e é tempo, afinal, de substituir a pergunta kantiana, 'como são possíveis os juízos sintéticos *a priori?*' por uma outra pergunta: 'por que é preciso a crença em tais juízos?'"

De Fichte e Schelling a Nietzsche, passando pelos românticos, por Schopenhauer e por Kierkegaard, o racionalismo crítico passa por uma crise e sofre profundas transformações, que terão importantes consequências para a filosofia do período contemporâneo. A filosofia crítica kantiana é vista como limitada em seus propósitos, devendo dar lugar a uma construção teórica e sistemática como encontramos em Hegel, Fichte e Schelling, embora Hegel mantenha o propósito crítico. Os românticos recusam a teoria, a ênfase no conhecimento, a valorização da ciência e, tal como Schelling, buscam o caminho da sensibilidade, do sentimento, da estética, da criação artística. Schopenhauer pretende superar a dicotomia teoria/prática, conhecimento/ação, dando um papel central à vontade e afastando-se do individualismo e do subjetivismo romântico, embora também valorize a arte. Kierkegaard mantém o individualismo e o subjetivismo, bem como a ênfase no sentimento e na sensibilidade, entretanto encaminha-se para a experiência religiosa como a mais fundamental e busca vivenciar a fé. Nietzsche – sob muitos aspectos, o mais radical – valoriza a arte e o indivíduo, toma a vontade como central, mas pretende uma ruptura total com a tradição filosófica, na qual vê uma das principais causas da decadência da civilização e da fraqueza do homem. Seu estilo irônico e fragmentado tem afinidades com o de Kierkegaard, embora rejeite o cristianismo.

O pensamento contemporâneo se divide de certo modo em correntes que seguiram essas linhas, e que tentaram desenvolver novas formas de filosofar nessas direções, e correntes que buscaram recuperar e reformular o método crítico e a herança do racionalismo, procurando responder a esses questionamentos. É o que examinaremos, em linhas gerais, nos capítulos seguintes (ver IV).

QUADRO SINÓTICO

- O *idealismo alemão pós-kantiano* caracteriza-se por dar um novo rumo à concepção kantiana de filosofia, abandonando o sentido crítico e interpretando a filosofia transcendental como devendo levar à construção de um sistema de saber.
- O *romantismo* busca uma aproximação maior entre a filosofia e a arte, afastando-se da problemática do conhecimento, enfatizando a sensibilidade mais do que a razão.
- *Schopenhauer* dá à *vontade* um lugar central na caracterização da realidade.
- Kierkegaard reflete sobre a *fé* e a *experiência religiosa* em uma perspectiva problematizadora do sentido de nossa existência.
- Nietzsche é um crítico da tradição filosófica e de seus valores, mas dá à crítica um outro sentido, procurando revelar os pressupostos de nossas crenças e preconceitos, e não de legitimar o conhecimento ou a moral.

LEITURAS ADICIONAIS

Textos de Fichte, Schelling, Schopenhauer, Kierkegaard e Nietzsche na col. "Os Pensadores" (São Paulo, Abril Cultural).

KIERKEGAARD, S. *O conceito de angústia*. São Paulo, Hemus, 1968.

_____. *O conceito de ironia*. Petrópolis, Vozes, 1991.

Nietzsche, F. *Além do bem e do mal*. São Paulo, Companhia das Letras, 1992.

_____. *A genealogia da moral*. São Paulo, Brasiliense, 1987.

SCHELLING, F. *A essência da liberdade humana*. São Paulo, Abril Cultural, 1975.

SCHOPENHAUER, A. *Aforismos para a sabedoria da vida*. [Parte dos *Parerga und Paralipomena*] São Paulo, Melhoramentos, 1964.

Comentários e obras críticas:

BARBOSA, Ricardo. *Schiller e a cultura estética*. Rio de Janeiro, Zahar, 2004.

BARBOZA, Jair. *Schopenhauer*. Rio de Janeiro, Zahar, 2003.

BOEIRA, Nelson. *Nietzsche*. Rio de Janeiro, Zahar, 2002.

GARDINER, Patrick, *Kierkegaard*. São Paulo, Loyola, 2001.

GIACÓIA, Oswaldo. *Nietzsche e Para além do bem e do mal*, Rio de Janeiro, Zahar, 2002.

HAYMAN, Ronald. *Nietzsche*. São Paulo, Unesp, 1999.

HARTMANN, N. *A filosofia do idealismo alemão*. Lisboa, Fundação Gulbenkian, 1976.

HÉBER-SUFFRIN, Pierre. *O "Zaratustra" de Nietzsche*. Rio de Janeiro, Zahar, 1991.

HENRY, Michel. *A morte dos deuses: vida e afetividade em Nietzsche*. Rio de Janeiro, Zahar, 1988.

MARTON, Scarlett (org.). *Nietzsche hoje?* São Paulo, Brasiliense, 1985.

_____. *Nietzsche*. Col. "Encanto Radical". São Paulo, Brasiliense, 1982.

_____. *Nietzsche: das forças cósmicas aos valores humanos*. São Paulo, Brasiliense, 1990.

PERNIN, Marie-José. *Schopenhauer*. Rio de Janeiro, Zahar, 1995.

PUENTE, Fernando Rey. *As concepções antropológicas de Schelling*. São Paulo, Loyola, 1997.

SUZUKI, Márcio. *O gênio romântico: crítica e história da filosofia em Friedrich Schlegel*. São Paulo, Iluminuras/Fapesp, 1998.

TORRES FILHO, Rubens Rodrigues. *O espírito e a letra: a crítica da imaginação pura em Fichte*. Rio de Janeiro, Ática, 1975.

QUESTÕES E TEMAS PARA DISCUSSÃO

1. Como se pode entender o sentido do idealismo transcendental pós-kantiano em relação às filosofias de Kant e Hegel?
2. Como o idealismo alemão pós-kantismo vê a noção de crítica na filosofia?
3. Em que sentido se dá uma ruptura com o racionalismo nesse período?
4. Qual o papel do romantismo na ruptura com o racionalismo crítico?
5. Por que a experiência estética e a obra de arte adquirem uma importância fundamental para Kant e Hegel?
6. Que elementos se contrapõem ao racionalismo nessas correntes filosóficas do séc. XIX?
7. Qual o papel da vontade na filosofia de Schopenhauer?
8. Como Kierkegaard entende o sentido da experiência religiosa?
9. Como podemos situar o pensamento de Nietzsche nesse contexto?
10. Qual o sentido da crítica nietzschiana à tradição filosófica?
11. Como Nietzsche vê a questão da moral?

PARTE IV

FILOSOFIA CONTEMPORÂNEA

1

A PROBLEMÁTICA FILOSÓFICA NO SÉCULO XX

É frequente histórias da filosofia não incluírem um capítulo sobre o pensamento contemporâneo, como se considerassem que, de certa forma, a contemporaneidade não fizesse ainda parte da história. Isso é, sob muitos aspectos, compreensível, pois faltam-nos ainda o distanciamento e a perspectiva temporal que nos permitem analisar os filósofos contemporâneos, avaliar aqueles cuja obra e influência serão duradouras. Encontramo-nos próximos demais deles, e, paradoxalmente, isso nos impede de vê-los melhor. Por outro lado, há algo de incompleto em uma história da filosofia que não busque ao menos relacionar os pensadores e correntes contemporâneos com a tradição, interpretá-los como parte dessa história, dessa formação e desse desenvolvimento que chegam até nós.

A filosofia contemporânea pode ser vista, em grande parte, como resultado da crise do pensamento moderno no séc. XIX. O projeto moderno se define, em linhas gerais, pela busca da fundamentação da possibilidade do conhecimento e das teorias científicas na análise da subjetividade, do indivíduo considerado como sujeito pensante, como dotado de uma mente ou consciência caracterizada por uma determinada estrutura cognitiva, bem como por uma capacidade de ter experiências empíricas sobre o real, tal como encontramos no racionalismo e no empirismo, embora em diferentes versões. Esse projeto entra em crise no séc. XIX a partir das críticas de Hegel – que aponta para a necessidade de levar em conta o processo histórico de formação da consciência – e de Marx – que questiona seus pressupostos idealistas. Além disso, como vimos no cap.III.9, desde os românticos, dá-se uma ruptura com a ênfase, tanto no racionalismo quanto no empirismo, da temática referente ao conhecimento e à ciência como modelos privilegiados de relação do homem com a realidade. A concepção de uma filosofia fortemente sistemática e teórica, que, formulando um grande sistema, pudesse dar conta de todas as áreas do saber humano, passa a ser vista como altamente problemática, se não irrealizável. Mesmo os defensores do racionalismo, do empirismo e da importância do conhecimento científico irão compartilhar esse diagnóstico quanto às dificuldades de se construir uma filosofia sistemática, um sistema do saber integrado, cuja última tentativa talvez tenha sido a de Hegel.

O questionamento ao projeto moderno se faz, em grande parte, nos termos de um ataque à centralidade atribuída à noção de subjetividade nas tentativas de fundamentação do conhecimento empreendidas pelas teorias racionalistas e empiristas.[1] As críticas de Hegel e de Marx já apontavam para a insuficiência e o caráter problemático da análise subjetivista. Hegel mostra que a subjetividade, a consciência individual, é ela própria resultado de um processo de formação histórico e cultural, não podendo ser considerada originária e, portanto, estando no fundamento de nossa possibilidade de conhecer o real, de representar a realidade através de nossos processos cognitivos. Marx assume este mesmo tipo de posição, apenas interpretando o processo de formação da subjetividade e de nossas ideias e representações em termos materialistas, enfatizando o trabalho e as relações de produção. No início da modernidade, nos sécs.XVII e XVIII, o sujeito pensante, a consciência individual, como já fica claro em Lutero (ver III.1.C), parece de fato a alternativa necessária para o confronto com a tradição, com a hegemonia das instituições políticas e religiosas medievais, do saber constituído. Hegel e Marx nos revelam que esse caminho de interiorização não é possível, que essa alternativa não é real.

Por outro lado, outra linha de crítica à subjetividade se desenvolve ao longo do período moderno, tendo suas raízes, em parte, em Leibniz e em sua valorização da linguagem e da lógica, mas também, de certa forma, em Kant e em algumas teorias sobre a linguagem do séc. XIX. As tentativas modernas de fundamentação do conhecimento na subjetividade são vistas como insatisfatórias e problemáticas, devido a argumentos que parecem remontar, em última análise, à questão do solipsismo (ver III. 2). Uma análise do processo de conhecimento que parta da consciência individual – considerada em si mesma, vista como autônoma, tanto na vertente racionalista quanto na empirista – acaba encontrando dificuldades praticamente insuperáveis para explicar a relação entre a consciência e o real, a mente e o mundo. A explicação em termos de ideias e representações esbarra em uma necessidade de explicar como a mente pode ter acesso ao real, tratando-se de naturezas radicalmente distintas. É como se a realidade se reduzisse à nossa experiência subjetiva e psicológica da realidade. Assim, o que no início da modernidade pareceu uma grande vantagem, o ponto de partida na subjetividade, torna-se agora uma barreira.

O "eu", a subjetividade que tem seu ponto de partida na formulação de Descartes, será então criticado a partir de várias frentes, e talvez a formulação mais expressiva dessa crítica se encontre em uma frase do físico, filósofo e teórico da ciência Ernst Mach (1838-1916): "Não há salvação para o sujeito" (*"das Ich ist unrettbar"*).

A *linguagem* surge então como alternativa de explicação de nossa relação com a realidade enquanto relação de significação. A análise do significado e de nossos processos de simbolização constitui-se em uma nova via na busca do fundamento, de se encontrar um elemento mais básico. Isto se dá principalmente em duas direções: 1) Em primeiro lugar, é como se o próprio pensamento subjetivo, como se os processos mentais dependessem de linguagem, de significados, de um sistema simbólico: como mais fundamental; 2) Em segundo lugar, a linguagem pode ser considerada, de um ponto de vista lógico, como constituída de estruturas formais cuja relação com a realidade podemos examinar independentemente da consideração da subjetividade, da consciência individual.

É significativo, portanto, que a questão sobre a natureza da linguagem, sobre como a linguagem fala do real, sobre o sentido dos signos e proposições linguísticas, emerja como um problema central na filosofia e em outras áreas do saber na passagem do séc. XIX para o séc. XX em várias correntes teóricas que, embora apresentem diferentes formas de tratamento dessa questão, compartilham o ponto de partida comum na linguagem.

Podemos citar dentre as mais importantes dessas teorias:

- Na Alemanha e posteriormente na Inglaterra, o desenvolvimento da *lógica matemática*, que se inspira em parte em Leibniz, e da *filosofia analítica da linguagem*, com Gottlob Frege (*Conceitografia*, 1879), Bertrand Russell (*Princípios de matemática*, 1903, e *Principia mathematica*, 1910, com A.N. Whitehead) e Ludwig Wittgenstein (*Tractatus logico-philosophicus*, 1921).
- Nos Estados Unidos, a *semiótica* de Charles Sanders Peirce (1839-1914), sua teoria geral dos signos e sua concepção pragmática de ciência, segundo a qual as hipóteses verdadeiras são as que dão os melhores resultados.
- O *positivismo lógico* do Círculo de Viena e sua concepção de fundamentação do conhecimento científico na lógica das teorias científicas, com Rudolph Carnap (*A estrutura lógica do mundo*, 1928, e *A sintaxe lógica da linguagem*, 1934) e Moritz Schlick (com o artigo "Significado e verificação", 1936).
- A *filosofia das formas simbólicas* do neokantiano alemão Ernst Cassirer (1874-1945), com a obra do mesmo título publicada entre 1923-29, dando uma interpretação do conhecimento e da cultura através dos processos de simbolização desenvolvidos historicamente.
- A *hermenêutica* que surge na Alemanha a partir da inspiração no teólogo e filósofo Friedrich Schleiermacher (1768-1834) e que considera a interpretação como nossa forma de relação originária com o real, tendo seu principal representante contemporâneo em H.G. Gadamer (*Verdade e método*, 1960).
- O *estruturalismo* linguístico do suíço Ferdinand de Saussure (*Curso de linguística geral*, 1916), desenvolvido posteriormente na antropologia pelo francês Claude Lévi-Strauss (*Antropologia estrutural*, 1958), de grande influência no contexto intelectual francês dos anos 1970, o que por vezes se caracteriza como pós-estruturalismo, com Louis Althusser, Jacques Lacan, Michel Foucault e Roland Barthes.
- A *antropologia linguística*, na Inglaterra, com Borislaw Malinowski ("O problema do significado nas linguagens primitivas", 1923), e, posteriormente, nos Estados Unidos com Edward Sapir (*Language*, 1921) e Benjamin Lee Whorf (1897-1941).
- A *teoria linguística* de Noam Chomsky (*Estruturas sintáticas*, 1957) com a sua busca de universais linguísticos comuns a todas as línguas e a nossos processos cognitivos e representacionais.

A simples existência dessas várias vertentes, muitas vezes profundamente divergentes entre si, e nem sempre tendo raízes históricas comuns, revela contudo a centralidade do interesse pela questão da linguagem no pensamento contemporâneo. A análise da linguagem torna-se assim a estrada real para o tratamento não só de questões filosóficas, mas de questões dos vários campos das ciências humanas e naturais no pensamento contemporâneo.

A centralidade da subjetividade, a ênfase no indivíduo, a valorização do homem – características do pensamento moderno, cujo início discutimos quando examinamos o humanismo renascentista (III.I.B) – serão também problematizadas ao longo do desenvolvimento do pensamento moderno através de várias teorias e descobertas científicas que questionam, de diferentes pontos de vista, o *antropocentrismo*, a centralidade atribuída ao homem. Entenda-se por isso a definição tradicional de homem encontrada na modernidade, o próprio conceito de natureza humana como dotada de uma consciência autônoma, de uma racionalidade cognitiva e ética, de direitos naturais. É ilustrativa a esse respeito a famosa frase de Michel Foucault na conclusão de seu *As palavras e as coisas* (1966), "o homem é uma invenção recente na história de nosso pensamento, e talvez seu fim esteja próximo".

De certo modo, a *primeira fonte de ruptura* com esta centralidade do homem se encontra na *teoria heliocêntrica* de Copérnico (1543) (ver III.l.D),[2] a assim chamada *revolução copernicana*. Ao deslocar a Terra do centro do Universo, do cosmo antigo, e ao colocá-la em movimento em torno do Sol, Copérnico retira da Terra o seu lugar central e, ao lhe dar mobilidade, faz com que seja vista como instável e imperfeita, já que os antigos interpretavam o movimento como imperfeição, como busca do lugar natural ainda não atingido. Esse novo modelo de cosmo abala profundamente as crenças tradicionais do homem da época, não só quanto à ordem do universo, mas também quanto a seu lugar central nessa ordem. A busca de um novo lugar seguro na interioridade, que encontramos de Montaigne a Descartes, pode ser vista como uma tentativa de recuperar essa estabilidade perdida, de refugiar-se num mundo seguro e protegido das incertezas do mundo externo, do "oceano da dúvida", segundo uma metáfora da época.

Portanto, o subjetivismo, a concepção de "eu" que começa a se constituir, pode ser interpretada, ao menos em parte, como uma primeira tentativa de superação dessa alteração profunda da explicação tradicional do lugar do homem. Contudo, outros abalos, talvez mais profundos, ainda estariam por vir.

A *segunda grande ruptura* é provocada pelo que se poderia chamar, por analogia com a primeira, a *revolução darwiniana*, resultado da obra de Charles Darwin, *A origem das espécies pela seleção natural* (1859), onde este formula sua famosa *teoria da evolução*, ou, mais apropriadamente, da transformação das espécies pela seleção natural. Na medida em que revela que o homem é apenas mais uma espécie natural dentre outras e que a espécie humana resulta de um processo de evolução natural, tendo ancestrais comuns com o macaco, Darwin abala profundamente a crença na superioridade humana, no homem como o "rei da criação", como tendo uma natureza não só superior como radicalmente distinta da dos demais seres. A teoria da evolução, embora combatida pelas concepções tradicionalistas e pelas Igrejas católica e protestante no séc. XIX, tornou-se aceita na biologia como uma das grandes contribuições à ciência.

A *terceira grande ruptura* se encontra no que poderíamos chamar, seguindo a mesma linha, de *revolução freudiana*, e é consequência da teoria psicanalítica de

Sigmund Freud (1856-1939) e de sua descoberta do *inconsciente*, cuja formulação inicial se encontra no clássico *A interpretação dos sonhos* (1900).[3] Freud revela que o homem não se define pela racionalidade, e que sua mente não se caracteriza apenas pela consciência, mas, ao contrário, nosso comportamento é fortemente determinado por desejos e impulsos de que não temos consciência e que reprimidos, não realizados, permanecem entretanto em nosso *inconsciente* e manifestam-se em nossos sonhos, e em nosso modo de agir. Ao formular uma nova explicação do aparelho psíquico humano, sobretudo com sua hipótese do inconsciente, Freud mostra que não temos controle pleno de nossas ações e que há causas determinantes de nossa ação que nos são desconhecidas. Um dos argumentos centrais do racionalismo moderno – o acesso privilegiado do ser pensante à sua própria consciência, a evidência do *cogito* enfatizada por Descartes – torna-se assim altamente problemático.

No séc. XX, novas descobertas científicas, igualmente revolucionárias, provocarão transformações profundas em nossa maneira de conceber o homem e o conhecimento, com um grande impacto no pensamento filosófico. Duas merecem destaque.

Em primeiro lugar, a *revolução da informática* e a questão da *inteligência artificial* que seu desenvolvimento suscita.[4] Seria o pensamento uma característica, pode-se dizer mesmo um privilégio, do ser humano, ou seria possível construirmos máquinas que pensam? Qual o critério para decidirmos se os supercomputadores realmente pensam, podem pensar? O funcionamento dos computadores pode servir de modelo para entendermos o funcionamento da mente? E, por sua vez, podemos usar o cérebro como modelo para construirmos computadores que tentariam reproduzir a atividade do pensamento? A formulação destas questões no contexto da teoria da computação e da inteligência artificial mostra que não há uma resposta clara para o problema da natureza do pensamento, apesar de mais de 25 séculos de discussão filosófica e científica.

Em segundo lugar, a *revolução biológica*, a engenharia genética, a possibilidade de criar novas espécies ou de manipular as características de uma espécie. Essas novas descobertas científicas, bem como outros desenvolvimentos na área da biologia, como os bebês de proveta e as "barrigas de aluguel", levantam a questão sobre a natureza da vida, sobre a noção de maternidade, sobre os limites da possibilidade de interferência do homem nos organismos vivos, inclusive levando a preocupações éticas. Até onde podemos intervir na natureza biológica? Uma nova área de reflexão na fronteira entre filosofia e biologia, a *bioética*, tem surgido como tentativa de dar conta desses problemas, impensáveis até bem pouco tempo atrás.

Procuraremos examinar em seguida, em linhas gerais, o pensamento de alguns dos principais filósofos do período contemporâneo, que deixaram uma marca profunda nos rumos que a filosofia tem seguido recentemente.[5] Na verdade, podemos dividi-los em dois grandes grupos: 1) os filósofos que se consideram herdeiros diretos e mesmo continuadores da tradição moderna, e até mesmo clássica, embora de uma forma crítica, e que veem assim a tarefa da filosofia na medida em que desenvolvem essa tradição, mesmo que buscando novos rumos; e 2) aqueles que, ao contrário, pretendem romper de maneira decisiva e profunda com essa tradição, inaugurando uma nova reflexão, uma nova forma de filosofar, ainda que vários desses levem em conta, sob certos aspectos, as questões tradicionais.

No primeiro grupo, ao qual denominamos "herdeiros da modernidade", podemos incluir a fenomenologia, o existencialismo, a filosofia analítica e o positivismo lógico, bem como a teoria crítica da Escola de Frankfurt. Dentre os críticos da modernidade, aqueles que procuram inaugurar uma nova forma de filosofar, destacam-se sobretudo Heidegger, Wittgenstein e os pensadores contemporâneos do que tem sido denominado "pós-estruturalismo" e "pós-modernismo".

2

OS HERDEIROS DA MODERNIDADE

A. A FENOMENOLOGIA

A *fenomenologia* é o movimento filosófico inaugurado por Husserl e desenvolvido, sobretudo na França e na Alemanha, por seus seguidores, constituindo uma das principais correntes do pensamento do séc. XX. O termo "fenomenologia" foi inicialmente utilizado pelo filósofo e matemático alemão do séc. XVIII Johann Lambert para caracterizar a "ciência das aparências" e empregado posteriormente por Hegel em sua "ciência da experiência da consciência", sendo esta a tradição em que Husserl se inspira.

Edmund Husserl (1859-1938) nasceu na Morávia, então parte do Império Austro-Húngaro, e foi professor na Universidade de Freiburg (1916-28), na Alemanha, tendo influenciado fortemente toda uma geração de pensadores que foram seus alunos, como Karl Jaspers e o próprio Martin Heidegger. Seu projeto filosófico caracterizou-se inicialmente pela formulação da fenomenologia como um método que pretende explicitar as estruturas implícitas da experiência humana do real, revelando o sentido dessa experiência através de uma análise da consciência em sua relação com o real. A fenomenologia de Husserl pertence assim à tradição da filosofia da consciência e da subjetividade características da modernidade, embora desenvolvendo uma interpretação própria. Não pretende, p.ex., ao contrário da epistemologia do início da modernidade, fundamentar ou legitimar o conhecimento científico, mas considera sua tarefa primordialmente como descritiva dos elementos mais básicos de nossa experiência. Se, desse ponto de vista, afasta-se da tradição moderna, por outro lado Husserl, matemático de formação, vê a filosofia como "uma ciência rigorosa" e dá à teoria do conhecimento um lugar central em seu pensamento. Pela temática que desenvolve, pelos conceitos que emprega e pela maneira como concebe a tarefa da filosofia, Husserl pode ser visto como um herdeiro direto de Descartes e Kant. Suas principais obras foram: *Investigações lógicas* (1900-1), A *filosofia como ciência rigorosa* (1910-11), *Ideias diretrizes para uma fenomenologia* (1913), *Lógica formal e lógica transcendental* (1929), *Meditações cartesianas* (1931). Alguns destes títulos deixam claras suas relações com a tradição racionalista moderna.

O lema básico da fenomenologia é "de volta às coisas mesmas", procurando com isso a superação da oposição entre realismo e idealismo, entre o sujeito e o objeto, a consciência e o mundo. Toda consciência é consciência de alguma coisa; a consciência se caracteriza exatamente pela intencionalidade, pela visada intencional que a dirige sempre a um objeto determinado. Trata-se da consideração do que aparece à mente a partir da experiência reflexiva da consciência. Contudo, para Husserl, a fenomenologia não é uma psicologia descritiva, uma descrição do modo de operar da consciência, voltando-se sobretudo para a análise das *essências*, entendidas como unidades ideais de significação, elementos constitutivos do sentido de nossa experiência.

É dessa forma que Husserl considera que o método fenomenológico rompe com a atitude natural ou espontânea em que se constituem nossas crenças habituais, em que apreendemos fatos, passando – pela suspensão ou *époche*, em que abandonamos essa atitude – ao exame do modo de constituição desta experiência. A suspensão coloca assim, em suas palavras, o mundo "entre parênteses".

É possível então chegar ao "dado" da consciência, isto é, ao fenômeno em si mesmo. A redução fenomenológica leva assim à *redução eidética*,[1] que nos revela a essência, o horizonte de potencialidade da coisa considerada, independentemente de sua existência real ou concreta. A própria subjetividade, a consciência subjetiva, também deve ser submetida a esse processo, que revela, além da consciência empírica do sujeito concreto, sua natureza essencial enquanto sujeito transcendental ou "eu transcendental", núcleo constitutivo da experiência.

Em sua última obra importante, que permaneceu inacabada e foi publicada postumamente (1954), *A fenomenologia transcendental e a crise das ciências europeias*, Husserl procura superar o excessivo subjetivismo e idealismo de sua filosofia, tentando dar conta da realidade social e da relação entre a subjetividade e o mundo, inclusive as "outras consciências" e a questão da intersubjetividade. Introduz como temática central a questão do mundo da vida, o *Lebenswelt*, constituído pela interação social. Reconhece assim a importância de um dos problemas cruciais que, já no séc. XIX, teria levado à crise da filosofia da consciência e da subjetividade.

Embora essa questão não seja suficientemente elaborada por ele próprio, será retomada por vários de seus seguidores, como Alfred Schutz (1899-1959), que procura desenvolver uma fenomenologia da ação social, e Max Scheler (1874-1928), que desenvolve uma teoria dos valores, examinando questões éticas.

Na França, Maurice Merleau-Ponty (1908-61) foi o principal seguidor de Husserl e, em sua *Fenomenologia da percepção* (1945), procura desenvolver uma análise do sujeito no mundo, anterior mesmo à relação de conhecimento, considerando o sujeito como corpo e a consciência como encarnada no corpo, tentando assim evitar o dualismo cartesiano que considera presente ainda em Husserl.

O método fenomenológico de Husserl serviu de inspiração e ponto de partida para vários de seus seguidores, que procuraram desenvolver análises fenomenológicas do agir moral, da vida social, da experiência religiosa, da estética e de várias outras esferas da experiência humana, sendo particularmente influente nesse sentido, sobretudo entre as décadas de 1950 e 1970. Os Arquivos Husserl, na Universidade de Louvain, na Bélgica, um dos principais centros de estudo da fenomenologia, têm publicado muitos desses estudos, bem como textos inéditos do filósofo.

B. O EXISTENCIALISMO

O existencialismo de Jean-Paul Sartre (1905-80) foi uma das correntes mais importantes do pensamento francês do pós-guerra, sobretudo entre os anos 1950 e 1960, quando teve uma grande influência na filosofia, na literatura, no teatro e no cinema, despertando grande interesse e chegando a ter um vasto público. Considera-se mesmo que a melhor expressão do existencialismo sartreano talvez se encontre mais em suas peças de teatro e romances do que propriamente em sua obra teórica. Sartre chegou mesmo a encarnar – na França dos anos 1960 e em países em que a influência da cultura francesa é grande, como o nosso – a figura do *maître à penser*, isto é, do intelectual como figura pública cujo pensamento influencia tendências e atitudes e que se pronuncia sobre os acontecimentos políticos, sociais e culturais de seu tempo. Seu papel não se restringiu portanto ao meio acadêmico, tendo um sentido bem mais amplo. Professor de liceus na França dos anos 1940, após a guerra dedicou-se à atividade literária e fundou a revista *Les Temps Modernes*, de grande repercussão.

Sartre foi inicialmente um discípulo da fenomenologia, e suas primeiras obras, como *A imaginação* (1936) e *Esboços de uma teoria das emoções* (1939), foram escritas com base nessa influência. É a partir de romances como *A náusea* (1938) e *Os caminhos da liberdade* (1944-49), de peças de teatro como *As moscas* (1943) e *Entre quatro paredes* (*Huis clos*, 1945), bem como de obras teóricas como *O ser e o nada* (1943), que ainda traz como subtítulo "ensaio de ontologia fenomenológica", e sobretudo *O existencialismo é um humanismo* (1946), que começa a desenvolver sua filosofia existencial.

Essa filosofia tem origem na própria análise fenomenológica da consciência intencional, na influência do pensamento de Heidegger, com o qual Sartre entrou em contato quando estudou na Alemanha no início dos anos 1930, e na tradição filosófica, em autores como Sócrates e Kierkegaard, que se opõem à filosofia sistemática e especulativa, valorizando uma reflexão a partir da experiência humana concreta, da discussão de questões morais e atribuindo à filosofia o dever de ter consequências práticas, i.e., nos ensinar algo sobre nossas próprias vidas.

Em *O ser e o nada*, Sartre caracteriza o homem como o ser que se define por uma consciência em que existir e refletir são o mesmo, que se define por tanto por sua autoconsciência. O ideal dessa consciência é atingir a plena identidade consigo mesma. É nesse sentido que, em suas palavras, "o homem é o ser cuja existência precede a essência". O homem não tem portanto uma essência determinada, mas ele se faz em sua existência. Entretanto, o homem é também um ser marcado pela morte e pela finitude e, por isso, ao buscar essa identidade absoluta, está condenado ao fracasso. Ao contrário do de Kierkegaard, profundamente religioso, o existencialismo de Sartre é ateu, sustentando que, embora o homem creia que Deus o criou, é na verdade ele quem "cria" Deus; no entanto, ao contrário da paixão de Cristo, o homem "é uma paixão inútil", porque jamais chegará a ser como Deus, a atingir o absoluto. Resta ao homem assumir sua condição, sua liberdade, portanto, e, considerando-se sempre *em situação*, construir o sentido de sua existência, de uma existência autêntica. É desse processo que nasce a sua ***angústia***, um tema também kierkegaardiano, que é parte fundamental de sua existência, dessa busca de sentido, do homem como aquele que cria seus próprios valores. O existencialismo tem assim uma dimensão ética fundamental, pela maneira como elabora a questão da liberdade e da autenticidade como elementos centrais da existência humana, do homem como ser autoconsciente que cria a si mesmo. "Nós somos o que fazemos do que fazem de nós" é um dos lemas centrais do pensamento de Sartre.

Com efeito, em obras como *Baudelaire* (1947), *Saint-Genet, comediante ou mártir* (1952) e *O idiota da família* (1971-72), sobre Flaubert, Sartre examina o projeto existencial desses grandes escritores franceses, como corresponderam a uma determinada imagem do intelectual formulada pelo mundo burguês e como reagiram, cada um à sua maneira, à tentativa de marginalização, formando sua própria imagem. Baudelaire e Genet representam autores malditos, enquanto Flaubert representa o sucesso como escritor.

Com a *Crítica da razão dialética* (1960), Sartre começa a se afastar do existencialismo e de suas raízes fenomenológicas, adotando uma perspectiva marxista. Alguns dos especialistas em seu pensamento consideram que há uma transição do existencialismo para o marxismo, uma vez que a questão da inserção do homem na realidade social e da consciência alienada são temas comuns a ambas as perspectivas. Até que ponto podemos ou não falar de um marxismo existencialista em Sartre tem sido uma questão em aberto. Já em seu *Questões de método* (1957), ele se perguntava sobre a possibilidade de um método que combinasse existencialismo e marxismo, permitindo uma análise complementar do indivíduo e da sociedade. Entretanto, a ruptura se torna mais clara a partir do momento em que o próprio Sartre afirma ser o marxismo "a filosofia inevitável de nosso tempo". O filósofo adota então uma atitude ainda mais militante, participando de comícios políticos, defendendo a revolução cultural da China de Mao-tsé-tung e o movimento estudantil de maio de 1968 em Paris.

O prestígio e a influência de Sartre começam a declinar já no início da década de 1970, no momento em que o estruturalismo e a discussão sobre a modernidade e o pós-moderno vão ocupando mais espaço e despertando maior interesse. Michel Foucault (1926-84) começa, nesse contexto, a substituir Sartre como um novo *maître à penser*.

Nome mais importante e conhecido do existencialismo, Sartre não foi o único a desenvolver esta corrente de pensamento. O ensaísta e escritor Albert Camus (1913-60), embora não estritamente um filósofo, foi um autor igualmente importante quanto à influência e difusão do existencialismo. Em romances como *O estrangeiro* e *A peste*, Camus descreve o homem em situações limite, ao se defrontar com o problema da liberdade, do sem sentido da existência e do absurdo da vida. Em seus ensaios *O mito de Sísifo* (1942) e *O homem revoltado* (1951), discute precisamente o absurdo da condição humana. Sísifo é o personagem da mitologia grega que tem como castigo dos deuses a tarefa de levar uma imensa pedra até o topo de uma montanha. Lá chegando, contudo, a pedra inevitavelmente rola montanha abaixo, e o trabalho de Sísifo recomeça. Segundo Camus, Sísifo simboliza a inutilidade da ação humana: seu trabalho é sempre frustrado; no entanto, Sísifo recomeça, porque, apesar do absurdo da tarefa, ela precisa ser cumprida e é ela que dá sentido à vida de Sísifo; por isso, diz Camus, "é preciso imaginar Sísifo feliz".

O existencialismo foi desenvolvido também em outras perspectivas por diversos pensadores contemporâneos. O alemão Karl Jaspers (1883-1969), em sua obra *Philosophie* (1932), elabora uma filosofia existencial em uma direção metafísica; o francês Gabriel Marcel (1889-1973) formula um existencialismo cristão em seu *Homo viator* (1944); pensadores como Léon Chestov (1866-1938) e Martin Buber (1878-1965) também tratam da experiência religiosa em uma perspectiva existencial. O primeiro, russo, marcado pelo existencialismo de Kierkegaard; o segundo, nascido na Áustria, aproximando-o da tradição judaica e tematizando sobretudo a questão do outro em sua famosa obra *Eu e tu* (*Ich und Du*, 1922).

C. A FILOSOFIA ANALÍTICA E O POSITIVISMO LÓGICO

A filosofia analítica desenvolveu-se sobretudo em países de língua inglesa como a Inglaterra, os Estados Unidos e a Austrália, embora tenha também vertentes na Alemanha, Áustria e Polônia. Suas raízes se encontram na filosofia de Leibniz (1646-1716) (ver III.3.D, sobre Leibniz),[2] nos desenvolvimentos da lógica matemática no séc. XIX e nas discussões acerca da fundamentação da matemática e das ciências naturais nesse período. Surge ao final do séc. XIX em grande parte como uma reação ao subjetivismo, à filosofia da consciência, ao idealismo hegeliano e ao idealismo empirista, correntes em larga escala então dominantes (ver IV.1 sobre o desenvolvimento da questão da linguagem). Uma das principais objeções da filosofia analítica ao idealismo subjetivista e à filosofia da consciência diz respeito precisamente à questão da fundamentação do conhecimento científico: como os atos mentais, sendo subjetivos, podem ter a validade universal, objetiva, que se requer na ciência? Se supomos, como a filosofia transcendental kantiana, que na verdade a estrutura do entendimento mais a sensibilidade constroem o objeto e a ciência resulta desse processo, então ainda nos encontramos numa posição idealista e nada garante que esse objeto corresponda efetivamente ao real. A filosofia analítica em seus primórdios não vê nenhuma diferença importante entre o idealismo subjetivista e o idealismo transcendental kantiano.

A filosofia analítica considera que o tratamento e a solução de problemas filosóficos devem se dar por meio da análise lógica da linguagem. Não se trata evidentemente da língua empírica, o português, o inglês, o francês etc., mas da linguagem como estrutura lógica subjacente a todas as formas de representação, linguísticas e mentais.[3] A questão fundamental é portanto, como um juízo, algo que afirmo ou nego sobre a realidade, pode ter significado e como podemos estabelecer critérios de verdade e falsidade desses juízos. O juízo passa a ser interpretado não como ato mental, mas tendo como conteúdo uma proposição dotada de forma lógica. O significado dos juízos é analisado assim a partir da relação entre a sua forma lógica e a realidade que representa. "Analisar", nesse contexto, equivale a decompor o juízo em seus elementos constitutivos e examinar a sua forma lógica, a relação desses termos entre si. É a estrutura do juízo que permite que este se relacione com a realidade, já que os fatos no real se estruturam de forma semelhante. A possibilidade de correspondência entre a linguagem e a realidade – o realismo lógico que a filosofia analítica contrapõe em sua primeira fase ao idealismo da tradição moderna – supõe assim um *isomorfismo*, i.e., uma forma ou estrutura comum entre a lógica e a ontologia, entre a proposição e o fato que a proposição descreve e representa. E isso independe de atos mentais. Quando proposições são usadas como juízos – para afirmar ou negar algo sobre o real, e quando isto que afirmam ou negam corresponde ao que de fato ocorre –, temos um juízo verdadeiro; quando não ocorre, um juízo falso.

É claro que entre os principais filósofos desse período, como Gottlob Frege, Bertrand Russell e Ludwig Wittgenstein, há diferenças profundas, porém há em comum o projeto básico de desenvolvimento de uma análise lógica da linguagem e a adoção da forma lógica da proposição como ponto de partida da análise filosófica. Posteriormente, Russell e Wittgenstein modificarão significativamente sua visão de linguagem.

A visão segundo a qual a lógica é o caminho para a fundamentação das teorias científicas, bem como para o afastamento do subjetivismo, é concepção compartilhada pela filosofia analítica e pelo positivismo lógico, ou empirismo lógico, do Círculo de Viena.

O **Círculo de Viena** consistiu em um grupo de filósofos e cientistas que se reuniram regularmente em Viena desde o início do séc. XX, sob a liderança de Moritz Schlick(1882-1936), Otto Neurath (1882-1945) e Rudolph Carnap (1891-1970), com o objetivo de desenvolver um projeto de fundamentação das teorias científicas em uma linguagem lógica, e de discutir questões filosóficas através de uma análise lógica rigorosa que levasse à solução, ou melhor, à *dissolução* dessas questões tal como formuladas tradicionalmente. Assim como os filósofos analíticos, os pensadores do Círculo de Viena combatiam o pensamento metafísico especulativo originário do idealismo alemão (ver III.9). Seu propósito era fundamentar na lógica uma ciência empírico-formal da natureza e empregar métodos lógicos e rigor científico no tratamento de questões de ética, filosofia da psicologia e ciências sociais, sobretudo economia e sociologia. A física, enquanto ciência empírico-formal, forneceria o paradigma de cientificidade para todas as formulações teóricas que se pretendessem científicas, formulando em uma linguagem lógica, rigorosa e precisa verdades objetivas sobre a realidade. Uma teoria deveria consistir assim em **princípios** estabelecidos pela lógica, de caráter analítico, ou seja, verdadeiros em função de sua própria forma lógica e de seu significado; e em **hipóteses científicas**, a serem verificadas através de um método empírico.

As raízes desse pensamento encontram-se na lógica matemática de Gottlob Frege, de quem Carnap foi aluno na Universidade de Iena, no empirismo positivista do físico e teórico da ciência Ernst Mach (1838-1916), que fora professor em Viena, e mesmo, mais remotamente, na concepção de conhecimento objetivo e de ciência positiva do francês Auguste Comte (1798-1857).

Em 1935, Carnap, sentindo-se perseguido pelo nazismo, emigrou para os Estados Unidos, radicando-se na Universidade de Chicago, onde, dentro do espírito do positivismo lógico, organizou, com a colaboração de discípulos americanos, a *Enciclopédia da ciência unificada*. Suas teorias sobre o método científico, a lógica e a análise da ciência tiveram grande influência no contexto americano. Nesse mesmo período, emigraram também para os Estados Unidos o polonês Alfred Tarski (1902-83), e o alemão Kurt Gödel (1906-78), ambos lógicos matemáticos ligados ao pensamento do Círculo de Viena. A influência desses pensadores foi marcante no desenvolvimento da filosofia norte-americana após a Segunda Guerra Mundial, sobretudo em filósofos como Willard Van Orman Quine (1908-2000) e Nelson Goodman (1906-98), que por sua vez iniciaram toda uma geração de filósofos americanos nas questões do positivismo lógico e da filosofia analítica, ainda que desenvolvendo um pensamento crítico em relação às teses inicialmente adotadas por essas correntes.

De certa forma, as teses básicas do positivismo lógico, sobretudo o *princípio da verificação*, que caracteriza o assim chamado verificacionismo, levaram a uma espécie de contradição interna. As proposições da linguagem rigorosa dos positivistas lógicos só seriam consideradas significativas se tivessem caráter analítico (ver acima) ou se fossem verificáveis pela experiência e redutíveis a formulações de observações empíricas e dados sensoriais. Porém, o princípio de verificação, ele próprio, não é analítico nem empiricamente verificável, revelando-se assim problemática a base mesma das teorias positivistas. Além disso, o projeto de fundamentação da ciência em uma linguagem cujas proposições fundamentais tivessem sua verdade estabelecida diretamente por relação com a realidade revelou-se limitado.

O principal herdeiro do positivismo lógico, embora em uma perspectiva bastante crítica, foi o austríaco radicado na Inglaterra Karl Popper (1902-94), um dos mais influentes filósofos da ciência da segunda metade do séc. XX. Procurando escapar dos impasses gerados pela adoção do princípio de verificação e pela exigência do estabelecimento conclusivo da verdade das proposições fundamentais, Popper formulou, em obras como *A lógica do descobrimento científico* (1934), *Conjecturas e refutações* (1963) e *Conhecimento objetivo* (1972), uma inversão desse princípio, através de seu *princípio de falsificabilidade*. Portanto, de acordo com o assim chamado racionalismo crítico de Popper, uma teoria científica é válida na medida em que suas proposições podem ser empiricamente falsificáveis através de experimentos, testes, observações etc., o que permite que se autocorrijam e se desenvolvam em direção a um ideal de verdade objetiva, no entanto jamais atingido de modo conclusivo, evitando o seu fechamento em posições dogmáticas. A ciência não deve, portanto, visar à formulação de teses irrefutáveis, já que não há critério de verdade definitiva, mas sim adotar hipóteses falsificáveis.

A filosofia analítica da linguagem desenvolveu também uma outra vertente, sobretudo entre os anos 1940 e 1960, que ficou conhecida como "filosofia da linguagem ordinária". Sua inspiração mais remota parece ter sido a tradição empirista, principalmente de língua inglesa, que valoriza o senso comum e a análise da experiência concreta. Sofreu também a influência mais próxima do filósofo inglês de Cambridge G.E. Moore (1873-1958), que liderou, juntamente com Russell, a reação contra o idealismo hegeliano no início do século. Diferentemente da análise lógica da linguagem, inspirada em Frege e desenvolvida por Russell e por Wittgenstein (ver IV.3.B.a), esse tipo de análise é voltado para a explicitação e o esclarecimento do sentido de conceitos que se revelam problemáticos, sendo que conceitos são entendidos como entidades de natureza linguística, e não mental ou subjetiva. Para realizar tal análise, esses filósofos partem de suas intuições enquanto falantes e examinam as propriedades semânticas das expressões linguísticas de acordo com o seu uso pelos falantes em contextos determinados, valorizando assim a linguagem tal como usada concretamente, e não mais a linguagem lógica estabelecida pelas teorias sintática e semântica da primeira fase da filosofia analítica. Essa perspectiva foi desenvolvida sobretudo na Inglaterra, por Gilbert Ryle (1900-76), autor de um texto intitulado "Linguagem ordinária" (1953), e por J.L. Austin (1911-60), que analisou vários conceitos, sobretudo de natureza ética, bem como da linguagem da percepção.[4] Posteriormente, Austin desenvolveu uma concepção de linguagem enquanto ação, em sua teoria dos atos de fala (*speech act theory*), em uma perspectiva mais sistemática, procurando analisar as condições de possibilidade do uso da linguagem e os atos que realizamos ao usar a linguagem, que denominou de *performativos*.[5] Sua análise foi elaborada pelo filósofo americano da Universidade da Califórnia, em Berkeley, Jonh Searle (1932-) em sua obra *Speech Acts* (*Atos de fala*), um dos pontos de partida da análise pragmática e comunicacional da linguagem, que teve grande influência na linguística contemporânea, em áreas como a teoria comunicacional, a pragmática e a análise do discurso.

Ambas as vertentes, tanto a análise lógica da linguagem quanto a análise comunicacional, têm seus representantes na filosofia contemporânea, embora equivalendo a paradigmas opostos, apesar de algumas tentativas de conciliação, no que um dos principais filófosos analíticos de Oxford, Peter Strawson (1919-2006), denominou de "luta homérica".

D. A Escola de Frankfurt

A teoria crítica da Escola de Frankfurt (ver III. 8.C.c), cuja chamada "primeira geração" – com Adorno, Horkheimer e Benjamin – examinamos anteriormente no contexto do marxismo, teve como objetivo o desenvolvimento de uma teoria crítica da cultura e da sociedade retomando a filosofia de Marx, sobretudo sua análise da ideologia, e aproximando-a de suas raízes hegelianas. A Escola de Frankfurt preocupou-se sobretudo com o contexto social e cultural do surgimento das teorias, valores e visão de mundo da sociedade industrial avançada, procurando assim atualizar e desenvolver a teoria marxista enquanto teoria filosófica e sociológica. A crítica frequentemente feita à interpretação frankfurtiana do marxismo é de que o aspecto revolucionário do pensamento de Marx acaba se enfraquecendo.

Os filósofos de Frankfurt criticaram a concepção de ciência originária do positivismo lógico, postulando a necessidade de uma diferença radical entre a metodologia das ciências naturais e formais como a física e a matemática e a metodologia das ciências humanas e sociais, e questionando a adoção da lógica das ciências naturais como paradigma de cientificidade. A concepção da ciência natural e da técnica, visando ao controle dos processos naturais, levaria ao desenvolvimento de um saber instrumental em que o controle e a dominação – não só de processos naturais, mas também sociais – são os objetivos fundamentais, voltando-se para resultados práticos. As ciências humanas e sociais teriam, ao contrário, um propósito interpretativo visando à compreensão da sociedade e da cultura e tendo um interesse emancipatório, i.e., possibilitando a libertação do homem da dominação técnica e sua realização enquanto ser social. Nesse contexto, ficou famosa a polêmica dos frankfurtianos com Karl Popper nos anos 1960 em torno da caracterização da racionalidade científica.

A chamada "segunda geração" da Escola de Frankfurt é representada principalmente pelo filósofo e sociólogo alemão Jürgen Habermas (1929-). Habermas analisa o desenvolvimento da sociedade industrial, o capitalismo tardio e o estabelecimento de procedimentos de legitimação de relações éticas e sociais nesse contexto contemporâneo. Sua análise crítica da ideologia utiliza elementos das teorias da linguagem da filosofia analítica, sobretudo do "segundo" Wittgenstein (ver IV.3.B.b), de Austin e de Searle, para discutir os pressupostos e condições de possibilidade da ação comunicativa, das práticas dos agentes linguísticos e sociais nos diferentes contextos de uso da linguagem. Sua principal obra nesta direção é a *Teoria da ação comunicativa* (1981), em que combina elementos de teorias sociológicas, filosóficas e linguísticas contemporâneas.

3

A RUPTURA COM A TRADIÇÃO

A. A FILOSOFIA DE HEIDEGGER

Martin Heidegger (1889-1976) procurou – a partir de uma crítica radical à tradição filosófica, da metafísica ocidental que se origina em Platão – dar um novo rumo, um novo sentido à filosofia, que fosse também a busca de algo mais originário, mais fundamental: a retomada da ontologia, a superação do "esquecimento do Ser", que teria se produzido nessa tradição.

Sua principal obra, que permaneceu inacabada, *Ser e tempo* (*Sein und Zeit*, 1927), foi publicada quando Heidegger era professor na Universidade de Marburg.[1] Dessa mesma época são o livro *Kant e o problema da metafísica* (1929) e os textos "O que é a metafísica" (1929) e "Sobre a essência da verdade" (1930). Nessas obras Heidegger desenvolve uma crítica à tradição e formula sua nova perspectiva filosófica, afastando-se da fenomenologia de seu mestre Husserl.

A crítica à tradição filosófica parte de uma caracterização dessa tradição como essencialista, porém confundindo **ser e ente**, o que resulta na divisão do ser em substância e acidente, tal como acontece em Aristóteles, bem como nas tendências a classificar e a categorizar o ser, objetificando-o. A pergunta sobre o ser transformou-se na pergunta sobre que tipo de coisas existem. Contra esta tendência, predominante na metafísica ocidental, é necessário recuperar a **ontologia**, fazendo com que o homem passe a se orientar pela verdade, ao contrário do que teria acontecido na filosofia moderna, responsável pela perspectiva epistemológica, pela filosofia da consciência em que o homem se orientou pelo erro, pelo falso, pela ilusão, pela centralidade da preocupação com o conhecimento e a ciência. Segundo o texto de abertura de *Ser e tempo*, é precisamente a **questão do sentido do ser** que deve ser retomada.

A tradição esqueceu o ser dos entes, porém todo ente está presente no ser. Os entes são bimórficos, caracterizam-se pelo mostrar-se, pelo aparecer, pela manifestação, mas também pelo dissimular, pelo desaparecer, sendo ausentes, errantes. Os entes estão, portanto, sempre no ser (verdade) e no não-ser (não-verdade), a dissimulação, a ausência.

A análise, extremamente erudita e original, que Heidegger empreende do texto platônico da Alegoria da caverna (ver I.4.c) é ilustrativa disso.[2] Heidegger localiza nesse texto uma alteração profunda no sentido do conceito grego de verdade (*alétheia*), o que marcará toda a tradição metafísica ocidental. *Alétheia* teria originariamente, na tradição poética e mítica grega, o sentido de manifestação, de desvelamento do ser. Etimologicamente, *alétheia* é uma palavra formada pelo *alpha* privativo grego, designando a negação, que serve de prefixo ao termo *lethe* significando véu, encobrimento. *Alétheia* significa assim literalmente "desvelamento", "descobrimento", "retirada do véu". "Verdade" tem portanto um sentido primordialmente ontológico, significando o mostrar-se do ser. Quando, no texto da Alegoria da caverna, Platão descreve o processo de libertação do prisioneiro, mostra como este, ao se libertar, sente-se desorientado pela visão direta do fogo e depois da luz no mundo externo que o ofuscam. É necessário, diz Platão, que o prisioneiro adapte a sua visão a esta nova realidade, para que possa ver corretamente (*orthótes*). Essa noção de "visão correta" inaugura, segundo Heidegger, a tradição metafísico-epistemológica. A verdade passa a ser agora definida como adequação do olhar ao objeto, como correspondência entre o modo de ver e a natureza da coisa, encontrada, por exemplo, na fórmula aristotélico-escolástica, segundo a qual a verdade é a adequação do intelecto com a coisa. Isso levou à perda do sentido originário de manifestação/revelação do ser. A verdade torna-se assim uma relação sujeito-objeto, base de toda nossa concepção de epistemologia, central no pensamento moderno, mas originando-se, de acordo com esta interpretação, já na teoria platônica do conhecimento.

Contra essa tendência dominante, Heidegger visa trazer à luz o ser, pesquisar o sentido do ser enquanto desvelamento, manifestação. É necessária uma análise ontológica e hermenêutica (interpretativa, de compreensão de sentido) que revele "o ente que nós somos", o *ser-aí*, o *Dasein*. Para Heidegger, o homem é o único ente que busca o ser. Em sua terminologia, *Dasein* deve substituir "sujeito", ou "eu", devido ao sentido que estes termos adquiriram na filosofia da consciência e da subjetividade do período moderno.

A questão do **tempo** tem um lugar central na análise de Heidegger. A temporalidade é a estrutura mais fundamental do ser. O ser-aí (*Dasein*) existe como antecipação, como previsão de seus projetos, caracterizando-se portanto como possibilidade, como ser-possível, voltado para o **futuro**. Porém, o ser-aí existe como um ser já lançado, já no mundo; portanto, está também voltado para o **passado** e depende de sua memória. Além disso, o ser-aí existe como presença, existe no **presente**, cujo modo de apreensão é a intuição. Estes são os elementos constitutivos do ser-aí enquanto temporalidade. Segundo Heidegger, "a essência (*Wesen*) do ser-aí reside em sua existência" (*Ser e tempo*, § 9).

Em "A questão da técnica" (1954) e em outros textos dos anos 1950, Heidegger analisa criticamente a sociedade industrial contemporânea, em que predominam a ciência e a técnica, questionando os valores e pressupostos da modernidade, como o progresso visto em um sentido técnico e científico. Segundo tal análise, a ciência e a técnica se limitam a resolver problemas práticos e refletem os interesses determinados da sociedade industrial; daí sua afirmação polêmica: "A ciência não pensa."

A ciência e sua aplicação técnica seriam incapazes de pensar o ser, de pensá-lo fora da problemática do conhecimento e da consideração instrumental e operacional da realidade típicos do mundo técnico. Na verdade, o desenvolvimento de nosso modelo técnico e industrial é consequência precisamente do "esquecimento do ser" na trajetória da cultura ocidental.

A recuperação do sentido originário de ser e da verdade como manifestação da essência se dá através de uma retomada, de uma releitura, de alguns filósofos pré-socráticos, em especial Heráclito e Parmênides, e da interpretação da obra de poetas como Hölderlin, Novalis e Rilke. A linguagem dos poetas, livre da influência metafísica e epistemológica, encontra-se mais próxima do ser, sendo capaz de expressar o sentido do ser de forma mais autêntica. "Ser significa, no fundo, para os gregos, presença (*Anwesenheit*)" (*Introdução à metafísica*). É preciso buscar esta linguagem que manifesta o ser. No texto "A essência da linguagem" (1957-58), que desenvolve esta temática, e na "Carta sobre o humanismo" (1947), encontra-se a famosa afirmação de que "A linguagem é a morada do ser".

B. A FILOSOFIA DE WITTGENSTEIN

Ludwig Wittgenstein (1889-1951) influenciou decisivamente as duas principais vertentes da filosofia analítica da linguagem contemporânea, a primeira, que poderíamos chamar de **semântica formal**, e a segunda, de **pragmática**, embora ele próprio não tenha utilizado esta terminologia (ver IV. 2.c).

Wittgenstein nasceu em Viena, estudou engenharia em Berlim e posteriormente em Manchester, na Inglaterra.[3] Seus estudos de engenharia levaram-no a se interessar pela matemática e daí ao estudo dos fundamentos da matemática e da lógica. Em Cambridge, estudou com Bertrand Russell, então um dos mais importantes filósofos a trabalhar essas questões. Pertencente a importante família austríaca de origem judaica – seu pai era um grande industrial e financista do Império Austríaco –, Wittgenstein viveu a atmosfera cultural da Viena do final do séc. XIX, com toda a sua efervescência cultural. Durante a Primeira Guerra Mundial, alistou-se no exército austríaco, experiência que o marcou profundamente. Prisioneiro ao final da guerra, redigiu o *Tractatus logico-philosophicus*, como resultado das reflexões que vinha desenvolvendo em Cambridge quando lá trabalhou com Russell. Esta foi sua única obra publicada em vida (1921) e representa a assim chamada "primeira fase" de seu pensamento.

a. O "primeiro" Wittgenstein

O *Tractatus* deve ser entendido a partir do contexto filosófico das obras de Gottlob Frege (1848-1925) e Bertrand Russell (1872-1970), i.e., da proposta – que de certa forma remonta a Leibniz no séc. XVII – de fundamentar o conhecimento da realidade, as teorias científicas, na lógica, e não na epistemologia. Trata-se de examinar como se dá a relação entre um complexo articulado que é a proposição e outro complexo articulado que é o real, através da determinação das categorias mais gerais da linguagem e das categorias mais gerais do real. Em especial, é necessário para isso determinar-se a forma lógica da proposição.

Esse projeto a que se dedicaram, cada um a seu modo, Frege, Russell e Wittgenstein pode ser entendido como uma tentativa de fundamentar as ciências formais, como a matemática, na lógica. Na visão desses filósofos, só assim se conseguiria justificar o caráter objetivo, necessário e universal dessas ciências, afastando-se assim das propostas de inspiração kantiana de explicar a possibilidade deste tipo de ciência a partir do sujeito do conhecimento, o que, segundo esses pensadores, jamais permitiria justificar seu caráter universal e necessário.

Um dos pontos de partida do *Tractatus* é a ideia, também encontrada em Frege e em Russell, de que a forma gramatical e a forma lógica da linguagem não coincidem. Grande parte dos problemas metafísicos tradicionais, como o da possibilidade do falso, da existência do não-ser etc., se originaria assim da má compreensão da linguagem, pelo desconhecimento de sua forma lógica autêntica e da maneira pela qual se relaciona com o real. Na proposição 4.002 do *Tractatus*,[4] diz Wittgenstein: "A linguagem disfarça (*verkleidet*) o pensamento. A tal ponto que da forma exterior da roupagem não é possível inferir a forma do pensamento subjacente, já que a forma exterior da roupagem não foi feita para revelar a forma do corpo, mas com uma finalidade inteiramente diferente." E, em seguida (4.003): "A maioria das proposições e questões encontradas em obras filosóficas não são falsas, mas sem sentido. Consequentemente, não podemos dar qualquer resposta a questões deste tipo, mas apenas indicar que são sem sentido. A maioria das proposições e questões dos filósofos surge de nosso fracasso em compreender a lógica de nossa linguagem." A tarefa da filosofia consiste portanto em realizar uma análise da linguagem que revele sua verdadeira forma e a relação desta com os fatos. "Toda filosofia é uma crítica da linguagem. [...] Foi Russell quem nos prestou o serviço de mostrar que a forma lógica aparente da proposição não é necessariamente a sua forma real." (40.031)

Por isso, "a filosofia tem por objetivo a elucidação lógica dos pensamentos. A filosofia não é um corpo doutrinal, mas uma atividade. Uma obra filosófica consiste essencialmente de elucidações. A filosofia não resulta em 'proposições filosóficas', mas sim na elucidação de proposições. Sem a filosofia, os pensamentos são por assim dizer nebulosos e indistintos; sua tarefa é torná-los claros e bem delimitados." (4.112)

Essa concepção de filosofia como elucidação realizada através da análise da linguagem supõe, é claro, a própria concepção de linguagem do *Tractatus*, para que se possa entender exatamente em que medida as proposições filosóficas tradicionais são sem sentido. As proposições que possuem genuinamente sentido são aquelas que funcionam como imagem de fatos, descrevendo de modo verdadeiro ou falso o real. O caso limite das proposições com sentido são as tautologias e as contradições. Embora não violem nenhuma regra da sintaxe lógica, não são imagens do real. Sendo necessariamente verdadeiras (tautologias), ou necessariamente falsas (contradições), não "dizem" propriamente nada, já que nenhum fato pode refutá-las ou confirmá-las (4.461). Na verdade, revelam a estrutura lógica do real, mostram os limites nos quais todos os mundos possíveis devem estar contidos. Essas proposições não têm sentido (*sinnlos*), uma vez que não dizem nada, não retratam fatos, não são, porém, proposições que não fazem sentido (*unsinnig*). As proposições da filosofia tradicional, da metafísica especulativa, são na verdade pseudoproposições, que violam as regras da sintaxe lógica e nada dizem sobre o real, nem sequer sobre a sua estrutura.

A assim chamada *teoria pictórica do significado* (2.1-2.225), que de certo modo contém o núcleo do *Tractatus*, explica o significado das proposições que retratam fatos pela existência de um isomorfismo, de uma forma comum, entre a estrutura lógica da proposição e a estrutura ontológica do real. A proposição é um complexo estruturado de uma forma que corresponde à estrutura do fato no real, também um complexo estruturado.

Temos aí, contudo, um problema, já que, se o que torna as proposições significativas é sua relação com fatos possíveis, bem como sua possibilidade de serem imagens de fatos, não faz sentido na concepção do *Tractatus* nenhum tipo de *metalinguagem*. A imagem é imagem de um fato. A forma comum à imagem e ao fato, que permite a representação, não é ela própria um fato, i.e., não pode ser representada na linguagem. Falar da forma do mundo e da gramática (lógica) da linguagem é sem sentido. As proposições da metalinguagem não seriam imagens de fatos, mas pretenderiam falar sobre a própria linguagem, o que não faz sentido, já que a sua estrutura não representa fatos, mas apenas se mostra em sua relação com o real. Temos então um impasse, uma vez que forçosamente as proposições que compõem o próprio *Tractatus* enfrentariam essa dificuldade. Wittgenstein reconhece e admite isso: "Minhas proposições servem de elucidação da seguinte maneira: aquele que me compreende eventualmente as reconhece como sem sentido, quando as usa como uma escada para ir além delas. Deve, por assim dizer, jogar fora a escada depois de ter subido por ela (6.54)." Podemos dizer que é esta constatação que em grande parte leva Wittgenstein a abandonar por um longo tempo o trabalho filosófico e que quando, mais de dez anos depois, retoma a filosofia, é a partir desse problema que desenvolverá suas reflexões.

b. O "segundo" Wittgenstein

Não pretendo examinar aqui a interpretação segundo a qual há uma fase intermediária entre a filosofia do *Tractatus* e a das *Investigações filosóficas*, nem tampouco considerar o grau de ruptura que há entre a primeira e a segunda fase de seu pensamento, mas apenas apresentar os aspectos mais representativos da visão de filosofia e de linguagem das *Investigações*.

É principalmente quanto à concepção de linguagem que encontramos a ruptura mais explícita entre as duas fases. Pode-se dizer mesmo que nas *Investigações* a linguagem, entendida como tendo uma estrutura básica, uma forma lógica, desaparece, dissolve-se, fragmenta-se, dando lugar aos ***jogos de linguagem***, múltiplos, multifacetados.

Se adotamos a noção de jogo de linguagem, o significado não é mais estabelecido pela forma da proposição, nem pelo sentido de seus componentes, nem por sua relação com fatos, mas pelo uso que fazemos das expressões linguísticas nos diferentes contextos ou situações em que as empregamos. O mesmo tipo de expressão linguística poderá ter, portanto, significados diferentes em diferentes contextos; daí a célebre fórmula "O significado de uma palavra é seu uso na linguagem" (§ 43). O significado passa a ser visto assim como indeterminado, só podendo ser compreendido através da consideração do jogo de linguagem, o que envolve mais do que a simples análise da expressão linguística enquanto tal. Os jogos de linguagem se caracterizam por sua pluralidade, por sua diversidade. Novos jogos surgem, outros desaparecem, a linguagem é algo de vivo, dinâmico, que só pode ser entendido a partir das formas de vida, das atividades de que é parte integrante. O uso da linguagem é uma prática social concreta. Por isso, a análise consiste agora em examinar os contextos de uso, considerar exemplos, explicitar as regras do jogo.

Não se encontra mais agora a ideia de um isomorfismo entre a linguagem e a realidade, que é uma das teses centrais do *Tractatus*. A linguagem não se define mais por sua relação com a realidade, nem a verdade é mais entendida como correspondência entre a linguagem e a realidade. Ao contrário, "o jogo de linguagem é uma totalidade, consistindo de linguagem e das atividades a que esta está interligada" (§ 7).

Os jogos de linguagem se constituem a partir de regras de uso – de caráter convencional, pragmático – que determinam nos contextos dados o significado que as expressões linguísticas têm (§§ 224, 372). A linguagem não é privada; não é a subjetividade, a estrutura de nossa mente, que constitui o significado, mas as práticas, as formas de vida. "E, portanto, 'seguir uma regra' é uma prática. E pensar que se está seguindo uma regra não é segui-la. Portanto, não é possível seguir a regra 'privadamente'; caso contrário, pensar que se está seguindo uma regra seria o mesmo que segui-la." (§ 202)

Quanto à concepção de filosofia, há uma certa continuidade entre o *Tractatus* e as *Investigações*. A filosofia não é uma doutrina, mas uma atividade de esclarecimento, de clarificação, realizada através da análise da linguagem, só que agora entendida como exame dos jogos de linguagem, das regras de uso. É claro que o conceito de linguagem muda radicalmente, porém continuamos a encontrar a mesma ideia de que os problemas filosóficos se originam em grande parte de uma consideração errônea, equivocada, da linguagem e de seu modo de funcionar. "A filosofia é uma luta contra o fascínio que certas formas de expressão exercem sobre nós." (*Livro azul*, p.27)

C. O PENSAMENTO PÓS-MODERNO

Uma das principais origens do pensamento francês contemporâneo encontra-se no ***estruturalismo***, formulado no início do séc. XX pelo linguista suíço Ferdinand de

Saussure (1857-1913), retomado e desenvolvido posteriormente pelo antropólogo francês Claude Lévi-Strauss (1908-2009). O estruturalismo se define por tomar a noção de estrutura como central em seu desenvolvimento teórico e metodológico. Uma estrutura é um sistema, um conjunto de relações definidas por regras, um todo organizado segundo princípios básicos, de tal forma que os elementos que constituem este todo só podem ser entendidos como partes do todo, a partir das relações em que se encontram com os outros elementos que compõem o todo. Nesse sentido, o todo é sempre mais do que a simples soma de suas partes, já que a estrutura é constitutiva do todo, é o que lhe dá unidade. Para Saussure, por exemplo, a língua é um sistema de diferenças, em que um som, um fonema, se caracteriza por sua oposição aos demais fonemas dessa língua. A noção de *diferença* terá uma importância central enquanto relação básica no estruturalismo de modo geral, e para muitos dos filósofos que se inspiram nessa corrente. O estruturalismo considera que toda estrutura é de certo modo linguística (porém, não necessariamente verbal), já que estabelece relações de significação. Em sua *Antropologia estrutural* (1958), Lévi-Strauss comenta, em relação a Saussure, que "em uma outra ordem de realidade os fenômenos de parentesco são do mesmo tipo dos fenômenos linguísticos". Portanto, o estruturalismo se caracteriza em grande parte como um método de análise de relações de significação através da investigação das regras e princípios que constituem uma estrutura ou um sistema. Desse ponto de vista, o estruturalismo rompe com o subjetivismo e a filosofia da consciência do início da modernidade, bem como com uma epistemologia voltada para a fundamentação da possibilidade do conhecimento científico. As estruturas que analisa são autônomas, objetivas, independentes do pensamento ou da mente dos indivíduos, sendo constitutivas da realidade em seus diferentes domínios, biológico, físico, cultural, linguístico. O papel da ciência para o estruturalismo passa a ser então identificar, explicitar e descrever essas estruturas e suas regras e princípios constitutivos.

O estruturalismo teve uma influência marcante em pensadores como o psicanalista Jacques Lacan (1901-81), o teórico marxista Louis Althusser (1918-90), o semiólogo e teórico da literatura Roland Barthes (1915-80) e o filósofo Michel Foucault (1926-84). Embora todos tivessem rejeitado o rótulo de "estruturalistas" e, de fato, tenham dado desenvolvimentos próprios às suas teorias, sem dúvida o estruturalismo influenciou-os fortemente, o que fez com que sejam, por vezes, denominados "pós-estruturalistas".

A obra de Michel Foucault – por sua originalidade, suas hipóteses ousadas, seu caráter contestador de valores e práticas estabelecidas e sua análise inovadora – teve grande importância nos anos 1970 e 1980, influenciando muitas vertentes, inclusive no Brasil, a partir da metodologia que propôs, a *arqueologia* e a *genealogia*. Conforme ele próprio afirma, as influências que o marcaram inicialmente foram Freud, Marx e Nietzsche, sobretudo a leitura feita por Heidegger de Nietzsche.[5]

Em sua *História da loucura* (1961), Foucault realiza uma "análise arqueológica" da constituição em nossa tradição do conceito de loucura e da forma de tratá-la. A *arqueologia* como método de análise do discurso de um determinado saber ou ciência consiste em uma tentativa de tornar explícitos os elementos implícitos e subjacentes a este saber e ao conjunto de práticas que estabelece. Em *Nascimento da clínica* (1963), realiza uma arqueologia do saber médico e de sua formação na modernidade; em *As palavras e as coisas* (1966), uma arqueologia das ciências humanas, i.e., da concepção de natureza humana e de subjetividade que pressupõem. Sua *Arqueologia do saber* (1969), obra de caráter mais metodológico, discute a arqueologia como método de análise crítica do discurso. Crítica não no sentido de partir de um ideal de verdade e de conhecimento, mas enquanto método capaz de explicitar os elementos implícitos em um saber e de examinar seus efeitos e consequências, implicações e aplicações práticas.

Em *Vigiar e punir* (1976), Foucault introduz a noção de *genealogia*, que retoma e desenvolve na *Microfísica do poder* (1981) e na *História da sexualidade* (1976). Sua inspiração encontra-se na genealogia da moral de Nietzsche, em que este analisa a gênese ou origem dos valores morais em nossa tradição cultural de modo a desmistificá-los. A genealogia consiste assim em uma análise histórica da formação de determinados discursos que constituem um saber, ou saberes, relacionando-os com formas de exercício do poder em um contexto social e cultural específico. Não se trata tanto do poder institucional, de uma análise política do Estado, por exemplo, mas sobretudo de como o poder se exerce de forma difusa através de certas práticas em uma cultura e em um momento histórico determinados.

Foucault é, portanto, um crítico da tradição moderna, na medida em que questiona seus pressupostos epistemológicos e problematiza a concepção de filosofia como tendo por tarefa a fundamentação do conhecimento, da ética e da política. Suas análises procuraram revelar relações até então inexploradas, por exemplo, entre saberes como a medicina, sobretudo a psiquiatria, práticas sociais como o encarceramento, e concepções de subjetividade e natureza humana que se constituem ao longo da tradição moderna. Seu método de análise se pretende crítico em um sentido diverso do que encontramos na filosofia crítica de Kant à Escola de Frankfurt, já que visa explicitar o implícito e mostrar relações entre os saberes e as formas de exercer o poder em nossa cultura até então não detectadas. Seu trabalho se define, portanto, mais como história das ideias ou da cultura, como ele mesmo admite, do que como vinculado à filosofia em seu sentido estrito ou tradicional, uma vez que envolve um conhecimento profundo de história, uma análise documental, e uma pesquisa de campo, que normalmente não pertencem à metodologia filosófica. Entretanto, esse tipo de análise se caracteriza exatamente por sua natureza interdisciplinar e por romper com as fronteiras tradicionais das disciplinas e áreas do saber.

Gilles Deleuze (1925-95) também elaborou uma filosofia de caráter extremamente pessoal e original, procurando dar um novo sentido e uma nova dimensão ao filosofar, porém em uma perspectiva mais teórica e abstrata do que a de Foucault, embora ambos se admirassem mutuamente. Deleuze publicou inicialmente uma série de estudos de filósofos que na modernidade podem ser considerados, se não marginais, pelo menos críticos de tendências dominantes, como Spinoza, Leibniz, Hume e Nietzsche, apesar de ter escrito também um estudo sobre Kant. Posteriormente, em *Diferença e repetição* (1968) e na *Lógica do sentido* (1969), desenvolve sua concepção filosófica própria, em uma linha assistemática, problematizando a história da filosofia tradicional, seus pressupostos epistemológicos e ontológicos e propondo uma releitura dessa tradição, sobretudo a partir dos conceitos de *identidade* e *diferença*. Há, desse ponto de vista, uma clara influência da crítica de Heidegger ao "esquecimento do ser" na tradição filosófica. Em colaboração com Felix Guattari, Deleuze escreveu o *Anti-Édipo* (1972), questionando os pressupostos da psicanálise de Freud e provocando uma discussão crítica sobre o sentido da teoria freudiana e da prática psicanalítica, visando, ao contrário, "liberar o desejo". Deleuze busca nessas obras revalorizar o corpo e o desejo, que considera tradicionalmente excluídos da discussão filosófica. Em desenvolvimentos posteriores de sua obra, Deleuze procura também ultrapassar as fronteiras da filosofia tradicional, privilegiando as artes plásticas, a literatura e o cinema como formas de expressão.

Foi, no entanto, Jean-François Lyotard (1924-1998), vinculado ao mesmo contexto cultural de Foucault e Deleuze, que efetivamente introduziu na discussão filosófica a noção de *pós-moderno* com sua obra *A condição pós-moderna* (1979). Lyotard não é propriamente um crítico sistemático da modernidade, já que o pensamento pós-moderno não visa a uma crítica ou ruptura com a modernidade, mas sim uma superação da metodologia, dos pressupostos epistemológicos e das categorias de pensamento da modernidade, inclusive da própria ideia de crítica, buscando novos rumos para o pensamento. Os valores centrais da modernidade, a ênfase na ciência como modelo de saber, a ênfase na problemática da verdade e do conhecimento, a importância da política institucional, a formulação de grandes sistemas e quadros teóricos, a tarefa legitimadora da filosofia, todos estes elementos são considerados esgotados, devendo ser postos de lado em nome de um saber que valorize mais a criatividade, a inspiração e o sentimento, em que os valores estéticos passam a tomar o lugar do científico e do político na acepção tradicional. O contexto da sociedade econômica e tecnologicamente avançada do final do séc. XX exige novas análises e novas formas de pensar. Sem dúvida existe aí um paralelo com a crítica dos românticos no início do séc. XIX à tradição racionalista do Iluminismo, bem como uma influência das ideias de Nietzsche e Heidegger sobre a modernidade.

Habermas polemizou com Lyotard, em um texto intitulado "A modernidade: um projeto inacabado" (1980),[6] ao defender a validade das ideias do racionalismo e do Iluminismo, considerando-os de importância fundamental, sobretudo a teoria crítica em um sentido político e ético, para nosso contexto social. Trata-se de uma questão em aberto, ambas as posições encontrando adeptos e defensores; na realidade, refletindo a importância, no final do século XX, de se pensar o papel da filosofia em relação ao projeto de sociedade que se construirá no futuro.

Um dos mais significativos representantes contemporâneos do pensamento pós-moderno é o americano Richard Rorty (1931-2007). Em seu *A filosofia e o espelho da natureza* (1979), Rorty começa a elaborar uma importante crítica dos pressupostos epistemológicos e metodológicos da tradição moderna, que vem continuando a desenvolver. Nas partes I e II dessa obra critica exatamente a pretensão à formulação de verdades objetivas, a adoção da ciência natural como modelo de saber, a centralidade atribuída ao problema do conhecimento, examinando a concepção de mente e de subjetividade que pressupõem, discutindo teorias como as de Descartes, Locke e Kant, mostrando seus impasses e aporias. Questiona sobretudo a concepção da mente como capaz de representar a realidade, pressuposta por esses autores. Inclui a própria filosofia da linguagem de tradição analítica em sua crítica, uma vez que esta apenas teria traduzido em termos linguísticos a mesma problemática da filosofia da consciência do início da modernidade, conservando seu propósito legitimador e fundacionalista. Propõe então uma nova concepção de filosofia – inspirada em Heidegger, em Wittgenstein e no filósofo americano do pragmatismo, John Dewey (1859-1952) –, segundo a qual a filosofia deve abandonar sua pretensão a fundamentar o conhecimento e a legitimar práticas éticas e políticas, transformando-se em uma espécie de narrativa, de conversação ou discussão, em que se dá uma busca de significado e de esclarecimento, sempre em aberto, sem nenhuma tentativa de estabelecimento de uma teoria ou de um sistema. Apenas esse tipo de pensamento seria capaz de dar conta das profundas transformações na sociedade, na ciência e na cultura de nossa época.

O pensamento pós-moderno não se caracteriza como uma corrente ou doutrina nem possui propriamente uma unidade teórica, metodológica ou sistemática, já que em parte visa romper exatamente com isso. Na verdade, o ponto comum entre esses autores parece ser mais a necessidade de encontrar novos rumos para o pensamento, concebendo a filosofia de forma ampla e não linear, mais próxima das artes do que da ciência, não se pretendendo mais como um saber ou um ponto de vista privilegiado, mas como uma prática discursiva, uma forma de reflexão, um entendimento de nossa época e de nossa experiência que dê conta de suas rápidas transformações, de sua especificidade e de sua complexidade.

QUADRO SINÓTICO

- O pensamento contemporâneo resulta de uma tentativa de encontrar respostas à crise do projeto filosófico da modernidade.
- Suas principais correntes visam seja atualizar o racionalismo e o fundacionalismo característicos da filosofia moderna, seja romper com esta tradição em direção a novas alternativas a partir da influência de filósofos como Heidegger e Wittgenstein.
- Um dos aspectos centrais dessa crise é o questionamento da subjetividade como ponto de partida da tentativa de fundamentação do conhecimento e da ética.
- A linguagem passa a ser vista, em diferentes perspectivas, como uma alternativa para a reflexão filosófica.

LEITURAS ADICIONAIS

CARVALHO, Maria Cecília M. de (org.). *Paradigmas filosóficos da atualidade.* Campinas, Papiros, 1989.

DELACAMPAGNE, Christian. *História da filosofia no séc. XX*. Rio de Janeiro, Zahar, 1997.

DESCAMPS, Christian. *As ideias filosóficas contemporâneas na França*. Rio de Janeiro, Zahar, 1991.

NUNES, Benedito. *A filosofia contemporânea*. São Paulo, Ática, 1991.

STEGMÜLLER, Wolfgang. *A filosofia contemporânea*. São Paulo, EPU/EDUSP, 1977.

Textos de Sartre, dos filósofos analíticos, da Escola de Frankfurt, de Popper, Heidegger e Wittgenstein (*Investigações filosóficas*) na col. "Os Pensadores" (São Paulo, Abril Cultural).

DELEUZE, Gilles. *O que é a filosofia?* São Paulo, Ed. 34.

FOUCAULT. Michel. *História da loucura*. São Paulo, Perspectiva, 1978.

_____. *O nascimento da clínica*. Rio de Janeiro, Forense, 1977.

_____. *As palavras e as coisas*. Lisboa, Portugália, 1968.

_____. *A arqueologia do saber*. Petrópolis, Vozes, 1972.

_____. *Microfísica do poder*. Rio de Janeiro, Graal, 1981.

HEIDEGGER, M. *Ser e tempo*. Petrópolis, Vozes, 1989.

LYOTARD, François. *O pós-moderno*. Rio de Janeiro, José Olympio, 1986.

RORTY, Richard. *A filosofia e o espelho da natureza*. Rio de Janeiro, Relume-Dumará, 1994.

SARTRE, J.-P. *O ser e o nada* (1943), Petrópolis, Vozes, 1997.

WITTGENSTEIN, L. *Tractatus logico-philosophicus*. São Paulo, EDUSP, 1993.

Comentários sobre filósofos e correntes contemporâneas:

BIRMAN, Joel. *Freud e a filosofia*. Rio de Janeiro, Zahar, 2003.

CHAUVIRÉ, Christiane. *Wittgenstein*. Rio de Janeiro, Zahar, 1991.

DARTIGUES, André. *O que é a fenomenologia?* São Paulo, Centauro, 2005.

GLOCK, Hans-Johann. *Dicionário Wittgenstein*. Rio de Janeiro, Zahar.

HACKER, P.M.S. *Wittgenstein*. São Paulo, Unesp, 1999.

LOPARIC, Zeljko. *Heidegger*. Rio de Janeiro, Zahar, 2004.

MACHADO, Roberto. *Ciência e saber: a trajetória da arqueologia de Michel Foucault*. Rio de Janeiro, Graal, 1982.

MARCONDES, Danilo. *Filosofia analítica*. Rio de Janeiro, Zahar, 2004.

MONK, Ray. *Bertrand Russell*. São Paulo, Unesp, 1999.

NOBRE, Marcos. *A teoria crítica*. Rio de Janeiro, Zahar, 2004.

NUNES, Benedito. *Heidegger e Ser e Tempo*. Rio de Janeiro, Zahar, 2004.

OLIVA, Alberto. *Filosofia da ciência*. Rio de Janeiro, Zahar, 2004.

RAPHAEL, Frederic. *Popper*. São Paulo, Unesp, 1999.

QUESTÕES E TEMAS PARA DISCUSSÃO

1. Quais características centrais da crise da modernidade no séc. XIX terão consequências importantes para o desenvolvimento do pensamento contemporâneo?

2. Como entender as críticas à noção de subjetividade neste contexto?
3. Como e por que a linguagem surge como alternativa para o tratamento das questões filosóficas no contexto contemporâneo?
4. Em que sentido podemos falar dos "herdeiros da modernidade"?
5. Qual a relação da filosofia de Heidegger com este contexto de crise da modernidade?
6. Como entender as mudanças na concepção de linguagem da primeira para a segunda fase do pensamento de Wittgenstein?
7. Qual a concepção de Wittgenstein da tarefa da filosofia?
8. Qual o sentido do projeto filosófico do pensamento "pós-moderno"?

CONSIDERAÇÕES FINAIS

Uma *Iniciação à história da filosofia* como esta não pode ter propriamente uma conclusão. Se olharmos em retrospecto para a tradição filosófica, descobrimos apenas que a filosofia está sempre ainda por fazer. Os grandes filósofos nos legaram sobretudo um conjunto de questões a serem retomadas e um instrumental teórico e conceitual para rediscuti-las. Nossa tarefa é seguir esses caminhos, buscando, ao mesmo tempo, novos caminhos.

A leitura histórica da tradição nos mostra que os grandes filósofos deixaram a sua marca e influenciaram o desenvolvimento da filosofia na medida em que tiveram ideias originais, foram criativos, abrindo novas possibilidades para o pensamento, mas também na medida em que tiveram bons leitores, i.e., seguidores e discípulos que souberam, inclusive criticamente, interpretar seu pensamento, tomá-los como pontos de partida para novos desenvolvimentos e encontrar novas dimensões e novas aplicações de suas obras. Vemos o melhor exemplo disso no período clássico com Platão em relação a Sócrates e, por sua vez, com Aristóteles em relação a Platão. Filosofias que pareciam praticamente extintas, como o ceticismo antigo, ressurgem com novo vigor porque encontraram novos leitores; o início do período moderno é um exemplo disso. Assim, *tradição* e *criação* não se excluem, mas se fecundam mutuamente.

NOTAS

· **PARTE I: FILOSOFIA ANTIGA** · · · · · · · · · · · · · · · · · ·

AS ORIGENS

1. O surgimento da filosofia na Grécia antiga

1. A criação do mundo segundo o Livro do Gênesis, no Velho Testamento, talvez seja para nós o melhor exemplo disso.
2. Trata-se aqui de características bastante genéricas do pensamento mítico, comuns a praticamente todas as culturas em que este se encontra, não sendo portanto específicas dos mitos gregos. Podemos encontrá-las tanto na cultura dos índios da América pré-colombiana quanto nas dos povos de origem indo-europeia, asiática ou africana, embora, é claro, em cada uma destas culturas manifestando-se de forma específica. Uma análise clássica do pensamento mítico encontra-se em Claude Lévi-Strauss, *O pensamento selvagem.*
3. Segundo J. Burnet, *Early Greek Philosophy*, Londres, Macmillan, 1981: "Os gregos não começaram a sentir a necessidade de uma filosofia da natureza e da ética a não ser após o fracasso de suas primitivas cosmovisões e de suas regras tradicionais de vida."
4. Na verdade, podemos dizer que o mito permanece até mesmo em nossa sociedade urbana, industrial, secular. Possuímos também os nossos mitos e os nossos heróis. Atletas, astros do cinema e da TV, líderes políticos continuam a exercer fascínio sobre nós e a representar valores e aspirações do homem contemporâneo.
5. Na época, reino da Lídia, com o qual houve uma convivência relativamente pacífica. Posteriormente (início do séc. V a.C.), este reino foi conquistado pelos persas, o que marcou o declínio e mesmo o fim das cidades gregas da Jônia. É importante observar que as colônias gregas tanto do mar Egeu quanto do sul da Itália não eram colônias no sentido do colonialismo moderno, que se dá com a colonização da América e da África pelos países europeus do séc. XVI em diante. Eram, na verdade, cidades fundadas por navegadores oriundos das cidades gregas, porém com autonomia política e econômica em relação às cidades de onde se originaram seus fundadores.
6. Diz Heráclito no famoso fragmento B30: "Este cosmo, o mesmo para todos, nenhum deus ou homem fez, mas foi, é, e será para sempre."
7. Karl Popper, "O balde e o holofote" (apêndice), in *Conhecimento objetivo*, São Paulo, Itatiaia/Edusp, 1974.

2. Os filósofos pré-socráticos

1. Na verdade foi o historiador da filosofia alemão Eberhard que a utilizou pela primeira vez em sua obra *Vorsokratische Philosophie* (1788).
2. Demócrito de Abdera, p.ex., embora Platão não faça menção explícita a ele.
3. Simplício é uma das principais fontes, sobretudo em um famoso comentário à *Física* de Aristóteles.
4. E não pedaços ou partes do manuscrito ou do texto originário, como se poderia supor.
5. Encontramos uma passagem na doxografia que diz: "Dez é a própria natureza do número. Todos os gregos e todos os bárbaros contam até dez e, tendo chegado ao número dez, revertem novamente para a unidade. E além disso, segundo os pitagóricos, o poder do número dez se encontra no número quatro, a tétrade. A razão disso é que se começamos com a unidade e adicionamos os números subsequentes até quatro, o resultado é o número dez." Citado por Kirk e Raven, *Os filósofos pré-socráticos*, p.280.
6. Cerca de cem fragmentos. A melhor edição em português é a de Damião Berge, *O logos heraclítico – introdução ao estudo dos fragmentos*. Rio de Janeiro, INL, 1969.
7. Nesse momento ainda não se distingue com clareza o movimento enquanto deslocamento espacial, do movimento enquanto mudança, alteração. Essa distinção só será de fato desenvolvida por Aristóteles no tratado da *Física*.
8. Sobre a importância dessa noção nos primórdios da filosofia grega, ver I, A, a. Logos, entretanto, é um termo que tem diferentes sentidos e é usado de diferentes maneiras, como razão, proporção, ordem cósmica, mas também como narrativa, argumento, discurso, frase, proposição, definição. Em Heráclito, parece indicar a unidade que constitui a melhor explicação para os fenômenos.
9. Referências à metáfora do rio aparecem também em 12 e 49a. Platão cita este fragmento no *Crátilo* (402a) e no *Teeteto* (153 a-d).
10. Ver a esse respeito L. Sichirollo, *Dialéctica*, Lisboa, Presença, 1980, bem como Carlos Cirne-Lima, *Dialética para principiantes*, Porto Alegre, EDIPUCRS, 1996.
11. Daí o termo "monismo", devido à concepção de uma realidade única (*monos*).
12. Sobre interpretações recentes do paradoxo de Zenão, ver A. Grünbaum, *Modern Science and Zeno's Paradoxes*, Londres, 1967; e A. Koyré, "Observações sobre os paradoxos de Zenão", em *Estudos de história do pensamento filosófico*, Rio de Janeiro, Forense Universitária, 1991.
13. Em um texto perdido, o diálogo *Sofista*, a referência é dada por Diógenes Laércio em seu capítulo sobre Zenão. Aristóteles dedicou seu tratado dos *Tópicos* à questão da dialética.

3. Sócrates e os sofistas

1. É verdade que a preocupação com questões de ética, de política e de conhecimento já aparece explicitamente em alguns pré-socráticos, como Demócrito e Heráclito. Por outro lado, alguns sofistas, dentre eles Protágoras e Górgias, mantiveram também um interesse por questões sobre a natureza. Há, apesar disso, uma mudança clara de ênfase e de importância em relação a essas questões na passagem do pensamento dos pré-socráticos para o de Sócrates e o dos sofistas.
2. A situação política não era, entretanto, muito estável; o próprio governo de Péricles (de 443 a 429 a.C.), a oligarquia de 411 a.C. e o governo dos "Trinta Tiranos" em 404 a.C. são exemplos disso.
3. O modo de argumentar típico dos sofistas, segundo Aristóteles, sobretudo em seu tratado *Refutações sofísticas*.

4. Ver a este respeito, p.ex., Barbara Cassin, *Ensaios sofísticos*, São Paulo, Siciliano, 1990.
5. Segundo lemos nos diálogos platônicos *Protágoras* (341a4) e *Ménon* (96d7). A numeração entre parênteses, encontrada em todas as boas edições dos diálogos de Platão, corresponde à paginação da edição de Henri Étienne (Stephanus), Paris, 1578, usada como padrão para uniformizar as citações, tendo em vista o grande número de edições dos *Diálogos*. As letras (a, b, c, d, e) às vezes também encontradas, referem-se às colunas dessa edição, e o número após as letras, às linhas do texto.
6. Cuja fonte é o diálogo de Platão *Teeteto* (l52a), em que essa concepção é criticada.
7. Dos quais se conservaram na íntegra os de Platão e Xenofonte.
8. Sobre estes episódios, ver os diálogos de Platão: *Apologia*, ou *Defesa de Sócrates*, *Críton* (Sócrates na prisão) e *Fédon* (que contém seu último discurso).
9. Há uma edição das *Memorabilia* (*Memoráveis*) na coleção "Os Pensadores", São Paulo, Abril Cultural, 1975.
10. Também abordado no diálogo *Protágoras*. O termo grego *areté*, traduzido por "virtude", não deve ser confundido com o sentido cristão da virtude como pureza, piedade, recato, mas entendido como a excelência naquilo que lhe é próprio, as qualidades de algo ou alguém que o tornam superior.

O PERÍODO CLÁSSICO

4. Platão

1. Ver a esse respeito F. Châtelet, *Platão*, Lisboa, Res, s/d, cuja interpretação sigo em linhas gerais.
2. Nas célebres palavras do filósofo norte-americano Alfred North Whitehead: "A melhor caracterização geral da tradição filosófica europeia é que ela consiste em uma série de notas de pé de página a Platão" (*Process and Reality*, 1929).
3. Segundo formulação de Marilena Chauí. Ver a esse respeito *Introdução à história da filosofia*. São Paulo, Brasiliense, vol. I, 1994. cap. IV, 2.
4. A teoria das formas pode ser considerada o núcleo do platonismo. Os termos empregados por Platão são *eidos* e *idea*, normalmente traduzidos por "ideia" ou "forma". Prefiro o termo "forma" devido à conotação que o termo "ideia" passou a ter para nós sob influência da filosofia de Descartes, inteiramente distinta do sentido platônico.
5. Sobre as várias formulações da teoria das formas, ver o estudo clássico de D. Ross, *Plato's Theory of Ideas*, Oxford, Clarendon Press, 1951.
6. Quanto à ordem cronológica dos diálogos, motivo de grande controvérsia entre os especialistas em Platão, baseio-me nas tabelas apresentadas por D. Ross, na obra acima mencionada (n. 5) e em Karl Bormann, *Platon*, Verlag Karl Alber, Freiburg/Munique, 1973. Os subtítulos são provavelmente acréscimos posteriores e se encontram em Diógenes Laércio. Alguns especialistas consideram que o *corpus platonicum*, ou seja, a obra de Platão tal como a conhecemos, foi organizado por Pólemon, que liderou a Academia de 314 a 276 a.C.
7. Esse termo, contudo, só aparecerá mais tarde como título de uma das obras mais importantes de Aristóteles. No capítulo seguinte faremos algumas considerações a respeito.
8. Essa hipótese será retomada posteriormente em diferentes momentos na tradição filosófica, por exemplo em santo Agostinho, em Descartes, e mesmo contemporaneamente, no campo da linguística, por Noam Chomsky.

9. Note-se que Sócrates escolhe para seu experimento um **escravo**, alguém, portanto, sem nenhuma cultura, sem ter passado pela *paideia*; além disso, trata-se de um **jovem escravo**, portanto, também sequer sem experiência ou maturidade intelectual.
10. Segundo o qual no triângulo retângulo o quadrado da hipotenusa é igual à soma do quadrado dos catetos.
11. No texto *Platons Lehre von der Wahrheit* (*A doutrina de Platão sobre a verdade*), 1947.
12. Há uma passagem significativa a esse respeito no *Fédon* (249d): "Desprendido das paixões humanas e ocupado com as coisas divinas, o filósofo torna-se objeto das críticas da multidão que o toma por insensato, e não se apercebe que se trata de um homem inspirado."

5. Aristóteles e o sistema aristotélico

1. Reale, Giovanni. *História da filosofia antiga*. Vol. II, São Paulo, Loyola, 1994, p.336.
2. O texto dos *Segundos analíticos II*, 19 (100a3-9) trata de temática semelhante.
3. *Ars* foi a tradução latina do grego *téchne*.
4. Ver a relação entre a metafísica e as demais ciências no sistema de Aristóteles.

6. O helenismo e suas principais correntes: estoicismo, epicurismo, ceticismo

1. De "Hélade", termo que designava a Grécia, e "helenos", os gregos.
2. Alguns historiadores da filosofia, por isso mesmo, chegam a falar do período "helenístico-romano".
3. Sobre a biblioteca e o *Museum* de Alexandria, ver Luciano Cânfora, *A biblioteca desaparecida*. São Paulo, Companhia das Letras, 1989.
4. No Antigo Testamento em 2 *Macabeus* (4) encontramos uma referência explícita à influência da cultura helênica em toda a região da Síria e da Palestina.
5. Ver, p.ex., o "Mito do Sol" no livro VI da *República* de Platão, e a visão do Sol pelo prisioneiro na Alegoria da caverna (ver cap. 4).
6. Assim como na Alegoria da caverna o Sol é causa de tudo, até mesmo do que se passa na caverna (ver texto citado na nota anterior, I.4).
7. A distinção entre Média e Nova Academia, encontrada na Antiguidade, não é mais usualmente aceita pelos historiadores modernos.
8. Já Sexto Empírico (*Hipotiposes* I, 221-5) mantém esta posição.
9. Paradoxos que se originam aparentemente da escola megárica e visam estabelecer o caráter vago de certas noções. No caso da pilha de sal, como determinar quantos grãos formam uma pilha? Caso se subtraia da pilha grão por grão, em que ponto ela deixaria de ser uma pilha?
10. Ver Sexto Empírico, HPI, cap. IV.
11. "A suspensão [*époche*] é um estado mental de repouso [*stasis dianoias*] no qual não afirmamos nem negamos nada" (HPI, 10).

PARTE II: FILOSOFIA MEDIEVAL

A FORMAÇÃO DO MUNDO OCIDENTAL

2. O surgimento da filosofia cristã no contexto do helenismo

1. Ver a discussão da importância da noção de ideia em Descartes (III. 2).
2. Aparentemente a primeira comunidade a se autodenominar cristã (*christianoi*) foi a de Antioquia, na Síria (primeira metade do séc. I), um importante centro helenístico. Normalmente o termo utilizado por essas comunidades era "nazarenos" ou "galileus". No entanto, no Império Romano, não se distinguia claramente entre estes e os judeus, ambos praticantes de religiões monoteístas e resistindo à adoração dos deuses oficiais. As perseguições em grande parte deviam-se a isso.
3. A *koiné*, a língua grega falada em toda esta região e que é a língua das *Epístolas de são Paulo* e do *Evangelho de são João*. Posteriormente, no Império Romano, o latim terá este papel, embora na região do Mediterrâneo oriental a *koiné* mantivesse sua importância.
4. Embora, evidentemente, este não seja historicamente o primeiro império – temos os exemplos dos assírios, babilônios, persas e egípcios, que fizeram grandes conquistas territoriais – podemos dizer que é no contexto do helenismo que se configura a *ideia* de império que procuramos caracterizar.
5. Em 313 o Edito de Milão põe fim às perseguições aos cristãos. O imperador Teodósio (347-395) torna o cristianismo religião oficial do império e determina a todos os seus súditos que sigam os dogmas estabelecidos pelo Concílio de Niceia.
6. Ver a esse respeito o artigo de Ulpiano Vázquez, S.J. "Filosofia e escritura na primeira escola cristã", in *Síntese, nova fase*, n.55, v. 18, 1991, de onde a citação é extraída.
7. São Paulo, *Coríntios* 1, 17, 25.
8. Citado em *De magistro* (XI).
9. Sendo retomada, por exemplo, na *Lógica de Port-Royal*, no séc. XVII.
10. Deriva sua inspiração de são João (1, 9): "O Verbo era a luz, a verdadeira luz que, vindo ao mundo, ilumina todo homem."
11. Ilustrativo disto é seu *Sermão sobre a tomada de Roma*, invadida em 410 pelos visigodos de Alarico.

3. O desenvolvimento da escolástica

1. Na verdade, nesse momento o cristianismo ainda não é plenamente hegemônico nem como religião, nem como filosofia. Os visigodos na Península Ibérica só se converterão no séc. VI e os lombardos no norte da Itália apenas no séc. VII. Por outro lado, o grande filósofo pagão neoplatônico Praclo nasce em 412.
2. Há exceções, é claro, como santo Isidoro de Sevilha (560-633), autor das *Etimologias*, espécie de enciclopédia da época, e do tratado das *Sentenças*, uma espécie de síntese teológica. Outro pensador que deve ser mencionado é o Venerável Beda (673-735), na Inglaterra, autor de um *Tratado da natureza* inspirado na *Historia naturalis* de Plínio, autor romano do séc. I.
3. É interessante notar a coincidência de datas entre a fundação da primeira grande ordem monástica do Ocidente e o fechamento das escolas pagãs de filosofia no Império do Oriente pelo imperador Justiniano.

NOTAS

4. Uma outra vertente, também importante do ponto de vista cultural, foi a irlandesa, a partir de mosteiros fundados por são Columbano (sécs. VI-VII) na Irlanda e que se difundiram pela França e norte da Itália.
5. O lema de são Bento era, precisamente, *Ora et labora* ("Reza e trabalha").
6. Seu nome Erígena, ou Eriúgena, significa "originário do Eire", a Irlanda.
7. Os escolásticos o conheciam como *ratio Anselmi*, argumento de Anselmo.

4. A filosofia árabe: um encontro entre Ocidente e Oriente

1. Vários reinos foram estabelecidos nessa região. Podemos dar como exemplo o reino da Bactria no atual Afeganistão (na cidade de Ai Khanum têm sido feitas escavações arqueológicas recentemente), que durou cerca de dois séculos (IV-III a.C.).
2. Conquistaram toda a Península Ibérica, exceto a região de Astúrias, ao norte.
3. Ocuparam também a Sicília no sul da Itália entre os sécs. IX e XI, derrotando os bizantinos, senhores da ilha, e sendo posteriormente derrotados pelos normandos.
4. Merecem destaque alguns pensadores da chamada escola de tradutores de Toledo, fundamentais nesse processo de intermediação entre a filosofia árabe, sua interpretação de filósofos gregos e a filosofia cristã latina, como Domingos Gundissalino, Gérard de Cremona e João de Espanha (Ibn Daud).
5. O ensinamento da filosofia de Aristóteles em Paris foi objeto de várias proibições já desde o início do séc. XIII. Ver a este respeito L.A. De Boni, "As condenações de 1277: os limites do diálogo entre a filosofia e a teologia", in L.A. De Boni, *Lógica e linguagem na Idade Média*, EDPUCRS, Porto Alegre, 1995.
6. Para uma análise da questão que relativiza a oposição entre essas duas correntes, ver o artigo de A. Koyré, "Aristotelismo e platonismo no pensamento medieval", in *Estudos de história do pensamento científico*. Rio de Janeiro, Forense, 1982.

5. São Tomás de Aquino e o aristotelismo cristão

1. Destacam-se nos sécs. XI-XII, sobretudo na França, a escola de Chartres (com Bernardo de Chartres, Gilberto de Poitiers, Teodorico de Chartres, Guilherme de Conches), um centro importante de platonismo, e a de são Victor (Hugo de são Victor, Ricardo de são Victor), uma abadia agostiniana onde se desenvolve uma corrente mística e espiritualista.
2. Se tomarmos como base a Faculdade de Artes de Paris, o *trivium* consistia de gramática estudada a partir de Prisciano e Donato, na dialética que se baseava no *Órganon* de Aristóteles e no *Isagoge* de Porfírio, traduzidos por Boécio, e da retórica estudada com base no *De Inventione* de Cícero. No *quadrivium*, a geometria consistia nos *Elementos* de Euclides, a aritmética na *Institutio arithmetica*, de Boécio, a astronomia no *Almagesto* de Ptolomeu, e a música na *Institutio musica*, também de Boécio. Com algumas variações este era o modelo usual de currículo.
3. De fato a bula *Aeterni patris* do papa Leão XIII em 1879 estabeleceu isso.
4. Trata-se de uma interpretação de Aristóteles fortemente marcada pela influência dos comentários de Averróes e considerada incompatível com o cristianismo.
5. Essa posição, conhecida como "via negativa", sustenta que uma vez que não se pode ter um conhecimento direto de Deus – isto é, de sua essência – devido à imperfeição e limitação humanas, só podemos descrevê-lo pelo que não é. São Tomás cita, a esse respeito, são João Damasceno (675-749), um teólogo grego, cujo *De fide orthodoxa* parece ser a origem da concepção de uma teologia negativa.

6. Guilherme de Ockham e a crise da escolástica

1. O *Livro das sentenças* de Pedra Lombardo (1100-60), uma espécie de síntese das grandes questões filosóficas e teológicas da época, foi uma das obras mais típicas da escolástica, e uma das mais comentadas nesse período, chegando a fazer parte do currículo dos cursos de teologia.
2. Este é o período retratado no famoso romance de Umberto Eco, *O nome da rosa*, havendo semelhanças entre o personagem principal, Guilherme de Baskerville, e Ockham.
3. Ver a este respeito J.A.Camargo R. De Souza, "Ockham e a sua época", *Leopoldianum*, v. IX, 26, 1982.
4. Ver *Suma teológica*, parte I, questões 84-86.
5. Esta fórmula, atribuída a Ockham, não se encontra, no entanto, sob tal formulação em sua obra conhecida.
6. Por exemplo, o lógico alemão G. Frege (1848-1925), que discutiremos adiante (IV).

· · · · · · · · · · · · · · · · · **PARTE III: FILOSOFIA MODERNA** · · · · · · · · · · · · · · · · ·

FASE INICIAL

1. As origens do pensamento moderno e a ideia de modernidade

1. Geralmente inspiradas no modelo biográfico e de coleção de pensamentos e síntese das principais ideias encontrado em Diógenes Laércio (séc. III), *Vidas e doutrinas dos filósofos ilustres*, Brasília, Ed. UnB, 1988.
2. *Vorlesungen über die Geschichte der Philosophie*, 3 v., Berlim, 1833-36.
3. *Introdução à história da filosofia*, seç. C, "A história da filosofia", I: "Divisão da história da filosofia", Coimbra, ed. A. Amado, 1980. O discípulo de Hegel, Kuno Fischer, foi autor da primeira *História da filosofia moderna* (*Geschichte der neueren Philosophie*, 1854). Note-se o uso do adjetivo *neu* (novo) significando "moderno".
4. Fontenelle foi autor de uma *Digression sur les anciens et les modernes* (1688), sua eleição para a Academia Francesa, em 1691, é saudada como uma vitória dos modernos.
5. O escritor francês Jules Michelet já utilizara o termo *renaissance* para designar este período histórico em sua *História da França* (1850).
6. Exemplos disso são as recentes *Renaissance Philosophy*, org. por B. Copenhaver e C.B. Schmitt (v.3 da *History of Western Philosophy*, Oxford University Press, 1992) e a *Cambridge History of Renaissance Philosophy* (Cambridge, Cambridge University Press, 1988).
7. Bruni foi autor de obras sobre Aristóteles, valorizando seu pensamento ético e político e afastando-se das interpretações escolásticas.
8. Sua queda, que tradicionalmente marca o fim do período medieval, dá-se em 1453, com a conquista de Constantinopla pelos turcos do sultão Maomé II.
9. Destaca-se aí o ensaio sobre "Os canibais", em que discute os tupinambás do Brasil com base no relato de Jean de Léry, *Viagem à terra do Brasil* [1578], São Paulo – Belo Horizonte, Itatiaia-Edusp, 1980.
10. Lutero, *The Babylonish Captivity of the Church*, citado em *Documents of the Christian Church* (ver R. Popkin, op. cit.), p.280.
11. "Lutero diante da Dieta de Worms", citado em *Documents of the Christian Church*, p.285.

12. Ver "A crise intelectual da Reforma", cap. I, in R. Popkin, *O ceticismo de Erasmo a Spinoza*.
13. A análise clássica deste fenômeno se encontra em M. Weber, *A ética protestante e o espírito do capitalismo* (1904-5).
14. Embora, aparentemente, a expressão "revolução científica" só tenha sido usada pela primeira vez pelo cientista inglês Robert Boyle em sua obra *Considerations Touching the Usefulness of Experimental Natural Philosophy* de 1671.
15. Aristarco de Samos (séc. III a.C.) e, antes dele, possivelmente, Heráclides do Ponto, um discípulo de Platão.
16. Inspirado na noção de epiciclo introduzida pelo matemático e astrônomo Apolônio de Perga (séc. III a.C.).
17. Ver a esse respeito o texto de Aristóteles, *Metafísica* I, 1, examinado em I, 5.
18. Sobre essa questão destacamos o estudo clássico de A. Koyré, *Do mundo fechado ao universo infinito*.
19. Em *O ceticismo de Erasmo a Spinoza*.

2. Descartes e a filosofia do cogito

1. Dentre os quais Arnauld, Mersenne, Gassendi e Hobbes.
2. Arquimedes, um físico da Antiguidade, teria dito que se lhe dessem um ponto de apoio externo e uma alavanca, seria capaz de deslocar a Terra.
3. Ver a este respeito *Princípios da filosofia*, Prefácio, e *Discurso*, 1ª parte.
4. Trata-se de uma tese inatista, ou seja, temos conhecimentos ou ideias inatas que pertencem à nossa natureza e não são adquiridas pela experiência, no mesmo sentido da teoria platônica da reminiscência e da teoria agostiniana da luz natural, sendo que é esta última que influencia mais diretamente o pensamento de Descartes.
5. Para isso, procurarei levar em conta as três versões do *argumento do cogito*, encontradas respectivamente no *Discurso do método* (4ª parte), nas *Meditações* (1ª e 2ª partes) e nos *Princípios da filosofia* (arts. 7-10), que contêm material comum, embora com formulações diversas. Privilegiarei, contudo, é claro, as *Meditações* já que, segundo o próprio Descartes, são dirigidas aos filósofos e teólogos, enquanto o *Discurso* visa os cientistas, servindo de introdução aos três tratados científicos anteriormente mencionados, e os *Princípios* são voltados para o público em geral.
6. Os dois primeiros inspiram-se em grande parte nos *Tropos* de Enesidemo, tais como os conhecemos através das *Hipotiposes pirrônicas* de Sexto Empírico (ver I. 6). O último é considerado uma das grandes contribuições de Descartes à formulação de argumentos céticos.
7. A possibilidade de Deus nos enganar já havia sido discutida no pensamento medieval por filósofos como Guilherme de Ockham, Gregório de Rimini e outros, embora em uma perspectiva diferente da de Descartes. Sobre isto ver D. Marcondes, "Há ceticismo no pensamento medieval?", in L.A. de Boni, *Lógica e linguagem na Idade Média*.
8. Como podemos ver nas "Objeções e respostas" em apêndice ao texto.
9. Por exemplo as de G. Ryle, *The Concept of Mind*, Londres, Hutchinson, 1949; J. Hintikka, "*Cogito*: Inference or Performance", in *Knowledge and the Known: Historical Perspectives in Epistemology*, Dordrecht, D. Reidel, 1974; e, mais recentemente, Antonio R. Damásio, *O erro de Descartes*. São Paulo, Companhia das Letras, 1996.
10. Descartes inclui no pensamento a imaginação, a vontade e a própria sensação, definindo-o em um sentido amplo. "Mas o que é uma coisa que pensa? É uma coisa que duvida, que entende, que concebe, que afirma, que nega, que deseja, que não deseja, que imagina também e que sente" (Segunda Meditação).

11. Este princípio que define a verdade como correspondência entre o intelecto e o real remonta a Platão e a Aristóteles, e foi adotado pela escolástica medieval.
12. Pierre Gassendi (1592-1655) foi um grande filósofo e físico contemporâneo de Descartes, tendo defendido uma teoria atomista inspirada nos epicuristas. Marin Mersenne (1586-1648) frequentou como Descartes o colégio de La Flèche, e foi um dos principais líderes intelectuais franceses em sua época. Ambos adotam o que Popkin, op. cit. (cap. VII), denominou "ceticismo construtivo ou mitigado", considerando a ciência hipotética.

3. A tradição empirista: a experiência como guia

1. Ver a este respeito o texto de Aristóteles (*Metafísica* I, 1), analisado acima (I, 5).
2. Esta é a tese de Lucien Goldmann em seu *As origens da dialética*, Rio de Janeiro, Paz e Terra, 1967, parte I, cap. I: "A filosofia clássica e a burguesia ocidental" e parte II, cap. I: "A filosofia crítica e seus problemas".
3. Em seu *An Examination of P. Malebranche's Opinion of Seeing All Things in God*, publicado postumamente.
4. Sobretudo a partir do séc. XVIII, algumas discussões chegando até mesmo ao período contemporâneo.
5. *Investigação sobre o entendimento humano*, seç. VII, parte I, § 50.
6. Op. cit., seç. VII, parte I, § 51, e *Tratado sobre a natureza humana*, parte III, seçs. III, IV, XIV.
7. *Tratado sobre a natureza humana*, parte IV, seç. VI.

4. A tradição racionalista pós-cartesiana

1. Ver a este respeito G. Rodis-Lewis, *Descartes et le rationalisme*. Paris, PUF, 1992.
2. A história registra um encontro entre Descartes e Pascal em Paris em 1647, em que teriam discutido questões científicas.
3. Afinal, Luís XIV é o autor da famosa frase: "O Estado sou eu."
4. Primeira edição póstuma em 1670.
5. O jansenismo defendia uma tese – inspirada em santo Agostinho e próxima ao calvinismo – acerca da necessidade da graça divina para a salvação, independentemente dos méritos do homem, bem como uma salvação restrita a apenas alguns homens, os eleitos ou escolhidos. Essa tese foi condenada pela Igreja como herética.
6. P.ex. Lucien Goldmann em *Le Dieu caché*, (Paris, Gallimard, 1969) um estudo sobre Racine, Pascal e a ética jansenista.
7. *Tratado sobre a reforma do intelecto*, seçs. 69, 71, 72.
8. Critica Descartes em suas *Animadversações sobre os princípios da filosofia* de Descartes e Locke em seus *Novos ensaios sobre o entendimento humano* (1701-4, publicados postumamente em 1765).

5. A filosofia política do liberalismo e a tradição iluminista

1. Ver a este respeito III.3. No presente capítulo examinaremos apenas as ideias políticas dos autores aqui considerados.
2. Esta é a interpretação de C.B. Macpherson no clássico, *A teoria política do individualismo possessivo*, cap. II, seç. 2.i.
3. Ver a esse respeito P. Rossi, *Os filósofos e as máquinas*. São Paulo, Companhia das Letras, 1989.

NOTAS

4. Publicado em Londres em 1680; escrito por volta de 1630.
5. Famosa inclusive por ser citada por Marx em *Sobre a questão judaica*. Ver F.A. Santos, *A emergência da modernidade*, Petrópolis, Vozes, 1990, p.128.
6. Em francês o termo usado é *Lumieres*; em inglês, *Enlightenment*; em alemão, *Aufklärung*; em espanhol, *Ilustración*; também se usa em português o termo "Esclarecimento".
7. Cf. a esse respeito a análise de Feuerbach da religião e a crítica de Marx a essa interpretação em III.8.
8. Ver, p.ex., a posição da Escola de Frankfurt da qual é representativa a obra de T. Adorno e M. Horkheimer, *A dialética do esclarecimento*, Rio de Janeiro, Zahar, 1985.

A CRISE DA MODERNIDADE

6. Kant e a filosofia crítica

1. Apesar de ter nascido e vivido toda a sua vida na cidade de Koenigsberg (atual Kaliningrado na Rússia) na Prússia Oriental, em cuja universidade estudou e da qual foi professor, chegando a reitor, Kant teve um grande prestígio intelectual em sua época e exerceu forte influência sobre os rumos subsequentes do pensamento alemão.
2. É relevante a esse respeito o texto de Kant *Os progressos da metafísica na Alemanha desde Leibniz e Wolff*, escrito por volta de 1793 e que permaneceu inacabado, sendo editado postumamente. Edição portuguesa: Lisboa, Edições 70, 1985.
3. O termo "estética" só começa de fato a ser empregado com o sentido de uma teoria da arte pelo filósofo alemão A. Baumgarten (1714-62), uso do qual Kant diverge em nota no início da *Estética transcendental*.
4. Segundo a *Crítica da razão pura*, §§ 9 e 10 e os *Prolegômenos* § 21.
5. Sigo a análise de S. Korner, *Kant*, Penguin Books, Harmondsworth, 1955, p.53.
6. Ver em III.2 a discussão sobre a natureza do *cogito*. O questionamento de Kant à concepção de Descartes é retomado no "Paralogismo da substancialidade" na *Dialética Transcendental*.
7. Ver III.3 sobre o empirismo, a crítica de Hume à identidade pessoal.

7. Hegel e a importância da história

1. Sigo aqui em linhas gerais a análise de J. Habermas em *Conhecimento e interesse*, Rio de Janeiro, Zahar, 1982, parte I, "A crise da crítica do conhecimento".
2. *Crítica da razão pura*, Pref. à 2ª ed., BXII-XIV.
3. P.ex. no prefácio à *Fenomenologia do espírito*.
4. A valorização filosófica da história aparece já em pensadores iluministas como G. Vico e J. Herder, bem como nos filósofos do idealismo alemão pós-kantiano contemporâneos de Hegel. É, no entanto, a formulação de Hegel que se torna a mais influente, não só na filosofia como em uma "ciência da história", podendo-se mesmo considerá-lo o "filósofo da história".
5. Ver a esse respeito a análise de J. Habermas em "Trabalho e interação", in *Técnica e ciência como "ideologia"*. Lisboa, Edições 70.
6. Sigo aqui em linhas gerais a análise da *Fenomenologia do espírito* de J. Hyppolite em seu já clássico comentário, *Genèse et structure de la phenomenologie de l'ésprit*. Paris, Aubier-Montaigne, 1946.

7. Ver a esse respeito N. Hartmann, *A filosofia do idealismo alemão*, 2ª parte: Hegel, cap. 2: "A fenomenologia do espírito".
8. O tema do "fim da história" é controvertido e sujeito a diferentes interpretações. Segundo A. Kojeve, um dos principais intérpretes de Hegel, seria o Estado Universal, que Hegel teria, em seu tempo, identificado com o Império Napoleônico. Outra interpretação considera o sistema hegeliano como o fim da filosofia, já que integra e sistematiza todos os outros sistemas, superando seus conflitos e oposições. Pode-se entender contudo o "fim da história" não em um sentido cronológico determinado, mas como marcando a totalidade, o fim do processo histórico.
9. Ver a esse respeito a análise de H.C. de Lima Vaz, "Senhor e escravo: uma parábola da filosofia ocidental", na *Revista Síntese*, n. 21, V. VIII, 1981.
10. *Fenomenologia do espírito*, parte I, seç. III, A, §§ 178-96.

8. Marx e a crítica da ideologia

1. Ver de minha autoria "Linguagem e ideologia", seç. l, em *Filosofia, linguagem e comunicação*. São Paulo, Cortez, 1992, 2ª ed.
2. A relação do conceito de **ideologia** como falsa consciência com a noção de **alienação** pode ser ilustrada por duas passagens clássicas de *O capital*: a crítica à noção de salário justo por um dia de trabalho (VI, seç. 19), e a análise da mercadoria como fetiche (I, seç. 4).

9. A ruptura com a tradição racionalista

1. Sigo aqui basicamente as análises de N. Hartmann, *A filosofia do idealismo alemão*. Lisboa, Gulbenkian, 1976, e de Karl Löwith, *De Hegel a Nietzsche*, Paris, Gallimard, 1969.
2. Várias versões de 1794 a 1813, apresentadas em seus cursos, permanecendo a obra incompleta. Publicada postumamente em 1834.
3. Aparentemente utilizado pela primeira vez com este sentido por Friedrich Schlegel em um artigo da revista *Athenaeum* (1789). O termo também é usado por Schiller e Novalis contrapondo a poesia romântica à poesia clássica, embora nem sempre estes autores concordem nesta caracterização.
4. Leibniz, já no final do séc. XVII, havia se interessado pelo *I Ching, o livro das mutações*, o oráculo chinês, sobretudo por seu sistema combinatório.
5. Ver a esse respeito o comentário de Rubens Rodrigues Torres Filho em: *Ensaios de filosofia ilustrada*. cap. 2, "A *virtus dormitiva* de Kant", p.33 e seg.
6. *Niaiserie*, termo francês designando ingenuidade, coisa simplória.
7. Alusão a Schelling, Hölderlin e Hegel, que estudaram e foram colegas no curso de teologia em Tübingen.

· · · · · · · · · · · · **PARTE IV: FILOSOFIA CONTEMPORÂNEA** · · · · · · · · · · · · · ·

1. A problemática filosófica no século XX

1. A esse respeito destaca-se a análise de R. Rorty, *A filosofia e o espelho da natureza*. Rio de Janeiro, Relume Dumará, 1995, sobretudo partes I e II.
2. Ver também a análise dessa questão em H. Arendt, *A condição humana*, cap. VI. Rio de Janeiro, Forense Universitária, 1993, 6ª ed.

NOTAS

3. Ver Sérgio Paulo Rouanet, *A razão cativa: as ilusões da consciência de Platão a Freud*. São Paulo, Brasiliense, 1985.
4. Sobre algumas das principais implicações filosóficas da questão da inteligência artificial, ver João de Fernandes Teixeira, *O que é inteligência artificial?*, São Paulo, Brasiliense, 1989.
5. Meu objetivo não é resumir o pensamento desses filósofos, mas sim ressaltar alguns aspectos mais significativos de sua contribuição, bem como situá-los em um quadro mais geral de influências que sofreram e de desdobramentos de seu pensamento.

2. Os herdeiros da modernidade

1. *"Eidética"*, de *eidos*, o termo platônico que designa a forma ou essência.
2. É importante a influência da concepção de Leibniz de um cálculo lógico na *Conceitografia* (1879) de G. Frege, um dos inspiradores da filosofia analítica, sendo que B. Russell, um dos primeiros filósofos analíticos, foi autor de um livro sobre Leibniz (1900).
3. Ver anteriormente as referências a Frege, Russell etc.
4. Textos de Ryle e Austin se encontram no volume dedicado aos filósofos analíticos na col. "Os Pensadores" (São Paulo, Abril Cultural).
5. Sua obra *How To Do Things With Words* (1962) foi publicada postumamente. Ed. brasileira: *Quando dizer é fazer*. Trad. Danilo Marcondes. Porto Alegre, Artes Médicas, 1990.

3. A ruptura com a tradição

1. Em 1928 Heidegger sucede a seu mestre Edmund Husserl, por indicação deste, na cátedra de filosofia da Universidade de Freiburg. Em 1933, torna-se reitor desta universidade e membro do Partido Nazista. Abandona o cargo universitário em 1934, mas permanece membro do partido. O envolvimento de Heidegger com o nazismo tem sido objeto de várias controvérsias entre seus biógrafos e especialistas em seu pensamento.
2. *Platons Lehre von der Wahrheit*, 1947 (*A doutrina de Platão sobre a verdade*).
3. Sobre a vida de Wittgenstein ver a monumental biografia de Ray Monk, *Wittgenstein: o dever do gênio*. São Paulo, Companhia das Letras, 1995.
4. O *Tractatus* possui uma estrutura e um estilo peculiares. Consiste em 7 proposições básicas, numeradas de 1 a 7. As 6 primeiras se desdobram em proposições que são comentários e desenvolvimentos das primeiras e que, por sua vez, podem ser comentadas por novas proposições etc. Assim a proposição 4.002 é um comentário à proposição 4.
5. Em seu *Nietzsche* (1961), Heidegger interpreta este filósofo como o grande contestador no séc. XIX da tradição metafísica ocidental, em uma leitura que marcará profundamente as leituras subsequentes de Nietzsche, sobretudo na linha francesa.
6. Publicado em versão francesa na revista *Critique*, n.413, 1981.

BIBLIOGRAFIA COMPLEMENTAR

Além das referências bibliográficas citadas no texto e das leituras recomendadas ao final de cada capítulo, as seguintes obras consultadas foram particularmente importantes para a elaboração deste livro:

COPENHAVER, Brian P. & C.B. Schmitt. *Renaissance Philosophy. A History of Western Philosophy*, vol. 3. Oxford University Press, 1992.

COTTINGHAM, John. *The Rationalists. A History of Western Philosophy*, vol. 4. Oxford University Press. 1988.

DE LIBERA, Alain. *La Philosophie médievale*. Paris, Presses Universitaires de France, 1993.

HAMLYN, D. W. *Uma história da filosofia ocidental*. Rio de Janeiro, Zahar, 1990.

IRWIN, Terence. *Classical Thought. A History of Western Philosophy*, vol. 1. Oxford University Press 1989.

KENNY, Anthony (org.). *The Oxford History of Western Philosophy*. Oxford University Press, 1994.

HONDERICH. Teded (org.). *The Oxford Companion Philosophy*. Oxford University Press, 1995.

HUISMAN, Denis. *Dictionnaire des milles ouevres clés de la philosophie*. Paris, Nathan, 1993.

LABRUNE, Monique & Laurent Jaffro. *A construção da filosofia ocidental: Gradus Philosophicus*. São Paulo, Mandarim, 1996.

LAW, Stephen. *Guia ilustrado Zahar de filosofia*. Rio de Janeiro, Zahar, 2008.

REALE, Giovanni. *História da filosofia antiga*. São Paulo, Loyola, 1993, 5 vols.

_____. & Dario Antisieri. *História da filosofia*, vols. I e II. São Paulo, Paulinas, 1990.

SCRUTON, Roger. *Modern Plylosophy. An Introduction and Survey*. Londres, Sinclair-Stevenson Publ., 1994.

SKORUPSKI, John. *English-Language Philosophy, 1750-1945. A History of Western Philosophy*, vol. 6. Oxford University Press, 1993

SOLOMON, Robert C. *Continental Philosophy since 1750. A History of Western Philosophy*, vol. 7. Oxford University Press, 1988

TARNAS, Richard. *The Passion of the Western Mind*. Nova York, Ballantine Books, 1993.

WOOLHOUSE, R.S. *The Empiricists. A History of Western Philosophy*, vol. 5. Oxford University Press, 1988.

ÍNDICE DE NOMES

A

Abel, 115
Abelardo, Pedro, 105, 134
Abraão, 115, 247
Adão, 114, 144
Adeodato (filho de santo Agostinho), 112
Adorno, Theodor, 238, 268
Afonso VI, 124
Agostinho, santo, 84, 90, 91, 96, 99, 106, 111, 112, 113, 114, 115, 116, 118, 124, 152, 160, 165
Al-Farrabi, 124
Al-Gazali, 124
Alberti Leon Battista, 145
Alemeon de Crotona, 31
Alcuíno de York, 118
Alexandre de Afrodísias, 89
Alexandre I, 69, 76, 84, 85, 87, 109, 122
Alexandria, Fílon de, 107, 108, 109
Alighieri, Dante, 145
Althusser, Louis, 239-40, 257, 276
Ambriósio santo, 112
Amintas II, 69
Anaxágoras de Clazômena, 31, 34
Anaxarco de Abdera, 95
Anaximandro, 25, 27, 31, 32
Anaxímenes, 25, 27, 31, 32, 34
Andrônico de Rodes, 70, 74, 88, 223
Anselmo de Canterbury, santo, 106,119-121, 129, 130, 176
Antíoco de Áscalon, 88, 98, 122
Antuérpia, Sínodo de, 154
Apolo, 146, 249
Apolônio de Perga, 85

Aquiles, 37-8
Arcesilau, 88, 94, 96, 97-8
Aristarco de Samos, 85-6, 89
Aristocles de Messena, 88-9
Aristófanes de Bizâncio, 45, 85
Aristóteles, 15, 19, 21, 24, 30-1, 34, 37, 40, 42, 44, 48, 53, 69, 70, 71, 72, 73, 74, 75, 76, 77, 78, 80-2, 83, 85, 86, 87, 88, 89, 90, 91, 92, 94, 95, 111, 113, 116, 122, 123, 124-31, 132, 133, 134, 135, 144, 145, 146, 154, 155, 175, 270, 283
Arius, 122
Arnauld, Antoine, 166, 178, 192
Arquimedes de Siracusa, 85
Arquitas de Tarento, 55, 89
Assis, são Francisco de, 128
Augusto, 193
Austin, J.H., 268, 269
Averróis, 124, 129
Avicena, 124

B

Bacon, Francis, 81, 141, 142, 182, 183, 184, 201, 212, 232
Bacon, Roger, 128, 155
Barnabé, 108
Barthes, Roland, 257, 276
Baudelaire, Charles, 264
Bauer, Bruno, 229, 235
Bauer, Georg, 158
Baviera, Luís da, 133
Beccaria, 207
Beck, J., 243
Beeckman, Isaac, 166

Béla Kun, 238
Benjamin, Walter, 239, 268
Bentham, Jeremy, 207
Bento, são, 117
Berkeley, George, 182
Bérulle, cardeal, 165, 166
Bessarion, cardeal Jean, 145
Biringuccio, 158
Boécio, 84, 116, 133
Boehme, Jacob, 142
Boileau, Nicolas, 142, 193
Bonaparte, Napoleão, 243
Bossuet, Jacques, 193
Bourdin, padre, 170
Boyle, Robert, 182
Brabant, Sigerde, 129
Bradley, Francis Herbert, 229
Brahe, Tycho, 157
Brunelleschi, Felipe, 145
Bruni, Leonardo, 144
Buber, Martin, 265
Burkhardt, Jacob, 143

C

Cabanis, 235
Caim, 115
Cálias, 79
Calvino, João, 152
Camus, Albert, 264-5
Carlos, o Calvo, 118
Carlos V, 147, 152
Carnap, Rudolph, 257, 266
Carnéades, 88, 94, 96-7, 98
Casaubon, Isaac, 159
Cassirer, Ernst, 219, 257
Cervantes, Miguel de, 245
Chestov, Léon, 265
Chomsky, Noam, 257
Cícero, Marco Túlio, 86, 88, 95, 98, 112, 145, 160
Cleantes, 91, 97
Clemente de Alexandria, são, 109
Climacus, Johannes, 247
Clístenes, 41
Clitômaco, 88, 94, 96, 98
Comte, Auguste, 182, 266
Condillac, Étienne Bonnot de, 182, 235

Condorcet, M.J.A. de Caritat, 207, 209, 235
Constantino, imperador, 109
Copérnico, Nicolau, 86,154,155, 156, 157, 158,164, 167, 168, 214, 258
Cordemoy, Géraud de, 192
Corneille, Thomas, 193
Cornélio, Jansen, 193
Cosróes, rei, 122
Cousin, Victor, 229
Crates, 88
Crátilo, 55, 95
Crisipo, 91, 92, 97
Cristina da Suécia, rainha, 166
Cristo, 108, 109, 110, 111, 114, 115, 142, 249, 263
Croce, Benedetto, 229
Cromwell,Oliver, 193, 203, 205
Cronus, Diodoro, 96
Cusa, Nicolau de, 144, 156, 157, 160

D

D'Alembert, 205, 207, 209
Damáscio, 87, 91, 122
Darwin, Charles, 258
Dégerando, 235
Deleuze, Gilles, 277-8
Demócrito de Abdera, 25, 31, 34, 93, 95, 231
Descartes, René, 15, 108, 119, 135, 141, 142, 153, 154, 158, 159, 161, 164, 165-75, 176, 177, 178, 181, 182, 183, 185, 188, 192, 195-7, 199, 201, 203, 217, 222, 223, 232, 244, 247, 256, 258, 259, 261, 278-9
Deus, 108, 110, 113, 114, 115, 119, 120, 121, 124, 129, 130, 131, 132, 144, 152, 153, 161, 169, 171, 172, 176, 177, 178, 185, 187, 192, 194, 195, 196, 197, 198, 217, 218, 219, 247, 263
Dewey, John, 279
Diderot, Denis, 182, 205, 206-7, 209, 245
Dilthey, Wilhelm, 229
Diofanto, 86
Dion, 55
Dionísio I, 55
Dionísio II, 55
Dionísio Trácio, 85
Dioniso, 248
Donatello, 145
Droysen, J.G., 84

ÍNDICE DE NOMES

E

Efialtes, 41
Elizabeth da Boêmia, 166
Empédocles de Agrigento, 25, 31, 34
Enesidemo de Cnossos, 95, 98
Engels, Friedrich, 229, 231, 234, 235, 237
Epicteto, 87, 92
Epicuro, 34, 86, 92-3, 231
Erasistrato, 85
Erasmo, 146, 147, 153, 161
Erastótenes de Cirene, 86
Escoto, Duns, 119
Escoto Erígena, João, 118, 124
Espeusipo, 69, 88
Ésquilo, 41, 245, 248
Estrato de Lâmpsaco, 85, 88, 89
Euclides, 85, 146
Eusébio, 99, 160

F

Felipe Augusto, rei, 127
Fénelon, 193
Fermat, Pierre de, 166
Feuerbach, Ludwig, 229, 234, 235, 236
Fichte, Johann, 219, 242, 243, 244, 246, 247, 250
Ficino, Marsílio, 146, 159
Filipe da Macedônia, 69
Filmer, sir Robert, 204
Filodemo de Gadara, 93
Filolau de Crotona, 31, 89
Fílon de Larissa, 88, 94-5, 98
Filon, o Judeu, 107, 108, 109
Fischer, Kuno, 229
Flaubert, Gustave, 264
Fontenelle, Bernard le Bovier de, 142, 193, 206
Foucault, Michel, 257, 258, 264, 276, 277
Fourier, Charles, 231
Frederico, imperador, 152
Freud, Sigmund, 239, 258-9, 276, 278
Friedrich, Karl, 229

G

Gadamer, F.G., 257
Galilei, Galileu, 76, 81, 156, 158, 164, 165-8
Gassendi, Pierre, 34, 166, 177, 182

Gaunilo, monge, 120
Gellius, Aulus, 96
Gemisto, 145-6
Genet, 264
Genserico, 112
Geulincx, Arnold, 192
Gibbon, Edward, 207
Gilbert, William, 182
Giocondo, 145
Giodano, Bruno, 156, 157, 164, 165, 245
Giotto, 143
Glauco, 62-5
Gödel, Kurt, 267
Goethe, Johann Wolfgang von, 207, 245
Goldmann, Lucien, 238
Goodman, Nelson, 267
Górgias de Leontinos, 43, 44
Gottlob, Frege, 186, 197, 257, 266, 267, 272, 273
Gregório VII, 118
Grosseteste, Roberto, 128, 155
Guattari, Felix, 278
Gutenberg, 145

H

Habermas, Jürgen, 233, 239, 269, 278
Harvey, William, 182
Hegel, G.W.F., 15, 36, 119, 141, 142, 219, 221-6, 227, 228, 229, 231-4, 238, 239-40, 242, 243, 244, 246, 247, 250, 255, 256, 261
Heidegger, Martin, 66, 184, 260, 261, 263, 270, 271, 276, 278, 279
Helvétius, 206, 235
Henrique VIII, 147
Heráclito de Éfeso, 25, 26, 30, 31-3, 35, 36, 38, 55, 95, 272
Herder, J., 207
Heródoto, 41
Herófilo, 85
Hesíodo, 20, 44, 245
Hiparco de Niceia, 86
Hípias de Élis, 43
Hipócrates, 42
Hobbes, Thomas, 134, 147, 166, 182, 202, 203, 204
Holbach, P.H., 206
Hölderlin, Friedrich, 244, 272
Homero, 20, 24, 44, 245
Hooke, Robert, 159, 182

Horkheimer, Max, 238, 268
Hume, David, 160, 182, 186, 187, 188, 189, 207, 212, 214, 217, 244, 277
Huss, Jan, 152
Husserl, Edmund, 172, 261, 262, 270
Huygens, Christiaan, 166

I

Iâmblico, 91
Inocêncio III, 127
Irineu, santo, 111
Isaac, 247
Isaías, 113
Ishaq, Hunayn ibn, 124

J

Jacobi, F.H., 243
Jaime I, 183
Jaime II, 202
Jäsche, 212
Jaspers, Karl, 261, 265
Jefferson, Thomas, 208
Jeová, 157
João XXII, 133
João, são, 108, 130
Josué, 157
Juliano, o Apóstata, 91
Júlio César, 85
Júlio II, 146
Justiniano, 116, 122
Justino, são, 109

K

Kant, Immanuel, 15, 119, 120, 160, 172, 177, 183, 186, 189, 199, 206-8, 212-20, 222, 223, 224, 225, 226, 232, 242, 243, 244, 246, 249, 256, 261, 277, 278
Kepler, Johannes, 157, 159, 164, 167
Kierkegaard, Soren, 221, 229, 242, 245, 247, 250, 263, 265

L

La Bruyère, Jean de, 193
La Mettrie, Julien Offroy de, 182, 206
Lacan, Jacques, 228-9, 257, 276

Lactâncio, 99, 110, 160
Laércio, Diógenes, 31, 95, 146, 160
Lambert, Johann, 261
Laques, 46
Lassalle, Ferdinand, 229
Leão III, 117
Leão X, 151, 156
Leibniz, Gottfried W., 172, 192, 197, 198, 199, 212, 244, 256, 257, 265, 273, 277
Lenin, V.I.U., 237
Lessing, Gotthold Ephraim, 207
Leucipo de Abdera, 31, 34, 93
Lévi-Strauss, Claude, 257, 276
Licofron, 43
Liebmann, Otto, 243
Locke, John, 134, 182, 185, 186, 187, 195, 197, 198, 204, 205, 209, 214, 235, 244, 278-9
Lombardo, Pedro, 133
Loyola, santo Inácio de, 154
Lucrécio, Caro Tito, 93
Luís XIV, 193
Luís XVI, 209
Lukács, György, 238
Lutero, Martinho, 151, 152, 153, 161, 164, 168, 256
Lyotard, Jean-François, 278

M

Mach, Ernst, 256, 266
Magno Alberto, santo, 128
Magno, Carlos, 117, 118, 133
Maimônides, Moisés, 124
Malebranche, Nicolau, 182, 192
Malinowski, Borislaw, 257
Manetti, Giannozzo, 144
Mani, 112
Mannheim, Karl, 238
Mao-tsé-Tung, 264
Maomé, 123
Maquiavel, Nicolau, 147
Marcel, Gabriel, 265
Marco Aurélio, 92
Marcuse, Herbert, 239
Mare, Guilherme de la, 129
Maritain, Jacques, 135
Marx, Karl, 15, 210, 221, 224, 227, 229, 231, 235, 236, 237, 238, 239, 242, 255, 256, 268, 276
Médici, Cosme de, 145, 146
Médici, Lorenzo de, 146, 147

ÍNDICE DE NOMES

Melisso de Samos, 31, 37
Ménon, 46, 47, 48, 56, 59
Merleau-Ponty, Maurice, 262
Mersenne, padre, 166, 177, 203
Metrodoro, 95
Michelangelo, 146
Mill, John Stuart, 182
Mirandola, Giovanni Pico della, 144
Moderato de Gades, 89
Moisés, 159
Molière, Jean-Baptiste, 193, 250
Mônica (mãe de santo Agostinho), 112
Montaigne, Michel de, 135, 147, 148, 150, 151, 160, 161, 164, 169, 194, 258
Montesquieu, Charles de Secondat, 206
Moore, G.E., 186, 267
More, Henri, 166
Morus, Thomas, 146, 147
Müntzer, Thomas, 152

N

Nágy, Imre, 238
Nestórios, 122
Nettesheim, Cornelio Agripa de, 161
Neurath, Otto, 266
Newton, Isaac, 76, 156, 159, 182, 199, 222
Nicolau de Oresne, 155
Nicômaco de Gerasa, 89
Nietzsche, Friedrich, 172, 173, 221, 229, 242, 245, 247, 248, 249, 250, 276, 277, 278
Nissa, Gregório de, 118
Noé, 115
Novalis, Friedrich, 244, 272
Numênio de Apameia, 89, 90

O

Ockham, Guilherme de, 105, 106, 133, 134, 135, 142
Olsen, Régine, 247
Oresme, Nicolau de, 155
Orígenes, 90, 109, 110
Oto I, 118

P

Paleólogo, João, 145
Panécio, 92
Pangloss, dr., 199

Paracelso, 159
Parmênides, 30, 31, 32, 33, 35-7, 39, 55, 72, 146, 236, 245, 272
Pascal, Blaise, 192, 193, 194, 199, 247
Pater, Walter, 143
Paulo, são, 108, 109, 113, 118, 152
Pedro, são, 108, 130
Peirce, Charles S., 182, 257
Péricles, 34, 41
Perrault, Charles, 142
Petrarca, Francesco, 105, 145
Pirro de Élis, 95, 96, 97, 98
Pitágoras de Samos, 21, 31, 32-3, 59, 81, 89, 146
Platão, 15, 21, 25, 30, 31, 33, 35, 36, 37, 40, 42-5, 48, 50, 51, 52, 54-60, 61, 62, 65, 66, 67, 69, 70, 72, 74, 80, 86, 87, 88, 89, 90, 91, 94, 96, 108-111, 112, 113, 114, 123, 124, 144, 145, 146, 155, 159, 165, 166, 270, 271, 283
Plotino, 84, 86, 88, 89, 90, 112, 113, 146, 245
Pólemon, 88
Pope, Alexander, 207
Popkin, Richard, 159, 174, 177
Popper, Karl, 27, 267, 269
Porfírio, 89, 90, 113, 133
Posidônio, 92
Prantl, Karl, 229
Proclo, 91, 146
Pródicos, 43
Prometeu, 248
Protágoras de Abdera, 43, 44, 95, 143, 144
Proudhon, Pierre Joseph, 231
Pseudo-Dionísio Areopagita, 91, 118, 124, 144
Ptolomeu, Cláudio, 86, 146, 154
Ptolomeu II, Filadelfo, 85, 107, 122, 155, 156

Q

Quine, Willard Van Orman, 267

R

Racine, 193
Rafael, 146
Reale, Giovanni, 75
Reid, Thomas, 182
Reinhold, K.L., 243
Rembrandt, 195
Rilke, Rainer Maria, 272

Roderico, 123
Rorty, Richard, 278
Roscelino, 134
Rosenkrantz, K.F., 229
Rotterdam, Erasmo de, 146, 147, 153, 161
Rousseau, Jean-Jacques, 147, 172, 201, 205, 206, 209, 245
Russell, Bertrand, 119, 173, 186, 197, 257, 266, 267, 272, 273
Ryle, Gilbert, 268

S

Sacas, Amônio, 90
Saint-Simon, 231
Sanchez, Francisco, 161
São Tomás, João de, 135, 165
Sapir, Edward, 257
Sartre, Jean-Paul, 227, 239, 263, 264
Saussure, Ferdinand de, 257, 275-6
Scheler, Max, 262
Schelling, Friedrich, 219, 242, 243, 244, 247, 250
Schiller, Friedrich von, 244, 245
Schlegel, August Wilhelm von, 244, 245, 247
Schleiermacher, Friedrich, 257
Schlick, Moritz, 257, 266
Schopenhauer, Arthur, 221, 229, 242, 245, 246, 247, 249, 250
Schutz, Alfred, 262
Searle, John, 268, 269
Sebond, Raymond, 161
Seleuco, 84, 122
Sêneca, 92
Shakespeare, William, 183, 245
Siger de Brabaut, 129
Simplício, 30, 91
Sísifo, 264, 265
Smith, Adam, 207
Sócrates, 22, 30, 40, 42, 43, 44, 45-9, 51, 55, 56, 57, 59, 62-5, 67, 73, 79, 86, 90, 95, 110, 215, 216, 248, 263, 283
Sófocles, 41, 245
Sólon, 41
Spinoza, Baruch, 192, 194, 195, 196, 197, 198, 244, 245, 277
Stimer, Max, 229, 235
Strauss, D.F., 229
Strawson, Peter, 268

Stuarts, dinastia, 181
Suárez, Francisco, 135, 164-5

T

Taciano, 110
Tales de Mileto, 19, 21, 22, 25, 27, 31, 32, 225
Tárik, 123
Tarski, Alfred, 267
Teeteto, 48
Teodorico, 116
Teofrasto, 88
Teófilo, bispo, 85
Tertuliano, 110
Thot, 159
Tímon de Flios, 94, 95
Tomás de Aquino, são, 105, 106, 119, 125, 126, 128, 129, 130, 131, 132, 134, 154, 155, 157
Trácio, Dionísio, 85
Tracy, Antoine Destutt de, 235
Trasímaco, 43
Traversari, Ambrogio, 146
Trimegistos, Hermes, 159
Tucídides, 41

U

Ulianov, Vladimir Hilch, 237

V

Valla, Lorenzo, 146
Vasari, Giorgio, 143
Vermeer, Johannes, 195
Vesalius, André, 158
Vico, Giambattista, 201
Vinci, Leonardo da, 145, 146, 158
Virgílio, 145
Vitorino, Mário, 112
Voltaire, François Marie, 194, 199, 205, 206, 207, 209, 245

W

Wagner, Richard, 249
Whitehead, A.N., 257
Whorf, Lee Benjamin, 257
William, James, 182

Witt, Jan de, 195
Wittgenstein, Ludwig, 186, 257, 260, 266, 267, 269, 272, 273, 274, 279
Wolff, Christian, 199, 212
Wycliffe, John, 152

X

Xenócrates, 88
Xenófanes de Colofon, 31, 32
Xenofonte, 41, 45

Y

Yunis, Matta ibn, 124

Z

Zeller, Edward, 229
Zenão de Cítio, 86, 91, 97
Zenão de Eleia, 31, 37, 38-9
Zwingli, Ulrich, 152

1ª EDIÇÃO [1997]
2ª EDIÇÃO REVISTA E AMPLIADA [2007]
22ª REIMPRESSÃO [2022]

ESTA OBRA FOI COMPOSTA POR VICTORIA RABELLO EM MINION E
FRUTIGER E IMPRESSA EM OFSETE PELA GRÁFICA SANTA MARTA
SOBRE PAPEL ALTA ALVURA DA SUZANO S.A. PARA A
EDITORA SCHWARCZ EM NOVEMBRO DE 2022

A marca FSC® é a garantia de que a madeira utilizada na fabricação do papel deste livro provém de florestas que foram gerenciadas de maneira ambientalmente correta, socialmente justa e economicamente viável, além de outras fontes de origem controlada.